GONGLU GONGCHENG
SHIGONG JISHU JI GUANLI

公路工程施工技术及管理

周瑞刚　陈剑华　任泽龙　李虹昱　周四方◎编著

中国石化出版社
·北京·

图书在版编目(CIP)数据

公路工程施工技术及管理／周瑞刚等编著．—北京：
中国石化出版社，2024.6
ISBN 978-7-5114-7524-4

Ⅰ．①公… Ⅱ．①周… Ⅲ．①道路施工-工程技术②
道路工程-施工管理 Ⅳ．①U415

中国国家版本馆 CIP 数据核字(2024)第 098300 号

中国石化出版社出版发行
地址：北京市东城区安定门外大街 58 号
邮编：100011　电话：(010)57512500
发行部电话：(010)57512575
http://www.sinopec-press.com
E-mail:press@sinopec.com
北京鑫益晖印刷有限公司印刷
全国各地新华书店经销
*
787 毫米×1092 毫米 16 开本 15.5 印张 386 千字
2024 年 6 月第 1 版　2024 年 6 月第 1 次印刷
定价：78.00 元

《公路工程施工技术及管理》
编　委　会

主　编　周瑞刚　中交第三公路工程局有限公司

　　　　陈剑华　中交路建(昆明)城市投资发展有限公司

　　　　任泽龙　北京城建集团有限责任公司

　　　　李虹昱　四川公路桥梁建设集团有限公司公路三分公司

　　　　周四方　四川公路桥梁建设集团有限公司公路三分公司

副主编　王东姝　宁波市高等级公路建设管理中心

　　　　房　肖　广州帛铎工程技术咨询有限公司

编　委　王　杰　广西交建工程建设集团有限公司

　　　　郭　昆　中国土木工程集团有限公司

　　　　姚金华　苏交科集团股份有限公司

　　　　常国力　云南交投集团云岭建设有限公司

前言

公路设施网络不断完善，重大工程建设有序推进，农村公路“三通”目标全面实现……进入新时代以来，我国公路建设实现快速发展，取得历史性成就。截至2022年底，我国公路总里程达到535万km，10年增长112万km，高速公路通车里程17.7万km，稳居世界第一。其中，京沪、京港澳、沈海、沪昆等国家高速公路主线分段实施扩容升级，国家高速公路六车道以上路段增加1.84万km。普通国道二级及以上占比80%、铺装路面占比99%，较10年前分别提高约10%和13%，路网结构进一步优化。《国家公路网规划》明确提出国家公路网到2035年的布局方案，总规模约46.1万km。

当前，交通强国建设进入新阶段，作为覆盖范围最广、服务人口最多的交通基础设施，截至2022年底，总里程535万km的公路承担着我国63.5%的营业性旅客运输量和73.3%的营业性货物运输量，是“流动的仓储”和产业链供应链的重要组成部分。公路交通的快速发展，对服务保障出行运输、支撑国家重大战略实施具有重要作用。

公路工程建设迅速发展，也对公路施工技术以及施工管理提出了更高的要求，基于公路施工组织与管理的特点及工程管理人员应具备的能力。本书以公路工程施工为核心，以施工组织管理为重点，全面介绍了公路工程施工与管理的具体方法。全书共10章，分别为绪论、路基工程施工技术、路面工程施工技术、桥梁下部结构施工技术、桥梁上部结构施工技术、公路隧道施工技术、公路工程施工质量管理、公路工程施工进度管理、公路工程施工安全管理、公路工程施工实践案例，可供从事公路工程施工与管理的专业人员参考。

本书大量引用了相关专业文献和资料，在此对相关文献的作者表示感谢。限于编者的理论水平和实践经验，书中难免存在疏漏和不妥之处，恳请广大读者批评指正。

前言

目录

第 1 章　绪论

1.1　我国公路工程发展概况

1945 年至今是公路的飞速发展阶段，这一阶段公路发展速度很快，特别是 20 世纪 70 年代以来，国外公路运输进入大发展时期，发达国家的公路网体系(包括高速公路网骨架)已基本建成。

20 世纪初汽车进入我国，通行汽车的公路开始发展起来。但在半封建半殖民地的旧中国，公路建设缓慢，到 1949 年全国通行的公路约 8.07 万 km，且大多位于东南沿海地区。中华人民共和国成立后，公路建设速度很快，相应的建造技术也大幅度提高。特别是改革开放后的 40 多年来，公路建设迅速发展，公路通车里程由 1978 年底的 88 万 km 猛增到 2017 年末的 477.35 万 km。其中，高速公路达到 13.65 万 km，里程规模居世界第一。我国公路建设虽然取得重大成就，但仍不能满足国民经济发展的需要和人民对美好生活的向往，因此，还需要持续不断地增加公路的建设里程及提高建设标准。

为此，2013 年，经国务院批准，印发实施了《国家公路网规划(2013—2030 年)》，明确提出到 2030 年国家公路网总规模达到 40.1 万 km，形成布局合理、功能完善、覆盖广泛、安全可靠的国家干线公路网络，实现首都辐射省会、省际多路连通、地市高速通达、县县国道覆盖。1000km 以内的省会之间可当日到达，东中部地区省会到地市可当日往返、西部地区省会到地市可当日到达；区域中心城市、重要经济区、城市群内外交通联系紧密，形成多中心放射的路网格局；有效连接国家陆路门户城市和重要边境口岸，形成重要国际运输通道，与东北亚、中亚、南亚、东南亚的联系更加便捷。

2021 年，党中央、国务院印发《国家综合立体交通网规划纲要》，提出要加快建设交通强国；同年 12 月，国务院印发《“十四五”现代综合交通运输体系发展规划》，对构建现代综合交通运输体系和“十四五”时期重点任务作了部署安排。国家公路网作为国家综合立体交通网的重要组成部分和公路网中的骨架，必须进一步提高其网络质量效益，优化提升供给，紧密空间联系，夯实筑牢国民经济循环底盘，支撑现代化经济体系和社会主义现代化强国建设。

面对新的形势和要求，国家公路网的规划与建设仍存在一定的差距。例如，主通道能力不足、城市群都市圈区域网络不够完善、路网覆盖深度不充分、路网韧性和安全应急保障能力还需提高、与其他运输方式统筹融合衔接不强、资源节约集约利用和绿色智慧发展水平不高等。为全面贯彻落实国家重大战略，补齐上述短板弱项，我们要从规划层面入手，从国家长远发展需要出发，对国家公路网的布局进行优化完善，指导国家公路高质量建设。

2022 年，国家发展和改革委员会、交通运输部印发最新版本的《国家公路网规划》，提出了国家公路网到 2035 年的布局方案，总规模约 46.1 万 km，并且明确了国家高速公路网和普通国道网的总体工作思路。

在国家高速公路网方面，明确了“维持总体稳定、实现有效连接、强化通道能力、提升路网效率”的总体思路。“维持总体稳定”是指保持原国家高速公路网络布局和框架总体稳定，优化部分路线走向，避让生态保护区域和环境敏感区域；“实现有效连接”是指补充连接城区人口10万以上市县、重要陆路边境口岸；“强化通道能力”是指以国家综合立体交通网“6轴7廊8通道”主骨架为重点，强化城市群及重点城市间的通道能力；“提升路网效率”是指补强城市群内部城际通道、临边快速通道，增设都市圈环线，增加提高路网效率和韧性的部分路线。国家高速公路网规划总里程约16.2万km，由7条首都放射线、11条北南纵线、18条东西横线，以及6条地区环线、12条都市圈环线、30条城市绕城环线、31条并行线、163条联络线组成，未来建设改造需求约5.8万km，其中含扩容改造约3万km。

在普通国道网方面，明确了“主体保留、局部优化，补充完善、增强韧性”的总体工作思路。“主体保留、局部优化”是指以既有普通国道网为主体，优化路线走向，强化顺直连接、改善城市过境线路、避让生态保护区域和环境敏感区域；“补充完善、增强韧性”是指补充连接县级节点、陆路边境口岸、重要景区和交通枢纽等，补强地市间通道、沿边沿海公路及并行线，增加提高路网效率和韧性的部分路线。普通国道网规划总里程约29.9万km，由12条首都放射线、47条北南纵线、60条东西横线，以及182条联络线组成，未来建设改造需求约11万km。

1.2 公路工程施工的基本程序

1.2.1 基本建设及其内容构成

基本建设是指国民经济各部门为发展生产而进行的固定资产的扩大再生产。在西方国家，相当于国家“资本投资”。例如，为了增加社会生产能力新建工厂、学校、公路、桥梁、码头、矿井、电站、水坝、铁路等；为了扩大生产和提高效益而扩建生产车间、提高路面等级、修建永久性桥梁；为了提高生产效率，改进产品质量，对原有设备及工艺进行整体性技术改造；原有公路的全面改建等，这些都属于基本建设的范畴。由此可见，凡是固定资产扩大再生产的新建、改建、扩建，恢复工程的建筑、添置、安装等活动及与之连带的工作都称为“基本建设”。

在我国，基本建设是发展国民经济，增强综合国力，迅速实现社会主义现代化，提高人民物质文化生活水平和加强国防实力的重要手段，因此，党和国家历来十分重视基本建设事业，并制定、颁布了一系列政策、法规。通过10个“五年计划”，全国范围的大规模基本建设，我国已初步形成了比较完整的工业、交通运输体系和国民经济体系，使历史悠久的中华大地发生了天翻地覆的变化，为我国的改革开放事业和构建社会主义和谐社会提供了坚实的物质基础。基本建设工作应包括以下内容。

(1) 建筑工程

建筑是指消耗建筑材料，使用工程机械，通过施工活动而建成的工程实体，如路基、路面、桥梁、隧道、厂房、水坝等构筑物。

(2) 安装工程

安装是指基本建设项目需用的各种机械和设备的安设、装配、调试等工作，如工业生产设备、公路及大型桥梁所需的各种机械、设备、仪器的安装及调试等。

(3) 设备、工具及器具的购置

其包括属于固定资产的机器、设备、工具等用品的购置，如机械厂的机床、发电站的电力设备、高速公路的监控设备、路面养护用的沥青混合料拌和设备和摊铺机械等。

(4) 勘察、设计及相关工作

它是指编制作为建筑工程施工依据的勘察设计文件所进行的工作，如公路工程的初步设计、施工图设计等，还有勘察、设计过程中必须进行的地质调查、钻探、材料试验和技术研究工作等。

(5) 其他基本建设工作

其为确保基本建设工程顺利实施和正常运行而进行的基础工作，如土地征用、拆迁安置、人员培训等。

1.2.2 基本建设项目划分

基本建设工程无论大小都有其自身的复杂性，要进行若干项技术的、经济的和物质形态的工作。为了加强对基本建设工作的管理，便于编制设计文件、概预算文件和施工组织设计文件，便于工程招投标工作进行和施工管理，必须对基本建设项目进行科学分解和合理划分。基本建设工程可以划分为建设项目、工程项目、单位工程、分部工程和分项工程。

(1) 建设项目

建设项目也称“基本建设项目”，指的是经过批准后，在一个设计任务书范围内，按照同一总体设计进行建设的全部工程。建设项目是由一个或者多个单项工作组成，在经济上实行统一核算，行政上实行统一管理，通常是以一个企业(或联合企业)、事业单位或独立工程作为一个建设项目。公路工程一般是以单独设计的公路路线、独立桥梁作为基本建设项目。

(2) 工程项目

工程项目也称“单项工程”，是指建设项目中具有独立的设计文件，建成后可独立发挥生产能力或使用效益的工程，如工业建筑中的生产车间、办公楼、仓库；民用建筑中的教学楼、图书馆、实验室、住宅；公路工程中独立合同段的路线、大桥、隧道等。

(3) 单位工程

单位工程是单项工程的组成部分，是指在单项工程中具有单独设计文件和独立施工条件，又单独作为一个施工对象的工程，如生产车间的厂房修建、设备安装；公路工程中同合同段内的路基、路面、桥梁、互通式立交、交通安全设施等。由此可见，单位工程一般不能独立发挥生产能力和使用效益。

(4) 分部工程

分部工程是按工程结构、构造或施工方法的不同而做的分类，它是单位工程的组成部分。如房屋的基础、地面、墙体、门窗，公路路基的土石方、排水、涵洞、大型挡土墙，桥梁的上、下部构造、引道等。

(5) 分项工程

分项工程是指通过较为简单的施工过程就能生产出来，并且可以用适当计量单位计算的“假定”的建筑或安装产品。如 $10m^3$ 块石基础、$100m^2$ 水泥混凝土路面，一台某型号龙门吊的安装等。必须指出，分项工程只是建筑或安装工程的一种基本构成因素，是为了确定施工资源消耗和计算工程费用而划分的一种假定产品，以便作为分部工程的组成部分。因此，分项工程的独立存在是没有意义的，它不像上述项目那样是完整产品。

1.2.3 公路基本建设程序

公路基本建设程序是指公路基本建设项目从规划立项到竣工验收的整个建设过程中各项工作的先后顺序。这个顺序是由固定资产的建设过程，即基本建设发展进程的客观规律所决定的。科学的基本建设程序能正确处理基本建设工作中制定建设规划、确定建设项目、勘察设计、组织施工、竣工验收等各阶段与各环节之间的关系，指导基本建设工作有计划、按步骤地进行。公路基本建设涉及面广，既受地质、气候、水文等自然条件的制约，又受物资供应、技术水平等物质技术条件的影响，还需要建设单位与设计、施工、监理、质量监督等单位和部门的协作配合。因此，公路基本建设项目必须严格按照规定程序实施，依次进行各个方面工作，才能达到预期效果，否则将可能给国家造成严重的经济损失或给工程带来无法弥补的缺陷。

为加强公路基本建设项目管理，公路建设应当按照国家和交通运输部的有关规定实行项目法人制度、招标投标制度、工程监理制度和合同管理制度(通常称为“四项制度”)。现将公路基本建设程序各阶段的主要内容分别叙述如下。

(1) 项目建议书阶段

项目建议书是建设单位(业主)向国家提出的要求建设某一项目的建议文件，是对建设项目的轮廓构想，这种构想可来自国家、部门和地方的发展规划与计划安排，或来自市场调查研究，或来自某种资源发现。项目建议书应对拟建项目的社会需求进行分析研究，明确为满足此需求所要达到的建设目标，包括经济目标、社会目标和环境目标，并考虑可能承担的风险。

(2) 可行性研究阶段

项目建议书批准后，由政府交通主管部门组织项目的可行性研究。可行性研究是对拟建项目在技术上和经济上是否可行进行科学分析和论证的工作，为项目决策(即该项目是继续实施还是放弃)提供依据。可行性研究的主要任务是通过多方案比较，提出评价意见，推荐最佳方案。

按可行性研究的工作深度，将其划分为预可行性研究和工程可行性研究两个阶段。预可行性研究应重点阐明建设项目的必要性，通过踏勘和调查研究，提出建设项目的规模、技术标准，进行简要的经济效益分析。工程可行性研究应通过必要的测量(高速公路、一级公路必须做)、地质勘探(大桥、隧道及不良地质地段等)，在认真调查研究、查阅必要资料的基础上，对不同建设方案从技术上和经济上进行综合论证，提出推荐方案。可行性研究报告的文件应符合《公路建设项目可行性研究报告编制办法》的规定。

可行性研究报告经审查批准后，项目才能正式“立项”。大中型项目和限额以上项目的可行性研究报告经批准后，可根据实际需要组成筹建机构，即组建项目法人。一般改建、扩建项目不单独设置机构，仍由原企业负责筹建。

(3) 设计任务书阶段

设计任务书是项目确定建设方案的决策性文件，是编制设计文件的主要依据。设计任务书可由建设单位自行提出，也可由工程咨询公司代为拟定，或由建设单位与设计单位协商确定。

设计任务书的主要内容包括以下几个方面。

① 建设依据和建设规模。

② 路线走向和主要控制点，独立大桥桥址和主要特点。

③ 地理位置、自然条件和社会经济现状。

④ 工程技术标准和主要技术指标。

⑤ 设计阶段及完成时间。

⑥ 环境保护、城市规划、抗震、防洪、防空、文物保护等要求和采取的措施方案。

⑦ 投资估算和资金筹措。

⑧ 经济效益和社会效益。

⑨ 建设期限和实施方案。

(4) 勘察设计阶段

不论按几个阶段设计，其中的施工图设计文件均由以下十三篇及附件组成：总说明书；总体设计；路线；路基、路面及排水；桥梁、涵洞；隧道；路线交叉；交通工程及沿线设施；环境保护；渡口码头及其他工程；筑路材料；施工组织计划；施工图预算；附件。其中第二篇总体设计只用于高速公路和一级公路，附件内容为补充地质勘探、水文调查及计算等基础资料。

(5) 建设准备阶段

项目在开工建设之前，要做好以下前期准备工作。

① 预备项目

初步设计已经批准的项目可列为预备项目。国家的预备项目计划，是对列入部门、地方编报的年度建设预备项目计划中的大中型项目和限额以上项目，经过对建设总规模、生产力布局、资源优化配置及外部协作条件等方面进行综合平衡后安排和下达的。

② 建设准备的内容

建设准备的主要工作内容分为以下 5 个部分。

a. 征地、拆迁和安置。

b. 完成施工用水、电、路工程。

c. 设备、材料订货。

d. 准备施工图纸。

e. 监理、施工招标投标。

③ 申报项目施工许可

工程完成了规定的建设准备，并具备开工条件以后，应申报项目施工许可。年度大中型项目和限额以上项目须经国务院批准，国家发展和改革委员会下达项目计划，其他项目可由部门和地方政府批准。

(6) 建设施工阶段

建设项目开工报告一经批准，项目便进入建设施工阶段。本阶段是项目决策的实施、建成投入使用、发挥效益的关键，因此，建设单位、施工企业、监理单位都应认真做好各自工作。

公路项目以开始进行土石方施工的日期作为正式开工日期。分期建设的项目，分别按各期工程开工的日期计算。施工活动应严格按照设计要求、技术规程、合同条款、预算投资、施工程序和顺序、施工组织设计，在保证质量、工期、成本等计划目标的前提下进行，达到竣工标准要求，经验收后移交使用。

(7) 竣(交)工验收交付使用阶段

竣(交)工验收是建设全过程的最后一道程序，是投资成果转入使用的标志，是建设单位、设计单位和施工单位向国家汇报建设项目的生产能力或效益、质量、造价等全面情况及交付新增固定资产的过程。验收工作在建设项目按施工合同文件的规定内容全部完成后进行。

公路项目验收分为单项工程交工验收和整体项目竣工验收两个阶段。竣工验收由建设主管部门主持，依据国家有关规定组成验收委员会，按照相关要求组织验收。在工程验收前，建设单位要做好以下准备工作：组织设计、施工等单位进行工程初验，并向主管部门提出验收报告；整理技术资料，包括各种文件；绘制竣工图，必须准确、完整、符合档案管理要求；竣工决算验收合格的工程，应移交使用，并按有关规定办理交接手续。

(8) 项目后评价阶段

项目后评价应经过建设单位自评和投资方评价两个阶段，包括以下内容。

① 评估项目的实际成效。

② 确定项目是否达到预期目标和设计要求。

③ 检查设计、施工各个环节的实际质量，重新计算实际财务效益和国民经济效益。

项目后评价可以肯定成绩、总结经验、探讨问题、吸取教训并提出建议，作为今后改进投资规划、评估和管理工作的参考。

1.3 我国公路工程施工技术的发展

1.3.1 路基路面工程

随着汽车工业和交通运输的发展，现代化公路的路基路面工程逐步形成了新的学科分支。我国广大的路基路面工程科技工作者，在路基路面工程建设和科学研究中取得了许多突破性成果。

(1) 路基强度与稳定性

根据不同类别土的特性，研究了粒料加固、石灰加固、水泥加固、专用固化剂加固等行之有效的技术措施。在多年冻土地区、膨胀土地区、沙漠地区、黄土地区、盐渍土地区等特殊地区，研究采用各种有效技术修建公路路基，取得了十分宝贵的经验。

（2）高路堤修筑技术与支挡结构

为了提高路堤路基的稳定性，研究提出的技术措施包括减轻路堤自重，采用轻质粉煤灰或轻质塑料块修筑路基，修筑轻型路基支挡结构等。如加筋土挡墙的研究和工程建设在我国取得了许多成果，在条带加筋、网格加筋、土工织物加筋等领域取得良好效果。

（3）软土地基稳定技术

在软土地基上修筑路基路面，天然地面的自然平衡状态将发生改变，在很长时间内路基将处于不稳定状态。为此，广泛开展了软土的调查与判别方法研究，提出了改变软土性质的技术措施，如砂井或塑料排水板排水固结法、沙层排水加载预压法、无机结合料深层加固法、真空预压法、薄壁管桩法等。在力学分析研究方面，通过现场跟踪观测、建立预测分析模型预估与控制软土地基加固后的工后沉降等方法，来提高路基的稳定性。

（4）岩石路基爆破技术

利用爆破技术开山筑路在我国有悠久历史，但是在最近几十年中，我国山区筑路工程技术有新的发展，创造了系统的大爆破技术，每次总装炸药量多达数十吨，一次爆破可清除岩石数十万立方米。大爆破以现代爆破理论为基础，事先进行周密的勘测与调查。经过精心设计的大爆破不仅能降低造价、缩短工期，而且能够使爆破后形成的坡面状况十分接近路基横断面设计要求。

（5）沥青路面

20世纪60年代初，随着我国石油资源的大规模开发，拉开了使用国产沥青筑路的序幕。早期的沥青路面主要采用薄层表面处置层，以改善行车条件。20世纪70年代末，逐步形成了以沥青贯入式路面为主的沥青路面承重结构。20世纪80年代末，开始兴建高速公路，沥青路面成为主要的路面形式。尤其是通过30多年的集中攻关，对无机结合料稳定类基层（也称“半刚性基层”）沥青路面进行了系统研究，形成了我国沥青路面的主要结构及我国半刚性基层沥青路面设计、施工及管理成套技术，包括沥青原材料的生产工艺、装备，沥青材料的技术指标与标准、试验设备及方法，沥青混合料的技术指标与标准、混合料设计技术、混合料性能检测设备及方法，沥青路面现代化施工整套设备、施工技术与施工管理等。我国也对粒料类基层和沥青结合料类基层（也称“柔性基层”）、水泥混凝土类基层（也称“刚性基层”）沥青路面的设计与使用性能进行研究，逐步形成了适合我国特点的沥青路面结构与材料设计方法。

（6）水泥混凝土路面

20世纪70年代中期，交通运输发展速度加快，为提高部分干线公路、城市道路及厂矿道路承重能力，相继采用水泥混凝土路面结构。随后，针对水泥混凝土路面存在的各种问题，开展了系统而具有相当规模的科学研究，从而在我国形成了修筑水泥混凝土路面的成套技术，包括水泥的性能、指标、标准以及生产工艺，水泥混凝土路面基层的作用，水泥混凝土路面结构性能与设计方法，接缝构造、工作原理以及接缝设计方法，水泥混凝土路面小规模施工和大规模现代化施工成套装备及施工方法，施工组织管理等。20世纪80年代中期，东南大学负责在江苏盐城修筑了我国第一条连续配筋水泥混凝土路面；20世纪90年代中期，又在江苏镇江修筑了更大规模的连续配筋水泥混凝土路面；2001年，在南京修筑了连续配筋混凝土复合式沥青路面结构，首次进行了长久性沥青路面的尝试，为我国连续配筋混凝土路面使用奠定了一定基础。对钢纤维混凝土路面、碾压混凝土路面、复合结构混凝土路面等新型路面结构亦开展了系统研究，并取得一批实用性研究成果。

（7）绿色道路路面建设技术

绿色交通是21世纪资源节约型交通建设的主题。近年来，围绕温拌技术，开展了温拌沥青路面设计与施工技术、温拌橡胶沥青的设计与施工等系列技术研究，以减少热拌沥青混凝土施工过程中能源的消耗。围绕再生技术，进行了沥青路面厂拌热再生和厂拌冷再生技术、沥青路面就地热再生技术和就地冷再生技术、全厚式再生技术等系列再生技术的应用研究；结合水泥混凝土路面旧路改造，进行了水泥混凝土路面就地碎石化技术和水泥混凝土路面材料再生利用技术等研究，形成了成套的绿色路面建养技术。

1.3.2 桥梁工程

（1）中小跨径桥梁施工技术

我国已经全面掌握中小跨径钢筋混凝土桥梁和预应力钢筋混凝土桥梁施工技术。中小跨径桥梁施工技术从设计与施工相互独立的状态，已逐渐发展成把设计和施工紧密结合，进行标准化设计和施工的状态。工厂化加工制作和现场大型机械化施工技术，全过程标准化施工技术，精细化管理、自动化监测的系统化施工技术等，在我国公路桥梁建设中已得到广泛使用。

东海大桥是我国第一座真正意义上的跨海大桥，其非通航孔桥跨均采用上述施工方法。桩基采用大口径PHC（Prestressed High-Strength Concrete，预应力高强度混凝土管桩）桩和钢管桩，工厂制造、接长，现场整体起吊插打；承台采用混凝土预制套箱，整体安装后浇筑封底混凝土，再分批次浇筑承台混凝土；墩身采用预制吊装方案，现浇湿接头；梁部则根据该地区海况选择了60m和70m两种跨度箱梁，两种箱梁均为工厂预制，大型浮吊整孔安装，5~6孔一联形成后连续，采用预制安装的方法，该桥仅花3年时间就完成了施工。

杭州湾跨海大桥全长36km，水文气象条件非常复杂，施工非常困难。其50m和70m跨径连续梁也是采用工厂化整孔预制、现场大型机械化整孔吊装施工技术。这种针对中小跨径桥梁的整孔预制吊装、运架一体化的工艺体现了现代桥梁机械大型化的发展趋势。

东海大桥、杭州湾跨海大桥等超长跨海工程在强潮和台风侵袭的内海和海湾中，创造性地引入近万根钢管桩、钻孔灌注桩的群桩基础精准定位、快速施打、预制装配等新技术。

（2）大跨径桥梁施工技术

大跨径桥梁通常是指跨越能力在百米及以上的拱桥、斜拉桥及悬索桥。进入21世纪以后，我国大跨径桥梁施工技术已逐渐成熟化和创新化，全面掌握了大型深水群桩基础施工，千米级斜拉桥（塔、索、梁）制造、安装和控制，大跨钢箱梁建造，超长缆索制造，混凝土高塔，长大深埋沉管隧道，离岸厚软基桥隧转换人工岛及海上长联桥梁施工等技术。

2008年建成的苏通长江公路大桥是我国自主设计和建造的世界首座突破千米跨径的斜拉桥，主跨跨径1088m，在施工技术方面攻克了深水急流中施工平台搭设及群桩基础施工（131根、直径2.8m、桩长120m）和高塔（300.4m）、长索（577m）、大跨结构施工控制等10余项世界级关键技术难题，解决了千米级斜拉桥几何非线性及与施工控制对接技术难题，研发了具有自主知识产权的桥梁结构静动力空间分析软件，为设计及施工控制提供了关键技术手段。在国际上首次创建了深水、急流、潮汐河段条件下大型群桩基础全钢护筒施工控制技术，将倾斜度由传统的1/100提高到1/200，研发了多点同步控制整体下沉和定位施工控制技术，实现了世界上最大钢吊箱整体下沉，将定位精度由传统的50mm提高到20mm，突破了大型钢吊箱的规模和质量制约。在国际上首次系统地提出千米级斜拉桥施工全过程自适应几何控制方法并建立了制造安装一体化控制系统，创建了索塔、斜拉索、钢箱梁数字化制造安装控制关键技术。技术应用实现了高塔倾斜度从1/3000提高到1/42000、长索制作精度从1/5000提高到1/20000、主梁标高误差≤L/4000（L为主跨跨径）、桥轴线误差≤L/45000，攻克了千米级斜拉桥施工控制技术难题。

2012年建成通车的泰州大桥为世界上首座跨径突破千米的三塔连跨悬索桥，实现了巨型深水沉井基础施工，研发了世界首创的“沉井钢锚墩+锚系”半刚性导向定位系统，增强了沉井在施工过程中的操控性，能有效抑制沉井摆动，保证定位精确度，增强了对水文、气象、航运等环境因素的适应性，攻克了钢塔用150mm厚高强度承压板焊接质量及变形控制难题，创下了我国桥梁建设史上熔透焊缝对接厚度之最，掌握了三塔悬索桥上部结构施工关键技术，形成了猫道、主缆、钢箱梁施工成套技术，研发了紧缆机、缠丝机、主缆除湿系统等关键设备。

2018年建成通车的港珠澳大桥，围绕跨海集群工程建设关键技术，成功掌握了外海厚软基大回淤超长沉管隧道施工关键技术、外海厚软基桥隧转换人工岛施工关键技术、海上装配式桥梁施工关键技术、跨海集群工程混凝土结构120年使用寿命保障关键技术及安全环保关键技术等。

大跨径桥梁施工技术在其他桥梁的建设中也各有突破，在长江边透水的软弱深厚覆盖层中，润扬长江大桥成功实现了敞开式锚碇深基坑开挖的矩形地下连续墙工法和排桩冻结工法的技术突破；武汉阳逻长江大桥、黄埔大桥发展了圆形地下连续墙施工工艺；南京长江四桥发展了双环形地下连续墙施工工艺。继江阴长江公路大桥陆域沉放巨型深沉井（平面尺寸70m×59m、深58m）之后，泰州大桥创造了沉入19m水深和55m覆盖层的沉井工法新纪录。

1.3.3 隧道工程

近年来，我国隧道及地下工程得到了前所未有的迅速发展。据《2022年交通运输行业发展统计公报》数据显示，截至2022年底，全国公路隧道为24850处、2678.43万延米，增加1582处、208.54万延米，其中特长隧道为1752处、795.11万延米，长隧道为6715处、1172.82万延米。

（1）地质勘测

近年来，勘测水平不断提高。随着复杂地质条件下大埋深和长洞线隧道工程的不断增多，工程勘察综合利用了遥测遥感、多点高频物探、GIS（Geographic Information System，地理信息系统）、GPS（Global Positioning System，全球定位系统）等技术，不仅提高了勘测效率，而且大幅提高了控制精度等级。施工技术方面引入了BIM（Building Information Modeling，建筑信息模型）技术，建立了3D（Three Dimensions，三维）数字化模型，把施工中所需物料的信息纳入模型中，对施工中的难点、重点进行模拟演示，严格把控物料的输入与输出。

(2) 开挖和支护技术

我国在公路隧道开挖和支护流水线作业领域，先后自主研发了挖装机、液压凿岩设备、自动机械化混凝土喷射设备、拱架安装机、模板台车和移动栈桥等一系列施工设备，极大地提高了工作效率。在过去，盾构、TBM(Tunnel Boring Machine，全断面硬岩隧道掘进机)掘进机均依赖国外引进，但近年来经过科研施工人员不断地摸索研究，终于自主制造了中国盾构和中国 TBM，且在国内及国际市场上得到了广泛的推广与应用。通过大量工程实践，汲取经验，不断创新、改进和完善了 TBM 和 TBM 技术，攻克了 TBM 在软弱地层掘进脱困与沉降控制核心技术，从而形成了具有中国特色的超浅埋、大宽度、小净距矩形顶管与盾构技术，创造了多项世界隧道施工领域纪录。

(3) 防灾与减灾

隧道地质灾害主要包括突水突泥、岩爆、大变形和高瓦斯。突水突泥灾害源的定位定量预报技术取得了较大突破，尤其是对含水构造的静储量估算。灾害预测预警尝试建立以微震为载体的多元信息综合预报预警系统，已实现对灾害源动补给水量和涌水量的预测预警，该技术在成兰(成都—兰州)铁路跃龙门隧道进行了现场试验。对大规模突水突泥灾害的治理，涌现出了一系列新型注浆材料及配套工艺、装备，初步解决了高压大流量动水封堵与富水破碎岩体加固的技术难题，如江西萍莲(萍乡—莲花县)高速公路莲花隧道大规模破碎带突水突泥的治理。大变形问题在乌鞘岭隧道中极为突出，在湖北沪渝(上海—重庆)高速公路等工程中也有出现，其具有变形速率快、总变形量大和持续时间长等显著特点。实际施工中主要从开挖工法、支护措施等方面进行改进，如采用深孔锚杆、钢管混凝土等，但尚未从根本上解决该问题。锦屏引水隧洞施工中遇到了强烈的岩爆灾害，主要采用导洞释放应力、掌子面洒水等措施进行预防，监测预警主要依赖微震技术，对应力型岩爆具有一定效果。从整体而言，岩爆灾害的防治仍处于被动状态。隧道工程结构新材料与运营管理的进步以防排水材料、衬砌混凝土材料以及反光材料为代表，隧道结构新材料及工艺不断涌现，如喷涂速凝型防水材料、高性能防腐混凝土、自发光材料等。隧道风险监控方面发展了无线智慧感知及可视化技术，研发了隧道结构健康快速检测车，提出了等效节能照明理念，并以秦岭终南山特长公路隧道为应用示范工程，突破了长大隧道防灾救灾和通风照明技术的难题，采取竖井送排式纵向通风方式，每座隧道洞内设置 3 处特殊照明带，缓解驾驶疲劳。

第2章 路基工程施工技术

2.1 路基工程施工准备

2.1.1 路基工程施工组织

1. 编制原则

施工单位在编制路基施工组织设计过程中，应结合路基施工特点，遵守以下原则：

(1) 严格执行工程建设程序和施工程序

施工阶段组织设计属于施工前准备工作的一项重要内容，要严格遵守合同签订的施工期限，按照基建程序和施工程序的要求，保质保量按时完成施工任务。

(2) 保证重点、统筹兼顾

要对工程项目的所有内容分清轻重缓急，尽量采用双代号网络计划确定关键线路、关键工作及总工期。在满足总工期要求的前提下，集中力量对关键线路上的关键工作和控制性作业项目进行施工，避免拉长战线、分散资源、拖延工期。同时还要有全局观念，保证工程全线按期完成，迅速发挥投资效益，为后续施工创造良好条件。

(3) 遵循工程的客观规律，科学合理地安排施工季节、程序和施工顺序

按照路基工程施工的客观规律安排施工顺序，可将整个项目划分为几个阶段，如施工准备、土石方工程、排水工程、防护工程等。各施工阶段之间合理搭接，在保证质量的基础上，根据当地的气候季节特点及工程地质、水文地质条件，合理安排施工进度，充分利用施工时间并保持均衡施工，尽可能缩短工期，加快施工进度。因此必须处理好以下关系：

① 施工准备与正式施工的关系。施工准备之所以重要，是因为它是后续施工能按时开始的重要条件。

② 全场性工程与单位工程的关系。在正式施工时，应首先进行全场性工程的施工，然后按照工程的排序，逐个进行单位工程的施工。

③ 地下与地上的关系。在处理地下工程与地上工程时，应遵循“先地下、后地上”的原则。

④ 空间顺序与工种顺序的关系。在安排施工顺序时，既要考虑施工组织的空间顺序，又要考虑施工工艺的工种顺序。空间顺序要以工种顺序为基础，工种顺序尽可能为空间顺序提供有利的施工条件。

(4) 应用科学的计划方法制订最合理的施工组织方案

根据工程特点和工期要求，尽可能采用平行流水作业施工方法，组织连续、均衡且有节奏地施工，保证人力、物力充分发挥作用。对于复杂工程，应用网络计划技术找出关键线路，据此确定最佳的施工组织方案。

(5) 采用先进的施工技术和设备，加强科学管理

在选择施工机械过程中要进行技术经济比较，充分利用现有的机械设备，使大型机械与中、小型机械，机械化与半机械化结合起来，尽量扩大机械化施工范围，提高机械化程度。

(6) 确保工程质量和施工安全

贯彻施工技术规范、操作规程，提出确保工程质量的技术措施和施工安全措施。

2. 原始资料的调查分析

在编制实施性施工组织设计之前，应全面收集原始资料，做好如表 2.1 所列的调查工作。

表 2.1　原始资料调查表

调查项目	调查内容
社会调查	地下管线及架空线路、文物古迹、基本农田、当地民族构成、主要社会矛盾、民风等
承包人能力的调查	员工数量、类别、素质、施工机械装备等
施工资源的调查	筑路材料、运输条件、当地劳动力、电力、供水等
自然条件的调查	合同段内的地形、地貌、地质、水文、气候等条件

3. 编制内容

一般来说，施工组织设计分为施工组织总设计和分部、分项工程施工组织设计，具体内容如下：

(1) 施工组织总设计内容

施工组织总设计是以整个路基工程为对象，根据设计图纸和施工现场条件编制的，用以指导施工全过程各项施工活动的技术经济的综合性文件。其主要内容有：工程概况、施工部署及主要构造物的施工方案、施工准备工作计划、施工总进度计划、各项资源需要量计划、施工总平面图。

(2) 分部、分项工程施工组织设计内容

分部、分项工程施工组织设计主要由项目总工程师负责编制。每个分部、分项工程的开工申请是呈送监理工程师报批的不可缺少的内容。其主要内容有：分部、分项工程概况，施工方法及施工机械的选择，施工进度计划，施工安全计划，人工、材料、机械计划，施工平面图，质量保证、安全、环保、文明施工等措施。

2.1.2　路基试验段的选择与实施

1. 试验段的选择

以路基填方为例，试验段的位置应选在地质条件、断面形式及工程要求均具有代表性的地段，长度应为 200m，试验场地应尽量选在主线上，且施工方便。在试验段的选择过程中，要尽可能符合下列条件：

(1) 距驻地近、地势平坦、交通方便、填料质量及施工条件具有代表性的地段。

(2) 工程量集中、施工时间较长的地段；工程地质及水文地质条件具有代表性且对今后施工具有广泛指导意义的地段。

2. 试验段的目的

试验段的目的是取得施工经验，检验施工机械组合，根据压实机械情况及在施工技术规范允许情况下的压实厚度、松铺系数，确定松铺厚度、土的最佳含水率、碾压遍数等。将以上资料整理上报，经监理工程师批准后，作为以后施工的经验资料，以指导路基的填方施工。

3. 试验段的实施

（1）试验段施工前期准备

路基试验段施工的前期准备工作主要应该注意以下5个方面：选择最具有代表性的填料并最佳地组配施工机械，这样得到的施工数据是普遍被认同的；掌握设计图纸及设计文件，只有这样才能真正了解设计核心，编制施工作业指导书；通过复测导线及水准点安全的路基放样，确定路基在二维及三维空间的准确位置；路基周边的清表工作要认真彻底，国家相关部门规定，腐殖土是不允许使用的，因此要确保腐殖土已经清除干净；需要变更的施工细节要进行详细而有深度的复核，复核后，如确认需要变更，需上报项目工程师进行确认并实施变更。

（2）填料阶段

填料阶段的工作主要分为两个步骤：一是严格遵照路基的设计文件，对路基进行放样，测出路基的宽度及地面高程。对路基进行放样时，应分别设计标记杆，并需要对已定义为标记杆的中桩和边桩标出松铺厚度，以指导后续的作业。二是在进行上料工作之前，为能够准确而有效地控制上料的厚度，应将路基试验的路段布置成矩形网格，一般情况下矩形网格的尺寸为4m×5m。根据以往路基试验段的施工经验，填料的松铺系数按国家标准要求，应拟定为1.2，厚度应为35cm，再结合货运汽车所能运载的数量，计算出每个网格的卸料体积应为1车。

（3）摊铺与运料

① 运料时应采用自卸汽车与挖掘机相互配合的方式。在填料装运时，要注意避免大尺寸直径的填料过度的密集，要尽量使各种尺寸直径的填料混合均匀。同时在运料阶段，应设计安排好汽车运输填料的运输路线，卸料时，按先两侧后中间、水平分层、先低后高的方式进行。

② 运料工作之后，填料应堆放在上一步经检测并确认合格可以使用的第一层上，摊铺应使用大功率的推土机操作，此步骤在施工时注意摊铺与堆料一定要同时进行。

③ 当以上两个步骤完成之后，通过测量仪器检测出超过要求尺寸直径的填料，为满足使用规范，应将不符合要求超粒径的填料进行人工破碎，使之符合要求；注意超大粒径的填料并不适宜进行人工破碎，这些填料需清除干净。

④ 检查填料配合地带，对填料配合不均匀的地带，应由人工及时处理使之符合要求。

（4）检测与碾压

① 根据填料阶段的实验数据，按国家要求的松铺系数1.2，厚度35cm，计算出碾压后的压实厚度应为30cm。在进行施工时，大部分都采用振动压路机碾压，这种机器的碾压频率一般为30Hz左右，碾压的速度一般为3km/h。

碾压时应该先用振动压路机静压1遍，之后再振压6~8遍不等，最后再静压1遍，这样就完成了碾压工作。

② 碾压顺序一般是先按照从两侧向中间进行，然后再从中间向两侧碾压回去。

③ 对于碾压效果不好的情况，如碾压后有松动或有空隙的地方，应及时采取相应措施处理。有松动的，应找到与松动间隙尺寸接近的小石块填入其中，并进行敲紧嵌实；对于有空隙的地方，则应先补充相应填料，然后再重新碾压。

④ 以上步骤都完成以后，则表示碾压的压实面已经稳定，不会再下沉，表面也已经平整，便可以进行检测工作。如果检测出有不合格的部分，则需要重新碾压，直到全部经检测确认正确无误为止。

4. 土工试验

所谓土工试验，主要由力学试验和物理试验两部分组成，试验目的是测试土的抗外力特性指标和三相组分特性指标及其相互作用。土工试验数据是岩土工程勘察报告的重要基础资料，也是工程设计和施工的前提和基础，其试验结果数据依然是公路工程建设的重要参考依据，关系到整个工程的质量。其要点分析如下：

(1) 收集土样

采集合适的土样是进行道路土壤压实试验和保证试验结果准确性的重要前提。使用不同的土样，最终的击实试验结果是不同的。叙述了土样的颜色、矿物组成、硬度、塑性状态和结构，估算和记录了土样的物理力学指标，试验数据符合工程实际，有助于试验人员积累经验。因此，充分了解每个土样的性质，可以在施工过程中适当采取措施。

(2) 土壤相对密度、密度和含水量测定

土壤是一种多孔介质，多孔介质最基本的参数是密度和孔隙度，体现在相对密度、密度和含水量 3 个参数中。这 3 个基本指标是原始指标，它们正确与否，不仅影响其他物理指标的变化，而且影响土的力学指标。以土壤含水量的测定为例，为保证土工试验的准确性，在采集和准备土壤样品时，要保证样品的质量，需采用平衡器和喷雾器加水，使水均匀地喷洒在托盘两侧的土壤样品上。在整个过程中保持平衡，以便严格控制加水量。因此，这 3 项指标对土木工程测试和土木工程研究具有重要意义。

(3) 土的液限和塑限测定

土的液限和塑限是指土从流动状态到塑性状态，从塑性状态到半固体状态的极限含水量。本试验的目的是确定细粒土的液限和塑限含水量，它可以用来计算土的塑性指数和液体指数。但在实际应用中，某些土体的塑性指数可能很大，不能反映土体的实际情况，因此，建议采用筛分法测定该类土壤的含砂量。如果砂含量达到砂的标准，则不再需要进行液限和塑限试验。

(4) 土的固结试验

试验主要是确定围压条件下饱和黏性土的稳定孔隙比与压力关系的压缩曲线、孔隙比与加载排水时间关系的固结曲线，它是测量土体在压力作用下的变形过程。其目的是为岩土工程建筑物和地基的沉降计算和区域地基沉降估算提供相关依据。通过计算土的压缩指数，可以为判断土的压缩特性和天然土层的固结状态提供重要依据，进而计算土基的沉降量，估算区域地面沉降量。为了准确地提供这些压缩指标，必须严格按照国家标准操作，对土壤样品进行检测和管理，注意样品是否受到干扰，是否失水，并做好记录。消除各种不利因素，及时解决问题。

（5）数据处理问题

测试数据的处理也是一个重要环节。由于土的不均匀性以及设备、读数和操作等因素影响，计算数据比较零散，有时同组试样的试验数据也比较零散。为使测试结果准确，该标准规定，一些材料的测试数据必须进行选择。如果 3 个强度值中有 1 个超过平均值的 10%，应剔除该值，其余 2 个强度值的平均值应作为抗弯强度的结果。如其中 2 个量度数值超过平均值的 10%，余下 1 个量度数值便会视为断裂模数结果。如果所有 3 个测量值都超过平均值的 10%，就必须重新检查。

路基试验段的施工质量对整个公路工程的填筑质量起着至关重要的指导作用，因此只要提高路基试验段施工质量，便能够行之有效地提高公路建筑工程的填筑质量，为公路项目工程后续的施工提供详细准确的数据，同时也能够减少因缺少数据而导致盲目施工带来的财力物力的巨大浪费和损失，从而找到公路项目工程中最好、最优的管段内施工方案。

2.2 一般路基施工

2.2.1 土质路堤施工

1. 施工取土

（1）路基填方取土，应根据设计要求，结合路基排水和当地土地规划、环境保护要求进行，不得任意挖取。

（2）施工取土应不占或少占良田，尽量利用荒坡、荒地，取土深度应结合地下水等因素考虑，利于复耕。原地面耕植土应先集中存放，以利再用。

（3）自行选定取土方案时，应符合下列技术要求：

① 地面横向坡度陡于 1∶10 时，取土坑应设在路堤上侧。

② 桥头两侧不宜设置取土坑。

③ 取土坑与路基之间的距离，应满足路基边坡稳定的要求。取土坑与路基坡脚之间的护坡道应平整密实，表面设 1%~2%向外倾斜的横坡。

④ 取土坑兼作排水沟时，其底面宜高出附近水域的常水位或与永久排水系统及桥涵出水口的标高相适应，纵坡不宜小于 0.2%，平坦地段不宜小于 0.1%。

⑤线外取土坑等与排水沟、鱼塘、水库等蓄水（排洪）设施连接时，应采取防冲刷、防污染的措施。

（4）对取土造成的裸露面，应采取整治或防护措施。

2. 施工方法

路堤填筑是把填料用一定方式运送上堤进行铺平、碾压密实的过程。路堤填筑分为分层填筑法、竖向填筑法和混合填筑法 3 种方法。

（1）分层填筑法

路堤填筑根据不同的土质，从原地面逐层填起并分层压实，每层填土的厚度可按压实机具的有效压实深度和压实度确定。分层填筑法又可分为水平分层填筑和纵向分层填筑：

① 水平分层填筑：填筑时按照横断面全宽分成水平层次，逐层向上填筑，如原地面不平，应由最低处分层填起，每填一层，经过压实符合规定要求之后，再填上一层，依此循环，直至达到设计高程。

② 纵向分层填筑：适用于用推土机从路堑取土填筑距离较短的路堤，依纵坡方向分层，逐层向上填筑，原地面纵坡大于12%的地段常采用此法。

（2）竖向填筑法

是指从路基一端或两端同时按横断面的全部高度，逐步推进填筑。此法适用于无法自下而上填筑的深谷、陡坡、断岩、泥沼等运土和机械无法进场的路堤。

竖向填筑因填土过厚不易压实，施工时要选用沉陷量较小、透水性较好及颗粒粒径均匀的砂石材料或附近开挖路堑的废石方，并一次填足路堤全宽度；选用振动式或夯击式压实机械；暂时不修建较高级的路面，容许短期内自然沉落。

（3）混合填筑法

在路堤下层竖向填筑，上层水平分层填筑，使上部填土经分层压实获得需要的压实度。此方法适用于因地形限制或填筑堤身较高，不宜采用水平分层法和竖向填筑法自始至终进行填筑的情况。在深谷陡坡地段填筑路堤，尽量采用混合填筑法。施工时可以单机作业，也可多机作业，一般沿线路分段进行，每段间距以20～40m为宜，多在地势平坦或两侧有可利用的山地土场的场合采用。

3. 施工要点

（1）地基表层处理应符合下列规定：

① 二级及二级以上公路路堤基底的压实度应不小于90%；三级、四级公路应不小于85%。路基填土高度小于路面和路床总厚度时，基底应按设计要求处理。

② 原地面坑、洞、穴等，应在清除沉积物后，用合格填料分层回填，分层压实。

③ 泉眼或露头地下水，应按设计要求，采取有效导排措施后方可填筑路堤。

④ 地基为耕地、松散土、水稻田、湖塘、软土、高液限土等时，应按设计要求进行处理，局部软弱的部分也应采取有效的处理措施。

⑤ 地下水位较高时，应按设计要求进行处理。

⑥ 陡坡地段、土石混合地基、填挖界面、高填方地基等都应按设计要求进行处理。

（2）路堤填筑应符合下列规定：

① 性质不同的填料，应水平分层、分段填筑，分层压实。同一水平层路基的全宽应采用同一种填料，不得混合填筑。每种填料的填筑层压实后的连续厚度不宜小于500mm。填筑路床顶最后一层时，压实后的厚度应不小于100mm。

② 潮湿或冻融敏感性小的填料应填筑在路基上层，强度较小的填料应填筑在下层。在有地下水的路段或临水路基范围内，填筑透水性好的填料。

③ 在透水性不好的压实层上填筑透水性较好的填料前，应在其表面设2%～4%的双向横坡，并采取相应的防水措施。不得在由透水性较好的填料所填筑的路堤边坡上覆盖透水性不好的填料。

④ 每种填料的松铺厚度应通过试验确定。

⑤ 每一填筑层压实后的宽度不得小于设计宽度。

⑥ 路堤填筑时，应从最低处起分层填筑，逐层压实；当原地面纵坡大于12%或横坡陡于1：5时，应按设计要求挖台阶，或设置坡度向内并大于4%、宽度大于2m的台阶。

⑦ 填方分几个作业段施工时，接头部位如不能交替填筑，则先填路段，按1：1坡度分层留台阶；如能交替填筑，则应分层相互交替搭接，搭接长度不小于2m。

(3) 施工机械的选择要满足以下要求：

应考虑工程特点、土石种类及数量、地形、填挖高度、运距、气候条件、工期等因素经济合理地确定。填方压实应配备专用碾压机具。

(4) 压实度检测应符合以下规定：

① 用灌砂法、灌水(水袋)法检测压实度时，取土样的底面位置为每一压实层底部；用环刀法试验时，环刀中部处于压实层厚的1/2深度；用核子仪试验时，应根据其类型，按说明书要求办理。

② 施工过程中，每一压实层均应检验压实度，检测频率为每$1000m^2$至少检验2点，不足$1000m^2$时检验2点，必要时可根据需要增加检验点。

2.2.2 填石路堤施工

1. 填料要求

路堤填料粒径应不大于500mm，并不宜超过层厚的2/3，不均匀系数宜为15~20。路床底面以下400mm范围内，填料粒径应小于150mm；路床填料粒径应小于100mm。膨胀岩石、易溶性岩石不宜直接用于路堤填筑，强风化石料、崩解性岩石和盐化岩石不得直接用于路堤填筑。

2. 填筑方法

填石路堤的填筑施工方式有倾填(含抛填)和逐层填筑、分层压实两种。倾填又可分为石块从岩面爆破后直接散落在准备填筑的路堤内和用推土机将爆破后堆置在半路堑上的石块以及用自卸汽车从远处运来的爆破石块推入路堤两种情况。高速公路、一级公路和铺设高级路面的其他等级公路的填石路堤不宜采用倾填式施工，而应采用分层填筑、分层压实的方法。二级及二级以下且铺设低级路面的公路在陡峻山坡段施工特别困难或大量爆破以挖作填时，可采用倾填方式将石料填筑于路堤下部，但倾填路堤在路床底面下不小于1.0m范围内仍应分层填筑压实。

采用分层填筑方式施工，又可分为机械作业和人工作业两种方法。机械施工分层填筑时，高速公路及一级公路分层松铺厚度一般为50cm，其他公路为100cm。施工中应安排好石料运行路线，专人指挥，按水平分层，先低后高、先两侧后中央卸料。由于每层填筑厚度较大，故摊铺平整工作必须采用大型推土机进行，个别不平处应配合人工用细石块、石屑找平，当石块级配较差、粒径较大、填层较厚、石块间的空隙较大时，可于每层表面的空隙里扫入石碴、石屑、中砂、粗砂，再以压力水将砂冲入下部，反复数次，使空隙填满。人工摊铺、填筑填石路堤，当铺填粒径25cm以上石料时，应先铺填大块石料，大面向下，小面向上，摆平放稳，再用小石块找平，石屑塞填，最后压实；铺填粒径25cm以下石料时，可直接分层摊铺，分层碾压。

3. 施工要点

(1) 基层处理时，其承载力应满足设计要求；在非岩石地基上填筑填石路堤前，应按设计要求设过渡层。

(2) 路堤施工前，应先修筑试验路段，确定满足孔隙率标准的松铺厚度、压实机械型号及组合、压实速度及压实遍数、沉降差等参数。

(3) 路床施工前，应先修筑试验路段，确定能达到最大压实干密度的松铺厚度、压实机械型号及组合、压实速度及压实遍数、沉降差等参数。

(4) 岩性相差较大的填料应分层或分段填筑。严禁将软质石料与硬质石料混合使用。

(5) 中硬、硬质石料填筑路堤时，应进行边坡码砌。码砌边坡的石料强度、尺寸及码砌厚度应符合设计要求。边坡码砌与路基填筑宜同步进行。

(6) 压实机械宜选用自重不小于 18t 的振动压路机。

(7) 在填石路堤顶面与细粒土填土层之间应按设计要求设过渡层。

4. 质量检验

(1) 上、下路堤的压实质量标准。

(2) 填石路堤施工过程中的每一压实层，可用试验路段确定的工艺流程和工艺参数来控制压实过程；用试验路段确定的沉降差指标检测压实质量。

(3) 填石路堤填筑至设计标高并整修完成后，其施工质量应符合规定。

(4) 填石路堤成型后的外观质量标准：路堤表面无明显孔洞；大粒径石料不松动，铁锹挖动困难；边坡码砌紧贴、密实，无明显孔洞、松动，砌块间承接面向内倾斜，坡面平顺。

2.2.3 土石路堤施工

土石路堤是指石料含量占总质量 30%~70%的土石混合材料填筑的路堤。

1. 填料要求

(1) 膨胀岩石、易溶性岩石等，不宜直接用于路堤填筑，崩解性岩石和盐化岩石等不得直接用于路堤填筑。

(2) 天然土石混合填料中，中硬、硬质石料的最大粒径不得大于压实层厚的 2/3；石料最大粒径不得大于压实层厚。

2. 填筑方法

土石路堤不得采用倾填方法，只能采用分层填筑，分层压实。

当土石混合料中石料含量超过 70%时，宜采用人工铺填，即先铺填大块石料，且大面向下，放置平衡，再铺小块石料、石碴或石屑嵌缝找平，然后碾压。当土石混合料中石料含量小于 70%时，可用推土机将土石混合料铺填，每层铺填厚度应根据压实机械类型和规格确定，不宜超过 40cm。用机械铺填时应注意避免硬质石块，特别是集中在一起的尺寸大的硬质石块。

3. 施工要点

(1) 在陡、斜坡地段，土石路堤靠山一侧应按设计要求做好排水和防渗处理。

（2）压实机械宜选用自重不小于18t的振动压路机。

（3）施工前应根据土石混合材料的类别分别进行试验路段施工，确定能达到最大压实干密度的松铺厚度、压实机械型号及组合、压实速度及压实遍数、沉降差等参数。

（4）碾压前应使大粒径石料均匀分散在填料中，石料间孔隙应填充小粒径石料、土和石碴。

（5）压实后透水性差异大的土石混合材料，应分层或分段填筑，不宜纵向分幅填筑。如确须纵向分幅填筑，应将压实后渗水良好的土石混合材料填筑于路堤两侧。

（6）土石混合材料来自不同料场，其岩性或土石比例相差较大时，宜分层或分段填筑。

（7）填料由土石混合材料变化为其他填料时，土石混合材料最后一层的压实厚度应小于300mm，该层填料最大粒径宜小于150mm，压实后，该层表面应无孔洞。

（8）中硬、硬质石料的土石路堤，应进行边坡码砌，码砌边坡的石料强度、尺寸及码砌厚度应符合设计要求。边坡码砌与路堤填筑宜同步进行。软质石料土石路堤的边坡按土质路堤边坡处理。

4. 质量检验

（1）中硬、硬质石料土石路堤在施工过程中的每一次压实层，可用试验路段确定的工艺流程和工艺参数，控制压实过程；用试验路段确定的沉降差指标，检测压实质量。路基成型后质量应符合规定。

（2）软质石料填筑的土石路堤应符合地基表层处理的规定。

（3）土石路堤的外观质量标准包括：路基表面无明显孔洞；大粒径填石无松动，铁锹挖动困难；中硬、硬质石料土石路基边坡码砌紧贴、密实，无明显孔洞、松动，砌块间承接面应向内倾斜，坡面平顺。

2.2.4 “三背”回填施工

在公路构造物中包含挡墙墙背、涵台台背、桥台台背这三部分，这“三背”容易出现路面开裂、结构移位的不良情况，降低行车的安全性和舒适性。为避免“三背”回填的沉降问题，只有在施工阶段做好技术处理和过程质量控制，才能一劳永逸。

由于“三背”回填施工难度大，病害较多，故在进行“三背”回填时应根据地质和水文情况，加强材料选择和工艺控制，以确保施工质量。其主要施工技术控制要点如下。

1.“三背”回填前做好施工规划

结构物“三背”回填要避开雨季施工，在施工计划编制时对高填方台背回填应考虑沉降期，提前安排结构物施工。在结构物施工完成后，及时进行结构物“三背”回填，回填至路基底面高程时与路基一起同步回填，避免因衔接部位处理不当造成不均匀沉降。

挡墙在施工时为避免基础长期暴露或受水浸泡，挡墙砌筑与回填实行交叉逐层施工，即完成一层挡墙后立即进行回填，回填到挡墙施工面以下30~50cm再进行第二层挡墙施工，依此类推，在具备大型机械设备回填时，结构物完成后再进行全断面分层回填挡墙背，并与路基同步填筑施工。

涵洞一般位于低洼处，为避免涵洞基坑长期被水浸泡，涵洞在混凝土强度达到设计要求时即进行回填，给回填区留有足够的沉降期，减少工后沉降量。

2. 加强承载力检测和基础处置工作

在“三背”回填前首先应进行基础承载力试验检测，若基础承载力不满足设计要求，需按设计处置方法处置。若设计未提出处置方案，施工单位应根据地质状况，提出处置方案，经设计审批处置后再进行回填作业。若遇基坑内有积水，在回填前要排干积水，同时在水下部分回填时选择块石、片石或级配良好的碎石回填到水位线50cm以上；若基础长期受水浸泡，应在普通填料下铺设防水土工布，避免饱和水侵蚀回填路基，造成路基沉降。

3. 选择符合要求的回填材料

“三背”回填时应选用透水性材料，如碎石土、天然砂砾、无机结合稳定土、水泥稳定碎石材料、轻质材料等，严禁使用崩解性岩石、膨胀土、软土、腐殖土等作为填料，特别是在挡土墙背内侧应选用透水性填料，做好排水及反滤措施，填料粒径控制在100mm以内，涵洞两侧回填填料粒径要求小于50mm。在“三背”狭窄部位可采用低强度等级混凝土、浆砌片石等材料回填。所有填料要求控制在最佳含水量±2%以内，若实在难以选择合格的填料，需经技术和试验人员提出处理方案，保证回填材料满足要求。

4. 加强施工工艺控制

（1）回填基础面的清理

在进行回填前，将回填区和基坑内杂物、杂草、腐殖土、混凝土块、木屑清理干净，并加强对基坑内积水的引排，防止基坑被水浸泡。回填前做好检查验收，未达要求严禁回填。

（2）路基过渡段处理与控制

在“三背”回填前做好连接部位过渡段的处理工作，避免未经处理顺坡填筑，台背回填路堤或路基必须挖成台阶，台阶宽度不小于1m，每级台阶高不大于0.6m，台阶向内倾2%~4%的坡度，对原状土要求翻松30cm以上，每层台阶应碾压密实，在接合部位铺设土工格栅，土工格栅在衔接处两侧铺设宽度不小于1m，保证接合部位良好过渡与衔接。

（3）分层厚度控制

在结构物墙体每隔2~3m标示出分层厚度线，靠近结构物墙体0.5~1m范围内松铺厚度严格按15cm控制，人工整平并碾压密实，桥台背和锥坡的回填同步施工。

（4）碾压控制

为保证结构物接触部位回填的压实度，台背与墙背0.5~1m范围内回填宜采用小型夯实机具压实，一般选用1t手扶式振动碾压设备或小型冲击夯机，在设备无法到位的部位，铺料控制在10cm内，进行人工夯实。当基坑回填宽度大于2.5m时，要求必须采用18t以上的振动压路机碾压，一般采用高频低振的方式碾压，回填时沿墙背平行碾压。为弥补小型夯机功率小、碾压不充分的问题，拟采用高速液压冲击夯进行补强，该设备冲击强度可采用多级调控，影响深度可达3m以上，夯板直径为0.6m，冲击夯实为结构物内边缘3m宽度范围内，液压冲击夯第1遍夯点按矩形布置，第2遍在4个矩形夯点的中央布置，其夯锤落锤高度和击数，以使其回填区域的压实度大于96%为标准。

公路“三背”回填施工技术不但要严格执行相关规范的要求，制定切实有效的施工方案，规范施工行为，而且要制定严格的过程质量控制措施，并提高工程建设参与各方（设计、业主、监理和施工方）人员的责任心，才能避免留下质量隐患，减少运营期的维修成本。

2.3 特殊路基施工

2.3.1 软土路基施工

淤泥、淤泥质土以及天然强度低、压缩性高、透水性小的一般黏性土统称为软土。软土路基天然含水率大于等于35%与液限；天然孔隙比大于等于1.0；十字板抗剪强度小于35kPa；压缩系数宜大于0.5MPa^{-1}。

高速公路路基的软土：标准贯击数小于4，无侧限抗压强度小于50kPa，含水量大于50%的黏性土和标准贯击数小于10、含水量大于30%的砂性土。软土无论是按沉积成因还是按土质划分，它们都具有共同的工程性质，即：颜色以深色为主，粒度成分以细颗粒为主，有机质含量高。天然含水量高，容重小，天然含水量大于液限，超过30%；相对含水量大于10；软土的饱和度高达100%，甚至更大，天然重力密度为1.5～19kN/m^3。天然孔隙比大，一般大于1.0。渗透系数小，一般小于10^{-6}cm/s数量级，沉降速度慢，固结完成所需时间较长。黏粒含量高，塑性指数大。高压缩性，压缩系数大，基础沉降量大，一般压缩系数大于0.5MPa^{-1}。强度指标小，软土的黏聚力小于10kPa，快剪内摩擦角小于5°。固结快剪黏聚力小于10kPa，快剪内摩擦角小于5°。固结快剪的强度指标略高，黏聚力小于15kPa，内摩擦角小于10°。软土的灵敏度高，灵敏度一般在2～10，有时大于10，具有显著的流变特性。软土路基应进行路基处理并观测路堤沉降，按图纸或经监理工程师批准的处理方法施工。

1. 软土路基处理方法

(1) 换填法：将原路基一定深度和范围内的淤泥挖除，换填符合规定要求的材料，使之达到规定压实度。换填时，应选用水稳性或透水性好的材料，分层铺筑，逐层压实。

(2) 抛石挤淤法：在路基底从中部向两侧抛投一定数量的碎石，将淤泥挤出路基范围，以提高路基强度。所用碎石宜采用不易风化的大石块，尺寸一般不小于0.15m。抛石挤淤法施工简单、迅速、方便，适用于常年积水的洼地，排水困难、泥炭呈流动状态、厚度较薄、表层无硬壳、片石能沉达底部的泥沼或厚度为3～4m的软土；适用于在特别软的地面上施工机械无法进入，或是表面存在大量积水无法排出的情况；适用于石料丰富、运距较短的情况。

(3) 排水固结法：包括堆载预压法、真空预压法、降水预压法、电渗排水法，适用于处理厚度较大的饱和软土和冲填土路基，但对于较厚的泥炭层要慎重选择。

(4) 胶结法：

① 水泥搅拌桩：适用范围为淤泥、淤泥质土、含水量较高的地层、地基承载力不大于120kPa的黏性土、粉土等软土路基。在有较厚泥炭土层的软土路基上，宜通过试验确定其适用性，并可适量添加磷石膏以提高搅拌桩桩身强度。当地下水中含有大量硫酸盐时，应选用抗硫酸盐硅酸盐水泥。冬期施工时，应注意负温。

② 高压喷射注浆法：适用范围为淤泥、淤泥质土、黏性土、黄土、砂土、人工填土和碎石土等路基，尤其适用于软弱路基的加固。湿陷性黄土以及土中含有较多的大粒径块石、

坚硬性黏性土、大量植物根茎或过多有机质时，应根据现场试验结果确定其适用程度。对地下水流速较大或涌水工程以及对水泥有严重侵蚀的路基应慎用。

③ 灌浆法：适用于处理淤泥、淤泥质土、粉土和含水量较高且路基承载力标准值不大于 120kPa 的黏性土等地基。当用于处理泥炭土或地下水具有侵蚀性时，宜通过试验以确定其适用性。

④ 水泥土夯实桩法：适用于地下水位以上的素填土、淤泥质土和粉土等。

（5）加筋土法：适用范围为人工填土、砂土的路堤、挡墙、桥台等；土工织物适用于砂土、黏性土和软土的加固，或用于反滤、排水和隔离的材料；树根桩适用于各类土，主要用于既有建筑物的加固及稳定土坡、支挡结构物；锚固法能可靠地锚固土层和岩层。对软弱黏土，宜通过重复高压灌浆或采用多段扩体或端头扩体以提高锚固段锚固力。液限大于 50%的黏性土、相对密度小于 0.3 的松散砂土以及有机质含量较高的土层，均不得作为永久性锚固地层。

（6）振冲置换法：适用于不排水剪切强度 $20kPa \leq C_u \leq 50kPa$ 的饱和软黏土、饱和黄土及冲填土。对不排水剪切强度小于 20kPa 的地基应慎重选择。此法能使天然路基承载力提高 20%~60%。

（7）水泥粉煤灰碎石桩(Cement Fly-ash Gravel，简称 CFG 桩)法：CFG 桩法适用于淤泥、淤泥质土、杂填土、饱和及非饱和的黏性土、粉土，能使天然路基承载力提高 70%以上。

（8）钢渣桩法：适用于淤泥、淤泥质土、饱和及非饱和的黏性土、粉土。

（9）石灰桩法：适用于渗透系数适中的软黏土、杂填土、膨胀土、红黏土、湿陷性黄土，不适合地下水位以下的渗透系数较大的土层。当渗透系数较小时，软土脱水加固效果不好的土层慎用。

（10）强夯置换法：适用于饱和软黏土，一般适合于 3~6m 的浅层处理。

（11）砂桩法：适用于软弱黏性土，但应慎用，且需要较长的时间，对不排水剪切强度小于 15kPa 的软土应采用袋装砂井桩。

（12）夯坑基础法：适用于软黏土、非饱和的黏性土、夯填土、湿陷性黄土。

（13）强夯法：适用于碎石、砂土、杂填土、素填土、湿陷性黄土及低饱和度的粉土和黏性土。对于高饱和度的粉土和黏性土，须经试验论证后方可使用，且应设置竖向排水通道。该法处理深度可达十多米，但强夯的震动可能会对周围环境造成不良影响，因此，使用时要考虑周围环境因素。

（14）振冲法：是一种不添加砂石材料的振冲挤密法，一般宜用于 0.75mm 以上颗粒占土体 20%以上的砂土，而添加砂石材料的振冲挤密法宜用于粒径小于 0.005mm 的黏粒含量不超过 10%的粉土和砂土。

（15）挤密碎石桩法：适用于松散的非饱和黏性土、杂填土、湿陷性黄土、疏松的砂性土。对饱和软黏土应慎重使用。

2. 软土路基施工方法

（1）抛石挤淤施工

① 抛石挤淤应按设计要求或监理工程师的要求进行。

② 应选用不易风化的片石，片石厚度或直径不宜小于300mm。

③ 当软土地层平坦，软土呈流动状时，填土应沿路基中线向前呈三角形方式投放片石，再渐次向两侧全宽范围扩展，使泥沼或软土向两侧挤出。当软土地层横坡陡于1∶10时应自高侧向低侧抛投，并在低侧边部多抛填，使低侧边部约有2m的平台。

④ 片石抛出软土面或抛出水面后，应用较小石块填塞垫平，用重型压路机压实。

(2) 垫层施工

垫层处置施工通常用于松软过湿的表面，采用排水、铺设填料或以掺加剂加固使地表层强度增加，防止地基局部剪切变形，从而保证重型机械通行，又使填土荷载均匀分布在地基上。

垫层材料宜采用无杂物的中粗砂，含泥量应不小于5%；也可采用天然级配型砾料，其最大粒径应小于50mm，砾石强度应不低于四级。垫层应分层摊铺压实，碾压到规定的压实度。垫层宽度应宽出路基边脚500~1000mm，两侧宜用片石护砌或采用其他方式防护。垫层采用砂砾料时，应避免粒料离析。在软、湿路基上铺以0.3~0.5m厚度的排水层，有利于软湿表层的固结，并形成填土的底层排水，在一定程度上能提高地基强度，使施工机械可以通行。碎石、岩碴垫层的一般厚度为0.4m左右，并铺设单层或双层土工织物或土工网格，有利于均匀支承填土荷载，提高地基承载力，减少地基的沉降量。掺合料垫层是将掺合料(石灰、水泥、土、加固剂)以一定剂量混合在填料土中，可改变地基的压缩性和强度特性，从而保证施工机械的通行，但垫层大部分较松散，应对大部分或全部垫层进行防护。

(3) 袋装砂井施工

① 施工工艺流程

袋装砂井施工工艺流程为：施工设备的准备→沉入套管→袋装砂沉入→就地填砂或井→预制砂袋沉放。

② 成孔方法

袋装砂浆的成孔方法可根据机械设备条件比较选择：专用的施工设备一般为导管式的振动打设机械，只是在进行方式上有差异。成孔的施工方法有5种，即锤击沉入法、射水法、压入法、钻孔法及振动贯入法。

③ 施工要点

a. 中、粗砂中大于0.6mm颗粒的含量宜占总质量的50%以上，含泥量小于3%，渗透系数大于5×10^{-2}mm/s。砂袋的渗透系数应不小于砂的渗透系数。

b. 袋装砂井施工应符合以下规定：砂袋露天堆放时，应有遮盖，不得长时间暴晒；砂袋应垂直下井，不得扭结缩颈、断裂、磨损；拔钢套管时，如将砂袋带出或损坏，应在原孔位边缘重打；连续两次将砂袋带出时，应停止施工，查明原因并处理后方可施工；砂袋在孔口外的长度，应能顺直伸入砂垫层至少300mm。

c. 袋装砂井施工质量应符合规定。

(4) 塑料排水板施工

① 塑料排水板

a. 芯板是由聚乙烯或聚丙烯加工而成的多孔管道或其他形式的板带，应具有足够的抗拉强度和垂直排水能力。其抗拉强度不应小于130N/cm；当周围土体压力在15m深度范围内不大于250kPa或在大于15m范围不大于350kPa时，其排水能力应不低于$30cm^3/s$。芯板应具有耐腐性和足够的柔性，保证塑料排水板在地下的耐久性并在土体固结变形时不会被折断或破裂。

b. 滤套一般由无纺织物制成，应具有一定的隔离土颗粒和渗透功能，应等效于0.025mm孔隙，其最小自由透水表面积宜为$1500cm^2/m$，渗透系数应不小于$5\times10^{-3}cm/s$。

② 施工机械

主要机具是插板机，基本上可与袋装砂井打设机具共用，只是将圆形套管换成矩形套管。振动打设工艺、锤击振力大小，可根据每次打设根数、导管断面大小、入土长度和地基均匀程度确定。

③ 施工工艺流程

塑料排水板加固软土地基，施工工艺流程为：整平原地面→摊铺下层砂垫层→机具就位→塑料排水板穿靴→插入套管→拔出套管→割断塑料排水板→机具移位→摊铺上层砂垫层。

④ 施工质量要求

a. 施工现场堆放的塑料排水板盘带应加以适当覆盖，以防暴露在空气中老化。

b. 插入过程中导轨应垂直，钢套管不得弯曲，透水滤套不应被撕破和污染；排水板底部应有可靠的锚固措施，以免拔出套管时带出芯板。

c. 塑料排水板留出孔口长度应保证深入砂垫层不小于50cm，使其与砂垫层贯通，并将其保护好，以防机械、车辆进出时受损，影响排水效果。

d. 塑料排水板搭接应采用滤套内平接的方法，芯板对扣，凹凸对齐，搭接长度不少于20cm；滤套包裹，用可靠措施固定。

e. 施工中防止泥土等杂物进入套管中，一旦发现须及时清除。

f. 塑料排水板施工允许偏差。

(5) 碎石柱(砂桩)施工

① 材料要求：采用中、粗砂，大于0.6mm颗粒含量宜占总重的50%以上，含泥量应小于3%，渗透系数大于$5\times10^{-2}mm/s$。也可使用砂砾混合料，含泥量应小于5%。未风化碎石或砾石，粒径宜为19~63mm，含泥量应小于10%。

② 如果对砂桩质量要求较为严格或采用小直径管打大直径砂桩时，可以采用双管冲击法或单管振动重复压拔法。

③ 施工前应按规定要求进行成桩试验：详细记录冲孔、清孔、制桩时间和深度、水压、冲水量、压入碎石用量及工作电流的变化等。通过试桩确定水压、工作电流等变化的幅值和规律(主要指土层变化与水压、工作电流的相应变化)，并验证设计参数和施工控制的有关参数，作为振冲碎石桩成桩的施工控制指标。

④ 填料方式：采用“先护壁，后制桩”的办法施工。成孔时先达到软土层上部1~2m范围内，将振冲器提出孔口加一批填料；下降振冲器使这批填料挤入孔壁，加强这段孔壁以防塌孔；然后使振冲器下降至下一段软土中，用同样的方法加料护壁。如此重复进行，直达设计深度。孔壁护好后，就可按常规步骤制桩了。

⑤ 桩的施工：桩的施工顺序一般采用由里向外、由一边推向另一边，或间隙跳打的方

式。制桩操作步骤：先用振冲器成孔，而后借循环水清孔，最后倒入填料，再用振冲器沉至填料进行振实成型。

⑥ 施工要点：a. 采用单管冲击法、一次打桩管成桩法或复打成桩法施工时，应使用饱和砂；采用双管冲击法、重复压拔法施工时，可使用含水量为7%~9%的砂；饱和土中施工可用天然湿砂。b. 地面下1~2m土层应超量投砂，通过压挤提高表层砂的密实程度。c. 成桩过程应连续。d. 实际灌砂量未达到设计用量时，应进行处理。

⑦ 碎石(砂)桩施工质量应符合相关规定。

(6) 加固土桩施工

① 材料要求：生石灰粒径应小于2.36mm，无杂质，氧化镁和氧化钙总量应不小于85%，其中氧化钙含量应不小于80%；粉煤灰中二氧化硅和三氧化二铝含量应大于70%，烧失量应小于10%；水泥宜用普通或矿渣水泥。

② 成桩试验：加固土桩施工前必须进行成桩试验，桩数不宜少于5根，且满足相关要求：a. 应取得满足设计喷入量的各种技术参数，如钻进速度、提升中速度、搅拌速度喷气压力、单位时间喷入量等；b. 应确定能保证胶结料与加固软土拌和均匀性的工艺；c. 掌握下钻和提升的阻力情况，选择合理的技术措施；d. 根据地层、地质情况确定复喷范围。

③ 应根据固化剂喷入的形态(浆液或粉体)，采用不同的施工机械组合。

④ 采用浆液固化剂时，制备好的浆液不得离析，不得停置过长。超过2h的浆液应降低等级使用。浆液拌和均匀，不得有结块，供浆应连续。

⑤ 采用粉体固化剂时，应符合以下规定：

a. 严格控制喷粉标高和停粉标高，不得中断喷粉，确保桩体长度；严格控制喷粉时间、停粉时间和喷入量；应采取措施防止桩体上下喷粉不匀、下部剂量不足、上下部强度差异大等问题发生；应按设计要求的深度复搅。

b. 当钻头提升到地面500mm以下时，送灰器停止送灰，用同剂量的混合土回填。钻头直径的磨损量不得大于10mm。如喷粉量不足，应整桩复打，复打的喷粉量不小于设计用量。因故喷粉中断时，必须复打，复打重叠长度应大于1m。

c. 施工设备必须配有自动记录的计量系统。

⑥加固土桩施工质量，应符合相关规定。

(7) CFG桩施工

① 材料要求：

a. 集料：应根据施工方法，选择合理的集料、级配和最大粒径。b. 水泥：宜选用普通硅酸盐水泥。c. 粉煤灰：宜选用袋装Ⅱ级、Ⅲ级粉煤灰。

② 成桩试验：施工前应进行成桩试验，试桩数量宜为5~7根。CFG桩试桩成功，经监理验收合格后，方可开始施工。

③ CFG桩施工要符合以下要求：

a. 桩体施工应选择合理的施打顺序，一般应隔行隔桩跳打，相邻桩之间施工间隔时间应大于7d，避免对已成桩造成损害。

b. 成桩过程中，应对已打桩的桩顶进行位移监测。

c. 混合料应拌和均匀：在施工中，每台机械每天应做1组(3块)试块(试块为边长

150mm 的立方体)，经标准养护，测定其立方体抗压强度，应符合图纸规定。

d. CFG 桩沉管时间宜短，拔管速度控制在 1.2~1.5m/min，不允许反插，以防止桩缩颈、断桩及桩身强度不均。

e. 桩顶设 500mm 保护桩长，CFG 桩施工完成 7d 后，开挖至设计高程，截去保护桩长。CFG 桩施工完成 28d 后，方可填筑路基。

f. 冬季施工时混合料入孔温度不得低于 5℃，对桩头和桩间土应采取保温措施。

(8) 铺设土工合成材料

① 土工合成材料的质量应符合设计要求及规范要求，在采用土工合成材料加筋的路堤填筑正式开工前，应结合工程先修筑试验路段，以指导施工。

② 铺设土工合成材料应按图纸施工，在平整的下承层上全断面铺设。铺设时，土工织物应拉直平顺，紧贴下承层，不得扭曲、折皱。在斜坡上摊铺时，应保持一定松紧度。可采用插钉等措施固定土工合成材料于填土下承层表面。

③ 土工合成材料在铺设时，应将强度高的方向置于垂直路堤轴线的方向。

④ 应保证土工合成材料的整体性，当采用搭接法连接时，搭接长度宜为 300~600mm；采用缝接法时，缝接宽度应不小于 50mm；采用黏结法时，黏结宽度不应小于 50mm，黏合强度应不低于土工合成材料的抗拉强度。

⑤ 铺设土工合成材料的土层表面应平整，表面严禁有碎石、块石等坚硬凸出物；距土工合成材料层 80mm 以内的路堤填料，最大粒径不得大于 60mm。

⑥ 土工合成材料摊铺以后，应及时填筑填料，以避免其受到阳光过长时间的暴晒，一般情况下，间隔时间不应超过 48h。填料应分层摊铺、分层碾压，所选填料及其压实度应符合规范要求。与土工合成材料直接接触的填料中严禁含强酸性、强碱性物质。

⑦ 土工合成材料上的第一层填土摊铺宜采用轻型推土机或前置式装载机，一切车辆、施工机械只容许沿路堤的轴线方向行驶。

⑧ 对于软土地基，应采用后卸式货车沿加筋材料两侧边缘倾卸填料，以形成运土的交通便道，并将土工合成材料张紧。填料不允许直接卸在土工合成材料上面，必须卸在已摊铺完毕的土面上；卸土高度以不大于 1m 为宜，以免造成局部承载能力不足。卸土后应立即摊铺，以免出现局部下陷。

⑨ 填成施工便道后，再由两侧向中心平行于路堤中线对称填筑，第一层填料宜采用推土机或其他轻型压实机具进行压实；只有当已填筑压实的垫层厚度大于 600mm 后，才能采用重型压实机械压实。

⑩ 双层土工合成材料上、下层接缝应交替错开，错开长度不应小于 500mm。

⑪ 施工过程中土工织物不应出现任何损坏，以保证工程质量。

2.3.2 黄土地区路基施工

1. 黄土路基的特点

湿陷性黄土一般呈黄色或黄褐色，粉土含量常占 60%以上，含有大量的碳酸盐、硫酸盐等可溶盐类，天然孔隙比在 1 左右，肉眼可见大孔隙。在自重压力或自重压力与附加压力共同作用下，受水浸湿后土的结构迅速破坏而发生显著附加下沉。

2. 施工准备工作

黄土地区路基施工，应做好施工期排水，将水迅速引离路基。在填挖交界处引出边沟时，应做好出水口的加固，排水设施接缝处应坚固不渗漏。

3. 湿陷性黄土地基的处理方法

湿陷性黄土地基应采取拦截、排除地表水的措施，防止地表水下渗，减少地基地层湿陷下沉。其地下排水构造物与地面排水沟渠必须采取防渗措施。

若地基土层有强湿陷性或较高的压缩性，且容许承载力低于路堤自重压力时，应考虑地基在路堤自重和活载作用下所产生的压缩下沉。除采用防止地表水下渗的措施外，还可根据湿陷性黄土工程特性和工程要求，因地制宜采取换填土、重锤夯实、强夯法、预浸法、挤密法、化学加固法等措施对地基进行处理。

4. 黄土填筑路堤要求

（1）路床填料不得使用老黄土，路堤填料不得含有粒径大于100mm的块料。

（2）在填筑横跨沟壑的路基土方时，应做好纵横向界面的处理。

（3）黄土路堤边坡应拍实，并应及时予以防护，防止路表水冲刷。

（4）浸水路堤不得用黄土填筑。

5. 黄土路堑施工要求

（1）路堑路床土质应符合设计要求，密实度不足时，应采取措施碾压至要求的压实度。

（2）路堑施工前，应做好堑顶地表排水导流工程，路堑施工期间，开挖作业面应保持干燥。

（3）路堑施工中，如边坡地质与设计不符，可修改边坡坡度。

6. 地基陷穴处理方法

陷穴表面的防渗处理层厚度不宜小于300mm，并将流向陷穴的附近地表水引离。对现有的陷穴、暗穴，可以采用灌砂、灌浆、开挖回填等措施，开挖的方法可以采用导洞、竖井和明挖等。

挖方边坡坡顶以外50m范围内、路堤坡脚以外20m范围内的黄土陷穴宜进行处理。挖方边坡坡顶以外的陷穴，若倾向路基，应做适当处理。对串珠状陷穴应彻底处置。

2.3.3 滑坡地段路基施工

（1）对于滑坡的处置，应分析滑坡的外表地形滑动面、滑坡体的构造、滑动体的土质及饱水情况，以了解滑坡体的形式和形成原因，根据公路路基通过滑坡体的位置、水文、地质等条件，充分考虑路基稳定的施工措施。

（2）路基滑坡直接影响到公路路基稳定时，不论采用何种方法处理，都必须做好地表水及地下水的处理。

（3）对于滑坡顶面的地表水，应采取截水沟等措施处理，不让地表水流入滑动面内。必须在滑动面以外修筑1~2条截水沟，对于滑坡体下部的地下水源应截断或排出。

（4）在滑坡体未处置之前，禁止在滑坡体上增加荷载（如停放机械、堆放材料、弃土等）。

(5) 对于挖方路基上边坡发生的滑坡，应修筑一条或数条环形水沟，但最近一条必须离滑动裂缝面5m以外，以截断流向滑动面的水流。截水沟可采用砂浆封面浆或砌片(块)石修筑，滑坡上面出现裂缝须填土夯实，避免地表水继续渗入，或结合地形修建树枝形及相互平行的渗水沟与支撑渗沟，将地表水及渗水迅速排走。

(6) 当挖方路基上边坡发生的滑坡不大时，可采用(台阶)减重、打桩或修建挡土墙的方法处理以保证路基边坡稳定，采用打桩法时，桩身必须深入滑动面以下设计要求的深度；采用修建挡土墙时，挡土墙基础必须置于滑动面以下的硬岩层上，同时，宜修筑统一排水沟、暗沟(或渗沟)排出地下水。滑坡较大时，可采用修建挡土墙、钢筋混凝土锚固桩或预应力锚索等方法处理，不论采用何种方法处理，其基础都必须置于滑动面以下的硬岩层上或达到设计要求的深度，同时宜修筑渗沟、排水涵洞(管)或集水井。

(7) 填方路堤发生的滑坡，可采用反压土方或修建挡土墙等方法处理。

(8) 沿河路基发生的滑坡，可修建河流调治构造物(堤坝、丁坝、稳定河床等)及挡土墙等处理。

(9) 滑坡表面处置可采用整平夯实山坡、填筑积水坑、堵塞裂隙或进行山坡绿化固定表土等方法。

2.3.4 岩溶地区路基施工

以地下水为主、地表水为辅，以化学过程(溶解和沉淀)为主、机械过程(流水侵蚀和沉积、重力崩塌和堆积)为辅的石灰岩等可溶性岩石的破坏和改造作用称岩溶作用。岩溶作用所造成的地表形态和地下形态称岩溶地貌，岩溶作用及其产生的特殊地貌形态和水文地质现象统称为岩溶。

中国西南地区岩溶现象分布比较普遍，在广西、贵州、云南及川东、鄂西、湘西、粤北一带连成一片，石灰岩分布面积达56万km^2；全国石灰岩分布面积约130万km^2，是岩溶比较发育的国家。

1. 岩溶地区公路路基工程的主要病害

(1) 由于地下岩溶水的活动，或因地面水的消水洞穴阻塞，导致路基基底冒水、水淹路基、水冲路基以及隧道冒水、冒泥等病害。

(2) 由于地下岩溶洞穴顶板的坍塌，引起位于其上的路基及其附属构造物发生坍陷、下沉或开裂。

(3) 由于溶沟、溶槽、石芽等的存在造成地基不稳定，影响路基及其构筑物的稳定性或安全问题。

(4) 某些岩溶形态的利用问题，如利用天生桥跨越地表河流，利用暗河溶洞扩建隧道等。

此外，岩石地区除了石灰岩类岩溶外，分布着各类危及路基的崩坍、岩堆，这类岩石多数属于炭质泥岩、页岩、麻岩、云母岩。还有因煤田、矿区、油田及地下水过量开采和利用形成的采空区，往往引起路基沉陷、变形或开裂。这些地区修筑的路基具有相似处，把它们一并论述。

因此，在岩溶地区建造公路，应全面了解路线通过地带岩溶发育的程度和岩溶形态的空间分布规律，以便充分利用某些可以利用的岩溶形态，避让或防治影响路基稳定的岩溶病害。

2. *岩溶形态及岩溶类型*

岩溶地区岩溶的形态类型很多，有石芽和溶沟(槽)、溶蚀裂隙、漏斗、溶蚀洼地、坡立谷和溶蚀平原、溶蚀残丘、孤峰和峰林、槽谷、落水洞、竖井、溶洞、暗河、天生桥、岩溶湖、岩溶泉以及土洞等。比较常见的岩溶形态有：

(1) 漏斗。是常见的地表岩溶形态之一，由地表层的溶蚀和侵蚀作用伴随塌陷作用形成，呈碟状或倒锥状，平面上呈圆形或椭圆形，直径和深度一般在数米至数十米。

(2) 溶蚀洼地。许多相邻的漏斗经流水溶蚀不断扩大汇合而形成溶蚀洼地，平面上呈圆形或椭圆形，但规模比漏斗更大，直径在数百米至一两千米。溶蚀洼地周围有溶蚀残丘或峰丛峰林，底部常有落水洞和漏斗。

(3) 坡立谷和溶蚀平原。溶蚀洼地充分发育，相邻的洼地彼此连通，发展成坡立谷。坡立谷长度、宽度从几十米至数千米不等，四周山坡陡峻，谷底宽平，覆盖着溶蚀残余的黄色、棕色或红色的黏性土，有时还有河流冲积层。常有河流纵贯坡立谷，河水从一端流入，于另一端被落水洞吸收，转入地下成为暗河。有些坡立谷还耸立着孤峰。坡立谷进一步发展，即形成开阔宽广的溶蚀平原，溶蚀平原上还有许多其他岩溶形态。

(4) 槽谷。是岩溶山区比较常见的一种长条形的槽状谷地，谷底平坦，谷坡陡峻，主要是由水流长期溶蚀而形成。由于河谷底部发育有一系列漏斗、落水洞等，地表水流不断漏失，使原来的河谷失去排水作用，即成干谷。槽谷在大部分时间是干涸的，但在暴雨季节和排水不畅时，则会出现暂时的水流。

(5) 落水洞、竖井。落水洞和竖井多由岩石裂隙经流水长期溶蚀扩大或由岩层坍陷而成，呈垂直或稍倾斜状，下部多与溶洞或暗河连通，是地表通向地下的流水通道。在广西所见到的，直径多在10m以下，深度多在10~30m。落水洞常产生在漏斗、槽谷、溶蚀洼地和坡立谷的底部，或河床的边缘，多呈串珠状分布。在雨季，由于落水洞排水不畅，常使槽谷、溶蚀洼地和坡立谷产生暂时性的积水，甚至发生淹水现象。

(6) 溶洞。是一种近于水平方向发育的岩溶形态，常由岩溶水对岩层的长期溶蚀和塌陷作用而形成，是早期岩溶水活动的通道。规模较大的水平溶洞系统，主要产生于岩溶水的水平循环带。溶洞系统比较复杂，规模、形态变化很大，除少部分洞身比较顺直、断面比较规则外，大部分是忽高忽低、忽宽忽窄，洞身曲折起伏很大。洞内普遍分布着各种堆积物，有时还有河流流痕及砂砾、卵石冲积物，支洞多，常有丰富的岩溶水。

(7) 暗河、天生桥。暗河是地下岩溶水汇集、排泄的主要通道。在岩溶发育地区，地下大部分都有暗河存在。其中部分暗河常与地面的槽谷伴随存在，通过槽谷底部的一系列漏斗、落水洞使两者互相连通。因此，可以根据这些地表岩溶形态的分布位置，概略地估计暗河在地下的发展方向。地下的暗河河道或溶洞塌陷，在局部地段有时会形成横跨水流的天生桥。

(8) 岩溶泉。岩溶水流出地面即成岩溶泉，是岩溶发育地区分布最广泛的一种岩溶现象，其中下降泉居多，上升泉较少。岩溶泉有经常性和间歇性之分。间歇性泉旱季干涸，雨季流水。当暗河流向非岩溶地区时，在可溶岩层与非可溶岩层接触带的边缘，经常是岩溶泉最发育的地方。

(9) 岩溶湖。由于槽谷、溶蚀洼地、坡立谷中的大型溶洞底部的消水通道堵塞，或溶蚀平原局部洼地积水而成的湖泊。在溶洞中也常有小型的地下岩溶湖存在。

(10) 土洞。在槽谷、坡立谷底部和溶蚀平原上，可溶性岩层常为第四纪的松散土层所覆盖，由于地下水位降低或水动力条件的改变，在岩溶水的淋滤、潜蚀、搬运作用下，使上部土层下落，流失或坍塌，形成大小不一、形态不同的土洞。如广西、贵州和粤北等地土层覆盖的岩溶地区(即埋藏岩溶地区)，由于人为抽水、排水引起地下水位的变动，常形成土洞，直接影响路基的稳定。

3. 岩溶路基施工技术要点

岩溶地区路基常见病害主要表现为地下水位高而侵蚀路基路面，导致土基软化、路面开裂；暴雨时节冲垮路基，路床地面以下潜伏洞穴而产生凹陷。一般公路受造价的制约，当地往往又缺乏路基用土，故而采用矮路堤。矮路堤所固有的排水不畅、地基强度不足等病源在此得到充分暴露。因此，岩溶地区地基处理的措施是排水、填洞、跨越、利用。

岩溶地下水应因势利导，采用疏导、排除、降低地下水位的方法，消除对路床软化的影响，保证路基处于干燥或中湿状态。所有冒水的溶洞在施工中均不能堵塞水的出路。一般的做法是在与地下水道相连的漏斗、消水洞处一律修建涵洞。疏导建筑物一般可采用明沟、泄水洞、渗沟、涵洞等。

4. 崩坍、岩堆地区路基的基底处理

在陡峭的山坡上，由于人工开挖、自然营力、风化、爆破的作用，岩(土)体从陡峭斜坡上向下倾倒、崩落、翻滚，破坏过程急剧、短促而猛烈，这个过程称崩坍。崩坍后的岩(土)体原来结构完全被打乱，互无联系，大石块抛落较远，土体集中，堆积而成倒石堆或岩堆。崩坍、岩堆地区路基处理的关键是边坡整治。路线应尽量避免通过原有的崩坍、岩堆地段。确有必要通过时，应探明其深度、范围、工程数量，采取清挖至原状土、设支挡结构物、桩基顶面打钢筋混凝土盖板、桩基与岩堆共同组成复合地基等措施。之后，按填土或填石路基施工。

2.3.5 冻土地区路基施工

1. 多年冻土地区路基施工

(1) 冻土的定义及特征

凡温度为负温或零温并含有冰的各种土均称为冻土。如果土中只有负温而不含冰时则称为寒土。冬季冻结、夏季全部融化的土层称为季节冻土，季节冻结层又称季节作用层、活动层。冬季冻结，一两年内不融化的土层称为隔年冻层。冻结状态持续 3 年以上的土层称为多年冻土。

季节冻土地区的表层土夏季融化，冬季冻结，所以是季节冻土。根据其与下伏多年冻土的关系又分为季节冻结层和季节融化层。其中，季节冻结层夏季融化，冬季冻结时不与多年冻土层衔接或其下为融土层，季节融化层是夏季融化，冬季冻结时与多年冻土完全衔接的土层。不衔接多年冻土属于前者，衔接多年冻土属于后者。

① 多年冻土上限、下限及冻土厚度

在多年冻土地区，地表以下的一定深度内，每年夏季融化，冬季冻结，该层称为季节融化层。在该深度以下的土终年处于冻结状态，称为多年冻土。这一深度称为季节融化层底板或多年冻土上限。从地表到达这一深度的距离即为季节融化层厚度或多年冻土上限的埋深。

多年冻土层的底部称作多年冻土下限，下限处的地温值为0℃。下限以上为多年冻土，以下为融土。上限和下限之间的距离称为多年冻土厚度。

多年冻土厚度是多年冻土的重要标志之一，它反映着冻土的发育程度；冻土层的厚度对评价建筑物地基稳定性有着重要意义，是进行各类型建筑地层基础设计不可缺少的依据。多年冻土薄的在10m以下，最厚的多年冻土在大小兴安岭可超过100m。

② 多年冻土分类

多年冻土按照含冰量分类，分为少冰冻土、多冰冻土、富冰冻土、饱冰冻土和含土冰层5类。

③ 多年冻土上限的类别及用途

多年冻土上限有天然上限和人为上限两种。天然状态的多年冻土，上限为其天然上限。因受人类活动影响改变了地温与气温的热交换条件，破坏了天然条件下的热平衡状态导致多年冻土上限发生变化，变化后的多年冻土上限即为人为上限。

人为多年冻土上限决定了多年冻土融化下沉计算的下部界限；而天然上限往往是厚层地下冰的埋藏深度。在建筑物地基的融沉计算中应包括融沉和压密下沉两部分。

(2) 冻土地区的不良地质现象

多年冻土地区的不良地质对公路建设会产生多种病害。因此，有必要了解冻土地区不良地质现象的形成和发展，以便采取预防措施。多年冻土地区之所以会形成不良地质现象，在于多年冻土地区不仅气候严寒，而且还有多年冻土层作为底板使地表水的下渗和多年冻土层上水的活动受到约束，这是冻土地区不良地质现象发生和存在的基本条件。多年冻土地区的不良地质现象主要有冰丘、冰锥、地下冰和冻土沼泽等。

(3) 冻土地区公路路基的主要病害

① 融沉

融沉多发生在含冰量大的黏质土地段。当路基基底的多年冻土上部或路堑边坡上分布有较厚的地下冰层时，由于地下冰层埋藏较浅，在施工及使用过程中，因原来的自然环境条件发生变化，使多年冻土局部融化，上覆土层在土体自重力及外力的作用下产生沉陷，造成路基变形。融沉主要表现在路堤向阳侧路肩及边坡开裂、下滑，路堑边坡溜坍等。

融沉现象一般以较慢的速度下沉，但有时也会经过一段时间的慢速下沉后，突发大量的沉陷，并使两侧部分地基土隆起。产生的原因是路基基底由于含冰量大的黏质土融化后处于过饱和状态，几乎没有承载能力，又因路堤两侧融化深度不同，使得基底形成一个倾斜的冻结滑动面。在外荷载的作用下，过饱和的黏质土顺着冻结面挤出，路堤瞬间产生大幅度的沉陷，通常称为突陷。这样的突陷危及行车的安全。

② 冻胀

多发生在季节性冻结深度较大的地区及多年冻土地区，多年冻土地区更为严重。其原因是地基土及填土中的水冻结时体积膨胀，水分的来源是地表水或地下水对路基土的浸湿。冻胀的程度与土质及土中的含水量多少有关。

③ 冰害

主要是指在路堤上方出露地表的泉水，或开挖路堑后地下水自边坡流出，在隆冬季节随流随冻，形成积冰掩埋路基或边坡挂冰、堑内积冰等冰害。冰害在严寒的多年冻土地区尤为严重。对路基工程来说，路堑地段较路堤地段冰害要多，其发生在浅层地下水发育的低填浅挖及零填挖地段的冰害危害程度更大。

2. 季节性冻融翻浆地区路基施工

季节性冻融地区的路基在冰冻过程中，土中的水分不断地向上移动，使路基上部的水分含量大大增加。春融期间，由于土基含水量过多，强度急剧降低，再加上行车的作用，路面会发生裂缝、鼓包、冒泥等现象，从而形成翻浆。主要发生在我国北方各省及南方的季节性冰冻地区。

翻浆的发生，不仅会破坏路面、妨碍行车，严重的还会中断交通。因此，在翻浆地区修筑公路，对水文及水文地质不良地段，必须详细调查沿线地表水、地下水、路基土和筑路材料的情况，以便采取相应的处理措施。从设计与施工两方面综合考虑，防止翻浆的发生。

(1) 防治翻浆的工程措施

① 做好路基排水、提高路基

施工前应根据设计文件对翻浆地段进行现场详细调查，按水文、地质情况，做好场地排水工作。施工中要切实做好排水设施，防止地表水或地下水侵入路基，使路基土体保持干燥，从而减轻冻结时水分聚流的来源，这是预防和处理地表水类和地下水类翻浆的首要措施。

提高路基，增大路基边缘至地下水或地面水位间的距离，使路基上部土层保持干燥，在冻结过程中不致因过分聚冰而失去稳定，是一种效果显著、简便易行、比较经济的常用措施，主要适用于取土方便的地段。在路线穿过农田地段，为了少占农田，则应与路面结构综合考虑，以确定合理的填土高度。

在有些中、重冰冻地区及粉性土地段，亦不能单靠提高路基保证道路的稳定性，要与其他措施配合应用。如在路堤填土高度受限制时，可在底槽做1%～3%的横坡，上铺15～30cm厚的砂垫层(砂的质量以不含粉砂和杂质泥土的粗砂为宜，不宜用细砂)进行处理。

② 铺设隔离层

隔离层设在路基中一定深度(一般设在土基80cm左右)处，目的在于防止水分进入上部路基，从而保持上部土基干燥，防止翻浆发生。隔离层按使用材料可分为透水性及不透水性隔离层两类：

a. 透水性隔离层一般由碎石、砾石或细砂等做成，铺在聚冰层之下，其厚度为10～20cm，并在其上、下面反铺草皮，防止隔离层被淤塞。隔离层的底部应高出地表水面25cm以上，并向路基两侧做3%的横坡排水。

b. 不透水隔离层分不封闭式(仅隔断毛细水)和封闭式(隔断毛细水和横向渗水)两种。不透水隔离层，可用两层油毡中间涂沥青铺成，也可在压实整平的土基上直接喷洒一层厚度为0.2~0.5cm的沥青或渣油(用油量为2~3kg/m^2)；或在土基上铺筑8%~10%的沥青土或6%~8%的沥青砂(厚2.5~3cm)；还可以在土基上直接铺塑料薄膜等。施工中严防石块及其他尖物刺穿不透水隔离层。隔离层在应用中应注意两点：第一，不透水隔离层适用于不透水路面的路基中，在透水路面下只能设透水隔离层；第二，在盐渍土地区的翻浆路段，隔离层深度应同时考虑防止盐胀和次生盐渍化等情况发生。

③ 设路基盲沟

a. 横向盲沟：公路纵坡大于3%的翻浆路段，当中级路基(岔道、辅道等)基层采用透水性材料时，为了及时排出透水层内的纵向水流和春融期土基化冻时的多余水分，可在路槽下设置横向盲沟。横向盲沟可设成人字形，纵向间距10m左右，深度20~40cm，易淤塞，使用中应予注意。

b. 排水渗沟：为了降低路基附近的地下水位，可采用有管渗沟。为了拦截并排出流向路基的层间水，可采用排水渗沟。

(2) 季节性冻融翻浆路基施工要点

① 排水

在施工前应认真了解地形及水文地质情况，凡是可能危害路基强度稳定性的地表水和地下水，均应采取有效的临时性或永久性措施，使水能迅速排出路基之外。路床面应保持良好的排水状态。从路堑到路堤必须修建过渡边沟并无阻塞现象，各层填土应有路拱、表面无积水。施工后，各式沟、管、井等能形成完整有效的排水系统。

② 路堤

a. 原地面处理：水文地质不良和湿软地段，可视情况在地表铺填厚度不小于30cm的砂砾，或做局部挖除换填处理。当路堤高度低于20cm时(包括挖方土质路段)应翻松30~50cm并分层整形压实，压实度为93%~95%，高速公路、一级公路取高限，其他公路取低限。

b. 填料：宜选用水稳性良好的土填筑路基。路基上部受冰冻影响部位，应选用水稳性和冻稳性均较好的粗粒土。冻土、非渗水性过湿土、腐殖土禁止用于填筑各层路堤。压实时的含水量应控制在最佳含水量±2%范围内。

c. 取土场：宜设置集中取土场，排水困难地段更宜集中取土。

d. 碾压：各层表面碾压前应用平地机进行整平和修整路拱，切实控制松铺厚度以及填料的均匀性。压实后各层表面的平整度，用3m直尺测量，其间隙高度不宜大于20mm，成形后路床顶面应进行弯沉检查或用不小于20t的压路机碾压检验有无软弹现象。

e. 路堤高度：应满足路基能全年处于干燥或中湿状态。填筑低路堤时，应根据具体情况采取相应技术措施。

f. 为使路基预拱度和稳定性满足设计要求，施工中各类冻融翻浆防治方法可综合选用。

③ 路堑

a. 石方段超挖回填部位应选用符合要求的石碴压实度不得低于95%，禁止使用劣质开山料或覆盖土回填或找平。超挖部分不规则或超挖不超过8cm时，可用混凝土修补找平。整平层宜采用级配碎石或水泥稳定碎石、二灰稳定碎石类等半刚性材料。

b. 土质路或遇水崩解软化的风化泥质页岩等类路堑的路床压实度如不符合规定要求，

应翻松压实或根据土质情况，换填符合路床强度并满足压实度要求的足够厚度的好土，然后加强排水措施，如封闭路肩、浆砌边沟等。

c. 有裂隙水、层间水、潜水层、泉眼等路段，应分别采取切断、拦截、降低等措施，如加深边沟和设置渗沟、渗管、渗井等。

2.4 路基坡面防护施工

坡面防护主要是保护路基边坡表面免受雨水冲刷，减缓温差及温度变化的影响，防止和延缓软弱岩土表面的风化、碎裂、剥蚀演变进程，从而保护路基边坡的整体稳定性，兼顾美化路容，协调自然环境，形成良好的景观效果。现行《公路路基设计规范》(JTG D30—2015)将路基坡面防护分为植物防护、骨架植物防护、工程防护3种类型。

2.4.1 植物防护

1. 喷播植草

喷播植草技术是一种全新概念的生态环保技术，以工程力学和生物理论为依据，既具有一定强度，起到边坡防护作用，替代传统的浆砌石护坡或喷射混凝土护坡，又能在边坡上营造适合植物生长的环境达到绿化边坡的目的，超越传统浆砌石护坡或喷射混凝土护坡无法实现恢复生态环境、绿化边坡的功能。其可用于坡率不陡于1∶1的土质边坡防护。当边坡较高时，植草可与土工网、土工网垫结合防护。

它是以水为载体的植被建植技术，首先将配置好的种子(如紫穗槐、扁穗冰草)、植物基材(如腐殖土、泥炭土、锯末)、复合肥、保水剂、生根粉、土壤稳定剂、根瘤菌剂等与水充分混合后，再用高压喷枪均匀地喷射到土壤表面。喷播后的混合物在土壤表面形成一层膜状结构，能有效地防止种子被冲刷，并保证在较短时间内植株迅速覆盖地面，以达到稳固边坡和绿化美化的目的。近年来，该技术已广泛应用于水利、公路、铁路等基础工程建设的边坡防护与绿化，也由于在实际施工中常采用液压喷射机械，因此，习惯上也称之为液压喷播植草。

(1) 喷播植草的优点

喷播植草技术的功效是人工所不能比拟的。相对传统的草坪建植技术而言，它的先进性主要表现在以下几个方面：

① 机械化程度高。液压喷播主要利用喷播机械并用机动车牵引完成操作，是比较先进的草坪建植技术。

② 效率高，省工省时，劳动强度低。喷播将施肥、草种混合、草种覆盖、稳固表土等一系列工作，通过机械化作业一次性完成。

③ 科技含量高。喷播将草种、肥料和包裹材料融为一体，体现了生物种植的科学性、先进性，是草坪种植技术的一次革命。液压喷播尤其对坡面植草适用效果好。

液压喷播植草因草种被纸浆纤维包裹，同时纸浆纤维蓄水蓄肥，不断供给草种发芽的水分；而黏合剂把包裹在纸浆中的草种紧紧黏附在土壤表面，形成稳定的坪床，避免降水时造成水土和种子的流失。为预防暴雨冲蚀，在喷播后需覆盖丙纶无纺布，雨滴不直接冲打溅击地表土壤及喷播材料，而强降雨形成的地表径流也从无纺布上流走，保证了喷播材料和坡面土壤的稳定性。

（2）施工工艺

① 草种选择及处理

喷播植草草种的选择与当地气候、降雨量、土壤酸碱度、有机质含量等因素有关，宜选择适合当地生长、固土效果好、耐旱、抗寒、抗霜、抗土壤酸碱性强、耐贫瘠等生长快、生命力强、适合管理粗放、防护和绿化效果好的草籽，如高羊茅(抗寒、耐盐碱、须根入土深)、紫羊茅(耐旱)、白三叶(耐贫瘠、耐酸性)、扁穗冰草(耐干旱、寒冷、适合粗放管理)、无芒雀麦(耐碱能力强、抗寒、耐干旱)、中华结缕草(耐旱、耐贫瘠、耐盐碱)、狗牙根(根系发达、抗寒、耐干旱)及多年生黑麦草、紫花苜蓿、沙打旺等。以上草籽按填料的物理力学性质及土壤肥力和施工季节可分别选择三四种冷暖季相结合的草籽，并掺入与草籽生长相适宜、后期生长快、经催芽处理的灌木种子(如紫穗槐)等，以植草为先期防护，灌木待二三年长成后再发挥防护作用。

喷播植草应选择地温、气温、降雨、风向、风速等条件适宜草种生长的春、秋季施工，气温低于12℃不宜进行喷播作业。草种应进行必要的预处理，灌木种也应进行催芽处理，以保证种子发芽快、成活率高。

② 清理坡面

施工前，对坡面进行处理，使用机械结合人工整理绿化施工现场，清除边坡上的施工废弃物和大的石块、树根、塑料及其他有碍植物生长的杂物。适当平整坪床，使其平整度达到有利于灌溉、排水、美观整齐的要求。

现场种植土中如含有有害成分，则应采用客土或改良土壤的技术措施。场地有积水的地方应整平或挖排水沟将水引走。在坡面上进行喷播，喷播前最好能喷足底水，以保证植物生长。

③ 挂网

如设计要求对坡面进行挂网处理，则应按照设计要求采用机编镀锌铁丝网从坡顶沿坡面顺势铺下，铁丝网应伸出坡顶50cm。若坡顶截水沟未修筑，最好置于坡顶浆砌石底下，在坡底也应有20cm铁丝网埋置于平台填土中。铺设时拉紧网，铺平顺后，并根据需要采用不同厚度的混凝土垫块，以使铁丝网与坡面的距离保持3~5cm，网与网之间搭接宽度为15cm。

④ 喷植混合料

液压喷播植草主要机械设备为喷植机、高压泵体、抽水机、高压喷料枪及喷料软管、洒水车等。

准备工作就绪后，利用喷植机将混合均匀的有机基材喷于坡面，喷射应尽可能从正面进行，凸凹部分及死角部位要喷射充分。喷射平均厚度为8~10cm，其中铁丝网上要保证有3~5cm基材。根据边坡的岩性可调整喷射厚度，以保证有机基材提供草坪生长所需足的养分及水分。

喷播时先加水至罐的1/4处，开动水泵，使之旋转，再加水，然后依次加入种子、肥料、保水剂、纸纤维黏合剂等。搅拌5~10min使浆液充分混合后，方可喷播。按设计及规范要求选用基材(腐殖土、泥炭土、锯末)，选配肥料、种子、覆盖料、土壤稳定剂、根瘤菌剂等与水充分搅拌混合均匀后喷射于坡面。

⑤ 覆盖无纺布

在喷播表面覆盖一层无纺布，以避免或减少因强降水量对种子造成的冲刷，同时也减少边坡表面水分的蒸发，从而进一步改善种子发芽、生长的环境。

⑥ 养护

草坪植物虽然适应性强，但仍然是"三分种，七分养"，因此应特别重视草坪养护。南方雨水较多，可用无纺布($16 \sim 18g/m^2$)覆盖以防止雨水冲刷，北方可用草帘覆盖。覆盖的目的为：一是防止雨水冲刷；二是防止水分蒸发过快；三是保温利于种子发芽。喷播后如未下雨则每天浇水以保持土壤湿润，2 个月覆盖率可达 90%以上，成坪后可逐渐减少浇水次数。在养护期间应随时观察草坪的水分情况，水分主要是看根系土壤的湿润程度。草坪成坪后因其自身形成了一层草毯，对土壤中的水分散失有一定的保护性。

2. 铺草皮

铺草皮是提前在路基工程范围外合适的场地进行草皮种植，待草皮生长达到一定要求后，将草皮切成整齐的块状或条状，运输至施工工点，铺设在边坡坡面的一种边坡防护方式。铺草皮适用于坡率不陡于 1∶1 的土质边坡或全风化、强风化的岩石边坡防护，且边坡高度不宜过高，一般不超过 8m，能够快速形成绿化景观效果。

铺草皮施工工艺主要为草皮种植、边坡修整、草皮铺设、施工期养护、养护管理期养护、竣工验收移交。

在选择公路工程路基边坡防护方法时，铺草皮这种方法仅在土路肩等个别部位少量使用，其他时候则基本不用。

3. 种植灌木

灌木是指没有明显主干的木本植物，植株一般比较矮小，不会超过 6m，从近地面的地方就开始丛生出横生的枝干，都是多年生，一般为阔叶植物，也有一些针叶植物，如刺柏。如果越冬时地面部分枯死，但根部仍然存活，第二年继续萌生新枝，则称为"半灌木"。

多数灌木矮小且生命力强，公路工程中常用来作边坡绿化，装点公路。

(1) 施工总体要求

种植时相邻支柱规格搭配合理，高度、干径、树形相似、苗木直立不倾斜，并注意观赏面的合理朝向。树木栽植前要确定新栽植地的方向和原生长地的方向一致，这将极大地提高大树移植后的成活率。株行距均匀、树形丰满的一面向外。按苗木高度、树干大小搭配均匀。

(2) 施工工艺

① 土壤处理

种植前进行以控制土壤传播病菌、地下害虫及在土壤中的害虫为主的杀菌灭虫处理和除草处理。

土壤施肥：表层施肥以施基肥为主，可将发酵干鸡粪粉末施入。土壤灭虫：主要杀灭寄生在土壤内的地下害虫。

② 整地

按设计标高平整地形，整理出排水坡度。自然地形按自然起伏坡度整地，但应注意不得有积水处。灌木栽植前，须挖土整地，捣碎土块，捡净砖石、瓦块、玻璃碴、草根等杂物。挖土深度为30~40cm，并施加适量有机肥作基肥混合翻耕。

③ 定点放线

栽植前要定点放线。定点放线要以设计提供的标准点为依据；应符合设计图纸要求，位置要准确，标记要明显。

④ 苗木运输

带土球或湿润地区带宿土裸根苗木及上年花芽分化的开花灌木不宜做修剪，当有枯枝、病虫枝时应予剪除。枝条茂密的大灌木，可适量疏枝。对于嫁接灌木，应将接口以下的砧木萌生枝条剪除。对于分枝明显、新枝着生花芽的小灌木，应顺其树势适当进行强剪，促进新枝生长，更新老枝。攀缘类和蔓性苗木可剪除过长部分，攀缘上架苗木可剪除交错枝、横向生长枝。修剪直径2cm以上大枝及粗根时，截口必须削平并涂防腐剂。

装、运、卸和假植苗木的各环节均应保护好苗木，轻拿、轻放，必须保证根系和土球完好，严禁摔坨。

⑤ 种植

种植的苗木品种、规格、位置、树种搭配应严格按设计施工。种植苗木本身应保持与地面垂直，不得倾斜。

大灌木采取200ppm生根粉液喷根或灌根，常绿灌木树冠喷抗蒸腾剂，以提高苗木成活率。

⑥ 浇水

新植树栽后24h内浇第1遍水，此次水量不宜过大、应浇透，以后转入后期养护。

种植的深浅应合适，一般与原土痕平或略高于地面5cm左右。种植的深浅应选好主要观赏面方向，并照顾朝阳面。一般树弯应尽量迎风，种植时要栽正扶植，树冠主尖与根在一垂直线上。

4. 喷混植生

喷混植生技术是以岩土工程学和植物学理论为依据，利用客土掺入一定量的混合材料，在坡面上先利用锚杆加固铁丝网，然后运用喷播机械将含有种植土、植物种子、保水剂等混合材料喷射到边坡表面上，形成10~20cm厚并有一定孔隙的土壤复合体。种子可以在复合体中生根、发芽、生长。而这样的复合体又具有一定强度，可以防止雨水冲刷与侵蚀。经过一段时间，植物生长起来后，通过植被的防护作用从而达到恢复边坡的植被、改善景观、保护环境的目的。它是集岩土工程学、植物学、土壤学、环境生态学等多门学科于一体的植被恢复技术，其技术核心在于混合材料的合理配置。它在边坡表面上营造一个固体、气体、液体三相分布合理，既能让植物生长发育，又可以防冲刷的多孔稳定结构。

(1) 结构构造

喷混植生植被护坡体系主要由锚网结构、客土混合物及护坡植物3部分组成。

各部分的主要作用如下：

① 锚网结构：由锚杆及铁丝网构成。锚杆一般采用ϕ16~24mm钢筋，长度为50~

150cm 不等。为了便于挂网，锚杆外露长度为 10cm，其余均采用砂浆锚固在岩体内。锚杆的作用除锚固局部不稳定岩体外，还可以将铁丝网固定在坡面上，形成中空框架结构，便于容纳客土。铁丝网则通常采用 10 号～14 号焊接铁丝网，主要作用就是将客土稳定地包裹在坡面上。

② 客土混合物：由有机质、植物纤维、种植土、保水剂、复合肥等及植物种子按一定的比例组成，它是植物生长的基础。

③ 护坡植物：一般采用容易获得的草本及灌木作为先锋植物，先在坡面上营造一个适宜植物生长的环境，等待乡土植物入侵形成稳定的植物群落后，通过植物茎叶的水文作用及根系的力学作用实现加固浅层岩土体的目的。

（2）施工工艺

① 边坡清理

按设计的坡率、坡高、平整度修整路基边坡坡面，人工清理坡面浮石、浮土等，并且做到处理后的坡面斜率一致、平整，无大的突出石块与其他杂物存在。对于光滑岩石，采取挖凿横向平行沟等措施进行加糙处理，以免基材下滑，使其有利于基材和岩石表面的自然结合。对于较大的凹坑，采用片石嵌补与坡面齐平。

② 锚杆施工

锚杆采用 ϕ12mm 或 ϕ14mm 钢筋制作，分为长锚杆和短锚杆，间隔布置。根据岩层完整程度、坡度确定其打设深度，锚杆外露端设置 90°弯钩，外露部分刷防锈漆防锈。

测量放样确定锚杆打设位置，用红油漆做出标志。根据打设深度选择风钻进行钻孔，用高压风将孔中岩粉吹出，再将锚杆插入孔内，杆头伸出坡面 3～6cm，弯钩朝向坡面上方，以便挂网，然后用水泥砂浆将锚杆孔内腔灌满填实。

③ 铺设镀锌拧花网

铁丝网可采用 12 号、14 号或 16 号镀锌铁丝网，网孔为 8cm×8cm 或 8cm×12cm。将其从坡顶沿坡面顺势铺下，铺设时网应拉紧，铺平顺后将网挂在锚杆上，用连接件或铁丝锁紧，并根据需要采用不同厚度的混凝土垫块，使铁丝网与坡面保持 3～6cm 的距离。完成网与锚杆的连接工作后，要严格检查铁丝网与锚杆连接的牢固性，确保网与坡面形成稳固的整体。

④ 喷射基材

喷射混合物由绿化基材、种植土壤、水泥、纤维及锯末与混合草种按一定的比例组成，经强制式搅拌机拌和而成，拌和时间不小于 1min。该配合比应经过对现场的气候环境条件、边坡结构类型、土壤条件等调查进行室内、现场试验确定。

准备工作就绪后，利用混凝土喷射机将混合物喷布于坡面。喷射时应从正面进行，凹凸部及死角要补喷。喷射种植混合物时，喷射厚度可根据边坡岩性进行调整，以保证有机基材能提供足够的养分及水分供草种生长。

⑤ 铺设无纺布

喷播完成后，在表面层覆盖无纺布，减少强降水对种子造成的冲刷，同时减少边坡表面的水分蒸发，进一步改善种子的发芽、生长环境。

⑥ 洒水养护

养护工作应于喷植完成后即日开始，主要针对植被的养分、水分、病虫进行管理，同时针对缺苗地段进行补植。具体养护工作应根据季节、草种类型、基质混合土壤性质、坡度情况、环境条件及植物生长情况合理进行。

2.4.2 骨架植物防护

1. 骨架植物防护定义及分类

骨架植物防护是指路基边坡采用混凝土或浆砌片石形成的框架式构筑物，并在框架内植草，以防止路基边坡溜坍的一种坡面防护形式。骨架植物防护是突出“植物+工程”一体化防护设计的典型模式，将路基边坡工程防护与生态防护结合起来，达到与环境因素高度的协调。

骨架植物防护实际上是将坡面分割成若干骨架支撑的小块土坡，采用分而治之的有效措施。骨架的作用在于支撑和分割坡面，消除坡面较大范围内相互渐变、牵引的影响，其具有规则的几何形状，造型美观。当骨架中的绿色植被形成后，绿白相间，拥有较好的防护、绿化、美化效果。

按结构形式，骨架植物防护分为拱形骨架+植草灌(空心六棱块植草灌)防护、方格骨架+植草灌(空心六棱块植草灌)防护、菱形骨架+植草灌(空心六棱块植草灌)防护、空心六棱块+植草防护、人字形骨架+植草灌(空心六棱块植草灌)防护、拱形加人字形骨架+植草灌(空心六棱块植草灌)防护、锚杆混凝土框架+植草灌防护等。

按建筑材料，分为浆砌片石骨架植物防护、干砌片石骨架植物防护、现浇混凝土骨架植物防护、混凝土预制块式骨架植物防护等。

2. 骨架植物防护施工工艺

(1) 整修边坡

路基填筑到设计高程后，按路基设计宽度及设计边坡坡度进行刷坡。路基边坡主要采用挖掘机进行刷坡，刷坡时预留 20cm 采用人工进行。边坡修整时用坡度尺拉线修整，修整后的边坡坡度不得大于设计值。

(2) 放线开挖沟槽及基础

施工放样前，要根据桥台位置、涵洞位置以及混凝土踏步位置整体布拱，在所有拱圈位置确定后才能根据里程位置精确放样。根据测放的里程桩现场排出骨架位置，撒白灰线标示。排出骨架位置后，要对相邻的里程桩再次进行闭合测量，确认无误后方可进行基槽开挖。

骨架沟槽开挖由于在坡面上作业，不宜采用机械，全部采用人工开挖沟槽。人工开挖前根据测量放样确定的位置，上下拉通拉线，同时严格控制开挖宽度和深度，不得超挖和欠挖，从上往下进行开挖，不得有松土留在沟槽中，并用人工拍打密实。一般根据施工能力及天气情况确定开挖长度，不得将开挖好的沟槽长时间晾置。

(3) 浇筑基础(护脚墙)

根据测量放样结果，采用机械结合人工挖出脚墙的位置。采用小型挖掘机进行开挖，基底预留 20~30cm，采用人工进行开挖，基底浮土全部清理干净，同时保证原土不受扰动。基底经验收合格后可浇筑脚墙，确保脚墙几何尺寸满足设计及规范要求。脚墙位置开挖后测量复核脚墙与底镶边连接处的位置，施工时严格按照设计的高程控制。浇筑前应对基底夯实，并对基坑内的杂物安排专人进行清理。

(4) 立模支护

按设计尺寸采用钢模组合，挡水槽处采用带 10cm×10cm 凸起的定型模板。模板安装时采用双面胶带纸塞缝，确保接缝良好不漏浆。采用外吊内拉的支模方法进行模板支设，骨架模板在现场拼装完成后，人工进行安装。模板支设完成后挂线对模板进行精调，确保模板支设尺寸符合要求。模板调整好后，对模板进行加固，顶面采用钢管加固，侧面采用砂袋封堵。模板支设好后要经技术员复核无误后才能进行下道工序施工。混凝土浇筑前，人工清除基槽表面松散颗粒，洒水湿润。

(5) 浇筑骨架混凝土

混凝土浇筑前，人工清除基槽表面松散颗粒。混凝土采用混凝土罐车运输，采用滑槽或插入式振捣器振捣。混凝土运至现场后先对混凝土的工作性能进行检查，满足要求后方可进行混凝土浇筑。对于拱形骨架混凝土施工，从坡脚处逐层向路基顶面施工，混凝土浇筑过程中对已成型的坡面采用靠尺进行原浆收面。当混凝土强度达到 2.5MPa 后，方可拆除拱形骨架侧模，侧模拆除后应及时对侧面混凝土进行修整。

(6) 洒水养护

混凝土浇筑完成后，及时将拱形骨架混凝土用土工布覆盖，洒水养护。养护期为 14d。

(7) 设置沉降伸缩缝

现浇拱形骨架护坡时，必须每隔 10~15m 在拱顶处自底镶边至顶镶边贯通设置一条沉降缝(缝宽 2cm)，缝间采用沥青麻筋封闭。

(8) 骨架内植物栽植

拱形骨架混凝土养护完成后，对骨架内进行客土回填。回填过程中，将边坡夯拍密实后进行草籽撒播及植物栽植。

2.4.3 工程防护

1. 喷护与挂网喷护

喷护是岩石边坡常用的支护方式。它是使用混凝土喷射机，按一定的混合程序，将掺有速凝剂的混凝土喷射至岩石边坡上，并迅速凝结成一层支护结构，从而起到支护边坡作用的方式。通常因边坡的地质状况辅以钢筋网支护、锚杆支护，则称之为挂网喷护及锚网喷护。

喷护可以作为边坡防护工程的永久性和临时性支护，也可以与各种钢筋网、锚杆等构成复合式支护结构，通常称为挂网喷护和锚网联合喷护。在实际工程应用时，按照设计文件要求及工程实际地质情况，选用合适的喷护方式，详见表 2.2。

表 2.2 喷护适用条件

喷护方式	适用条件
素喷混凝土	岩面平整，岩石新鲜或微风化，地质构造不发育，没有构造带和大的裂隙发育，节理不发育或稍发育，且呈闭合状态
锚喷或网喷	岩面基本平整，岩石微风化至强风化，地质构造稍发育，有小的构造及裂隙发育，节理发育，且多呈张开状态
锚网联合喷护	岩面不平整，岩石强风化至全风化，岩体较破碎，节理裂隙极发育

（1）喷射混凝土工艺种类

喷射混凝土分为干喷、潮喷和湿喷。

干喷是将骨料、水泥和速凝剂按一定的比例干拌均匀，然后装入喷射机，用压缩空气使干集料在软管内呈悬浮状态送到喷枪，再在喷嘴处与高压水混合，以较高速度喷射到岩面上。干喷的主要缺点是粉尘大，喷射物回弹量大。

潮喷是将骨料预加少量水，使之呈潮湿状，再加水泥拌和，从而降低上料、拌和与喷射时的粉尘。但大量的水仍是在喷头处加入和喷出的，其喷射工艺流程和使用机械同干喷工艺。

湿喷是将骨料、水泥和水按设计比例拌和均匀，用湿式喷射机压送到喷头处，再在喷头上添加速凝剂后喷出。目前，施工现场较多使用的是湿喷工艺。

（2）喷护施工工艺流程

① 施工准备

将坡面上的危石、杂草、树木、松土、浮碴清理，并用高压水冲洗坡面，并使岩面保持一定湿度。

② 搭设脚手架平台

用钢管按锚孔横排位置，沿坡面坡度搭设双排脚手架工作平台，采用钢管支撑平台架体，脚手架的搭设质量符合施工规范要求。工作平台低于横排锚孔 0.6m，平台上铺设厚度 25mm×3000mm 松木板，平台外边搭设 1.1m 高防护栏杆并设置挡脚板，挡脚板采用 25mm×3000mm 松木板牢固固定在防护栏板上。

③ 测量放样

边坡开挖完成后，按设计立面图要求，将锚杆孔位置准确测量放样在坡面上，水平、垂直方向的孔距误差不应大于 100mm。竖肋的具体长度可根据实际边坡高度确定，但锚杆的位置须按等分坡面的长度进行放样，其间距可适当调整。如遇既有刷方坡面不平顺或特殊困难场地时，需经设计监理单位认可。在确保坡体稳定和结构安全的前提下，适当放宽定位精度或调整锚孔定位。

④ 钻孔设备

钻机宜选用 $40m^3/min$ 内燃压缩空气为动力的潜孔冲击钻机。

⑤ 钻机就位

锚孔钻进施工时，必须准确安装固定钻机，并严格认真地进行机位调整，确保孔位及倾角符合要求。锚孔偏斜度不大于 2%，钻孔方向与水平面和竖直面的夹角不得与设计角度偏差超过 $\pm(1°\sim2°)$。

⑥ 钻进方式

钻孔要求干钻，禁止采用水钻，以确保锚杆施工不至于恶化边坡岩体的工程地质条件和保证孔壁的黏结性能。钻孔速度根据使用钻机性能和锚固地层严格控制，防止钻孔扭曲和变径，造成下锚困难或其他意外事故。

⑦ 钻进过程

钻孔过程中，认真记录岩层的地层岩性和含水状态。钻孔孔深超出锚杆设计长度 10cm。为控制好钻孔角度，须设置钻杆定位支架，以减少钻孔角度误差。遇有塌孔时，立即停止施钻，拔出钻具，进行水灰比纯水泥固壁注浆，注浆压力为0.4MPa。待注浆强度达到70%后，重新钻孔。如二次钻进施工时仍然出现塌孔，需采用跟管钻进技术进行施工。跟管重新钻孔，此时钻孔孔径比设计孔径稍大。

⑧ 锚孔清理

钻进达到设计深度后，不能立即停钻，要求稳钻1~2min，防止孔底达不到设计的锚固直径。钻孔孔壁不得有黏土或粉砂滞留，必须清理干净。在钻孔完成后，使用高压空气(风压0.2~0.4MPa)将孔内岩粉或水体全部清除出孔外，以免降低水泥砂浆与孔壁岩土体的黏结强度，防止锚孔不能下到预定深度。若遇锚孔中有承压水流出，待水压、水量变小后方可下安锚杆与注浆，必要时在周围适当部位设置排水孔处理。

⑨ 锚孔检验

锚孔钻孔结束后，经现场监理检验合格后，方可进行下一道工序。验孔时，采用设计孔径、钻头和标准钻杆进行孔径、孔深检查。验孔过程中钻头平顺推进，不产生冲击或抖动。钻具验送长度满足设计锚孔深度，退钻要求顺畅，用高压风吹验无明显飞溅尘渣及水体现象。同时要求复查锚孔孔位、倾角和方位，全部锚孔施工分项工作合格后，即可认定锚孔钻造检验合格。

⑩ 锚杆、锚钉体制作、安装

锚杆、锚钉全部在钢筋加工场集中加工好后用自卸汽车运至施工现场。

安装前，要确保每根钢筋顺直，除锈、除油污，安装锚杆体前再次认真核对锚孔编号。确认无误后再用高压风吹孔，人工缓缓将锚杆体放入孔内。用钢尺量出孔外露出的钢杆长度，计算孔内锚杆长度(误差控制在±50mm范围内)，确保锚固长度。

⑪ 锚杆、锚钉注浆

锚杆宜先安装锚杆再注浆，锚钉宜先注浆再立即安插锚钉。

锚杆按边坡支护单元安装完成后开始注浆。为避免因岩层破碎而锚杆孔之间相互窜浆影响锚杆注浆质量，注浆时从最下一排锚杆孔开始注浆，逐排注到最上一排。

注浆前对锚孔用高压气清孔。注浆材料按照配合比配料，采用机械拌合，集中供浆。注浆浆液搅拌均匀，随搅随用，浆液在初凝前用完，严防石块、杂物混入浆液。可采用HS-4型双缸灰浆泵，按孔底注浆法注浆。注浆前孔口设置止浆塞，以保证孔内浆液饱满。注浆作业开始和中途停止较长时间，再作业时宜用水或稀水泥浆润滑注浆泵及注浆管线。当锚杆安装、注浆完成24h再进行锚杆孔补浆，将孔口空段补满并且用同种浆体将孔口封堵。

⑫ 钢筋网制作、安装

可采用钢筋加工场集中制作钢筋网片现场安装或现场直接绑扎钢筋网片的方式施工，施工质量满足设计及规范要求即可。

⑬ 喷射混凝土

喷射混凝土厚度控制可通过标桩法、针探法、钻孔法实现。

a. 标桩法。把比喷层厚度大1倍的钢筋按预定间距用速凝砂浆固定在坡面上，在喷护完成后，可以通过测量预设钢筋剩余长度计算喷层厚度。当坡面安装锚杆时，可以用锚杆外露部分代替预设钢筋。

b. 针探法。在施工中可以用探针直接插入未凝固混凝土中测得喷层厚度，这种方法便于施工人员随时掌握喷层厚度。

c. 钻孔法。用手风钻在已完全凝固的混凝土表面钻孔，从钻孔内侧直接测量喷层厚度，这种方法便于监理部门随时检测。

喷射混凝土施工要点如下：

a. 采用湿式喷射机喷射混凝土，移动式电动空压机供风。施作前先对机械进行技术检查，对水、风、电路进行检查，合格后方可运转。

b. 喷射混凝土分段、分片由下而上进行。作业开始时，先送风，后开机，再给料；结束时，待料喷完后，再关机。向喷射机供料时要连续均匀，机器正常运转时，料斗内保持足够的存料。喷层厚度均匀，符合要求。

c. 喷射时使喷嘴与受喷面间保持适当距离，喷射角度尽可能接近90°，以获得最大压实度和最小回弹量。喷嘴与受喷面间距控制在1.5~2.0m。

d. 养护喷射混凝土终凝2h后及时进行养护，养护时间不小于14d。温度低于+5℃时，禁止洒水养护。

2. 干砌片石护坡

干砌片石厚度不宜小于250mm，当边坡为粉质土、松散的砂类土等易被冲刷的土时，砌片石下应设厚度不小于100mm碎石或砂砾垫层。干砌片石护坡基础应选用较大石块砌筑，基础埋深至侧沟底。当基础与侧沟相连时，采用M5水泥砂浆砌筑。

干砌片石护坡施工时，应自下而上进行立砌，彼此镶紧，接缝要错开，缝隙间用小石块填满塞紧。

3. 浆砌片石护坡

浆砌片石护坡适用于易风化的岩石边坡和易受冲刷的土质边坡，常用于路堤边坡，宜待路堤完成沉降后再施工。

浆砌片石护坡一般采用等截面，其厚度视边坡高度及坡度而定，一般为0.3~0.4m。边坡过高时应分级设平台，每级高度不宜超过20m。平台宽度视上级护坡基础的稳固要求而定，一般不超过1m。砌石由下而上，应错缝嵌紧，表面平整，周界用砂浆密封，以防渗水。

第3章　路面工程施工技术

3.1　路面工程施工准备

1. 组织准备

组织准备包括建立健全施工组织机构和组建施工队伍。

（1）建立健全施工组织机构

我国与国际施工惯例接轨，工程建设已全部按照 FIDIC（Fédération Internationale Des Ingénieurs Conseils，国际咨询工程师联合会）合同条件进行施工与监理，因此，对一个施工单位来讲，主要是实行项目经理负责制，即项目经理全面负责的目标责任制。

（2）组建施工队伍

根据所承担的工程量的大小和工期要求，安排出总进度计划网络图，进一步估算全部工程用工工日数，平均日出工人数，施工高峰期日出工人数，以及技术工种、机械操作工种、普通工种等用工比例，选择能够适应其工程质量、工期进度要求的作业队伍，并与施工劳动作业单位签订劳务合同，实行合同管理。

考虑到所担负工程的具体情况，结合施工队伍施工特点、技术装备情况、技术熟练程度和施工能力，应进行施工队伍培训，以满足工程施工的要求。

2. 物资准备

（1）机械及工具准备

根据工程需要、工程量大小及施工进度，配备足够数量且有效的施工机械、设备及工具。机械设备要配套选择，以便充分发挥机械设备的性能，保证机械设备的正常操作使用。

（2）材料准备

① 编制材料预算，提出材料的需用量计划及加工计划。

② 根据施工平面图安排和落实材料的堆放与临时仓库设施

③ 组织材料的分批进场。

④ 组织材料的加工准备，尽可能集中加工。

⑤ 生活设施准备：包括工地人员的食宿位置、办公地点、房舍区域及生活必需设备，安全及劳动防护用品等的准备。

⑥ 安全防护准备，安全工作要以预防为主，消除事故隐患。

3. 技术准备

（1）熟悉设计文件

领会文件精神，注意设计文件中所采用的各项技术指标，考虑其技术经济的合理性和施工的可能性。

(2) 编制施工方案

① 根据设计路面的类型进行料场勘察与选择，确定材料供应范围及加工方法。

② 选择施工方法和设计工序。

③ 计算工作量。

④ 编制流水作业图，布置工地，组织施工队伍。

⑤ 编制工程进度日程图。

⑥ 计算所需资源(劳动力、机械、材料)及各阶段的需要量，编制材料运输日程计划。

(3) 技术交底

即把设计对施工的要求、施工方案及措施传达到基层甚至每位工人，这是落实技术责任制的前提，施工前应向参加施工的技术人员进行施工技术和操作规程的技术交底。

在每一单位工程或分部(分项)工程开工前，均应进行技术交底，以保证严格按照施工图、施工组织设计、施工操作规程、安全生产规程、工程施工及验收规程和其他技术规程进行施工作业。

技术交底应按工程情况分级进行。重要工程应先由项目经理部向施工队交底，施工队向班组交底；一般工程由施工队的单位工程技术负责人向班组长和工人交底。

其内容主要包括：

① 说明有关工程的各项技术要求。

② 指出图样上必须注意的尺寸、轴线、标高，构造物的位置、规格和数量。

③ 使用材料的品种、规格等级、配合比和质量要求。

④ 施工方法、施工顺序，各班组及各工种之间交叉配合注意事项。

⑤ 工程质量要求和安全操作要求；设计变更情况等。

上述各项交底一般用口头方式，辅以图表，必要时可做示范操作或建立质量样板，以保证上岗人员充分掌握要领。

(4) 施工测量

工程开工前，要对业主及设计单位提供的现场控制桩等进行现场复核，确认无误后才能使用。

(5) 清理现场

根据施工放样所确定的位置，清理施工现场，为施工做好充分的准备。

4. 铺筑试验路段

高速公路和一级公路或采用新工艺、新技术、新方法或缺乏施工经验的路面，在大面积施工前，应采用计划使用的机械设备和混合料配合比铺筑试验路段。通过试验路段修筑，优化拌和、运输、摊铺、碾压等施工机械设备的组合和施工工序；提出验证混合料生产配合比；明确人员的岗位职责；最后提出标准施工方法。

3.2 半刚性基层施工

3.2.1 水泥稳定材料基层施工设备

必须配备齐全的施工机械和配件，开工前做好保养、试机工作，并保证在施工期间不发生有碍施工进度和质量的故障。路面底基层、基层施工，采用集中厂拌、摊铺机摊铺、分层施工，要求各施工单位配备足够的拌和、运输、摊铺、压实机械。每层最大压实厚度不大于20cm。底基层、基层的施工，按单幅梯队摊铺作业，因而每个作业面必须配备以下主要机械：

(1) 摊铺机

应根据设计路面的宽度、厚度，选用合适的摊铺机械。底基层、基层施工应采用2台摊铺机梯队作业。要求2台摊铺机功能一致，最好为同一机型，而且机型较新，功能较全，以保证路面底基层、基层厚度一致，完整无缝，平整度好。

(2) 拌和机

应配置产量大于400t/h的拌和机，要保证实际出料(生产量的80%)能力超过实际摊铺能力的10%~15%。至少要有5个进料斗，料斗上口必须安装钢筋网盖(筛孔可设为60mm×60mm规格)，筛除超出粒径规格的集料及杂物。拌和机的用水应配有大容量的储水箱。料斗、水箱、罐仓都要求装配高精度电子动态计量器。拌和站电力系统必须根据拌和站总体用电量建设并略有富余，以保证施工的连续性。

(3) 自卸汽车

载重20t以上，数量应与拌和设备、摊铺设备、压路机相匹配。

(4) 压路机

12t以上双钢轮压路机1~2台，18t以上单钢轮重型压路机2台，20t以上胶轮压路机1台。压路机的吨位和台数必须与拌和机及摊铺机生产能力相匹配，使从加水拌和到碾压终了的时间不超过水泥初凝时间，保证施工正常进行。

(5) 洒水车

根据生产和养护需要合理配置。

(6) 装载机

根据生产需要合理配置。

(7) 水泥钢制罐仓

由拌和机生产能力决定其容量，罐仓内应配有水泥破拱器，以免水泥起拱停流。

以上机械数量至少应满足每个工点、每日连续正常生产及工期要求。

3.2.2 水泥稳定材料基层原材料

1. 水泥

水泥稳定类结构层使用的水泥应符合国家技术标准的要求，宜采用42.5级的普通硅酸盐水泥等。所用水泥的初凝时间应大于3h，终凝时间应大于6h且小于10h。不应使用快硬水泥、早强水泥以及已受潮变质的水泥。掺加缓凝剂或早强剂时，应对混合料进行试验验证。

2. 集料

(1) 粗集料

用作被稳定材料的粗集料宜采用各种硬质岩石或砾石加工成的碎石，也可直接采用天然砾石。

高速、一级公路极重、特重交通荷载等级基层的4.75mm以上粗集料应采用单一粒径的规格料。

天然砾石材料作为高速、一级公路底基层和二级及二级以下公路基层、底基层的被稳定材料，其技术要求应满足相关的要求，并应级配稳定、塑性指数不大于9。

应选择适当的碎石加工工艺，用于破碎的原石粒径为破碎后碎石公称最大粒径的3倍以上。高速公路基层用碎石，应采用反击破碎的加工工艺。碎石加工中，根据筛网放置的倾斜角度和工程经验，应选择合理的筛孔尺寸。

（2）细集料

细集料应洁净、干燥、无风化、无杂质，并有适当的颗粒级配。细集料的规格应符合相关规定，且有机质含量小于2%，硫酸盐含量不大于0.25%，塑性指数(0.075mm以下颗粒的)不大于17。

对0~3mm和0~5mm的细集料应分别严格控制大于2.36mm和4.75mm的颗粒含量。对3~5mm的细集料应严格控制小于2.36mm的颗粒含量。高速、一级公路，细集料中小于0.075mm的颗粒含量应不大于15%；二级及二级以下公路，细集料中小于0.075mm的颗粒含量应不大于20%。

（3）混合料推荐级配

① 采用水泥稳定时，被稳定材料的液限应不大于40%，塑性指数应不大于17。

塑性指数大于17时，宜采用石灰稳定或水泥和石灰综合稳定。

② 采用水泥稳定时，被稳定材料中含有一定量的碎石或砾石，且小于0.6mm的颗粒含量在30%以下时，塑性指数可大于17，且土的不均匀系数应大于5。

③ 采用水泥稳定，被稳定材料为粒径较均匀的砂时，宜在砂中添加适量塑性指数小于10的黏性土、石灰土或粉煤灰，加入比例通过击实试验确定。

3. 水

凡是饮用水(含牲畜饮用水)均可用于水泥稳定类结构层施工。

3.2.3 水泥稳定材料基层施工工艺

1. 一般规定

（1）水泥稳定碎(砾)石基层结构一般采用集中厂拌、摊铺机摊铺、压路机碾压密实的施工工艺。

（2）水泥稳定碎(砾)石基层结构压实厚度不应超过20cm；当设计厚度超过20cm时，宜分层铺筑。

（3）在正式施工前，必须铺筑试验段，对施工工艺进行总结；试验段的质量检查频率应是正常路段的2倍。

（4）水泥稳定碎(砾)石的施工宜在气温较高季节组织施工。施工期的日最低气温应在5℃以上，在有冰冻的地区，应在第一次重冰冻(−3~−5℃)到来的15~30d之前完成施工。

（5）雨期施工时，应特别注意天气变化，避免水泥稳定碎(砾)石混合料遭受雨淋。降雨时应停止施工，对已经摊铺的混合料应尽快碾压密实，并及时覆盖。禁止在雨天施工。

（6）无特殊情况，基层施工应连续作业，中午不得停工，尽量减少施工接缝，桥头施工应与正常路段一次成型。

（7）同一路段水泥稳定碎（砾）石左右幅施工应错开。当基层分层施工时，单幅两层连续施工完成并养护到位后，再开始另外单幅的施工。

2. 拌和

（1）混合料的拌和能力应与摊铺能力相匹配。

（2）拌和厂设置要求：应安置在地势相对较高的位置，并做好排水设施。拌和厂场地应平整并具有足够的承载能力。高速、一级公路的拌和厂场地应采用混凝土硬化，混凝土强度等级应不低于 C15，厚度应不小于 200mm。工程所需的原材料严禁混杂，应分档隔仓堆放，并应有明显的标志。细集料、水泥等原材料应有覆盖。高速、一级公路上述材料严禁露天堆放，应放置于专门搭建的防雨棚内或库房内。开始拌和前，拌和厂的备料至少应能满足 5~7d 的摊铺用料。

（3）高速、一级公路应采用专用稳定土拌和设备拌制混合料。

（4）水泥料仓要求：应密闭、干燥，内部装“破拱”装置（防止水泥堵塞）。对高速公路，水泥料仓应配备计重装置，不宜通过电机转速计量水泥添加量。气温高于 30℃时，水泥进入拌缸温度不宜高于 50℃（控制降温时出现温缩裂缝），否则应采取降温措施（如用冰块代替水）；气温低于 15℃时，水泥进入拌缸温度不宜低于 10℃。

（5）加水量的计量：应采用流量计的方式。高速、一级公路，水的流量数值应显示在中央控制室的控制面板上。

（6）拌和机各料仓开口大小和皮带计量精度应事先标定，并在施工过程中经常检查和调整。

（7）为保证混合料拌和的均匀性，高速公路基层的混合料拌和时，宜采用两次拌和的生产工艺，也可采用间歇式拌和生产工艺，拌和时间不少于 15s。

（8）每次开始拌和前，应检查场内各处集料的含水率，计算当天的施工配合比。天气炎热或运距较远时，对稳定中、粗粒材料，混合料的含水率可高于最佳含水率 0.5%~1%；对稳定细粒材料，含水率可高于最佳含水率 1%~2%。

（9）拌和过程中，应实时监测各料仓的生产计量。高速、一级公路，应每 10min 打印各档料仓使用量。若与设计要求相差超 10%时应立即停机，正常后方可继续生产。

（10）对高速、一级公路，应从拌和厂取料，每隔 2h 测一次含水率；每隔 4h 测一次水泥剂量，并做好记录。

（11）料仓的加料应有足够数量的装载机，以确保拌和楼各仓集料充足并且相互之间数量协调。拌和楼在每天结束后应清理干净，检查并进行适当维护，尤其要注意避免水泥结块而堵塞水泥下料口。

（12）拌和机出料不应采取自由跌落式的落地成堆、装载机装料运输的办法，应配备带活门漏斗的料仓，由漏斗出料直接装车运输。

3. 运输

（1）运输车辆应采用车况良好的大吨位自卸车。运输车辆数量应满足拌和、出料与摊铺需要，并略有富余。

（2）运输车辆在每天开工前，要检验其完好情况。

(3) 装料前应将车厢清洗干净。

(4) 装车时车辆应前后移动，分3次装料，避免混合料离析。

(5) 为减少水分损失，混合料在运输过程中必须用篷布覆盖严密，直到摊铺机前准备卸料时方可掀开。

(6) 发料时应认真填写发料单：记录车号、出料时间、吨位等。运至摊铺现场，应由收料人核对查收并注明摊铺时间，以备检查，剔除超出延迟时间的混合料。

(7) 应尽快将拌和的混合料送至铺筑现场。如运输车辆中途出现故障，应尽快排除；如车内混合料不能在初凝时间内运到工地，或预计混合料到碾压最终完成的延迟时间超过水泥初凝时间，必须予以废弃。对高速、一级公路，水泥稳定材料从装车到运至现场，时间不宜超过1h，超过2h则作为废料处置。

4. 摊铺

(1) 在水泥稳定碎(砾)石基层边缘设置好高程控制线支架，根据松铺系数计算松铺厚度，决定控制线高度，挂好控制线。

(2) 下承层采用稳定细粒材料时，宜先将下承层顶面拉毛或采用凸块式压路机碾压，再铺上层混合料；下承层采用稳定中、粗粒材料时，应先清理干净下承层，并洒铺水泥净浆，再铺上层混合料。水泥净浆按水泥质量计，应为1.0~1.5kg/m²。水泥净浆稠度以能洒布均匀为宜，洒布长度以不大于摊铺机前30~40m为宜。

(3) 待等候卸料的混合料运输车多于5辆后开始摊铺，并应保持连续摊铺。

(4) 现场摊铺时，宜采用2台摊铺机梯队作业的方式。在单向双车道路面施工过程中，当单台大功率摊铺机抗离析效果较好时，也可采用单机全断面摊铺的摊铺方式。

(5) 采用双机梯队作业时，2台摊铺机型号应相同，前后相距不大于10m。前台摊铺机采用路侧钢丝和设置在路中的铝合金导梁控制高程，后台摊铺机路侧采用钢丝、路中采用滑靴控制高程和厚度。前后2台摊铺机纵向重叠300~400mm，中缝辅以人工修整。内侧1台摊铺机应采用宽度自动伸缩式摊铺机，以适应内侧宽度变化的需要。采用单机摊铺时，应采用两侧走钢丝的方法控制高程。

(6) 机前应设专人组织自卸车卸料，避免撞击摊铺机。

(7) 摊铺前及摊铺过程中，应检查摊铺机各部分的运转情况。

(8) 摊铺机的摊铺速度宜控制在1m/min左右。摊铺过程中，应根据拌和能力和运输能力确定摊铺速度，中途不得随意变更摊铺速度，以避免出现摊铺机停机待料的情况。

(9) 高速、一级公路，在摊铺过程中宜设立纵向模板。

(10) 摊铺机在安装、操作时，应采取混合料防离析措施。例如，摊铺机前增设橡胶挡板(防止竖向离析)，底部距下承层不大于10cm。摊铺机的螺旋布料器应有2/3埋入混合料中，螺旋布料器应匀速转动，避免过快或停顿。摊铺机后应设专人消除离析现象，铲除局部粗集料集中部位，并用新拌混合料填补。

(11) 结构物两侧摊铺应符合以下要求：应在施工前对结构物两侧工作面进行清理和修整，扫除松散材料和所有杂物，处理好欠压实、不平整等问题；正交结构物两侧作为起点时，应采用相应厚度的垫块起始摊铺，并严格按照设计要求衔接路面结构层和过渡板，不得采用人工摊铺；斜交结构物两侧等摊铺机无法工作的部位应采用人工摊铺，并应控制好操作时间、松铺厚度和平整度。

5. 碾压

(1) 在摊铺、修整后压路机紧跟摊铺机在全宽范围内进行碾压。碾压应遵循“先轻后重、先慢后快、从低到高”的原则。

(2) 每台摊铺机后压路机应紧跟碾压，碾压段落长度一般为50~80m。碾压段落必须层次分明，并设置明显的分界标志。

(3) 碾压应根据施工情况配备足够数量的碾压设备，并应符合下列规定：双向四车道高速、一级公路的半幅摊铺时，应配备不少于4台重型压路机；双向六车道半幅摊铺时，应配备不少5台重型压路机。

(4) 水泥稳定材料结构层施工中，应在混合料处于或略大于最佳含水率的状态下碾压。气候炎热干燥时，碾压时的含水率可比最佳含水率大0.5%~1.5%。

(5) 压路机碾压时，应重叠1/3轮宽。压路机换挡要轻且平顺，不要拉动铺面。在第1遍初步稳压时，倒车后尽量原路返回；换挡位置应在已压好的段落上；在未碾压的一头换挡倒车位置应错开，呈齿状；出现个别鼓包时，应进行铲平处理。

(6) 专人负责指挥碾压，严禁漏压、产生轮迹。成型后的表面应平整、无轮迹。对稳定细粒材料，最后碾压收面可用凸块式压路机。

(7) 出现软弹现象，应及时挖出混合料，换新料碾压。

(8) 碾压宜在水泥初凝前及试验确定的延迟时间内完成，并达到要求的压实度。

(9) 压路机停机应错开，相互间距约3m，且停在已碾压好的路段上。严禁压路机在正在碾压的路段或刚完成的路段上掉头。除非特殊情况，应尽可能避免紧急制动。

(10) 为保证水泥稳定碎(砾)石基层边缘压实度，应有100mm的超宽压实；对用方木或型钢模板支撑时，超宽可适当减小。

6. 接缝

(1) 纵缝

摊铺时应避免纵向接缝。两台摊铺机梯队施工时的纵向接缝应采用斜接缝，压路机跨缝碾压时一次碾压密实。

无法避免存在纵向接缝时，纵缝应垂直相接，严禁斜接，并应符合下列规定：在前一幅摊铺时，宜在靠中央的一侧用方木或钢模板做支撑，方木或钢模板的高度应与稳定材料层的压实厚度相同。摊铺另一幅前拆除支撑。

(2) 横缝

① 混合料摊铺时，应连续作业。若因故中断时间超过2h，则应设横向接缝。

② 每天收工之后，第二天开工的接头断面也应设置横向接缝。具体做法是：压路机碾压完，沿端头斜面行驶至下卧层上停机过夜。第二天将压路机沿斜面行驶至前一天施工的结构层上，并将已压实且高程和平整度符合要求的末端作为接缝位置，沿横向断面垂直挖除该位置至斜面下端头部分的混合料，摊铺机从接缝处起步摊铺。压路机沿接缝横向碾压，由之前的压实层逐渐推向新铺层，碾压完毕后再正常碾压。碾压完毕，接缝处纵向平整度应符合规范要求。

7. 养护及交通管制

① 无机结合料稳定材料碾压完毕，经质量检查合格后应及时养护。

② 养护期应不少于7d，宜延长至上层结构开始施工的前2d。

③ 养护可采取洒水养护、薄膜覆盖养护、土工布覆盖养护、铺设湿砂养护、草帘覆盖养护、洒铺乳化沥青养护等方式。

④ 洒水养护时，每天洒水次数应视气候而定。高温期上、下午各1次。养护期应保持表面湿润。

⑤ 薄膜覆盖养护时，薄膜厚度应不小于1mm。薄膜之间应搭接完整。薄膜覆盖后应用砂土堆填，养护至上层施工前1~2d方可掀开。对蒸发量大的地区或养护时间大于15d的工程应适当补水。

⑥ 养护期间，应封闭交通。除洒水车和小型通勤车外，严禁其他车辆通行；过冬时应采取必要的保护措施，如覆盖10~20cm砂土保护层，以防止低温损伤。

3.3 沥青路面施工

3.3.1 沥青路面施工设备

随着科学技术的发展，大量高科技设备也被应用到沥青路面施工过程中，有力地提高了沥青路面施工的质量水平。沥青路面施工用到的主要设备有以下几类。

1. 拌和设备

沥青混合料拌和设备采用自动控制的3000型以上间歇式拌和机，并满足以下要求：

(1) 拌和机的计量系统、控温系统及沥青加入量系统必须通过严格的标定校核，各系统的误差应在容许误差范围之内。施工单位必须向业主和监理单位提出机械设备的配套情况、技术性能、传感器计量精度的检查、标定报告。

① 计量系统应进行动、静态的加载、卸载的全量程检测，标定时的显示误差不应超过称量度的1%。

② 温度计应在100℃、150℃、200℃的油浴中分别与标准温度计比较，误差不得超过5℃。

③ 沥青加入量，采用已知容量的容器检查，用实际接受量与设定时间的一次喷入量比较，连续检查的数量不宜少于1000kg，误差不超过1%。

(2) 混合料拌和机必须配有计算机自动打印设备，能逐盘打印集料和沥青的加热温度、混合料的拌和温度、材料用量和每盘混合料的重量等资料。

(3) 除尘装置具有二级除尘设备，除尘一律不准回收利用，并定期检查及清理除尘管道和布袋，以防堵塞。

(4) 宜有一个80t以上的成品储料仓，并具有良好的保温性能。

(5) 有4个以上的沥青罐，不小于380cm^3，能保温储存和加热；改性沥青应配备搅拌装置，确保改性沥青处于搅拌状态。

2. 摊铺设备

若双机联铺则配置2台摊铺机，非接触式平衡梁2套(4只)；若用单机全幅摊铺则配置1台摊铺机，非接触式平衡梁1套(2只)。

3. 压路机

12t以上双钢轮带振动压路机3台，30t以上胶轮压路机3台。

4. 运输车

为了保证施工过程中混合料的连续供应，保证连续施工，必须配备足够数量的20t以上大吨位双桥自卸卡车。

5. 装载机

装载机4台以上。

6. 小型器具

(1) 导线钢丝、导梁不少于1000m；

(2) 夜间照明设备；

(3) 手推车等。

3.3.2 沥青路面施工原材料

1. 沥青

(1) 基质沥青的选择

沥青路面采用的基质沥青标号，宜按照公路等级、气候条件、交通条件、路面类型及在结构层中的层位及受力特点、施工方法等，结合当地的使用经验，经技术论证后确定。对高速公路、一级公路，夏季温度高、高温持续时间长、重载交通路段，宜采用稠度大、60℃黏度大的沥青，也可提高高温气候分区的温度水平选用沥青等级；对冬季寒冷的地区或交通量小的公路、旅游公路宜选用稠度小、低温延度大的沥青；对温度日温差、年温差大的地区宜注意选用针入度指数大的沥青。当高温要求与低温要求发生矛盾时，应优先考虑满足高温性能的要求。

(2) 改性沥青的选择

改性剂与基质沥青具有配伍性和相容性两种性能。

配伍性反映聚合物改性剂改性效果的好坏，相容性反映改性沥青保持改性效果的稳定性，两者既有所区别，又有必然联系。很显然，某一种改性剂的改性效果不仅与剂量有关，还受改性剂品种与基质沥青品种的配伍性的影响，所以，配伍性往往直接从改性效果的大小进行评价和判别。这对于不经过存放阶段的现场加工、现场使用的改性工艺尤其重要。大部分聚合物改性剂与基质沥青并不会发生明显的化学反应，而是均匀地分散在沥青中，改性剂与基质沥青表面仅仅以物理吸附的方式联结，共存共融，所以，对需要存放的改性沥青产品来说，不仅要改性效果好，而且必须保持不离析，这就要求配伍性和相容性都要好。

相容性是指改性剂以微细的颗粒均匀、稳定地分散在基质沥青介质中，不发生分层、凝聚或者相互分离现象的性质。它取决于改性剂和沥青两种物质界面上的相互作用，聚合物的溶解度参数或者分子结构越是接近的相容性越好。相容性好，改性剂分散均匀，或者成为均匀连续的网状结构；反之，则凝聚成絮状、块状、团状，当改性沥青冷却时，改性剂便析出、分层。由于配伍性和相容性的必然联系，所以在使用上往往对配伍性和相容性并不严格区分，而统称为相容性。

改性剂有很多种，主要分为以下3大类：

① 热塑性橡胶类(橡胶树脂类)：苯乙烯-丁二烯-苯乙烯(Styrenic Block Copolymers，SBS)、苯乙烯-异戊二烯-苯乙烯(Styrene Isoprene Styrene，SIS)、苯乙烯-聚乙烯(Styrene Butadiene，SB)。

② 橡胶类：天然橡胶(Natural Rubber，NR)、丁苯橡胶(Polymerized Styrene Butadiene Rubber，SBR)、氯丁橡胶(Chloroprene Rubber，CR)、丁二烯橡胶(Butadiene Rubber，BR)。

③ 树脂类：聚乙烯(Polyethylene，PE)、乙烯-乙酸乙烯(Ethylene Vinyl Acetate Copolymer，EVA)、聚氯乙烯(Polyvinyl Chloride，PVC)。

其中SBS改性沥青具有良好的配伍性和相容性、良好的高、低温性能，且具有良好的弹性恢复性能，因而在公路工程中得到广泛应用。

2. 粗集料

粗集料应采用石质坚硬、清洁、不含风化颗粒、近立方体颗粒的碎石，粒径大于2.36mm，宜采用碱性或中性石料加工。沥青面层碎石生产线按以下筛网规格组装筛分装置：

AC-13：3mm，6mm，11mm，16mm；

上面层AC-16：3mm，6mm，11mm，18mm；

中面层AC-20：3mm，6mm，11mm，18mm，24mm；

下面层AC-25：①3mm，6mm，11mm，18mm，30mm(拌和站只有5个冷料仓采用时)；②下面层AC-25：3mm，6mm，11mm，18mm，24mm，30mm(拌和站有6个冷料仓采用时)。

3. 细集料

细集料应采用坚硬、洁净、干燥、无风化、无杂质并有适当级配的石料机制砂或石屑。

4. 矿粉

矿粉应采用强基性岩石等憎水性石料经磨细加工得到，原石料中的泥土杂质应清除干净，必要时检验矿粉的塑性指数。沥青混凝土拌和站除尘装置回收的粉尘不得作为填料使用。若集料与沥青的黏附性不足4级，可在混合料中掺加消石灰，用量为矿料总量的1%～2%，具体用量按试验确定。

5. 纤维稳定剂

在沥青混合料中掺加的纤维稳定剂宜选用木质素纤维、矿物纤维等。木质素纤维的质量应符合表3.1技术要求。

表 3.1 木质素纤维质量技术要求

项目	单位	指标	试验方法
纤维长度，不大于	mm	6	水溶液用显微镜观测
灰分含量	%	18±5	高温 590~600℃燃烧后测定残留物
pH 值	—	7.5±1.0	水溶液用 pH 试纸或 pH 计测定
吸油率，不小于	—	纤维质量的 5 倍	用煤油浸泡后放在筛上经振敲后称量
含水率(以质量计)，不大于	%	5	105℃烘箱烘 2h 后冷却称量

纤维应在 250℃的干拌温度下不变质、不发脆，使用纤维必须符合环保要求，不危害身体健康，并且在混合料拌和过程中能充分分散均匀。纤维应存放在室内或有棚盖的地方，松散纤维在运输及使用过程中应避免受潮，不结团。矿物纤维宜采用玄武岩等矿石制造，易影响环境及造成人体伤害的石棉纤维不宜直接使用。

纤维稳定剂的掺加比例以沥青混合料总量的质量百分率计算，通常情况下用于 SMA 路面的木质素纤维不宜低于 0.3%、矿物纤维不宜低于 0.4%，必要时可适当增加纤维用量。纤维掺加量的允许误差宜不超过±5%。

3.3.3 沥青混合料施工工艺

1. 集料准备

(1) 要注意粗细集料和填料的质量，从源头抓起，不合格的矿料不准运进拌和厂。

(2) 堆放各种矿料的地坪必须硬化，并具有良好的排水系统，避免材料被污染；各品种材料间应用墙体隔开，以免相互混杂。

(3) 集料铲运方向应与其流动方向垂直，保证铲运材料均匀，减少集料离析。

(4) 细集料及矿粉宜覆盖，细料潮湿将影响喂料数量和拌和机产量。

(5) 每天开工前应检测含水率，以便调节冷料进料速度或比例，并确定集料加热时间和温度，如果集料含水率过大，不得使用。

(6) 集料级配发生变化或换用新材料时，应重新进行配合比设计以确保混合料质量。

2. 沥青的准备

沥青应采用导热油加热，要求沥青温度稳定，具有一定的流动性，以便使沥青混合料拌和均匀。普通沥青加热温度不应超过 165℃，改性沥青加热温度不应超过 175℃。使用改性沥青时应先搅拌或循环拌和使其均匀后方可使用，使用过程中应不断搅拌以避免改性沥青离析。随温度变化的不同稠度的沥青结合料的喷入速率必须进行标定，每次拌和喷入沥青的时间应准确无误。

3. 沥青混合料的拌制

(1) 严格控制沥青和集料的加热温度以及沥青混合料的出厂温度。集料温度应比沥青高 10~15℃，热混合料成品在储料仓储存后其温度下降不应超过 10℃。

(2) 拌和站控制室要逐盘打印沥青及各种矿料的用量和拌和温度的资料，并定期对拌和站的计量和测温进行校核；没有材料用量和温度自动记录装置的拌和机不得使用。

(3) 拌和时间由试拌确定。必须使所有集料颗粒全部裹覆沥青结合料，并以沥青混合料拌和均匀为度。

（4）要注意目测混合料的均匀性，及时分析异常现象，如混合料有无花白、冒青烟和离析等现象。如确认是质量问题，应做废料处理并及时予以纠正。生产开始前有关人员要熟悉本项目所用各种混合料的外观特征，这要通过细致地观察室内试拌的混合料而获得。

（5）每台拌和机每天上午、下午各取一组混合料试样做马歇尔试验和抽提筛分试验，检验油石比、矿料级配和沥青混凝土的物理力学性质。

矿料级配与生产设计标准级配的允许差值为：

0.075mm，±2%；

≤2.36mm，±4%；

≥4.75mm，±5%。

（6）每天结束后，用拌和站打印的各料数量进行总量控制。以各仓用量及各仓筛分结果，在线抽查矿料级配；计算平均施工级配和油石比，与设计结果进行校核；以每天产量计算平均厚度，与路面设计厚度进行校核。

4. 沥青混合料的运输

（1）根据运距、拌和产量配备足够的自卸汽车，要求运力必须大于拌和机产量，每台运料车装载量不小于15t，汽车底板应涂一薄层防黏剂。

（2）采用数字显示插入式热电偶温度计检测沥青混合料的出厂温度和运到现场的温度。插入深度要大于150mm，在运料卡车侧面中部设专用检测孔，孔口距车厢底面约300mm。

（3）拌和机向运料车放料时，汽车应前后移动，分“前、后、中”装料，以减少粗集料的离析现象。

（4）沥青混合料运输车的运量应较拌和能力和摊铺速度有所富余，摊铺机前方应有5辆运料车等候卸料。

（5）运料车应有良好的阻燃棉篷布覆盖设施，卸料过程中继续覆盖直到卸料结束取走篷布，以起到保温或避免污染环境的作用。

（6）连续摊铺过程中，运料车在摊铺机前10~30cm处停住，不得撞击摊铺机，卸料过程中运料车应挂空挡，靠摊铺机推动前进。

5. 沥青混合料的摊铺

（1）摊铺沥青面层前，必须撒布改性乳化沥青黏层油，黏层施工质量控制见黏层作业指导书。

（2）可采用两台摊铺机梯队摊铺施工，亦可采用1台大功率摊铺机全幅摊铺。当采用梯队摊铺施工时，2台摊铺机距离不应超过20m。

（3）摊铺机的摊铺速度应根据拌和机的产量、施工机械配套情况及摊铺厚度、摊铺宽度，按24m/min予以调整选择，做到缓慢、均匀、不间断的摊铺。

（4）施工下面层时，采用挂导线钢丝施工，按每10m一个断面，每个断面3个点测量下承层顶面高程，根据中线和高程测量结果挂导线，导线钢丝拉力不小于100kg。摊铺中、上面层时，采用非接触式平衡梁控制厚度。

（5）为保证路面线性的平顺，沥青混合料摊铺时，应在路面边缘立木模。

（6）用机械摊铺的混合料未压实前，施工人员不得进入踩踏。摊铺时，一般无须人工不断地整修，只有在特殊情况下，如局部离析，须在现场主管人员指导下用人工找补或更换混合料，缺陷较严重时应予铲除，并调整摊铺机或改进摊铺工艺。

（7）摊铺机应调整到最佳工作状态，调好螺旋布料器两端的自动料位器，并使料门开度、链板送料器的速度和螺旋布料器的转速相匹配。螺旋布料器内的混合料表面略高于螺旋布料器 2/3 为度，使熨平板的挡板前混合料的高度在全宽范围内保持一致，避免摊铺层出现离析现象。

（8）检测松铺厚铺厚度是否符合规定，以便随时进行调整。摊前熨平板应预热至规定温度。摊铺机熨平板必须拼接紧密，不许存有缝隙，防止卡入粒料将铺面拉出条痕。

（9）积极采取相应措施，尽量做到摊铺机不拢料，以减小面层离析。

（10）摊铺遇雨时，立即停止施工，并清除未压成型的混合料。遭受雨淋的混合料应废弃，不得卸入摊铺机摊铺。

6. 沥青混合料的压实成型

（1）沥青混合料的压实是保证沥青面层质量的重要环节，应选择合理的压路机组合方式及碾压步骤。为保证压实度和平整度，初压应在混合料不产生推移、开裂等情况下尽量在摊铺后较高温度下进行。

（2）压路机应以缓慢而均匀的速度碾压，压路机的适宜碾压速度随初压、复压、终压及压路机的类型不同而有所区别，按照表 3.2 选用。压路机的组合和遍数通过试验段确定，推荐采用 2 台双钢轮压路机初压和复压，2 台胶轮压路机复压，1 台双钢轮压路机和 1 台胶轮压路机收光。推荐的碾压工艺：钢轮静压 1 遍+钢轮振压 1 遍+胶轮碾压 6~8 遍+钢轮收光 1 遍+胶轮收光 1 遍。

表 3.2　压路机碾压速度　　km/h

压路机类型	碾压阶段		
	初压	复压	终压
胶轮压路机	2~3	3.5~4.5	4~6
钢轮压路机	不振动 1.5~2.0	振动 4~5	不振动 2.0~3.0

（3）为避免碾压时混合料推挤产生壅包，碾压时应将驱动轮朝向摊铺机；碾压路线及方向不应突然改变；压路机起动、停止必须减速缓行，不准刹车制动。压路机折回不应处在同一横断面上。

（4）为防止胶轮压路机黏附沥青混合料，应尽可能地在高温下碾压，相邻碾压带重叠宽度为 10~20cm。

（5）在当天碾压的尚未冷却的沥青混凝土层面上，不得停放压路机或其他车辆，并防止矿料、油料和杂物散落在沥青层面上。

（6）要对初压、复压、终压段落设置明显标志，便于司机辨认。对松铺厚度、碾压顺序、压路机组合、碾压遍数、碾压速度及碾压温度应设专岗管理和检查，使面层做到既不漏压，也不超压。

（7）应向压路机轮上喷洒或涂刷含有隔离剂的水溶液，喷洒应呈雾状，量以不粘轮为度。

(8) 压实完成12h后，方能允许施工车辆通行。

7. 施工接缝的处理

(1) 纵向施工缝。采用两台摊铺机成梯队联合摊铺方式的纵向接缝，应采用斜接缝。在前部已摊铺混合料部分留下10~20cm宽暂不碾压作为后高程基准面，并有5~10cm的摊铺层重叠，以热接缝形式在最后做跨接缝碾压以消缝迹，上、下层纵缝应错开15cm以上。

(2) 横向施工缝。全部采用平接缝。用3m直尺沿纵向位置，在摊铺段端部的直尺呈悬臂状，以摊铺层与直尺脱离接触处定出接缝位置，用锯缝机割齐后铲除；继续摊铺时，应将摊铺层锯切时留下的灰浆擦洗干净，涂上少量黏层沥青，摊铺机熨平板从接缝处起步摊铺；碾压时用钢轮压路机进行横向压实，从先铺路面上跨缝逐渐移向新铺面层。

3.4 水泥混凝土路面施工

3.4.1 水泥混凝土路面结构层

1. 水泥混凝土路面的结构层及其基本要求

水泥混凝土路面的结构层由混凝土面层、基层、垫层及路基组成，各结构层都应满足相关的技术要求。

(1) 路基

水泥混凝土的弹性模量为2.5×10^4~4.0×10^4MPa，因此，水泥混凝土面板具有很高的刚度和扩散荷载的能力，通过面层板传到路基顶面的荷载压应力值很小，一般不超过0.05MPa。因此，水泥混凝土路面并不要求强度大或承载力高的路基，只要求稳定、密实、均质，对路面结构提供均匀支承的路基。但如果路基的稳定性不足发生不均匀沉陷，则将给水泥混凝土面层带来很不利的影响。由于路基不均匀支承，会使面板在受荷载时底部产生过大的弯拉应力，导致水泥混凝土路面破坏。

路基支承不均匀的原因主要是填料的土质不均匀、湿度不均匀，膨胀土冻胀，湿软地基未达充分固结，排水设施不良，压实不足或不当以及新老路基交接处、填挖交界处处理不当等多种因素。为了保证路基支承的均匀性，遇到上述情况时，宜分别采取以下相应的处理措施。

① 选择填料

根据相关的规定，高液限黏土及含有机质的细粒土不应用作高速公路和一级公路的路床填料或二级及以下公路的上路床填料；高液限粉土及塑性指数大于16或膨胀率大于3%的低液限黏土不应用作高速公路和一级公路的上路床填料。

宜选用低膨胀性土(塑性指数在10以下)或对冰冻不敏感的土(砂砾等)做填料；将膨胀性高或对冰冻敏感的土放在路堤的下层，而在上层用较好的填料填筑；对不同来源和性质的填料适当拌和。

② 控制压实度和压实时的含水率

在多雨潮湿地区，对于高液限土及塑性指数大于16或膨胀率大于3%的低液限黏土，压实时的含水率宜略高于最佳含水率。这时的压实土的渗透性、浸水后的膨胀量和冻胀都可减小，从而可提供体积变化小而支承均匀的路基。

③ 加强路基排水设施

尽可能提高路基设计标高或加深边沟底部深度，以增加路面同地下水位之间的距离。设置路基排水设施，以拦截浅透水层流向路基的渗透水或降低地下水位。

④ 对路基上层土进行处理

路基上层土，特别是对于湿软土层，应采用低剂量石灰、水泥或粉煤灰等结合料做稳定处理。

（2）垫层

垫层指的是设于基层以下的结构层，主要作用是隔水、排水、防冻以改善基层和土基的工作条件。垫层为介于基层与土基之间的结构层，在土基水稳状况不良时用以改善土基的水稳状况，提高路面结构的水稳性和抗冻胀能力，并可扩散荷载以减少土基变形。垫层应与路基同宽，其最小厚度为150mm。

根据相关的规定，遇下述情况时，须在基层或底基层下设置垫层：

① 季节性冰冻地区，路面结构厚度小于最小防冻厚度要求时，应设置防冻垫层，其厚度为两者之差。

② 水文地质条件不良的土质路堑、路床土湿度较大时，宜设置排水垫层。

（3）基层与底基层

基层和底基层应具有足够的抗冲刷能力和适当的刚度，抗变形能力强，坚实、平整、整体性好。

① 基层的作用：防止或减轻由于唧泥而产生板底脱空和错台等病害；与垫层共同作用，可控制或减少路基不均匀冻胀或体积变形对混凝土面层产生的不利影响；减小路基顶面的压应力，并缓和路基不均匀变形对面层的影响；为混凝土面层施工提供稳定而坚实的工作面，改善接缝的传荷能力；提高路面结构的承载能力，延长路面的使用寿命。

② 基层材料的选用原则：根据相关的规定，依据交通荷载等级、材料供应条件和结构层组合要求，可参照表3.3选用基层和底基层的组成材料类型。

表3.3 适宜于各交通荷载等级的基层和底基层材料类型

交通荷载等级	基层材料类型	底基层材料类型
极重、特重	贫混凝土、碾压混凝土	级配碎石
	沥青混凝土	级配碎石，水泥稳定碎石，石灰、粉煤灰稳定碎石
重	密级配沥青稳定碎石	
	水泥稳定碎石	级配碎石
中等、轻	级配碎石	未筛分碎石、级配砾石，或不设底基层
	水泥稳定碎石，石灰、粉煤灰稳定碎石	未筛分碎石

③ 承受中等或轻交通荷载时，可不设底基层；未设垫层，且路基填料为细粒土、黏土质砂或级配不良砂(承受特重或重交通)，或者上路床为细粒土(承受中等交通)时，应设置底基层。底基层可采用级配粒料、水泥稳定粒料或石灰、粉煤灰稳定粒料等。

④ 基层的宽度应根据混凝土面层施工方式的不同，比混凝土面层每侧至少宽出300mm（小型机具施工时）或500mm（轨模或摊铺机施工时）或650mm（滑模或摊铺机施工时）。路肩采用混凝土面层，其厚度与行车道面层相同时基层宜与路基同宽。

⑤ 各类基层和底基层结构性能、施工或排水要求不同，厚度也不同。其适宜厚度，按照所选集料的公称最大粒径和压实效果的要求而定。

⑥ 为防止下渗水影响路基，排水基层下应设置由水泥稳定粒料或密级配粒料组成的不透水底基层，底基层顶面宜铺设沥青封层或防水土工织物。

（4）面层

由于水泥混凝土面层直接承受行车荷载的反复作用及环境因素的影响，因此，要求水泥混凝土面层具有足够的强度、耐久性（抗冻性）、表面抗滑、耐磨、平整。

① 厚度

普通混凝土、钢筋混凝土、碾压混凝土或连续配筋混凝土面层所需厚度，可依据交通荷载等级、公路等级和变异水平等级。

② 抗滑性

混凝土面层应具有较大的粗糙度，即应具备较高的抗滑性能，以提高行车的安全性，因此，可采用刻槽、压槽、拉槽或拉毛等方法形成一定的构造深度。

2. 水泥混凝土路面其他主要构造

（1）接缝

为了防止温度变化引起的胀缩应力、翘曲应力以及符合施工要求，在水泥混凝土路面面板层应设置接缝。

① 纵向接缝

根据路面宽度和施工铺筑宽度设置。一次铺筑宽度小于路面宽度时，应设置带拉杆的平缝形式的纵向施工缝；一次铺筑宽度大于4.5m时，应设置带拉杆的假缝形式的纵向缩缝，纵缝应与线路中线平行。

② 横向接缝

横向施工缝尽可能选在缩缝或胀缝处。前者采用加传力杆的平缝形式，后者同胀缝形式。特殊情况下则采用设拉杆的企口缝形式。

③ 胀缝

除夏季施工的板，且板厚大于或等于200mm时可不设胀缝外，其他季节施工时均应设胀缝，胀缝间距一般为100~200m。混凝土板边与邻近桥梁等其他结构物相接触或板厚有变化或有竖曲线时，一般也要设胀缝。横向缩缝为假缝时，可等间距或变间距布置，一般不设传力杆。

对于特重及重交通等级的混凝土路面，横向胀缝、缩缝均设置传力杆。当混凝土板的自由边不能设置传力杆时，应增设边缘钢筋，自由板角上部增设角隅钢筋。

（2）路肩

路肩给路面结构提供侧向支承，供车辆紧急或临时停靠，在车行道进行修补时可作为临时车道使用，因而路肩应具有一定的承受车辆荷载的能力。路肩的层次结构和材料选择，除了考虑承载能力外，还应结合路面排水系统的布置和要求，使渗入路面的水分可由排水通道迅速排出路面结构，为铺筑出符合质量标准的水泥混凝土路面提供基本保证。

路肩的铺面结构可选用水泥混凝土面层或沥青面层。高速公路和一级公路的水泥混凝土路肩的铺面结构和厚度应与行车道一致。路肩与行车道之间的纵缝应设置拉杆。

(3) 路面排水

高速公路和一级公路的路面排水一般由路肩排水(一般设置2%~3%横向坡度)、中央分隔带排水和路面表面渗入水的排出等组成。路肩必须设置边坡与板底连通的排水盲沟，以利于将路面板接缝处的渗水排出路肩。

3. 水泥混凝土路面的特点

水泥混凝土路面是一种刚度较大、扩散荷载应力能力强、稳定性好和使用寿命长的路面结构，与其他路面相比具有以下优缺点。

(1) 水泥混凝土路面的优点

① 稳定性好

水泥混凝土路面的水稳性、热稳性均较好，特别是其强度能随着时间的延长而逐渐提高，既不存在沥青路面的那种“老化”现象，也不会像砂石路面那样出现“衰退”现象。抗油类侵蚀能力强，不会因受油类污染而损坏，抗洪能力也远比沥青路面强。

② 强度高

水泥混凝土路面具有较高的抗压强度、抗弯拉强度以及抗磨耗能力。

③ 养护费用少、经济效益高

与沥青混凝土路面相比，水泥混凝土路面的养护工作量和养护费用仅为沥青路面的1/4~1/3。其建筑投资虽较大，但使用年限长，因此，所分摊于每年的工程费用较少。

④ 耐久性好

由于混凝土路面的强度和稳定性好，所以经久耐用，一般可使用20~40年，而且能通行包括履带式车辆等在内的各种运输工具。

⑤ 有利于夜间行车

混凝土路面色泽鲜明，能见度好，反光能力强，有利于夜间行车。

⑥ 抗滑性能好

水泥混凝土路面表面粗糙度好，车辆在潮湿路面行驶不打滑，行驶安全。

(2) 水泥混凝土路面的缺点

① 对水泥和水的需要量大

对水泥供应不足和缺水地区的路面施工带来较大困难。

② 有接缝

一般水泥混凝土路面要建造许多接缝，这些接缝不但增加施工和养护的复杂性，而且容易引起行车跳动。

③ 开放交通较迟

一般水泥混凝土路面完工后，要经过15~20d的养护才能开放交通。

④ 修复困难

水泥混凝土路面损坏后，开挖很困难，修补工程量大，费用高，且影响交通。

由于水泥混凝土路面的强度高、耐久性好，能适应重载、高速而繁密的汽车运输要求，在我国一些城市道路、工矿道路、停车场和机场跑道上使用较多。因其水稳性及能见度好，特别适用于修筑隧道内的路面。但是，修筑混凝土路面，要耗费大量水泥和一定数量的钢材，因此，在我国公路路面上目前采用得还不是很多。随着我国公路运输事业的发展，行车车载质量和速度日益提高，特别是水泥工业的进一步发展，今后水泥混凝土路面在我国必然会得到越来越广泛的应用。

3.4.2 水泥混凝土路面施工方式的选择

水泥混凝土路面的施工方法主要有小型机具施工、三辊轴机组施工、碾压混凝土路面施工、滑模式摊铺机施工等。

1. 小型机具施工

小型机具施工是一种传统的路面施工方法，采用固定模板，人工布料，手持振捣棒、振动板或振捣梁振实、滚杠、修整尺、抹平刀整平的混凝土路面施工工艺。

由机械拌和水泥混凝土，人工摊铺，辅助配备一些机具进行的路面施工的方式，不需要大型设备，施工便捷，技术简单成熟；但是对劳动力数量的需求较大，因此，在县级、乡镇村道路施工及中、轻交通等级路面中应用广泛。

2. 三辊轴机组施工

三辊轴机组施工是由三辊轴摊铺整平机、振捣器等机组铺筑水泥混凝土路面的施工工艺。该方法适用于二级、三级、四级公路及县乡级公路水泥混凝土路面的施工。三辊轴机组施工技术，由于设备投入少，技术容易掌握，在还没有相应的施工技术规范前不少地方在使用。

三辊轴摊铺整平机以轴的直径划分型号，以轴的长度划分规格。从摊平拌合物考虑，轴的直径大比较有利；从有效密实深度考虑，轴的直径较小比较有利。目前市场上的三辊轴摊铺整平机，轴的直径有168mm、219mm和240mm等几种。根据摊铺路面的厚度选用型号，厚200mm以上的路面宜采用轴的直径为168mm，桥面铺装或厚度较小的路面可采用轴的直径为219mm。根据摊铺宽度确定规格，轴长宜比路面宽度大600~1200mm。

振捣机有振动梁式和内部振动式两种。振动梁式振捣机适合于摊铺厚度较小的路面，振动频率为50~100Hz，振动加速度为40~50m/s^2。内部振动式振捣机适合于摊铺厚度较大的路面，宜采用电机内装插入式振动器，振动频率为150~200Hz，振动棒的直径为50~70mm。振动棒的间距不大于其有效作用半径的1.5倍，并应不大于500mm。

水泥混凝土路面施工中，常用内部振动式振捣机振捣。振动棒以棒的直径划分型号，直径越大，有效作用半径也越大，有效作用半径一般为振动棒直径的4~10倍，混凝土的坍落度越大，有效作用半径越大。在路面施工中，采用较密的振动棒间距，适合振捣坍落度较小的拌合物，通过调节振动时间或振捣机的移动速度，也可用于振捣坍落度较大的拌合物。

3. 碾压混凝土路面施工

碾压水泥混凝土是一种通过振动碾压施工工艺达到高密度、高强度的刚硬性水泥混凝土，具有节约水泥、收缩小、施工速度快、强度高、开放交通早等技术经济上的优势。

施工时，采用沥青混凝土路面的主要施工机械将单位用水量较少的干硬性水泥混凝土摊铺、碾压成型。根据其材料和工艺特点，碾压混凝土路面施工的技术难点是如何实现压实度与平整度的协调统一。大量试验研究表明，碾压混凝土路面施工的技术关键可概括为稠度稳定、摊铺均匀、碾压密实、养护充分。为了实现这一目标，重点是在做好施工机械选型与配套的基础上合理选择拌和、摊铺、碾压及养护等关键工序的工艺参数。

4. 滑模式摊铺机施工

滑模式摊铺机施工是一种采用滑模式摊铺机摊铺水泥混凝土路面的机械化施工方式，其特征是不架设边缘固定模板，将布料、松方控制、高频振捣棒组、挤压成形滑动模板、拉杆插入、抹面等安装在一台可自行控制的机械上，通过基准线控制，能够摊铺出密实度高、动态平整度优良、外观几何形状准确的水泥混凝土路面。

滑模式施工利用成套机械设备，使路面施工达到一个新水平，每个台班修筑路面可达1km，特别是水泥混凝土搅拌自动化和路面摊铺的自动化推进了施工过程控制的自动化，这不仅提高了劳动生产率，而且提高了施工工序所要求的精度，提高了施工机械的可靠性和延长了使用寿命，降低了劳动强度，保证了施工安全，从而提高了路面产品的质量。

滑模式施工主要使用带滑动模板的混凝土摊铺机，该机器在牢固路基上自行并沿着样线自动转向和自动找平，一次性完成布料、振动密实、外部成型和表面抹光等工序，最终水泥混凝土路面在固定于机器上的滑动模板中生成滑出。固模式施工则是摊铺设备沿轨道模板运行，轨道模板不仅作为机器行走转向和路面找平的基准，而且作为水泥混凝土混合料的固定模板使用。滑模式施工和固模式施工在路面成型方式和机器找平和转向原理上都不同，两者相比较具有以下特点：

（1）滑模式施工最初机械投资较大，但节省了轨道模板及其安装拆卸人工作业。在路面工程规模大于10km时，工程量越大，费用节省越多，滑模式施工的经济效益越好。因此，小规模的路面工程采用固模式施工较为经济。

（2）滑模式施工由于消除了繁重且费时的轨道模板安装、基准调整和拆卸，故而降低了施工工作强度，大大提高了水泥混凝土路面施工的效率，其平均昼夜施工进度是固模式施工的3~5倍。

（3）固模式施工由于轨道安装误差和轨道模板下路基发生变形，会导致路面平整度差，轨道模板在路面弯道处的适应性和连续性都较差。滑模式施工依靠自动找平和自动转向系统，摊铺路面的路拱、纵坡、横坡和弯道均可通过调整摊铺装置控制机构自动实现。两三车道的路面可以全幅施工，一次成型，提高了路面平整度和路面几何尺寸精度，能够满足更高的路面质量要求。

（4）滑模式施工与固模式施工相比，对水泥混凝土混合料的稠度和黏聚性、搅拌质量的均匀性、供料的连续性、机器的适应性、施工技术水平和管理水平要求较高，对施工工序控制的精度要求也高。

从经济技术角度看，滑模式施工适合于大规模的高速公路水泥混凝土路面工程，而固模式施工适合于中小规模的低等级公路水泥混凝土路面工程。

3.4.3 水泥混凝土路面施工的材料准备

水泥混凝土面层直接与行车荷载、各种大气因素接触，在荷载的重复作用和环境因素的影响下，混凝土必须要有足够的强度和耐久性，还要有耐磨、平整、抗滑的表面以确保行车的舒适和安全，因此，要求水泥混凝土有合格的材料和合理的配合比。道路路面用水泥混凝土由适当级配的粗细集料、水泥、外加剂和水混合而成，其组成材料的技术要求如下。

1. 水泥混凝土原材料的技术要求

(1) 水泥

特重、重交通路面宜采用旋窑(指的是回转窑，因其工作运行状态是旋转的，俗称旋窑)道路硅酸盐水泥，也可采用旋窑硅酸盐水泥或普通硅酸盐水泥；中、轻交通的路面可采用矿渣硅酸盐水泥；低温天气施工或有快通要求的路段可采用R型(快硬型)水泥，此外宜采用普通型水泥。对于不同交通等级的路面，水泥各龄期的抗折强度及抗压强度见表3.4。

表3.4 各交通等级路面水泥各龄期的抗折强度、抗压强度

交通等级	特重交通		重交通		中、轻交通	
龄期/d	3	28	3	28	3	28
最小抗压强度/MPa	25.5	57.5	22.0	52.5	16.0	42.5
最小抗折强度/MPa	4.5	7.5	4.0	7.0	3.5	6.5

采用机械化铺筑时，宜选用散装水泥。散装水泥的夏季出厂温度：南方不宜高于65℃，北方不宜高于55℃；混凝土搅拌时的水泥温度：南方不宜高于60℃，北方不宜高于50℃，且不宜低于10℃。

(2) 粗集料

粗集料应使用质地坚硬、耐久、洁净的碎石、碎卵石和卵石，并应符合相应的规定。高速公路、一级公路、二级公路及有抗盐(冻)要求的三级、四级公路混凝土路面使用的粗集料级别应不低于Ⅱ级，无抗盐(冻)要求的三级、四级公路混凝土路面、碾压混凝土及贫混凝土基层可使用Ⅲ级粗集料。碎石的强度可以用岩石的抗压强度和压碎指标表示。粗集料的最大公称粒径，碎卵石不应大于26.5mm，碎石不应大于31.5mm，卵石不宜大于19.0mm。

(3) 细集料

水泥混凝土中细集料一般为粒径范围在0.15~4.75mm之间的质地坚硬、耐久、洁净的天然砂或机制砂，不宜使用再生细集料。细集料按照技术要求分为Ⅰ级、Ⅱ级、Ⅲ级，其各项技术指标及颗粒级配应符合设计和规范要求。

面层水泥混凝土使用的天然砂细度模数宜在2.0~3.7之间。路面和桥面用天然砂宜为中砂，也可使用细度模数在2.0~3.5之间的砂。同一配合比用砂的细度模数变化范围不应超过0.3；否则，应分别堆放并调整配合比中的砂率后使用。

(4) 水

饮用水可直接作为混凝土搅拌和养护用水。未经处理的工业及生活废水、污水、沼泽水以及pH值小于4.5的酸性水均不得使用。对水质有疑问时应检验下列指标，合格者方可使用：

① 硫酸盐含量(按SO_4^{2-}计)小于0.0027mg/mm^3。

② 含盐量不得超过0.005mg/mm^3。

③ pH值不得小于4.5。

④ 不得含有油污、泥和其他有害杂质。

(5) 外加剂

为了改善混凝土的技术性质，可在混凝土中加入一定数量的外加剂。常用外加剂有减水剂、早强剂、引气剂、缓凝剂、阻锈剂等。在公路路面工程建设中，掺用外加剂可按照以下规定选用。

① 各交通等级路面、桥面混凝土宜选用减水率大、坍落度损失小、可调控凝结时间的复合型减水剂。高温施工宜使用引气缓凝(保塑、高效)减水剂；低温施工宜使用引气早强(高效)减水剂。选定减水剂品种前，必须与所用的水泥进行适应性检验。

② 引气剂应选用表面张力降低值大、水泥稀浆中起泡容量多而细密、泡沫稳定时间长、不溶残渣少的产品。有抗盐(冻)要求的地区，各交通等级路面、桥面、路缘石、路肩及贫混凝土基层必须使用引气剂；无抗盐(冻)要求的地区，二级及以上公路路面混凝土中应使用引气剂。

③ 处在海水、海风、氯离子、硫酸根离子环境或冬季须除冰(盐)的路面或桥面钢筋混凝土、钢纤维混凝土中宜掺入阻锈剂。

(6) 接缝材料

为了控制温度变化在混凝土路面内引起的收缩和翘曲应力，须在面层内设置各种类型的接缝。接缝材料常用的有接缝板和填缝料两类。

① 接缝板有杉木板、纤维板、泡沫橡胶板、泡沫树脂板等类型。应选用能适应混凝土面板膨胀和收缩、施工时不变形、弹性复原率高、耐久性好的胀缝板。高速公路、一级公路宜采用塑胶板、橡胶泡沫板或沥青纤维板；其他公路可采用各种胀缝板。

② 填缝料应具有与混凝土板壁黏结牢固、回弹性好、不溶于水、不渗水、高温时不挤出、不流淌、抗嵌入能力强、耐老化龟裂、负温拉伸量大、低温时不脆裂、耐久性好等性能。填缝料有常温施工式和加热施工式两种，常温施工式填缝料主要有聚(氨)酯、硅树脂类，氯丁橡胶、沥青橡胶类等；加热施工式填缝料主要有沥青玛蹄脂类、聚氯乙烯胶泥类、改性沥青类等。高速公路、一级公路应优先使用树脂类、橡胶类或改性沥青类填缝料，并宜在填缝料中加入耐老化剂。

2. 混凝土配合比设计

路面水泥混凝土配合比设计在兼顾经济性的同时应满足工作性、弯拉强度(抗折强度)、耐久性三项基本性能的要求。混凝土配合比设计要根据工程的设计要求、材料的品质、施工工艺、操作水平及工地环境等方面，通过选择、计算和试验来确定水、水泥、细集料、粗集料、外加剂等相互之间的比例关系。配合比设计步骤如下：

(1) 计算初步配合比

① 按照设计要求强度等级计算混凝土的配置强度。

② 计算水灰比，并按照耐久性要求校核是否满足最大水灰比规定。

③ 根据混凝土拌合物的坍落度及粗集料最大粒径，查相关表选定混凝土的单位用水量。

④ 按照强度要求计算单位水泥用量，并按照耐久性校核是否满足最小水泥用量的规定。

⑤ 选定砂率。

⑥ 计算粗、细集料的单位用量，可采用质量法或体积法计算；最后得出混凝土的初步配合比。

（2）试拌调整，确定基准配合比

按照初步配合比试拌 15L 的混凝土拌合物，检查拌合物的和易性。若不满足施工坍落度的要求，应在保持水灰比不变的条件下相应调整水泥浆用量或者砂率，反复试验，直至施工工作性满足要求为止。由此得到供混凝土强度试验用的基准配合比。

（3）检验强度，确定试验室配合比

按照基准配合比，同时配置工作性满足设计要求的、较基准配合比水灰比增大 0.03 或减小 0.03 的共 3 组混凝土试件，经标准养护 28d，测定其抗弯拉强度。得到工作性和强度均满足要求的配合比后，还应按照混凝土的实测密度再进行必要的校正，而后得到试验室配合比。

（4）换算工地施工配合比

在路面铺筑前，应进行大型搅拌站配合比试验检验，检验通过，其配合比方可用于摊铺。再根据施工现场材料性质、砂石材料含水率，对试验室配合比进行换算，包括微调外加剂掺量及微调加水量，得到工地施工配合比。

3.4.4 水泥混凝土拌合物的搅拌与运输

水泥混凝土依照具体要求进行搅拌，必须采用机械拌和，可以采用在工地由混凝土搅拌机拌制，或在中心搅拌站集中拌制。混凝土的运输则一般采用自卸汽车或混凝土搅拌运输车运送至工地。

1. 混凝土的搅拌

（1）现场搅拌站

搅拌站地点的设立应具备供水、供电、排水、运输道路等基本条件。搅拌站应合理布置搅拌机和砂石、水泥等材料的堆放地点，力求提高搅拌机生产率。搅拌机的容量应根据工程量的大小和施工进度配置，同时施工工地宜有备用的搅拌机和发电机组。

拌制混凝土的供料系统应尽量采用配有电子秤的自动计量设备，有困难时最低限度也要采用集料箱加地磅的计量方法，而体积计量法难以达到计量准确的要求，应停止使用。采用自动计量设备时，在每天开始拌和前，应按混凝土配合比要求对水泥、水和各种集料的用量准确调试后(特别应根据天气变化情况，测定砂石材料的含水率，以调整拌制时的实际用量)，输入自动计量的控制存储器中，经试拌检验无误后进行拌和生产。量配的精确度为：水和水泥，±1%；粗细集料，±3%；外加剂应单独计量，精确度为±2%。每一工班至少应检查 2 次材料量配的精确度，每半天检查 2 次混合料的坍落度。

搅拌机的装料顺序宜为：砂、水泥、碎(砾)石，或碎(砾)石、水泥、砂。进料后边搅拌边加水，搅拌时间应根据搅拌机的性能和拌合物的和易性确定。混凝土拌合物的最短搅拌时间，自材料全部进入搅拌鼓起，至拌合物开始出料为止的连续搅拌时间应符合相关规定。搅拌最长时间不得超过最短时间的3倍，最短搅拌时间见表3.5。

表3.5 混凝土拌合物最短搅拌时间

搅拌机容量/L		转速(转/min)	搅拌时间/s	
			低流动性混凝土	干硬性混凝土
自由式	400	18	105	120
	800	14	165	210
强制式	375	38	90	100
	1500	20	180	240

(2) 中心搅拌站

中心搅拌站主要由搅拌主机、物料称量系统、物料输送系统、物料储存系统和控制系统等5大系统和其他附属设施组成。拌和设备按照生产方式可分为间歇式搅拌楼和连续式搅拌楼。由于间歇式搅拌楼是每锅单独称料的，搅拌精度高于连续式，宜优先选择。连续式搅拌楼亦能够达到滑模摊铺高速公路水泥混凝土路面的要求，也可用于公路工程建设。

① 配料精度

不同摊铺方式所要求的搅拌楼最小生产容量应满足表3.6的规定。一般可配备2~3台搅拌楼，最多不超过4台。

表3.6 混凝土路面不同摊铺方式的搅拌楼最小配置容量 m^3/h

摊铺宽度	摊铺方式			
	滑模摊铺	碾压混凝土	三辊轴摊铺	小型机具
单车道3.75~4.5m	≥150	≥100	≥75	≥50
双车道7.5~9m	≥300	≥200	≥100	≥75
整幅宽≥12.5m	≥400	≥300	—	—

每台搅拌楼在投入生产前，必须进行标定和试拌。在标定有效期满或搅拌楼搬迁安装后，均应重新标定。施工中应每15d校验一次搅拌楼计量精确度。搅拌楼配料计量偏差不得超过表3.7的规定。不满足时，应分析原因排除故障以确保拌和计量精确度。采用计算机自动控制系统的搅拌楼时，应使用自动配料生产，并按需要打印每天(周、旬、月)对应路面摊铺桩号的混凝土配料统计数据及偏差。

表3.7 搅拌楼的混凝土拌和计量允许偏差 %

材料名称	水泥	掺合料	纤维	砂	粗集料	水	外加剂
高速公路、一级公路每盘	±1	±1	±2	±2	±2	±1	±1
高速公路、一级公路累计每车	±1	±1	±2	±2	±2	±1	±1
其他公路	±2	±2	±2	±3	±3	±2	±2

② 搅拌时间

应根据拌合物的黏聚性、均质性及强度稳定性试拌确定最佳拌和时间。一般情况下，单立轴式搅拌机总拌和时间宜为80~120s，全部原材料到齐后的最短纯拌和时间不宜短于

40s；行星立轴和双卧轴式搅拌机总拌和时间为60~90s，最短纯拌和时间不宜短于35s；连续双卧轴搅拌楼的最短拌和时间不宜短于40s，最长总拌和时间不应超过高限值的2倍。

③ 外加剂的使用

外加剂应以稀释溶液加入，其稀释用水和原液中的水量，应从拌和加水量中扣除。使用间歇式搅拌楼时，外加剂溶液浓度应根据外加剂掺量、每盘外加剂溶液筒的容量和水泥用量计算得出。连续式搅拌楼应按流量比例控制加入外加剂。加入搅拌锅的外加剂溶液应充分溶解并搅拌均匀，有沉淀的外加剂溶液应每天清除一次稀释池中的沉淀物。

④ 拌和质量控制

施工开始及搅拌过程中都应按规定的频率检验坍落度、坍落度损失、含气量、泌水量、混凝土凝结时间、砂石料含水率及混凝土容重等。按标准方法预留规定数量的弯拉强度试件。在寒冷或炎热气候下施工，混凝土拌和机出料时的温度应分别控制在10~35℃之间，并应加测原材料温度、拌合物的温度、坍落度损失率和凝结时间等。

混凝土拌合物应均匀一致，不得有未加水的干料、未拌匀的生料和离析等现象，干料和生料禁止用于路面摊铺。一台搅拌楼每盘之间与其他搅拌楼之间，混凝土拌合物的坍落度允许误差为±1cm。试拌及滑模摊铺时的坍落度，应按最适宜滑模摊铺的坍落度值加上当时气温下运料所耗时间的坍落度损失值确定。在雨天或阵雨后，应按砂石料实际含水率及时微调加水量。

2. 混凝土的运输

应根据施工进度、运量、运距及路况，选配运输混凝土的车型和车辆总数。总运力应比总拌和能力略有富余，以确保新拌和混凝土在规定时间内运到摊铺现场。

通常采用自卸汽车运输混凝土拌合物，拌合物坍落度大于5cm时应采用搅拌车运输。运输到现场的拌合物必须适宜摊铺工作。不掺加缓凝剂的混凝土拌合物从搅拌机出料到运抵现场的允许最长时间应符合表3.8的规定。若运输时间超过规定时间限制或在夏季浇筑时，拌和过程中应加入适量的缓凝剂。运输时间过长，混凝土拌合物的水分蒸发和离析现象就会增加，因此，应尽量缩短混凝土拌合物的运输时间，并采取措施防止水分损失和混合料离析。

表3.8 混凝土拌合物出料到运抵现场允许最长时间 h

施工气温/℃	滑模摊铺	三辊轴、小型机具摊铺	碾压摊铺
5~9	1.5	1.2	1.0
10~19	1.25	1.0	0.8
20~29	1.0	0.75	0.6
30~35	0.75	0.40	0.40

混凝土拌合物的运输除应满足上述规定外，尚应符合下列技术要求：

（1）运送混凝土的车辆装料前，应清净厢罐，洒水润壁，排干积水。装料时自卸车应挪动车位，防止离析。搅拌楼卸料落差不应大于2m。

（2）混凝土运输过程中应防止漏浆、漏料及污染路面，途中不得随意耽搁。自卸车运输应减少颠簸，防止拌合物离析。车辆起步和停车应平稳。

（3）烈日、大风、雨天和低温天远距离运输时，自卸车应遮盖混凝土，罐车宜加保温隔热套。

（4）使用自卸车运输混凝土最远运输半径不宜超过 20km。

（5）运输车辆在模板或导线区调头或错车时，严禁碰撞模板或基准线，一旦碰撞应告知测量人员重新测量纠偏。

（6）车辆倒车及卸料时，应有专人指挥。卸料应到位，严禁碰撞摊铺机和前场施工设备及测量仪器。卸料完毕后车辆应迅速离开。

（7）碾压混凝土卸料时，车辆应在前一辆车离开后立即倒向摊铺机，并在机前 10～30cm 处停住，不得撞击摊铺机。然后换成空挡，并迅速升起料斗卸料，靠摊铺机推动前进。

3.4.5 水泥混凝土面层的铺筑

1. 安装模板

公路混凝土路面板、桥面板和加铺层的施工模板应采用刚度足够的槽钢、轨模或钢制边侧模板，不应使用木模板、塑料模板等其他易变形的模板。采用人工摊铺混凝土，无钢模时也可采用木模，但厚度宜在 5cm 以上。

（1）测量放样

支立模板前在垫层或基层上进行模板安装及摊铺位置的测量放样，每 20m 布设中桩和边桩，每 100m 布设临时水准点，核对路面高程、面板分块、胀缝和构造物位置。测量放样的质量要求和允许偏差要符合相应测量规范的规定，且不能超出规范对模板安装精确度的规定。

（2）模板安装

① 侧模安装

模板高度应与混凝土面层板厚度相同。长度以 2 人能够搬动为准，一般为 3～5m，在小半径弯道可使用小于 4m 的模板；模板的加工精度需满足表 3.9 要求。

表 3.9　模板加工与矫正允许偏差

施工方式	高等偏差/mm	局部变形/mm	垂直边夹角/°	顶面平整度/mm	侧面平整度/mm	纵向变形/mm
三辊轴机组	±1	±2	90±2	±1	±2	±2
小型机具	±2	±3	90±3	±2	±3	±3

模板顶面用水准仪检查标高，不符合要求时予以调整。施工时，要经常检查模板平面和高程并严加控制。模板两侧铁钎打入基层固定，模板的顶面与混凝土板顶面齐平并应与设计高程一致，模板底面应与基层顶面紧贴且局部低洼处（空隙）要事先用水泥浆铺平并充分夯实。每米模板应设置 1 处支撑固定装置，固定的作用是防止振捣机、振捣梁、三辊轴、滚杠振动和重力作用下向外发生水平位移。立好的模板在浇筑混凝土之前，其表面应涂刷皂液、废机油等防黏剂，以便拆模。

② 端模安装

横向施工缝端模板为焊接钢制模板或槽钢模板，应按设计规定的传力杆直径和间距设置传力杆插入孔和定位套管。两边缘传力杆到自由边距离不宜小于150mm。

每米设置1个垂直固定孔套。

③ 模板检查

模板应安装稳固、顺直、平整、无扭曲，相邻模板连接应紧密平顺，不得有底部漏浆、前后错茬、高低错台等现象。模板应能在承受摊铺、振实、整平设备的负载行进、冲击和振动时不发生位移。严禁在基层上挖槽，嵌入安装模板。

模板安装检验合格后，与混凝土拌合物接触的表面应涂脱模剂或隔离剂；接头应粘贴胶带或塑料薄膜等密封。

模板安装完毕后，宜再检查一次模板相接处的高差和模板内侧是否有错位及不平整等情况，高差大于3mm或有错位和不平整的模板应拆除重新安装。

(3) 模板矫正与拆除

当混凝土抗压强度不小于8.0MPa时方可拆模。适宜的拆模时间与当地的昼夜平均气温及所用的水泥品种有关。达不到要求，不能拆除端模时，可空出一块面板，重新起头摊铺，空出的面板待两端均可拆模后再补做。

2. 小型机具摊铺

(1) 摊铺

摊铺混凝土前，应对模板的间隔、高度、润滑、支撑稳定情况和基层的平整、润湿情况，以及钢筋的位置和传力杆装置等进行全面检查。

混凝土混合料运送车辆到达摊铺地点后，一般直接倒入安装好侧模的路槽内，并用人工找补均匀，如发现有离析现象应用铁锹翻拌。

混凝土板厚度不大于24cm时，可1次摊铺。大于24cm时，宜分2次摊铺，下层厚度宜为总厚度的3/5。摊铺的松料厚度，应考虑振实的影响而预留一定的高度。具体数值需根据试验确定，一般可取设计厚度的10%左右。

用铁锹摊铺时，应用“扣锹”的方法，严禁抛掷和搂耙以防离析。在模板附近摊铺时，用铁锹插捣几下，使灰浆捣出以免发生蜂窝。

(2) 安放加强钢筋

① 安放钢筋网片

安放钢筋网片时，不得踩踏，应在底部先摊铺一层混凝土拌合物，摊铺高度应按钢筋网片设计位置预加一定的沉落高度。待钢筋网片安装就位后，再继续浇筑混凝土。若安放双层钢筋网片时，对厚度不大于25cm的板上下两层钢筋片可事先用架立筋扎成骨架后1次安放就位。厚度大于25cm的板上下两层钢筋网片应分2次安放。

② 安放角隅和边缘钢筋

安放角隅钢筋时，应先在安放钢筋的角隅处摊铺一层混凝土拌合物。摊铺高度应比钢筋设计位置预加一定的沉落度。角隅钢筋就位后，用混凝土拌合物压住。

安放边缘钢筋时，应先沿边缘铺筑一层混凝土拌合物，拍实至钢筋设置高度，然后安放边缘钢筋，在两端弯起处用混凝土拌合物压住。

(3) 振捣

摊铺好的混凝土混合料，应迅即用平板振捣器和插入式振捣器均匀地振捣。平板振捣器的有效作用深度一般为 22cm。不采用真空脱水工艺施工时，宜采用 2.2kW 的平板振捣器；采用真空脱水工艺施工时，可采用功率较小的平板振捣器。插入式振捣器主要用于振捣面板的边角部、窨井、进水口附近，以及安设钢筋的部位，施工中宜先用频率 6000 次/min 以上的振捣器。

振捣混凝土混合料时，首先应用插入式振捣器在模板边缘角隅等平板振捣器振捣不到之处振 1 次(如面板厚度大于 22cm，则须用插入式振捣器全面顺序插振 1 次)，同一位置不宜少于 20s。插入式振捣器移动间距不宜大于其作用半径的 1.5 倍，其至模板的距离不应大于其作用半径的 0.5 倍，并应避免碰撞模板和钢筋。分 2 次摊铺的，振捣上层混凝土混合料时插入式振捣器应插入下层混凝土混合料 5cm，上层混凝土混合料的振捣必须在下层混凝土拌合物初凝之前完成。其次，再用平板振捣器全面振捣。振捣时应重叠 10~20cm。同一位置振捣时，当水灰比小于 0.45 时，振捣时间不宜少于 30s；水灰比大于 0.45 时，振捣时间不宜少于 15s，以不再冒气泡并泛出水泥浆为准。

(4) 整平饰面

混凝土在全振捣后，再用振动梁进一步拖拉振实并初步整平。振动梁往返施拉 2~3 遍，使表面泛浆，赶出气泡。振动梁移动的速度要缓慢而均匀，前进速度以 1.2~1.5m/mm 为宜。对不平之处应及时辅以人工补填找平。补填时应用较细的混合料原浆，严禁用纯砂浆填补，振动梁行进时不允许中途停留。牵引绳不可过短，以减少振动梁底部的倾斜，振动梁底面要保持平直，当弯曲超过 2mm 时应调查或更换，下班或不用时要清洗干净，并放在平整处(必要时将振动梁朝下搁放，以使其自行校正平直度)，不得暴晒或雨淋。

最后再用平直的滚杠进一步滚揉表面，使表面提浆并调匀。滚杠的结构一般是直的、直径为 75~100mm 的无缝钢管，在钢管两端加焊端头板，板内镶配轴承，管端焊有两个弯头式的推拉定位销，伸出的牵引轴上穿有推拉杆。这种结构既可滚拉又可平推提浆赶浆，使表面均匀地保持 5~6mm 的砂浆层，以利密封和做面。设有路拱时，应使用路拱成形板整平。

如发现混凝土表面与拱板仍有较大高差，应重新补填找平，重新振滚平整饰面。最后挂线检查平整度，发现不符合之处应进一步处理刮平，直到平整度符合要求为止。

3. 三辊轴机组摊铺

(1) 卸料及布料

布料前应将其清扫干净，并洒水润湿。

必须有专人指挥车辆均匀卸料；在摊铺宽度范围内，宜分多堆卸料。可用人工进行布料，有条件的情况下可配备装载机或挖掘机布料。采用人工布料时，防止布料整平过的混凝土表面留下踩踏的脚印，还需防止将泥土踩踏入路面中。布料速度与摊铺速度相适应，且不宜低于 30~40m/h。

布料的松铺系数根据混凝土拌合物的坍落度和路面横坡大小确定，一般在 1.08~1.25 之间。坍落度大时，取低值；坍落度小时，取高值。超高路段，横坡高的一侧，取高值；横坡低的一侧，取低值。布料后混合料表面大致平整，不得有明显的凹陷。

(2) 密排振实

混合物布料长度大于 10m 时，可开始振捣作业。振捣作业采用插入密排振捣棒组，间歇插入振捣，每次移动距离不宜超过振捣棒有效作用半径的 1.5 倍，且不得大于 0.5m，振捣时间宜为 15~30s。

(3) 拉杆安装

面板振实后，立即安装纵缝拉杆。单车道摊铺的混凝土路面，在侧模预留孔中按设计要求插入拉杆。

(4) 人工补料

在三辊轴滚压前，振实料位高度宜高于模板顶面 5~20mm，在滚压后进行观察，混凝土表面过高时人工铲除，过低时用混合料补平，使表面大致平整，无踩踏和混合料分层离析现象发生，严禁使用水泥浆找平。

(5) 三辊轴整平

作业单元划分：三辊轴整平机按作业单元分段整平，作业单元长度宜为 20~30m，振捣机振实与三辊轴整平两道工序的时间间隔不宜超过 15min。

滚压方式与遍数：在一个作业单元长度内，采用前进振动、后退滚压的方式作业，宜分别进行 2~3 遍。滚压遍数与料位高差、坍落度、整平机的重量和振捣烈度有关，主要依靠经验和试铺确定。

料位的高、低控制：在作业时，要有人处理三辊轴前料位的高、低情况；过高时人工铲除，三辊轴下有间隙时应使用混合料补足。

(6) 整平饰面与精平饰面

整平饰面：三辊轴摊铺的整平施工宜在混凝土初凝时间的 1/3 以内完成，并立即用刮尺进行第 1 遍饰面，一般在 25~30(温度小时)时进行，过迟均匀效果较差。在推拉过程中，调整好刮尺底面与路面的接触角度，刮尺底面前缘离开路面。用长 3~5m 的饰面刮尺，纵向摆放，从路面以外，沿横坡方向由板的一边向另一边拉刮，使表面砂浆沿横向均匀分布。第 1 遍用刮尺整平饰面，推拉刮尺的速度应均匀，刮尺在推拉方向的前缘离开浆面，使刮出的浆始终被刮尺压住，刮尺推拉方向与浆面保持一定的角度。

精平饰面：第 1 遍刮尺饰面后留下的浆条，必须进行第 2 遍刮尺饰面；第 2 遍或最后 1 遍刮尺饰面以不留下明显的浆条为宜。

4. 碾压混凝土路面摊铺

(1) 一般规定

碾压工艺可用于二级、三级、四级公路混凝土面层与高速公路、一级公路复合式路面碾压混凝土下面层施工。

碾压铺筑应按卸料进摊铺机、摊铺机摊铺、拉杆设置、钢轮压路机初压、振动压路机复压、轮胎压路机终压、抗滑处理、养护、切缝等工艺流程进行。

碾压混凝土面层摊铺，宜选用沥青混凝土摊铺机。摊铺机应具有振动压实功能，摊铺密实度不应小于 85%。

碾压混凝土面层铺筑时，边缘宜设置槽钢或方木模板。模板固定应牢固，碾压时不得推移。

(2) 摊铺

采用沥青混凝土摊铺机摊铺时，松铺系数宜控制在 1.05~1.15 之间；采用基层摊铺机摊铺时，松铺系数宜控制在1.15~1.25之间。应通过试铺确定松铺系数。

摊铺前应洒水湿润基层。摊铺作业应均匀、连续，摊铺过程中不得随意变换速度或停顿。

螺旋分料器转速应与摊铺速度相适应，摊铺过程中应保证两边缘供料充足。

弯道及超高路段铺筑时，应及时调整左右两侧分料器的转速，保证两侧供料均衡、充足。

两台摊铺机前后紧随摊铺时，两幅摊铺间隔时间应控制在1h之内。

拉杆设置应与摊铺同步进行。采用打入法时，应根据设计间距设立醒目的定位标记，准确打入拉杆。

摊铺后，应立即对所摊铺混凝土表面进行检查，局部缺料部分应及时补料，局部粗集料聚集部位应在碾压前挖除并用新混凝土填补。

(3) 碾压

碾压段长度宜控制在30~40m之间。直线段碾压时，压路机应从外侧向路中心碾压；平曲线有超高路段，应由低侧向高侧、自内向外碾压。

碾压应紧随摊铺机碾压。碾压宜分初压、复压和终压3个阶段进行，并应符合下列规定：

① 压路机应匀速稳定、连续行进，中间不应停顿、等候和拖延，也不得相互干扰。

② 压路机起步、倒车和转向均应缓慢柔顺，碾压过程中不得中途急停、急拐、紧急起步及快速倒车。

③ 初压宜采用钢轮压路机或振动压路机静碾压，重叠量宜为1/4~1/3钢轮宽度。

④ 复压宜采用10~15t振动压路机振动碾压，重叠量宜为1/3~1/2振动碾宽度。复压遍数应以实测满足规定压实度值为停止复压标准。

⑤ 终压应采用15~25t轮胎压路机静碾压，以弥合表面微裂纹和消除轮迹为停压标准。碾压密实后的表面应及时喷雾、洒水，并尽早覆盖养护。

施工过程中应采取措施控制碾压混凝土表面裂纹的产生。碾压终了后的面层表面不应有可见微裂纹。

5. 滑模式摊铺机摊铺

(1) 设备和机具准备

高速公路、一级公路施工，宜选配能一次摊铺不少于2个车道宽度(7.5m)的滑模式摊铺机；二级及二级以下公路路面的最小摊铺宽度不得小于单车道设计宽度。硬路肩的摊铺宜选配可连体摊铺路缘石的中、小型多功能滑模式摊铺机。

(2) 基准线设置

设置基准线的目的是为滑模摊铺建立一个标高、纵横坡、板厚、板宽、摊铺中线、弯道及连续平整度等基本几何位置的基准参考系。基准线可为滑模式摊铺机上的4个水平传感器和2个方向传感器提供一个精确的与路面平行的水平(横坡)和直线(转弯)方向平面基准参考体系，其精准度决定着路面摊铺的几何精度和平整度，因此，基准线是滑模摊铺施工的“生命线”，是保证摊铺出的面板的标高、横坡、板厚、板宽等技术指标符合规范要求的必要条件。

① 基准线横向支距：基准线桩固定位置到摊铺面板边缘的横向支距应根据滑模式摊铺机侧模到传感器的位置而定，一般 2~4 履带跨中摊铺，两侧路面边缘宜不小于 1m 宽度，最小不得小于 0.65m。基准线上的标高应为其所在位置的路面边缘高程计入支距横坡高度后，加上设定的架设高度。

② 基准线横向间距：为摊铺宽度加一侧(单线)或两侧(双线)横向支距。双线式基准线的垂直横向间距应相等，单线式基准线到摊角边缘间距应相等。

③ 基准线桩纵向间距：平面直线段应小于或等于 10m，圆曲线段视弯道半径大小，一般可为 5~7m。在小半径弯道或山区极小半径回头弯道上，内侧宜为 2.5~5m，外侧宜为 3.5~7m，平面缓和曲线段和纵断面竖曲线段宜为 5~10m。实际设置基准线桩距离可小于上述值，但不得大于给定尺寸。

④ 基准线桩固定：基层顶面到夹线臂的高度宜为 45~75cm，自基准线所在位置的路面边缘高程算起的基准线统一架设高度宜为 25~50cm。基准线桩夹线臂夹口到桩的水平距离宜为 30cm。夹线臂到桩顶垂直距离宜为 15cm。基准线桩应牢固打入基层 15~25cm。当打入困难时，应采用电钻钻孔后再钉牢固。

⑤ 基准线长度：一根基准线的最大长度不得大于 450m。超过此长度并需要继续摊铺时，应续接基准线，续接方式应通过同一个过渡桩的夹线臂口平顺连接。

（3）滑模摊铺前，应对施工现场准备工作进行的检查

① 检查板厚：每 20m 垂直于两侧基准线挂横线，用钢尺单车道测 3 点、双车道测 5 点垂直高度，减去基准线设定高度，即为单个板厚，3~5 个值平均为该断面平均板厚。每 200m 10 个断面的匀值为该路段平均板厚。路段平均板厚不应小于设计板厚；断面平均板厚不应比设计板厚薄 5mm；单个板厚极小值不应比设计板厚薄 10mm。不满足上述要求时，应采取有效措施保证板厚。

② 检查辅助施工设备机具：拉毛养护机、布料机械、发电机等应全部到场并试运转正常。端模板、手持振捣棒、搓平梁、传力杆定位支架、拉杆、拉毛耙、工作凳、拖行工具、养护剂及其喷洒工具等所有施工器具和工具应全部到位，状态良好。

③ 检查基层：基层局部破损应修补整平，基层上的裂缝应处理完毕，摊铺路面的基层及履带行走部位均应清扫干净并洒水湿润，积水应扫开。

④ 横向连接摊铺检查：前次摊铺路面纵缝的溜肩、胀宽部位应切割顺直。前次摊铺安装的侧边位杆应校正扳直，缺少的拉杆应钻孔锚固植入。纵向施工缝的上半部缝壁应涂饱满沥青。

（4）滑模式摊铺机工作参数初设

对滑模式摊铺机所有机构工作部件应进行正确施工位置的初步设定，并将这些正确施工参数通过试铺调整固定下来，正式摊铺时宜根据情况变化进行微调。

① 振捣棒下缘位置应在挤压板最低点以上，横向间距不宜大于 45cm，均匀排列；两侧最边缘振捣棒与摊铺边缘距离不宜大于 20cm。

② 挤压底板前倾角宜设置为 3°左右。提浆夯板位置宜在挤压底板前缘以下 5~10mm 之间。无须设前仰角的滑模式摊铺机可将挤压底板前后调水平。

③ 设超铺角的滑模式摊铺机两边缘超高程根据料的稠度应在 3~8mm 间调整。带振动

搓平梁的滑模式摊铺机应将搓平梁前沿调整到与挤压板后沿高程相同，搓平梁的后沿比挤压底板后沿低 1~2mm，并与路面高程相同。

（5）滑模式摊铺机首次摊铺位置校准

首次摊铺前，应在直线路段采用钉桩或基准线法校准滑模式摊铺机挤压底板 4 角点高程和侧模前进方向。4 个水平传感器控制挤压底板 4 角高程；2 个方向传感器进行导向控制。按路面设计高程、横坡度或路拱测量设定 2~3 根基准线或 4~6 个桩，将 6 个传感器全挂上两侧基准线，并检查传感器的灵敏度和反应方向，开动滑模式摊铺机进入设定的桩位或线位，调整水平传感器立柱高度，使滑模式摊铺机挤压底板恰好落在精确测量设置好的木桩或基准线上，同时调整好滑模式摊铺机机架前后左右的水平度。令滑模式摊铺机挂线自动行走，再返回校核 1~2 遍，正确无误后方可开始摊铺。

（6）初始摊铺路面参数校正

在开始摊铺的 5m 内，必须对所摊铺出的路面标高、边缘厚度、中线、横坡度等技术参数进行复核测量。机手应根据测量结果及时缓慢地在滑模式摊铺机行进中反向旋转滑模式摊铺机上水平传感器立柱手柄，校准挤压底板摊铺路面的高程和横坡，误差应在规定值范围内。及时调整拉杆打入深度及压力和抹平板的压力及边缘位置。检查摊铺中线时，应在设定方向传感器的一侧，通过钢尺测量基准线到滑模式摊铺机侧模前后的横向距离，有误差时需缓慢微调前后两个方向传感器架立横梁伸出的水平距离以消除误差。禁止停机剧烈调整高程、中线及横坡等，以免严重影响平整度等质量指标，滑模式摊铺机应在 10m 内完成从起步到调整到正常摊铺的过渡工作，并应将滑模式摊铺机工作参数设置固定保护起来，不允许非操作手更改或撞动。第二天的连接摊铺，应先检查滑模式摊铺机挤压底板 4 个角点的位置，再将滑模式摊铺机后退到前一天做了侧向收口工作缝的路面内，到挤压底板前缘对齐工作缝端部，方可开始摊铺。

（7）布料

滑模摊铺普通水泥混凝土路面，必须有专人指挥车辆均匀卸料。滑模摊铺时，机前的最高料位不得高于滑模式摊铺机前松方控制板顶面，料位的正常高度应在螺旋布料器叶片最高点以下，亦不得缺料。机前缺料或料位过高时，宜采用装载机或挖掘机适当布料和送料，布料应与摊铺速度相协调。

采用布料机施工，松铺系数应视坍落度大小由试铺确定，当坍落度在 1~5cm 时，松铺系数宜在 1.08~1.15；坍落度为 3cm 时，松铺系数宜控制在 1.1 左右。布料机与滑模式摊铺机之间的施工距离应控制在 5~10cm。热天日照强、风大，取小值；阴天湿度大、无风，可取大值。

采用布料机以外的布料方式摊铺钢筋混凝土路面、桥面或搭板时，禁止任何机械直接开上钢筋网。宜在钢筋外侧使用挖掘机或吊斗均衡卸料布料，也可使用便桥板凳加吊车汽车直接卸料、挖掘机布料，但均不得缺料。

（8）滑模式摊铺机的操作要领

① 机手操作滑模式摊铺机应缓慢、匀速，连续不间断地摊铺。滑模摊铺速度，根据拌合物稠度和设备性能可控制在 0.75~2.5m/min 之间，一般宜为 1m/min 左右。当料的稠度发生变化时，先调振捣频率，后改变摊铺速度，不得料多时追赶，随意停机等待，间歇摊铺。

② 摊铺中，机手应随时调整松放高度控制板的进料位置，开始应略设高些以保证进料。正常状态下保持振捣仓内砂浆料位高于振捣棒 10cm 左右，料位高度上下波动宜控制在±4cm 之内。

③ 滑模式摊铺机以正常摊铺速度施工时，振捣频率可在 6000~11000r/min 调整，一般采用 9000r/min 左右。应防止混凝土过振、漏振、欠振。机手应随时根据混凝土的稠度大小，调整摊铺的速度和振捣频率。当混凝土偏稀时，应适当降低振捣频率，加快摊铺速度，但最快不得超过 3m/min，最小振捣频率不得小于 6000r/min；当新拌混凝土偏干时，应提高振捣频率，但不得大于 11000r/min，并减慢摊铺速度，最小摊铺速度宜控制在 0.5~1m/min；滑模式摊铺机起步时，应先开启振捣棒振捣 2~3m/min，再推进。滑模式摊铺机脱离混凝土后，应立即关闭振捣棒。

④ 滑模摊铺纵坡较大的路面，上坡时，挤压底板前仰角宜适当调小，同时适当调小抹平板压力；下坡时，前仰角宜适当调大，抹平板压力也宜调大。抹平板合适的压力是板底 3/4 长度接触路面时的压力。

⑤ 滑模摊铺弯道和渐变段路面时，单向横坡，使滑模式摊铺机跟线摊铺，应随时观察并调整抹平板内外侧的抹面距离，防止压垮边缘。摊铺中央路拱时，计算机控制条件下，输入弯道和渐弯段边缘及拱中几何参数，计算机自动控制生成路拱；手控条件下，机手应根据路拱消失和生成几何位置，在给定路段范围内分级逐渐消除或调成设计路拱。

⑥ 摊铺单车道路面，应视路面的设计要求配置一侧或双侧打纵缝拉杆的机械装置。侧向拉杆装置的正确插入位置应在挤压底板的中下或偏后部。拉杆打入分手推、液压、气压几种方式，压力应满足 1 次打(推)到位的要求，不允许多次打入。同时摊铺 2 个以上车道时，除侧向打拉杆装置外，还应在假纵缝位置中间配置 1 个以上中间的拉杆自动插入装置，该装置有机前插和机后插两种。机前插时，应保证拉杆的设置位置；机后插时，要保证其插入部位混凝土的密实度。带振动搓平梁和振动修复的滑模式摊铺机应选择机后插入式；其他滑模式摊铺机可使用机前插入式。打入的拉杆必须处在路面板厚的中间位置。中间和侧向拉杆打入的高低误差不宜大于±3cm；倾斜及前后误差不宜大于±4cm。

⑦ 机手应随时密切观察所摊铺的路面效果，注意调整和控制摊铺速度，振捣频率，夯实杆、振动搓平梁和抹平板位置、速度和频率。软拉抗滑构造表面砂浆层厚度宜控制在 4mm 左右，硬刻槽路面的砂浆表层厚度宜控制在 2mm 左右。

⑧ 连接摊铺时，滑模式摊铺机一侧履带上前次水泥混凝土路面的时间应控制在养护 7d 以后，最短不得少于 5d。同时钢履带底部应铺橡胶垫或使用有挂胶履带的滑模式摊铺机。纵向连接摊铺路面时，应对连接纵缝部位进行人工修整，连接纵缝的横向平整度符合不同公路等级的要求，并用钢丝刷刷干净黏附在前幅路面上的砂浆，刷出粗细抗滑构造。

(9) 滑模摊铺中出现问题的处置

滑模摊铺的表面应平滑，几何形状规矩，不应出现麻面、拉裂、塌边、溜肩等病害现象，出现问题应立即寻找原因，迅速采取措施。

① 摊铺中应经常检查振捣棒的工作情况。发现路面上在横断面某处多次出现麻面或拉裂现象时，表示该处的振捣棒出现问题，必须停机检查或更换该处的振捣棒。摊铺后若发现路面上留有发亮的振捣棒拖出的砂浆条带，则表明振捣棒位置过深，必须调整振捣棒底

缘在挤压底板的后缘高度以上。

② 在摊铺宽度大于或等于7.5m的双(多)车道路面时，若左右卸了2车稠度不一致的混凝土时，摊铺速度应按偏干一侧设置，并应将偏稀一侧的振捣棒频率迅速调小。

③ 若滑模摊铺路面出现横向拉裂现象，应从如下几方面进行检查：

a. 拌合物局部或整体过干、过硬、离析，集料粒径过大，不适宜滑模摊铺，或在该部位摊铺速度过快，振捣频率不够，混凝土未振动液化而拉裂。应降低摊铺速度，提高振捣频率。

b. 挤压底板的位置和前仰角设置是否变化，前倒角时必定拉裂，前仰角过大，也可能拉裂，应在行进中调整前2个水平传感器，即改变挤压底板的前仰角，消除拉裂现象。

c. 拌合物较干硬或等料停机时间较长，起步摊铺速度过快，也可能拉裂路面。等料停机时间较长时，应间隔15min开机，振捣棒振动2~3min，再缓慢推进。

④ 当混凝土供应不上，或搅拌楼出现机械故障等情况时，停机等待时间不得超过当时气温下混凝土初凝时间的2/3，超过此时间应将滑模式摊铺机开出摊铺工作面，并做施工缝。当滑模式摊铺机出现机械故障，应紧急通知后方搅拌楼停止生产，在故障停机时间内，滑模式摊铺机内混凝土尚未初凝，能够排除故障，允许继续摊铺，否则应离开滑模摊铺工作面。故障排除后，重新起步摊铺。

(10) 平面交叉口变宽段和匝道路面的滑模施工

遇到平面交叉口、收费站广场或匝道变宽段路面时，只要摊铺宽度小于滑模式摊铺机固定宽度，可采用滑模式摊铺机跨一侧或两侧模板施工方式，模板顶面应粘贴橡胶垫，模板顶面高程应低于路面高程3mm，滑模式摊铺机的振捣仓在模板上部应加隔板，施工时应关闭隔板外侧的振捣棒。

(11) 滑模摊铺结束后，必须及时做的两项工作

① 将滑模式摊铺机驶离工作面，先将所有传感器从基准线上脱开，并解除滑模式摊铺机上基准线自动跟踪控制，再升起机架，用水冲洗干净黏附的混凝土，并轻敲打掉已结硬在滑模式摊铺机上的混凝土。清理干净后，应对与混凝土接触的机件喷涂废机油或吹(擦)干防锈，同时对滑模式摊铺机进行当日保养，加油加水，打润滑油等。

② 设置横向施工缝。软做法：首先将从滑模式摊铺机振动仓内脱出的厚砂浆铲除丢弃，然后设置施工缝端模和侧模，插入拉杆和传力杆，并用水准仪测量面板高程和横坡。为使下次摊铺能紧接着施工缝开始，两侧模板应向内各收进2~4cm，且宜大不宜小，长度与滑模式摊铺机侧模板等长或略长。还可采用第二天硬切齐施工缝端部的做法：切缝部位应满足平整度、高程和横坡要求，可使用缩缝传力杆钢筋支架，上部锯开，下部凿除混凝土，也可锯开后在端部垂直面上钻眼，插入传力杆，再连接施工。连接接头施工，除应测量高程和横坡外，还应辅以人工振捣密实，应采用长度3m以上抄平器保证端头和结合部位的平整度。

3.4.6 水泥混凝土面层接缝、抗滑构造的施工与养护

水泥混凝土面板接缝是混凝土路面的薄弱环节，接缝施工质量不高，会引起面板的各种损坏，并影响行车的舒适性，因此，应特别认真地做好接缝施工。抗滑处理及养护是提

高水泥混凝土路面抗滑性能、保证混凝土强度满足设计要求的重要手段。

1. 接缝施工

(1) 纵缝

小型机具施工时，按一个车道的宽度(3.75~4.5m)一次施工，纵向施工缝一般采用平缝加拉杆或企口缝加拉杆的形式。但在道口等特殊部位，一次性浇筑的混凝土板宽度可能会大于4.5m，这就需要加设纵向缩(假)缝。纵向缩缝一般亦应设置拉杆。纵缝拉杆应采用螺纹钢筋置在板厚的中间，并应避免将脱模剂(如沥青等)涂洒在拉杆上。

① 纵向施工缝

纵向施工缝拉杆可采用3种方式设置：第1种是在模板上设孔，立模后在浇筑混凝土之前将拉杆穿在孔内，这种方式的缺点是拆除模板较困难；第2种是把拉杆弯成直角形(简称"弯直")，立模后用铁丝将其一半绑在模板上，另一半浇在混凝土内，拆模后将露在已浇筑混凝土侧面上的拉杆弯直；第3种方式是采用带螺栓的拉杆，一半拉杆用支架固定在基层上，拆模后另一半带螺栓接头的拉杆同埋在已浇筑混凝土内的半根拉杆相接。

② 纵向缩缝

纵向缩(假)缝施工应预先将拉杆采用门形式固定在基层上，或用拉杆置放机在施工时置入。当水泥混凝土路面使用滑模式摊铺机一次摊铺2个车道宽度时，纵向缩缝的位置宜按车道宽度设置，拉杆靠滑模式摊铺机配备的中间拉杆插入装置在滑模摊铺过程中自动控制间距压入。缩(假)缝顶面缝槽用切缝机切缝，缝宽为3~8mm，深为1/5~1/4板厚，使混凝土在收缩时能从此缝向下规则开裂，防止因切缝深度不足引起不规则裂缝。

(2) 横缝

① 横向缩缝

横向缩缝可采用在混凝土凝结后(碎石混凝土抗压强度达到6.2~12.0MPa，砾石混凝土达到9.0~12.0MPa)切缝或在混凝土铺筑时压缝的方式修筑。压缝法施工方法是：当混凝土混合料做面后，应立即用振动压缝刀压缝。当压至规定深度时，应提出压缝刀，用原浆修平缝槽，严禁另外调浆。然后，放入铁制或木制嵌条，再次修平缝槽，待混凝土混合料初凝前泌水后，取出嵌条，形成缝槽。由于切缝可以得到质量比压缝好的缩缝，因此，应尽量采用这种方式，特别是高等级公路必须采用切缝法。其施工工艺为：

a. 切缝前应检查电源、水源及切缝机组试运转的情况，切缝机刀片应与机身中心线成90°角，并应与切缝线在同一直线上。

b. 开始切缝前，应调整刀片的进刀深度，切割时应随时调整刀片切割方向。停止切缝时，应先关闭旋钮开关，将刀片提升到混凝土板面上，停止运转。

c. 切缝时刀片冷却用水的压力不应低于0.2MPa，同时应防止切缝水渗入基层和土基。

d. 当混凝土强度达到设计强度的25%~30%时，即可进行切割；当气温突变时，应适当提早切缝时间，或每隔20~40m先割一条缝，以防因温度应力产生不规则裂缝。应严禁一条缝分两次切割的操作方法。

e. 切缝后，应尽快灌注填缝料。

这里应指出的是，切割时间要特别注意，切得过早，由于混凝土的强度不足引起粗集料从砂浆中脱落，而不能切出整齐的缝。切得过迟，则混凝土由于温度下降和水分减少而产生的收缩因板长而受阻，导致收缩应力超出其抗拉强度而在非预定位置出现早期裂缝。合适的切割时间应控制在混凝土获得足够的强度，而收缩应力并未超出其强度的范围内时，它随混凝土的组成(集料类型、水泥类型和含量等)、性质(抗压强度、抗拉强度等)、施工时的气候等因素而变化。施工技术人员须依据经验并进行试切后决定。

② 横向胀缝

横向胀缝应与路中心线垂直，缝壁必须垂直，缝隙宽度必须一致，缝中不得有砂浆或坚硬杂物，相邻板的胀缝应设在同一横断面上。缝隙下部设胀缝板，上部灌胀缝填缝料。传力杆的活动端，可设在缝的一边或交错布置，固定后的传力杆必须平行于板面及路面中心线，其误差不得大于5mm，传力杆的固定可采用顶头木模固定或支架固定安装两种方法。

a. 顶头木模固定传力杆安装方法，宜用于混凝土板不连续浇筑时设置的胀缝。传力杆长度的一半应穿过端头挡板，固定于外侧定位模板中，混凝土拌合物浇筑前应检查传力杆位置，浇筑时应先摊铺下层混凝土拌合物，用插入式振捣器振实，并应在校正传力杆位置后再浇筑上层混凝土拌合物。浇筑卸板时应拆除顶头木模，并应设置胀缝板、木制嵌条和传力杆套管。

b. 支架固定传力杆安装方法。宜用于混凝土板连续浇筑时设置的胀缝。传力杆长度的一半应穿过胀缝板和端头挡板，并应用钢筋支架固定就位，浇筑时应先检查传力杆位置，再在胀缝两侧摊铺混凝土拌合物至板面，振捣密实后，抽出端头挡板，空隙部分填补混凝土拌合物，并用插入式振捣器振实。

滑模摊铺水泥混凝土路面的胀缝宜采用前置法施工，也可采用预留胀缝位置，热天再施工胀缝，但应设胀缝加强传力杆钢筋支架。前置法施工时，应预先加工好胀缝钢筋支架，传力杆无沥青涂层的一端焊接在支架上，接缝板夹在两支架之间。施工前运至现场，无布料机(件)时，行摊铺至胀缝位置前方1~2m处，将支架准确定位，用钢钎将支架和胀缝板锚固在基层上，保证支架不推移、胀缝板不倾斜，然后卸料或布料，用手持振捣棒振实胀缝板两侧的混凝土，滑模式摊铺机通过；有布料机(件)时，应将带传力杆的缩缝支架和胀缝支架提前安装固定，采用侧向上料方式施工。中间胀缝位置宜与缩缝重合。连接搭板的胀缝，在滑模连续铺装搭板和桥面前，应与钢筋网同时加工安装好。胀缝宜不待混凝土硬化立即剔除胀缝上部的混凝土，嵌入2cm×2cm的木条，修整好表面。在填缝之前，凿去接缝板顶部的木条，涂黏结剂后嵌入多孔橡胶条或灌填缝料。

③ 施工缝

每天摊铺结束或摊铺中因故中断，且中断时间超过初凝时间的2/3时，应设置横向施工缝。施工缝宜设于胀缝或缩缝处，多车道施工缝应避免设在同一横断面上，横向施工缝应与路中心垂直。施工缝如设于缩缝处，板中应增设传力杆，其一半锚固于混凝土中，另一半应先涂沥青，允许滑动。传力杆必须与缝壁垂直。

(3) 接缝填封

混凝土板养护期满后应及时填封接缝。填缝前必须保持缝内清洁，防止砂石等杂物掉入缝内。

① 常温施工式或加热施工式填缝料填缝

清缝前，应采用压缩水和压缩空气彻底清除接缝中砂石及其他污染物，确保缝壁及内部清洁、干燥。

当使用常温施工式聚(氨)酯和硅树脂等填缝料时，按规定比例将两组分材料按 1h 所需灌缝量混合均匀，并应随拌随用。当使用加热施工式填缝料时，将填缝料加热至规定温度。加热过程中应不断搅拌均匀，将填缝料熔化并保温使用。

灌注填缝料必须在缝槽口干燥清洁状态下进行，缝壁检验以擦不出灰尘为可灌标准。适宜的缩缝填缝形状系数应在 2~4 之间，填缝灌注深度宜为 2~3cm。高速公路、一级公路应使用专用工具，先挤压填入多孔泡沫塑料柔性背衬材料，再填缝。二级、三级公路使用(聚氯乙烯)胶泥类、(改性)沥青类等灌缝料时，最浅灌入深度不得小于 3cm。填缝料的灌注高度，夏天宜与板面齐平，冬天宜低于板面 1~2mm。填缝必须饱满、均匀、连续贯通。填缝料应与缝壁黏结好，不开裂，不渗水。

常温施工式填缝料的养护期，低温期宜为 24h，高温期宜为 10h；加热施工式填缝料的养护期低温期宜为 2h，高温期宜为 6h。在填缝料养护期内(特别是反应型常温填缝料在固化前)，应封闭交通。

② 采用预制嵌缝条填缝

嵌入嵌缝条必须在缝槽口干燥清洁状态下进行。黏结剂应均匀地涂在缝壁上部(1/2 以上深度)，形成一层连续的约 1mm 厚的黏结剂膜，以便黏结紧密、不渗水。嵌缝条在嵌入过程中应使用专用工具，在长度方向应既不拉伸也不压缩，保持自然状态；在宽度方向应压缩 40%~60%嵌入。嵌缝条高度宜为 2.5cm。填缝黏结剂固化后，应将胀缝两端多余的嵌缝条齐路面边缘裁掉。嵌缝条施工期间和黏结剂固化前，应封闭交通。

2. 抗滑构造施工

为保持路面的粗糙度，提高路面的抗滑性能，应采用压纹(或压槽)、拉毛(或拉槽)或刻槽的方式在混凝土表面沿横向制作纹理，但此操作对路面平整度有一定影响。

(1) 压纹具有向下挤压致密作用，能增强路面的耐磨性。如果掌握得当，纹理顺直均匀(深度一般为 0.6~1.0mm)，比较美观，但纹理深浅均匀性很难掌握，因为它不但与压纹的时间有关，而且与混凝土真空脱水的均匀性有关。在吸垫的四周，特别是密封带处，由于真空度分布较小、脱水较少，故压纹时间应长一些；而吸垫中央真空度大、脱水多，压纹时间应短一些，这就造成了压纹时间上的矛盾。解决这一问题的办法是以四周混凝土适合压纹的时间为准。在板面中央等强度较高的部位，采用在压纹机上加载的办法解决。当混凝土脱水不够、强度较低时切忌压纹，否则在相邻两压纹机之间的路面上很容易形成不平整的一条鼓包。

(2) 拉毛易疏松和破损表层，使表层 1~2mm 范围内密实度受到影响，不利于路面的耐磨性，但拉毛对平整度会有所改善。摊铺完毕后，使用钢支架拖挂 1~3 层叠合麻布、帆布或棉布，洒水湿润后，软拖制作细观抗滑构造，布片接触路面的拖行长度以 0.7~1.5m 为宜。细度模数偏大的粗砂，拖行长度取小值；偏细中砂，取大值。人工修整过的路面，细观抗滑构造已被抹掉，必须再拖麻袋处理，以恢复细观抗滑构造。也可不拖毛，直接使用抹平板抹出“鱼鳞”形细观抗滑构造以增强耐磨性，前提是横向摩阻力系数应满足要求。修整表面时，应使用木抹。当日施工进度超过 500m 时，宏观抗滑构造制作宜选用拉毛机械施工，没有拉毛机械时可采用人工拉槽方式。在混凝土表面泌水完毕 20～30min 内应及时拉槽。

拉槽深度应为 2～3mm，槽宽 3～5mm，槽间距 15～25mm。可施工等间距和非等间距的抗滑槽，同时考虑减小噪声时，宜采用后者。每耙之间衔接间距应保持一致。

（3）特重和重交通混凝土路面宜采用硬刻槽，其几何尺寸与拉槽要求相同，硬刻槽机重量宜重不宜轻，最小整刻宽度不应小于 50cm，硬刻槽时不应掉边角，路面摊铺 3d 后可开始硬刻槽，并宜在两周内完成。

3. 养护

（1）养护方式选择

混凝土路面铺筑完成或软拖（钢支架拖挂 1～3 层叠合麻布、帆布或棉布）制作抗滑构造完毕后应立即开始养护。机械摊铺的各种混凝土路面、桥面及搭板宜采用喷洒养护剂同时保湿覆盖的方式养护。在雨天或养护用水充足的情况下，也可采用覆盖保湿膜、土工毡、土工布、麻袋、草袋、草帘等洒水润湿养护方式，但不宜使用围水养护方式。

（2）养护剂养护

混凝土路面采用喷洒养护剂养护时，喷洒应均匀、成膜厚度应足以形成完全密闭水分的薄膜，喷洒后的表面不得有颜色差异。喷洒时间宜在表面混凝土泌水完毕后进行。喷洒高度宜控制在 0.5～1m。使用一级品养护剂时，最小喷洒剂量不得少于 0.30kg/m^2；合格品的最小喷洒剂量不得少于 0.35kg/m^2。不得使用易被雨水冲刷掉的及对混凝土强度、表面耐磨性有影响的养护剂。当喷洒一种养护剂达不到 90%以上有效保水率要求时，可组合使用 2 种养护剂：洒 1 层或喷 1 层养护剂再加覆盖的方法。

（3）覆盖塑料薄膜养护

覆盖塑料薄膜养护的初始时间，以不压坏细观抗滑构造为准。薄膜厚度（韧度）应合适，宽应大于覆盖面 600mm。两条薄膜对接时，搭接宽度不应小于 400mm，薄膜在路面上应加细土或砂盖严实，并防止被钢筋挂烂及被风吹破或掀走。养护期间应始终保持薄膜完整盖满，薄膜破裂时应立即补盖或修补。

（4）覆盖洒水养护

使用保湿膜、土工毡、土工布、麻袋、草袋、草帘等覆盖物保湿养护并及时洒水，保持混凝土表面始终处于潮湿状态，并由此确定每天的洒水遍数。昼夜温差大于 10℃以上的地区或日平均温度小于或等于 5℃施工的混凝土路面应采取保温保湿养护措施。

（5）养护时间

养护时间应根据混凝土弯拉强度增长情况而定，不宜小于设计弯拉强度的 80%，应特别注重前 7d 的保湿（温）养护。一般养护天数宜为 14～21d，高温天不宜少于 14d，低温天不宜少于 21d。掺粉煤灰的混凝土路面，最短养护时间不宜少于 28d，低温天应适当延长。

（6）交通管制

混凝土板养护期间和填缝前，严禁人、畜、车辆通行，在达到设计强度 40%后，撤除养护覆物，行人方可通行。在路面养护期间，平交道口应搭建临时便桥。混凝土板达到设计弯拉强后，方可开放交通。

3.5　路基路面工程主要质量通病及预防

公路工程在建成投入运营之后，往往会出现不同程度的病害，影响到公路交通安全。常见的病害类型有路基沉降、路面裂缝、边坡失稳等，再加上养护方法不当，导致公路病害频繁复发，最终通过大修解决问题，因此，针对公路工程中的常见病害，分析病害产生的原因，制定行之有效的预防措施，保证行车安全尤为重要。

1. 常见的质量通病分析

(1) 路基路面平整度达不到设计要求

路基路面工程之中最为普遍的一个质量通病就是路基路面的平整度不够，远远达不到设计要求。平整度不够最为直观的表现就是整个公路路面高低不平，不论是公路路面的横坡还是纵坡都会有明显的高低不平的感觉。汽车行驶在这种公路路面上会使得司机难以控制车速，严重影响着行车质量并极易发生交通事故。

(2) 路基发生沉降现象

路基路面工程之中另一个非常普遍的质量通病就是公路路基容易发生沉降。路基沉降现象的发生会使整个公路路面出现一个个大小不一的凹坑，汽车行驶中就会产生颠簸。公路路基沉降比较严重的地段在雨季极易产生积水，这不仅会影响行车安全，更会给公路路面带来极大的破坏，严重影响公路的安全稳定性和使用寿命。

(3) 路基的边坡失稳

路基边坡失稳最为严重的影响就是影响整个公路工程的结构稳定性，边坡失稳极大地降低公路的承载能力，会严重影响公路的整体质量和安全稳定性，从而给人民群众的行车安全带来极大的安全隐患。路基边坡失稳最常见的几种形式为边坡的下滑、坍塌和塌方。路基边坡失稳严重的会导致整个公路路面发生坍塌从而引发交通事故的发生。

(4) 路面产生裂缝

路基路面工程的质量通病还有一个十分普遍的现象就是路面极易产生裂缝，尤其是在水泥路面和沥青路面上。路面裂缝的形式多种多样，大致分为3类，即横向裂缝、纵向裂缝和网状裂缝。横向裂缝指的是路面沿着与行车方向相互垂直的方向产生裂缝；纵向裂缝指的是路面沿着与行车方向相互一致平行的方向产生裂缝；网状裂缝是指路面的横向和纵向都产生裂缝。路面裂缝对于整个公路的质量有着十分严重的破坏作用，会对公路路基产生巨大破坏，最终导致公路的承载力下降，给行车安全带来巨大的安全隐患。

(5) 出现桥头跳车的现象

路基路面工程的质量通病还有一个就是桥头跳车的现象，这种质量通病的产生是由于公路工程在桥头或者是伸缩缝连接的位置的路基路面产生的不均匀沉降而导致的。桥头跳车对于公路工程的安全稳定性有着巨大的破坏作用，一旦行驶的车辆超载过重就极易会给桥面路面带来极大的冲击作用，这就十分容易导致交通事故的发生，严重的甚至会导致整个桥面的断裂坍塌造成难以挽回的恶果。

2. 产生质量通病的原因分析

(1) 施工填筑材料不合格

路基路面工程影响其施工质量的最为重要的原因之一就是施工填筑材料，而导致路基路面产生质量问题的一个重要因素是填筑材料不合格，不符合施工设计要求。在路基路面土石方工程填筑的过程中所使用的填筑材料不符合设计的CBR(California Bearing Ratio，加州承载比)值和粒径的要求，所填筑的土石方材料以次充好就易导致路基路面产生质量问题。

(2) 施工要点把控不严格

路基路面在施工过程中由于现场技术管理人员不能严格按照施工技术规范和要求进行各个施工工艺和施工工序的把控也是导致路基路面产生质量问题的一个重要原因。施工技术管理人员对于路基路面的压实度，路基路面土石方工程填筑厚度等技术要点控制不够严格，极易导致公路工程的整体质量达不到设计要求，进而使得路基路面产生严重的质量问题。

(3) 其他因素的影响

路基路面工程产生质量通病的原因也会受到施工现场的环境和天气因素的影响，因此，在施工建设的过程之中要充分考虑到这些影响因素。

3. 质量通病的预防措施

(1) 严格控制路基路面的平整度

路基路面工程质量通病的一个有效的预防措施就是严格控制路基路面的平整度。首先，路基路面在土石方填筑的过程中一定要按照施工设计要求进行填筑，使用的填筑材料一定要严格管理，严禁使用垃圾填筑；其次，在路基路面土石方工程填筑完成后一定要对于路基的压实度进行严格控制，同时要保证路基的平整度；最后，在控制路基路面平整度的同时要做好路基路面的排水工作，这样即使在雨季也能够保证路基路面的平整度。

(2) 路基沉降与边坡失稳的防治措施

路基沉降的防治措施最为重要的就是严格控制路基的压实度，在施工过程中要经常检测压实度，在填土压实中最好采用分层压实法，在每一遍填土压实后都要进行压实度的测试，只有这样才能保证路基的承载力和稳定性，进而提升路面的稳定性。

边坡失稳的防治应当从以下两个方面来着手。首先，对于容易发生边坡失稳的施工段可以加设护坡或者是挡土墙，最大程度地减少边坡失稳现象的发生；其次，在容易发生边坡失稳的路段种植一些植被以提升边坡的稳定性。

(3) 路面裂缝的防治措施

路面裂缝对于公路质量的影响非常大，因此必须加强对裂缝的防治。首先，路面产生裂缝一个很大的原因是温度，因此，在施工过程中一定要严格控制材料的温度，避免因较大温差产生裂缝；其次，施工完成后一定要及时地进行养护，只有这样才能最大程度地减少路面裂缝的发生。另外可以把一些外加剂加入施工材料之中，这样也能最大程度地减少路面裂缝现象的发生。

（4）桥头跳车防治措施

桥头跳车的预防措施首先应当从设计之初着手，设计之前应当全面考察桥头位置的实际地质情况，这样才能保证路基具有很大的承载力；其次，对于桥头部位应当优化结构设计，提升其承载力以避免发生沉降现象。

我国公路路基路面建设过程中存在的问题需要及时进行分析和原因总结，只有进一步保证现在公路建设过程中的实际工作质量，才能够进一步提升现代公路交通运输系统的整体效率。

第4章 桥梁下部结构施工技术

4.1 明挖基础施工

明挖基础是将基础底板加设在直接承载地基上，来自上部结构的荷载通过基础底板直接传递给承载地基。其施工方法通常采用明挖方式，是一种直接敞坑开挖、就地浇筑的浅基础形式。由于其施工简便、造价低，因此，只要在地质和水文条件许可情况下都应优先选用法。

明挖基础适用于无水、少水或浅水河流处的基础工程，可采用人工开挖或机械开挖。明挖基础施工中需重点解决敞坑边坡的稳定及开挖过程中的排水。

明挖基础适用于浅层土较坚实且水流冲刷不严重的浅水地区，施工中必须特别注意坑壁的稳定性问题。固其构造简单、埋深小、施工容易，加上可以就地取材，故造价低廉，被广泛用于中小桥涵及旱桥。我国的赵州桥就是在亚黏土地基上采用了这种桥基。

明挖基础也称扩大基础，是由块石或混凝土砌筑而成的大块实体基础。其埋置深度相较其他类型基础浅，故为浅基础。由于其构造简单，所用材料不能承受较大的拉应力，故基础的厚宽比要足够大，使之形成所谓的刚性基础，受力时不致产生挠曲变形。为了节省材料，这类基础的立面往往砌成台阶形，平面根据墩台截面形状而采用矩形、圆形、T形或多边形等。建造这种基础时多用明挖基坑的方法施工，在陆地开挖基坑时，将视基坑深浅、土质好坏和地下水位高低等因素来判断是否采用坑壁支护结构——衬板或板桩；在水中开挖，则应先筑围堰。

明挖基础施工的主要内容包括基础的定位放样、基坑开挖、基坑排水、基底处理以及砌筑(浇筑)基础结构物等。

4.1.1 基础的定位放样

在基坑开挖前，先进行基础的定位放样工作，以便正确地将设计图纸上的基础位置、形状和尺寸在实地标定出来，准确设置到桥址上。放样工作是根据桥梁中心线与墩台的纵、横轴线，推出基础边线的定位点，再放线画出基坑的开挖范围。基坑各定位点的高程及开挖过程中的高程检查，一般采用水准测量的方法进行。

当墩台中心测放后，基础的尺寸由设计图纸得出，再根据土质确定放坡率，得到基坑顶的尺寸，如式(4.1)所示。当基础尺寸为 a、b 时，基坑顶的尺寸为：

$$\left.\begin{aligned}A&=a+2\times(0.5\sim1)+2Hn\\B&=b+2\times(0.5\sim1)+2Hn\end{aligned}\right\}\tag{4.1}$$

式中 A——基坑顶的长，m；

B——基坑顶的宽，m；

H——基础底高程与地面平均高程之差，m；

n——边坡的坡度系数。

明挖基坑的放样程序为：施工前，根据图 4.1 测放出基坑顶挖土线的位置和尺寸；当挖土高程达到设计基础底高程时（当采用机械挖土时，最后 0.1～0.2m 的土由人工挖除），再精确测放出基础平面尺寸和砌筑高度。

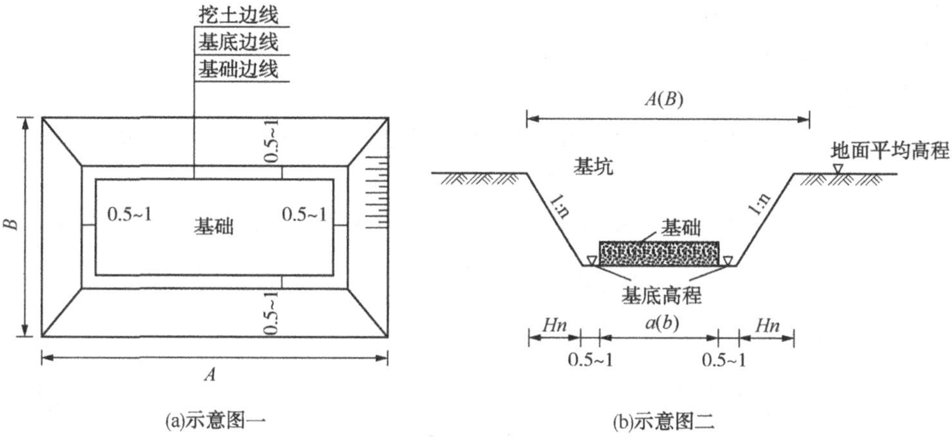

图 4.1　基坑放坡示意图（单位：m）

4.1.2　基坑开挖

基坑开挖的主要工作有挖掘、出土、支护、排水、防水、清底及回填等。施工时，应根据地质条件、水文条件、基坑开挖深度、开挖所采用的方法和机具等，采用不同的开挖工艺。

基坑在开挖前通常需要完成下列准备工作：复核工程地质及水文地质情况，并采用静力触探或动力触探等手段对地基承载力进行复核；施工场地的清理，地面水的排除，临时公路的修筑，供电与供水管线的敷设，临时设施的搭建，基坑的放线等。施工场地的清理包括：拆除房屋、古墓，拆迁或改建通信设备、电力设备、上下水道及其他建筑物，迁移树木等工作。场地内低洼地区的积水必须排出，同时应注意雨水的排出，使场地保持干燥以便基坑开挖。

地面水的排出一般采用排水沟、截水沟、挡水土坝等设施。应尽量利用自然地形设置排水沟，将水直接排至基坑外或流向低洼处，再用水泵抽走。主排水沟最好设置在施工区域的边缘或公路的两旁，其横断面和纵向坡度应根据最大流量确定。排水沟的横断面尺寸一般不小于 0.5m×0.5m，纵向坡度一般不小于 3%。平坦地区如出水困难，其纵向坡度不应小于 2%，沼泽地区可降至 1%。在基坑开挖过程中，要注意保持排水沟畅通，必要时应设置涵洞。基坑开挖时应注意以下事项：

① 基坑开挖对邻近建筑物或临时设施有影响时，应提前采取安全防护措施。

② 基坑顶面应提前做好地面防水、排水设施。

③ 基坑开挖时，不得采用局部开挖深坑或从底层向四周掏土。

④ 基坑顶有动荷载时，坑口边缘与动荷载间的安全距离应根据基坑深度、坡度、地质

和水文条件及动荷载大小等情况确定，且不应小于 1.0m。

⑤ 在土石松动地层或粉砂、细砂层中开挖基坑时，应先做好安全防护措施；当基坑开挖需要爆破时，应执行《爆破安全规程》(GB 6722—2014)中的有关规定；土质松软层基坑开挖时必须进行支护。

⑥ 基坑开挖时，应观测坡面稳定情况。当发现坑沿顶面出现裂缝、坑壁松塌或遇涌水、涌砂时，应立即停止施工，加固处理后方可继续施工。

1. 土方边坡及其稳定

(1) 土方边坡

为了防止塌方，保证施工安全，在开挖深度超过一定限度时应在其边沿做成一定坡度的边坡。

土方边坡坡度以其高度 H 与宽度 B 之比表示。图 4.2 所示为 $1:m$，见式(4.2)：

$$土方坡坡度=\frac{H}{B}=\frac{1}{B/H}=1:m \tag{4.2}$$

式中　m——放坡系数。

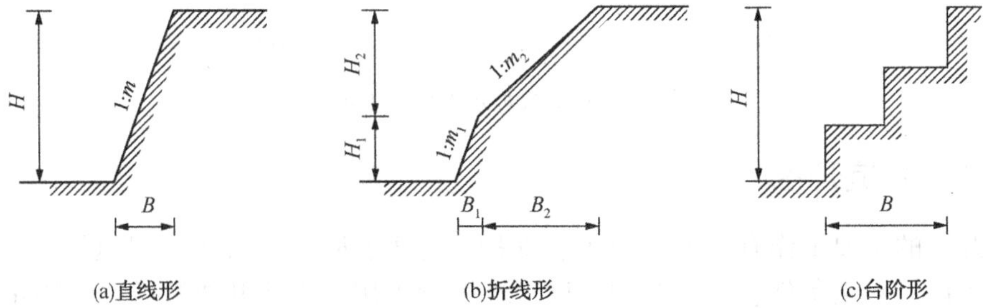

图 4.2　土方边坡

H_1、H_2—分别为折线段 1、2 对应的高度；m_1、m_2—分别为折线段 1、2 的放坡系数；

B_1、B_2—分别为折线段 1、2 对应的宽度

根据各层土质及土体所受的压力，土方边坡可做成直线形、折线形和台阶形。合理地选择基坑边坡形式是减少土方量的有效措施。

(2) 边坡的稳定

基坑边坡的稳定取决于由土体内土颗粒之间的摩擦阻力和内聚力，使土体具有一定的抗滑力。当土体的下滑力大于抗滑力时，边坡就会失去稳定从而发生滑动。这种滑动一般在一定范围内表现为整体沿某一滑动面向下和向外移动，一旦失去平衡土体就会塌方，不仅会造成人身安全事故，影响工期，有时还会危及邻近建筑物的安全。

基坑边坡的失稳往往是在外界不利因素影响下触发和加剧的，这些不利因素往往会导致土体剪应力的增加或抗剪强度的降低。

引起土体剪应力增加的主要因素有：

① 坡顶上堆积物、行车等荷载；

② 雨水或地面水渗入土中，使土中含水量增加，造成土的自重增加；

③ 地下水的渗流会产生一定的动水压力；

④ 土体竖向裂缝中的积水会产生侧向静水压力；

⑤ 边坡过陡，土体本身稳定性不够。

引起土体抗剪强度降低的主要因素有：

① 土质本身较差或因气候影响而使土质松软；

② 土体内含水量增加使土体内聚力降低，产生润滑作用；

③ 饱和的细砂、粉砂因受振动而液化等。

2. 基坑开挖方式

基坑开挖方式与基础的埋置深度、地质土的性质、施工周期的长短有关，可分为直立壁开挖、放坡开挖、支护开挖。基坑开挖方式按基坑所处的环境分为陆地基坑开挖和水中基础的基坑开挖两种。

(1) 陆地基坑开挖

陆地基坑开挖主要以施工机械为主，局部采用人工配合。常用机械多为位于坑顶的由吊机操纵的挖土斗、抓土斗等；遇到开挖工作量特别大的基坑，常用铲式挖土机、铲运机、倾卸车等。桥梁墩台基坑采用机械挖土，距基底设计标高约0.3m厚的最后一层土，需用人工挖除、修整，以保证地基土结构不受破坏。

基坑应避免超挖，已经超挖或松动部分，应将松动部分清除。挖至标高的土质基坑不得长期暴露、扰动或浸泡，应及时检查基坑尺寸、高程、基底承载力，符合要求后应立即砌筑基础。

如基坑开挖后坑壁能保持稳定不坍塌，可不加支护，但实际上因坑深土松，甚至还有地下水或坑顶荷载，故需进行支护。基坑围护的形式与土质及地下水的高低有着密切关系。基坑开挖过程中，根据土质条件和水位情况对坑壁可采用无支护或有支护的开挖方法。

① 无支护基坑

当基坑较浅，地下水位较低或渗水量较少，不影响坑壁稳定时，坑壁可不加支护。采用垂直开挖和放坡开挖两种施工方法，将坑壁挖成竖直或斜坡形。竖直坑壁只适宜在岩石地基或基坑较浅且无地下水的硬黏土中采用。在一般土质条件下开挖基坑时，应采用放坡开挖的方法。

基坑开挖的深度一般稍大于基础埋深，视对基底处理的要求而定。基坑尺寸要比基底尺寸每边扩大0.5~1.0m，以便设置排水沟及开展支立模板和砌筑等工作。

当土的湿度较大可能引起坑壁坍塌时，坑壁坡度应适当放缓。

基坑开挖时，基坑顶面应设置防止地面水流入基坑的设施；基坑顶面有动荷载时，其边缘与动荷载之间应留有大于1.0m宽的护道。当工程地质和水文条件不良或动荷载较大时，应加宽护道或采取加固措施增强边坡的稳定性。当基坑深度大于5m时，可将坑壁坡度适当放缓或加设平台。

② 有支护基坑

当地下水位高于基底且渗透量大，影响坑壁稳定；坡度不宜保持，放坡开挖工作量过大，不符合多、快、好、省的要求；基坑较深，土方量大，施工期较长；受施工场地限制或邻近有建筑物不能采用放坡开挖时，可采用坑壁支护进行加固施工。

加固坑壁常用的支护形式有挡板支撑、混凝土护壁（喷射或支模现浇）支撑、板桩墙支撑和地下连续壁支撑等。

（2）水中基础的基坑开挖

桥梁墩台基础大多位于地表水位以下，有时水流比较大，而施工时都希望在无水或静止水条件下进行。桥梁水中基础最常用的施工方法是围堰法。在开挖前，必须首先在基坑外围修筑一道临时挡水结构物即围堰，将围堰内的水排干后，再开挖基坑修筑基础。如排水困难，也可在围堰内进行水下挖土，挖至预定高程后灌注水下封底混凝土，然后再抽干水继续修筑基础。

围堰的作用主要是防水和围水，有时还起着支撑施工平台和基坑坑壁的作用。公路桥梁常用的围堰类型有土围堰、草(麻)袋围堰、钢板桩围堰、套箱围堰。围堰的结构形式和材料应根据水深、流速、地质情况以及通航要求等条件确定。不论采用哪种围堰，均需满足以下要求：

① 围堰顶面的高程宜高出施工期间可能出现的最高水位(包括浪高)0.5~0.7m，用于防御地下水的围堰宜高出水位或地面0.2~0.4m。

② 围堰的外形应适应水流排泄，大小不应压缩流水断面过多，以免壅水过高而危害围堰安全以及影响通航、导流等。围堰内形应适应基础施工的要求，并留有适当的工作面积。堰身断面尺寸应保证有足够的强度和稳定性，以使基坑开挖后围堰不致发生破裂、滑动或倾覆。

③ 围堰应防水严密，尽量采取措施防止或减少渗漏，以减轻排水工作。对围堰外围边坡的冲刷和筑围堰后引起的河床冲刷，均应有防护措施。

④ 围堰施工一般应安排在枯水期进行。

4.1.3 基坑排水

基坑如在地下水位以下，随着基坑的下挖，渗水将不断涌入基坑。施工过程中必须不断地排水，以保持基坑干燥，制造旱地施工条件，便于基坑挖土与基础的砌筑和养护。目前常用的基坑排水方法有表面排水、井点法降低地下水位、帷幕法排水等。

（1）表面排水

表面排水是最简单、应用最为普遍的方法。在整个基坑开挖过程及基础砌筑和养护期间，在基坑四周开挖集水沟汇集坑壁及基底的渗水，将其引向一个或数个比集水沟更深的集水坑，如图4.3所示。集水沟和集水坑应设在基础范围以外。在基坑每次下挖以前，必须先挖集水沟和集水坑。集水坑的深度应大于抽水机吸水龙头的高度，以保证吸水龙头的正常工作。在吸水龙头上套竹筐围护，以防止土石堵塞龙头。

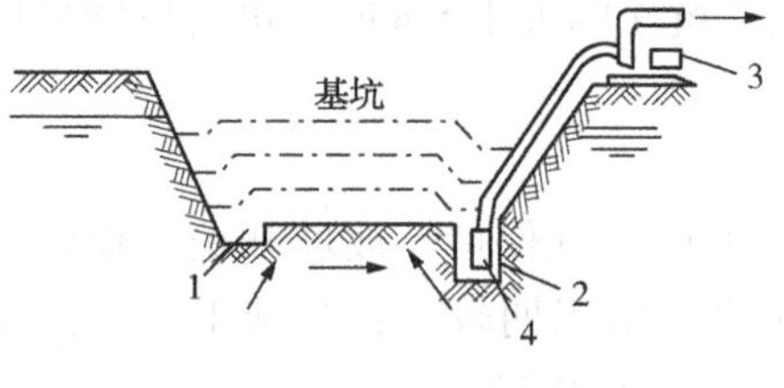

图4.3　表面排水法示意
1—集水沟；2—集水坑；
3—水泵；4—吸水龙头

这种排水方法设备简单、费用低，适用于岩石及碎石类土，也适用于渗水量不大的黏性土基坑。由于抽水会引起流砂现象，造成基坑的破坏和坍塌，因此，当地基土为饱和粉细砂土等黏聚力较小的细粒土层时，应避免采用表面排水法。

（2）井点法降低地下水位

井点法适用于地下水位较高，有承压水，挖基较深，坑壁不稳定的粉质土、粉砂类土、细砂类土土质基坑。根据使用设备的不同，井点主要有轻型井点、喷射井点、电渗井点和深井泵井点等多种类型，可根据土的渗透系数要求降低水位的深度及工程特点选用。接下来，主要介绍一下轻型井点降水。

轻型井点降水布置如图4.4所示，即在基坑开挖前预先在基坑四周打入(或沉入)若干根井点管，井点管下端1.5m左右为过滤管，过滤管上钻有若干直径约2mm的滤孔，外面用过滤层包扎。各个井点管用集水总管连接并抽水。井点管两侧一定范围内的水位逐渐下降，各井点管相互影响就形成了一个连续的疏干区。在整个施工过程中应保持不断抽水，以保证在基坑开挖和基础砌筑的整个过程中基坑始终保持无水状态。

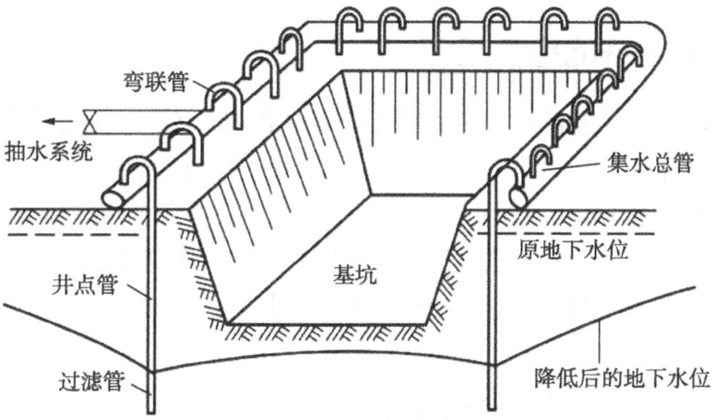

图4.4 轻型井点降水布置示意图

轻型井点降水的特点是井点管范围内的地下水不从基坑四周边缘和底面流出，而是以相反的方向流向井点管，因而可以避免发生流砂和边坡坍塌现象，流水压力对土层还会有一定的压密作用。在过滤管部分包有铜丝过滤网，以免带走过多的土粒而引发土层潜蚀现象。

(3) 帷幕法排水

帷幕法是在基坑边线外设置一圈隔水幕，用以隔断水源，减少渗流水量，防止流砂、突涌、管涌、潜蚀等地下水的作用。其方法有深层搅拌桩隔水墙法、压力注浆法、高压喷射注浆法、冻结帷幕法等，采用时均应进行具体设计并符合有关规定。

4.1.4 基底检验及处理

(1) 基底检验

基础是隐蔽工程，基坑开挖至设计标高后，在基础浇筑前应按规定对基底进行检验，以确定其是否符合设计要求。

基底检验的主要内容包括：检查基底的平面位置、尺寸大小、基底标高是否与设计相符，检查基底地质情况和承载力是否与设计相符，检查基底处理及排水情况是否与施工设计规范相符。

(2) 基底处理

天然地基上的浅基础是直接靠基底土承受荷载，故基底土质状态的好坏对基础和墩台结构的影响极大，所以，基底检验合格后即要进行基底处理工作。

基底处理应根据地基土的种类、强度和密度，按照设计要求并结合现场情况，采取相应的处理方法。基底处理的范围至少应超出基础之外0.5m。符合设计要求的细粒土、特殊土基底，修整妥善后应尽快修建基础，不得使基底浸水和长期暴露。

基底处理方法视基底土质而异，一般对细粒土及特殊土地基、粗粒土和巨粒土地基、岩层地基、多年冻土地基、溶洞地基、泉眼地基进行相应的基底处理。

4.2 钻孔灌注桩基础施工

4.2.1 钻孔灌注桩的施工工艺

钻孔灌注桩施工因成孔方法的不同和现场情况各异，施工工艺流程不完全相同。在施工前要安排好施工计划，编制具体的工艺流程图，作为安排各工序施工操作和进度的依据。

当同时有几个桩位施工时，要注意相互间的配合，避免干扰，并尽可能做到均衡使用机具与劳动力，既要抓紧新钻孔的施工，又要做好已成桩的养护和质量检验工作。

下面就钻孔灌注桩施工的主要施工要点及注意事项作简略介绍。

1. 准备场地

钻孔前要进行准备场地工作，其内容包括：

① 场地为旱地时，应清除杂物，换除软土，整平、夯实；

② 场地为陡坡时，可用枕木、型钢等搭设工作平台；

③ 场地为浅水时，宜采用筑岛施工，筑岛面积应根据钻孔方法、设备大小等要求确定；

④ 场地为深水或淤泥较厚时，可搭设工作平台，平台必须牢固、稳定，能承受工作时所有的静、动荷载，并保证施工机械能安全进出。

如水流平稳、水位升降缓慢，全部工序可在船舶或浮箱上进行，但必须锚固稳定、桩位准确。如流速较大，但河床可以整理平顺，可采用钢桩或钢丝网水泥薄壁浮式沉井，就位后灌水下沉至河床，然后在其顶部搭设工作平台，在其底部安设护筒。在某些情况下，可在钢板桩围堰内搭设钻孔平台。

2. 埋设护筒

钻孔成功的关键是防止孔壁坍塌。当钻孔较深时，地下水位以下的孔壁土在静水压力下会向孔内坍塌，甚至发生流砂现象。钻孔内若能保持比地下水位高的水头，增加孔内静水压力，就能稳定孔壁，防止坍孔。护筒除可起到这个作用外，还有隔离地表水、保护孔口地面、固定桩孔位置和钻头导向的作用。

制作护筒的材料有木、钢、钢筋混凝土3种。护筒要求坚固耐用，不漏水，其内径应比钻孔直径大(比旋转钻约大200mm，比潜水钻、冲击锥或冲抓锥约大400mm)，每节长度为2~3m。一般常用钢护筒，其在陆上与深水中均能使用，钻孔完成后可拔出重复使用。其底部和周围一定范围内应夯填黏土，借助黏土压力及其隔水作用保持护筒稳定，保护孔口地面。在深水中埋设护筒时，先打入导向架，再用锤击或振动加压沉入护筒，护筒入土深度应视土质与流速而定。护筒平面位置的偏差不得大于50mm，倾斜度不得大于1%。

3. 制备泥浆

钻孔泥浆由水、黏土(膨润土)和添加剂组成，具有浮悬钻渣、冷却钻头、润滑钻具、增大静水压力、在孔壁上形成泥膜、隔断孔内外渗流、防止坍孔的作用。调制的钻孔泥浆及经过循环净化的泥浆，应根据钻孔方法和地层情况采用不同的性能指标。泥浆稠度应视地层变化或操作要求灵活掌握。泥浆太稀，则排渣能力弱，护壁效果差；泥浆太稠，则会削弱钻头的冲击功能，降低钻进速度。

通常采用塑性指数大于25、粒径小于0.002mm、颗粒含量大于50%的黏土，通过泥浆搅料机或人工调和储存在泥浆池内，再用泥浆泵输入钻孔内。泥浆泵应有足够流量，以免影响钻进速度。大直径深孔采用正循环旋转法施工时，泥浆泵应经过流量和泵压计算来选择。对孔深百米以内的钻孔，一般可采用不小于2MPa的泵压。

4. 钻机就位

测量放样，在护筒周边放出桩位中心十字线，并用红油标识。采用泵吸式反循环成孔工艺成孔，采用钻机本身的动力就位。钻孔在开始之前注意桩的钻孔和开挖，应在中距5m内的任何混凝土灌桩完成24h后才能开始，以避免干扰邻桩或钻孔过程。钻孔开钻后要连续作业，根据钻孔和地质层合理选择钻进速度；遇地下水后开始向孔内注浆，孔内水头高度保证2m以上。钻头使用三翼圆笼钻锥，用优质泥浆护壁，桩的钻孔应保证各桩之间无影响，成孔前应检查孔的中心位置、垂直度和泥浆指标，钻进过程中要经常检查孔径、垂直度、泥浆指标、成孔速度。如有偏差，应及时调整以保证桩基的成孔质量。

5. 成孔

钻孔灌注混凝土桩的成孔方法不胜枚举，至少有几十种。国内常用方法如下。

(1) 正循环旋转法

正循环旋转法是利用钻具旋转切土体钻进，泥浆泵将泥浆压进泥浆龙头，泥浆通过钻杆中心从钻头处喷入钻孔内，然后挟带钻渣沿钻孔上升，从护筒顶部排浆孔排出至沉淀池。钻渣在此沉淀而泥浆流入泥浆池循环使用。正循环旋转法的特点是钻进与排渣同时连续进行，在适用的土层中钻进速度较快，但需设置泥浆槽、沉淀池等，施工占地面积较大且机具设备较复杂。

(2) 反循环旋转法

与正循环旋转法不同的是，反循环旋转法是将泥浆输入钻孔内，然后从钻头的钻杆下口吸进，通过钻杆中心排出至沉淀池内。其钻进与排渣效率较高，但接长钻杆时装卸麻烦，钻渣容易堵塞管路。另外，因泥浆从上向下流动，孔壁坍塌的可能性较正循环旋转法大，为此需用较高质量的泥浆。

(3) 潜水电钻法

系统旋转电动机及变速装置均经密封后安装在钻头与钻杆之间，潜入水下作业。其特点是钻具简单轻便，易于搬运，噪声小，钻孔效率较高，操作条件也有所改善，但钻机在水中工作时较易发生故障。

(4) 冲抓锥法

冲抓锥不需钻杆，钻进与提锥卸土均较推钻快。由于锥瓣下落时对土层有一股冲击力，故适用的土质较广。但该法不能钻斜孔，钻孔深度超过 20m 后，其钻孔进度大为降低；当孔内遇到漂石或探头石时，冲抓较困难，需改用冲击锥钻进。

(5) 冲击锥法

冲击锥法适用于各类土层。实心锥适用于漂、卵石和软岩层，空心锥(管锥)适用于其他土层。在冲击锥下冲时，部分钻渣被挤入孔壁，可起到加强孔壁并增加土层与桩间侧摩阻力的作用。但该法不能钻斜孔，钻普通土层时进度比其他方法都慢；钻大直径孔时，需采用先钻小孔而后逐步扩孔的方法(分级扩孔法)。

近年来，基岩钻孔技术特别是钻机的进步令人惊喜。过去只能用爆破法、高压水射流才可钻进的硬质岩层，现已能够采用机械钻进法，拓宽了钻孔灌注桩的应用范围。

6. 终孔检查与孔底清理

钻孔的深度、直径、位置和孔形直接关系到成桩质量与桩身曲直。因此，除了钻孔过程中进行密切观测监督外，在钻孔达到设计要求深度后，应对孔深、孔位、孔形、孔径等进行检查。确认满足设计要求后，填写终孔检查记录表。

孔底清理后，要检查泥浆沉淀。《建筑桩基技术规范》(JGJ 94—2008)规定：对于摩擦桩，当直径小于或等于 1.5m 时，要求在灌注水下混凝土前的沉渣厚度不大于 200mm；当直径大于 1.5m、长度大于 40m 或孔壁容易坍塌时，沉渣厚度不大于 300mm。对于支承桩，要求沉渣厚度不大于 50mm。

清孔方法视使用的钻机不同而灵活选用，通常可采用正循环旋转法、反循环旋转法、真空吸泥机以及抽渣筒等清孔。

7. 钢筋骨架的制作、安装、入孔、固定

钢筋骨架采用在场内制作、现场安装分节成形(预留接头钢筋长度)、现场用吊车吊起、分节入孔的方法施工。施工中骨架第一节入孔后，用支撑杆固定骨架于井口中心位置，吊起另一节骨架与第一节骨架相接，接头采用电弧焊以单面焊的工艺进行焊接。采用几台电焊机同时搭接单面焊，以减少混凝土浇筑前焊接所占用的时间。放钢筋骨架前，先在孔口加设 4 根导向钢管，以保证钢筋骨架在吊装过程中尽量对中，不伤孔壁及控制保护层厚度。钢筋骨架就位后，采取 4 点固定，以防止掉笼和混凝土浇筑时发生骨架上浮现象。支撑系统对准中线以防止钢筋骨架倾斜和移动。在钢筋骨架上焊接控制钢筋骨架与孔壁净距的护壁筋，以确保钢筋骨架在孔中的位置、保护层的厚度。钢筋骨架在孔内的高度位置用引笼拉筋固定在孔口位置的方式进行控制。

8. 灌注钻孔桩水下混凝土

采用导管直升法灌注水下混凝土。

(1) 导管的形式和连接方法

导管直径为 300~400mm，壁厚 4~6mm，中段每节长 2000mm，底节做成 6000~8000mm 长，其余节段用 1000mm 及 500mm 的管节找零，导管之间采用法兰连接。吊装之前应将导管连接，做水密性试验和接头承拉试验，保证连接紧密、不漏水。入孔时导管尽量位于孔口中央，导管底端至孔底面距离约为 400mm，且导管要进行升降试验，保证不碰撞钢筋骨架。

(2) 灌注水下混凝土

钢筋骨架入孔校正完毕，导管入孔固定后，经监理工程师验收钢筋工序、孔内沉淀层厚度及泥浆指标后，开始浇筑孔内水下混凝土。

浇筑混凝土前再次检测孔底沉淀层厚度，如大于规范要求，应再次抽渣清孔；混凝土拌合物运至灌注地点时，检查和易性和坍落度，符合要求后方可使用；灌注不得间断。灌注首批混凝土后，导管埋入混凝土中的深度不小于1m。随着混凝土的不断灌注，不断提升导管，始终保持导管在混凝土中的埋置深度为4~6m，灌注的桩顶高程高出设计高程0.5~1.0m。灌注过程中应经常量测孔内混凝土面层的高程，及时调整导管排泄端与混凝土表面的相对位置，并始终严密监视导管在无空气和水进入状态下的填充情况。灌注混凝土时溢出的泥浆应引流至适当地点处理，以防污染。混凝土应连续灌注直至灌注到设计的混凝土顶面，以保证截切面以下的全部混凝土质量优良。

9. 钻孔灌注桩基础施工注意事项

(1) 钻孔机械就位后，应对钻机及配套设备进行全面检查。

(2) 钻机安设必须平稳、牢固，钻架应加设斜撑或缆风绳。

(3) 冲击钻孔时，选用的钻锥、卷扬机和钢丝绳等应配置适当；钢丝绳与钻锥用绳卡固接时，绳卡数量应与钢丝绳直径相匹配。

(4) 冲击过程中钢丝绳的松弛度应适宜。正、反循环旋转钻机及潜水钻机使用的电缆线要定期检查，接头必须绑扎牢固，确保不漏水、不漏电；对经常处于水、浆的浸泡处应架空搭设。

(5) 挪移钻机时，不得挤压电缆线及风水管路。潜水钻机钻孔时，一般在完成1根钻孔桩后要检查1次电动机的封闭状况。钻进速度应根据地质变化加以调整，以保证安全运转。

(6) 采用冲抓或冲击钻孔，当钻头提到接近护筒底缘时，应减速、平稳提升，不得碰撞护筒和钩挂护筒底缘。

(7) 钻孔使用的泥浆宜设置泥浆净化系统，并注意防止或减少环境污染。

(8) 钻机停钻后，必须将钻头提出孔外置于钻架上，不得滞留孔内。

(9) 对于已埋设护筒但尚未开钻，或已成桩护筒尚未拔除的，应加设护筒顶盖或铺设安全网遮罩。

4.2.2 钻孔灌注桩施工常见事故预防及处理

1. 钻孔事故的预防及处理

(1) 坍孔

实际施工中采用的各类钻孔方法都可能导致坍孔事故的发生，其外在表现为孔内的水位出现大幅度下降现象，有十分细密的水泡从孔口位置处冒出，钻机的负荷和出渣量突然显著增加。

① 坍孔事故出现的原因分析

a. 当泥浆相关的性能参数无法满足设计要求或是其比重不足时，孔壁位置处泥皮的坚硬程度就会不足。

b. 掏渣作业完成后如果没有及时补充泥浆或者水，或是钻孔操作时不规范，孔内一旦流失大量的水便会降低孔内的水头高度。

c. 护筒的埋置深度不足，当有部分水从孔口位置处流出，其周围地面会被流出的水浸软，或是钻机的安装位置不正确，都可能导致孔口坍塌。

d. 钻孔时选择的砂层强度不足，未严格控制进尺速度。

e. 使用掏渣筒或是冲击锥时操作不规范，对孔壁产生一定冲击，或是处理孔内石头时未能准确控制爆破作业，振动太大。

f. 施工人员未严格控制水头，一旦有水分渗透到护筒底部便会形成反空孔。

g. 进行清孔作业时未严格把控泥浆的各项参数指标，作业完成后未进行及时补水处理，地下水位偏高，而孔内水位偏低，未严格按照规范进行清孔作业，清孔作业完成后停留了太长时间等。

h. 钢筋骨架的吊入过程不规范，对孔壁产生一定撞击。

② 坍孔事故的预防及处理对策

a. 无论是在流砂中还是在松散的粉砂中进行钻孔，施工人员都应严格把控进尺的速度，并确保泥浆的胶体率、黏度和比重等各项参数符合相关规范要求。

b. 施工中经常会遇到水位突然有较大变化的区域，此时应将护筒高度提升并增加水头，同时采用连通管，充分保证水头的稳定性。

c. 当已经发生塌孔事故，应指派专人立即将护筒拆除并进行深埋处理，将其夯实后再次进行钻孔作业。

d. 施工单位面对塌孔事故应沉着应对，查明事故的具体位置，保证填土混合物在事故发生位置处以上 2m 左右。如果事故更为严重，则应用砾石、砂砾土或是掺入了水泥砂浆的黏质土填满钻孔位置处，等待一段时间后再重新钻孔。

e. 清孔作业过程中，施工单位应指派专人根据施工进度进行补水处理，保证孔内的水头高度符合施工要求。将吸泥机放在正确位置，保证孔壁不受撞击。严格控制施工中的风压，其最大压力不应超过水柱压力的 1.5 倍。

(2) 钻孔偏斜问题

施工中可以采用多种钻孔方法，但如果操作不规范或是不正确，每一种方法都可能导致钻孔偏斜问题的发生。

① 钻孔偏斜问题的产生原因

a. 钻孔作业中遇到了重量较大的探头石或是孤石。

b. 有些软硬地层的相交位置有一定倾斜度，钻孔作业时未考虑到这一因素。砂卵石层中粒径尺寸差异过大，影响了钻头的受力情况。

c. 进行扩孔处理时的操作不正确。

d. 安装钻机底座时有一定倾斜度，容易出现不均匀沉降的现象。

e. 钻孔作业时操作不够规范，如接头不准确，钻杆不竖直等。

② 钻孔偏斜问题的预防及处理对策

a. 严格按照操作规范安装钻机，并定期校正钻机的位置。

b. 钻孔过程中如果钻杆有着较大的摆动幅度，那么就应在钻架上安装一个导向架，确保钻杆上的水龙头沿着正确的方向钻入。

c. 应有专业人员逐个检查钻杆和接头的使用状态，发现其位置不正确或是有弯曲情况时，应立即进行调整。

d. 钻孔作业发生在软硬地层的交界位置时，应匀速、缓慢地钻进，根据相应的操作方法检查钻孔的方法，发现偏斜问题后应在其位置处多次进行扫孔，将钻孔校直。问题较为严重时可在偏斜位置填充砂黏土，在其具备良好的密实度后再继续作业。

（3）糊钻与埋锥

糊钻与埋锥这2大问题通常发生在正反循环回钻进和冲击锥钻进的情况下，如果回进速度较快、泥浆过黏、密度过大、钻杆内径偏小或是出现了出浆口堵塞情况，糊钻便会发生，因此，施工中应采取有针对性的预防措施。开始施工作业前应严格把控泥浆的各项性能，选择性能优异且尺寸合适的设备，控制进尺的速度。如果出现糊钻问题，应从孔口位置处将钻锥提出，将其内部清除干净并控制泥浆的实际稠度，将适量的砂石回填到黏土层上。冲击钻锥糊钻时，应减小冲程，降低泥浆的相对密度和黏度，并在黏土层回填部分砂类土和砾类土。

遇到坍方或其他原因造成埋钻时，应使用空气吸泥机吸走埋锥的泥砂，提出钻锥。

（4）扩孔和缩孔的问题

当钻杆的摆动幅度过大或是孔壁出现小规模的坍塌问题后，扩孔问题便会随之发生。如果扩孔只是因为内部局部发生坍塌导致，钻孔可继续进行并满足深度要求，此时只需增加混凝土的灌注量，其他可不作处理。如果扩孔问题已导致钻进作业无法继续，应按照上述介绍的坍孔事故处理对策进行。

通常有2种原因会导致缩孔问题的发生：一是钻锥的磨损程度较大，须对其及时处理，采用这一设备钻出的孔的桩径就要稍小一些；二是作业地段中存在着泥质页岩或软塑土，受到水因素的影响后发生膨胀现象，孔径随之降低。因此，应针对性地扩大孔径，建议反复扫孔。

2. 灌注事故的预防及处理

（1）导管进水问题

导管进水问题通常可以分为2种情况，即初期导管进水与中期导管进水。前者出现的原因为施工初期储备的混凝土量不足，无法控制孔底与导管口间的距离，混凝土不断下落过程中就无法将导管底口埋深，此时便会有泥水进入。遇到初期导管进水问题后应将导管立即提出，使用相应的吸泥设备将底部的混凝土拌合物清除干净。查找进水的原因并优化施工工艺流程，首批混凝土的量应备足并再次下管开始灌注作业；而后者出现的原因主要有焊接时出现破裂、橡皮垫被挤开、导管接头密封性差、导管提升力度过大、导管底部进入泥水和水从焊缝中进入等情况出现中期导管进水问题后应具体问题具体分析，通常都是重新下管并再次开始灌注作业。灌注作业开始采用抽水和吸泥等设备将导管中的杂物清理干净，导管在混凝土中的深度约为2.5m，确保导管中没有任何水分后再次开始混凝土的灌注施工。

（2）卡管问题

在混凝土的灌注施工中，如果混凝土卡在导管中下不去就说明出现了卡管问题。这一问题出现的原因通常都是起到隔水作用的硬柱塞或硬球栓性能不达标。发生卡管问题后可采用在钻杆上加上重物冲击管内混凝土或将导管提起并猛烈下落振捣等方法，如果还不见效果应立即将导管提出并取出障碍物，选择其他性能更优质的隔水设备再次开始灌注作业。

混凝土自身因素也容易导致卡管问题的出现，如拌和不均匀、流动性较差、运输时出现离析现象、雨水天气运输时忘记盖上遮挡物、导管接缝位置的密封性能差和冬季温度过低混合料中掺有砂冻块等，多次冲击混凝土混合料中的水泥浆后粗骨料大量集中便会堵塞导管。处理时，应采用长杆、吊绳等有效设备对导管中的混凝土进行冲捣或抖动，保证导管有适宜的埋深位置后将其提升并适当增加压力，利用重力作用冲开导管中的混凝土。

施工中应采取有效对策预防卡管，施工准备阶段应详细检查各类机械设备的使用性能，出现问题后应立即采用其他设备进行替换，提升混凝土的灌注速度，将适量的缓凝剂掺入到首批混凝土中，有效延长其初凝时间。

(3) 灌注坍孔问题

在灌注作业的施工中如果出现孔护筒内的泥浆或水出现水位显著上升的现象，短时间后突然下降并冒出气泡，很大可能出现了灌注坍孔问题，验证时应使用测锤测得其深度并与之前值对比，如果数值存在差异就可确定为坍孔。导致这一问题出现的原因有泥浆的黏度和密度不符合要求、现场周围有其他机械设备振动、水下水压过大、护筒底脚有漏水情况及潮湿区域水头不足等。

应在查明其原因后采取有针对性的处理对策，如果问题不严重或是没有扩大趋势，应采用吸泥设备将孔内的泥土清理干净并继续灌注。如果问题没有得到有效控制或是坍孔的深度过深，应立即拔出导管并保持孔位，回填时选择砂砾土或是黏土，采取断桩的补强措施。

(4) 埋管问题

灌注作业施工中埋管问题实际上就是无法拔出导管，导致这一问题出现的原因可能是多方面的，如混凝土与导管之间的摩擦力突然增加、导管提起时用力过大或在混凝土中的埋入深度过深等。

为有效预防埋管问题的出现，施工人员应严控埋管的深度，采用吊绳经常抖动一下导管，避免其出现初凝情况，控制灌注速度并检查所安装的接头螺栓是否稳定，以合适的力度将导管提起。遇到埋管问题后，可先用吊车等设备试着将导管拔出，如果桩孔的尺寸太大且混凝土还未达到初凝状态，应再下一根导管，采用漏水事故的处理对策。如果已达到初凝状态，则采用断桩事故的处理对策。

(5) 卡导管问题

很多因素都可能导致卡导管问题的出现，如导管自身存在着弯曲情况，那就很容易卡在箍筋上。为避免这一问题的出现，施工时应严格遵循相应的操作流程，将导管接直。遇到卡导管问题后，如果其仍然能够活动，应先试着将其转动一定角度再看能否提起，如果仍无法提起导管，则应用力下压后再多次转动，直到能够提升起来。

(6)灌短桩头问题

灌注作业即将完成时浆渣会有很大稠度，由于测深锤重量因素的影响，即使采用测深锤也无法准确判断浆渣的具体情况，测量数据缺乏准确性，灌注质量大打折扣，并易出现灌短桩头的问题。为预防灌短桩头，可采用加大测深锤重量方法或是在灌注作业即将完成时降低泥浆稠度的方法，即在浆液中加入适量清水，同时将其中一部分沉淀土掏出。出现灌短桩头问题时应具体情况具体分析，如果短桩的长度较短，应将其挖开并将有杂质的桩头部分凿除干净，之后扣上圆柱模并重新进行浇筑作业；如果短桩长度较长，则先接长护筒并将其中的废渣和水分清除干净，之后同样再次进行浇筑作业。

4.2.3 不良地质条件下的公路桥梁桩基施工

在公路桥梁的施工过程中，会遇到溶洞或地下暗河等不良地质情况，对施工难度提出了更高要求。溶洞主要是因地下水与地表水对可溶性岩石溶蚀与沉淀，侵蚀与沉积，以及重力崩塌、坍塌、堆积等作用形成。在伴有溶洞或暗河等不良地质条件的区域进行公路桥梁桩基施工，需要根据有无地下水分为干混凝土灌注桩和水下混凝土灌注桩 2 种不同的施工工艺。其中有地下水工况，使用泥浆护壁成孔工艺时，存在桩基孔进入地下河的情况，导致实际现场成孔困难，进行水下混凝土灌注时容易出现塌孔、断桩情况。

下文就某公路工程对复杂不良地质条件下的公路桥梁桩基施工进行详细说明。

1. 项目概况

某公路工程位于河北省内，公路沿线有多处桥梁，桥梁基础采用钻孔灌注桩基础，其中某处桥梁采用的桩基直径 1.2m 的 40 根，直径 1.5m 的 106 根，直径 1.8m 的 77 根，直径 2.0m 的 90 根，共计桩基 313 根。根据现场施工情况统计以及专业地下水勘察发现，该桩基下面共存在 2 条暗河并在此处交汇，还伴有溶洞等不良地质。

2. 项目地质情况

该公路桥梁地层岩性由上至下主要为第四系残坡积粉质黏土、冲洪积黏土及石炭系强~中风化灰岩。其中强~中风化灰岩为该区主要地层，中风化灰岩承载力较高，设计为桩基础的持力层。桥址区未发现断裂构造，岩层总体倾向南，产状为 75°∠15°，为单斜构造。根据《中国地震动峰值加速度区划图》及《中国地震动参数区划图》(GB 18306—2015)中的说明，拟建线路沿线地震动峰值加速度为 0.05g，反应谱特征周期为 0.35s，相当于地震基本烈度为Ⅵ度。根据地质调绘资料表明，桥址区无地表水发育，勘察范围内未见地下水发育。但桥址区发育有大量可溶性碳酸盐岩类地层，岩性为灰岩，在水的冲蚀作用下易形成溶洞，对桥梁的基础有一定的影响。据试验资料，地表土、地表水和地下水对混凝土及混凝土结构中的钢结构具微腐蚀性。

3. 桩基成孔工艺

项目设计图纸推荐利用旋挖钻机进行桩基成孔施工。但根据设计图纸地质情况描述，中风化灰岩钻芯强度可达 70~80MPa，最大为 103.5MPa，旋挖钻施工易出现无法钻进的情况，入岩后钻头磨损严重。桩基入岩后存在较多溶洞，旋挖钻施工出现卡钻、埋钻及偏孔的现象，施工处理难度大，影响整体桩基施工进度。在岩溶发育区，旋挖钻施工时自给泥浆护壁能力较冲击钻差，易出现塌孔现象，无法保证桩基成桩质量。

结合现场实际情况及桩基施工经验，该项目最终使用冲击钻成孔施工工艺。冲击钻施工适应性高，施工过程中泥浆护壁能力强，出现塌孔的现象较少，并能很好地处理中、小型溶洞。在出现卡锤现象时，吊车可进行上下提拉并进行轻微振动，使锤头与孔壁产生缝隙后将锤头吊出，保证桩基顺利成孔。

4. 不良地质条件下的钻进成孔处理方式

地下暗河环境伴随有溶洞等不良地质，导致泥浆泄漏，无法形成钻孔施工所需稳定水头。地下暗河水进入桩基孔内，造成塌陷，该项目在施工中遇到地表塌陷。为保证顺利钻进成孔，根据不同地质情况采用以下 3 种处理方式。

(1) 片石黏土筑壁法

在溶洞内无充填或半充填，溶洞不太大(在 $3m^3$ 以内)，但存在严重漏水或半漏水，护筒内水头高度不能保持时，可用片石加黏土(按 1 : 1 体积比)回填冲击使其形成泥石护壁。如片石黏土筑壁法效果较差，部分溶洞位置需进行反复冲击造壁，过程中可同步回填水泥或素混凝土，保证护壁效果满足施工要求。

(2) 钢护筒跟进法

在溶洞较大、洞内无充填物或有流塑充填物、漏水很严重、片石加黏土反复打密仍无法形成泥石护壁时，可增加钢护筒跟进法施工。钢护筒钢板由 20mm 厚的 Q235 钢材组成，分段接长、分段振沉。钢护筒上、下口各设置 30cm 宽、12mm 厚加劲箍，以便钢护筒振设施工。

为减少钢护筒用量，以双层钢护筒护壁的方式进行桩基成孔。设置双钢护筒，在钻进至强风化岩层位置处时，打入外层钢护筒至入岩位置以保证覆盖土层的稳定，避免覆盖土层出现塌孔现象。护筒由直径比设计桩径大 20cm 的壁厚 2cm 的钢板加工而成，在后续内层钢护筒下方预留足够空间。遇溶洞漏浆后不再用泥浆护壁钻进，而采用清水钻进的工艺配合掏渣桶施工的方法成桩。此阶段不再处理溶洞，仅保证孔内液面高于冲击钻冲程，利用地下水进行冲击钻锤头的润滑和降温。桩基成孔后下放内钢护筒，内钢护筒分为 2 节，底节钢护筒高度为入岩深度+1.0m，最上一节护筒与底节护筒通过限位连接钢板临时连接，在桩基灌注完成后混凝土初凝前，拔除外护筒及顶节护筒周转使用。

(3) 清水钻孔施工

根据地勘以及设计图纸，溶洞均出现在强风化及中风化岩层之中，地表覆盖层则无溶洞情况。因此，在桩基钻进施工过程中，顶部覆盖层仍由泥浆护壁方式进行钻进施工，确保孔壁施工质量且不出现塌孔等情况。进入岩层后，如出现溶洞导致漏浆后不再进行泥浆补充，岩层相对较稳定，不再出现塌孔等情况，使用清水钻孔施工工艺，钻渣采用掏渣筒进行清理。以减少桩基回填复钻施工，保证桩基施工进度并降低施工成本。

岩溶区域地质构造复杂，溶洞形态千差万别，对桥梁安全性的影响程度不同，对其处理的方法也应有所不同，这给桥梁桩基施工带来很大困难。施工中事故多、进度慢、成本高，因此，施工前应熟悉地质报告，掌握溶洞所在位置、大小、有无充填物、是否漏水等影响施工的因素，确定每根桩的施工方案。

5. 水下混凝土灌注施工

(1) 混凝土配合比设计

该公路桥梁桩基混凝土为 C30 水下混凝土，结合项目桩基施工环境，对桩基混凝土的配合比进行优化调整。与常规位置同标号混凝土相比，主要是增加胶凝材料以及加大混凝土的坍落度，实际使用桩基 C30 水下混凝土与其他部位常规 C30 混凝土设计配合比见表 4.1。

表 4.1 C30 混凝土设计配合比

使用部位	标号	水泥/（kg/m³）	粉煤灰/（kg/m³）	砂/（kg/m³）	碎石/（kg/m³）	外加剂/（kg/m³）	水/（kg/m³）	坍落度/mm
基础、系梁	C30	287	72	844	1030	2.87	165	160~200
桩基	C30 水下	296	74	858	1108	2.61	165	180~220

在混凝土配合比设计阶段，主要通过试配确认混凝土最佳配合比。桩基水下混凝土增大胶凝材料主要是因为桩基混凝土浇筑完成后无法进行养护，需确保混凝土强度满足要求。桩基进行水下混凝土灌注施工时，为防止堵管、爆管引起的桩基质量事故，水下混凝土坍落度较常规位置的混凝土大，故现场要严格控制混凝土坍落度，并进行现场试验。

（2）护筒埋设

护筒由厚度为4mm 的钢板加工而成。钻孔时为避免护筒发生变形，应对护筒实时补强加固，以有效增强护筒刚度和抗压性能。此外，护筒安装时，应确保轴线与桩位中心对称，并严格控制护筒埋置深度，确保处于 100~120cm。护筒顶部应高出地面 40cm，并严格控制垂直度，确保轴向倾角不得超过 1°。

（3）钻机就位

护筒安装完毕，应按照桩基设计图纸，进行钻机安放，并严格控制钻机垂直度。钻孔过程中，通过吊坠实时检测倾斜度，保证钻杆、钻孔位置准确，且位于同一垂线上。此外，还应在钻机底部设置垫木，避免钻机发生倾倒、塌孔现象。工作中实时掌控钻孔频率及强度，确保钻机坚实稳定。

（4）复合式护壁结构

泥浆护壁钻孔完成的桩基以及钢护筒跟进的桩基、常规的水下混凝土灌注施工工艺即可满足施工要求。清水钻施工时，由于无泥浆护壁，暗河流动造成颗粒搬运，无法形成稳定的水下环境进行桩基混凝土灌注施工。为保证桩基混凝土顺利灌注，防止出现桩基夹泥、断桩的质量事故，减少施工成本投入，考虑复合式护壁结构进行桩基混凝土灌注施工。

（5）混凝土灌注

桩基混凝土均使用导管进行水下混凝土灌注施工。首先根据桩径、桩长、导管直径以及泥浆或水的容重参数等计算出首批混凝土所需用量，然后配置足够容量的料斗及首罐混凝土，确保首批混凝土能够保证导管埋置深度不小于 1m。首批混凝土灌注完成后，紧接着进行剩余混凝土的灌注，不得中断。根据灌注混凝土量检查孔内混凝土面上升情况，用以指导调整导管埋深，保证导管埋深满足规范要求。混凝土灌注过程中，需对钢筋笼临时固定，防止混凝土灌注过程中钢筋笼出现上浮的情况。为保证桩基成桩施工质量，需对桩基混凝土进行超灌，超灌高度控制在 0.8~1m。

6. 成桩检测

桩基钢筋笼加工过程中，按照要求设置声测管，在混凝土浇筑完成并达到规范要求强度后，对桩基进行超声波无损检测，主要判断其桩身完整性。对于桩身存在的缺陷，应判明其存在的问题、具体位置和对桩身完整性的影响。对于影响成桩质量的位置，需采取可靠措施处理以确保桩身完整性。该公路桥梁桩基，经过质量检测，桩身完整，全部合格。

4.3 沉井基础施工

在修建负荷较大的建筑结构物时，其基础应该坐落在坚固、有足够承载力的土层上。当这类土层较深，采用天然基础和桩基础受水文地质条件限制时，需用一种就位后上、下开口封闭的结构物来承受上部结构的荷载，这种结构物被称为沉井。

沉井是用混凝土或钢筋混凝土制成的井筒(下有刃脚，以利于下沉和封底)结构物。施工时，先按基础的外形尺寸在基础的设计位置上制造井筒，然后在井内挖土，使井筒在自重(有时需配重)作用下克服土的摩阻力缓慢下沉。当第1节井筒顶下沉接近地面时，再接第2节井筒，继续挖土，如此循环，直至下沉到设计高程。最后浇筑封底混凝土，用混凝土或砂砾石充填井孔，在井筒顶部浇筑钢筋混凝土顶板，即形成深埋的实体基础。

沉井基础既是结构基础，又是施工时的挡土、防水围堰结构物。其埋深大，整体性强，稳定性好，刚度大，能承受较大的上部荷载，且施工设备和施工技术简单，节约场地，所需净空高度小。沉井可在墩位筑岛制造，井内取土后靠自重下沉，也可采用辅助下沉措施，如采用泥浆润滑套、空气幕等方法，以减小下沉时的井壁摩阻力和井壁厚度等。刃脚在井壁最下端，形如刀刃，在沉井下沉时起切入土中的作用。井筒是沉井的外壁，在下沉过程中起挡土作用。沉井下沉过程中，需要有足够的重量克服筒壁与土之间的摩阻力及刃脚底部的土阻力，使沉井能在自重作用下逐步下沉。

4.3.1 沉井制作

沉井制作方案应根据沉井施工方法确定。在沉井施工前，应详细掌握沉井入土地层及其地基岩石地质资料，并依次制定沉井下沉方案；对洪汛、凌汛、河床冲刷、通航及漂浮物等做好调查研究，并制定必要的安全技术措施，以确保沉井下沉。

沉井制作可分为就地制作沉井、浮式沉井和泥浆润滑套沉井3种方案。

1. 就地制作沉井

沉井位于浅水或可能被水淹没的岸滩时，宜采用筑岛沉井；在无被水淹没可能的岸滩上时，可就地整平夯实制作沉井；在地下水位较低的岸滩，土质较好时可开挖基坑制作沉井。就地制作沉井的方法分为干旱滩岸沉井浇筑法和水中筑岛沉井浇筑法两种。

干旱滩岸沉井浇筑法就是墩台基础位于干旱地而制作沉井，施工时沉井就地下沉。若土质松软，应在进行场地平整并夯实后，在其上铺垫300~500mm的砂垫层，并铺以垫木。垫木之间用砂填平，不允许在垫木下垫塞木块、石块来调整顶面高程，以防压重(也称配重)后产生不均匀沉降。

水中筑岛沉井浇筑法适用于水深3~4m、流速较小的情况，围堰筑岛时其岛面、平台面和坑底高程应比施工时的最高水位高出500~700mm，当有流冰时还应适当加高。底层沉井的制作工序包括场地平整夯实、铺设垫木、立沉井模板及支撑、钢筋焊扎、浇筑混凝土等。

在支垫上立模制作沉井时，应符合下列要求：

(1) 支垫布置应满足设计要求，应抽垫方便。

(2) 支垫顶面应与钢刃脚底面紧贴，使沉井重力均匀分布于各支垫上。

（3）模板及支撑应具有足够的强度和较好的刚性。内隔墙与井壁连接处的支垫应连成整体，底模应支承于支垫上，以防不均匀沉陷；外模与混凝土面贴接一侧应平直、光滑。

刃脚部分采用土模制作时，应符合下列要求：

（1）刃脚部分的外模应能承受井壁混凝土的重力在刃脚斜面上产生的水平分力；土模顶面的承载力应满足设计要求，一般宜填筑至沉井隔墙底面。

（2）土模表面及刃脚底面的地面上均应铺筑一层20~30mm的水泥砂浆，砂浆层表面应涂隔离剂。

（3）应有良好的防水、排水设施。

由于沉井分节制作、分节沉入土中，故其分节制作的高度应既能保证其稳定，又能产生重力下沉的作用，因此，底节沉井的最小高度应能抵抗拆除垫木或挖去土模(当刃脚为土模时)时的竖向挠曲强度。当挖土条件许可时应尽量高，一般情况下每节高度不宜小于3m，并应处理好接缝。在沉井接高时，注意使各节沉井的竖向中轴线与第一节沉井重合，且外壁应竖直、平整。

2. 浮式沉井

浮式沉井是把沉井底节制造成空体结构，或采取其他方法使之漂浮于水中，用船只拖运到设计位置后逐步用混凝土或水灌注，增大自重，使其在水中徐徐下沉直达河底。这种方法适用于水深流急、筑岛困难的沉井基础。

（1）钢丝网水泥薄壁沉井

钢丝网水泥薄壁由骨架、钢丝网、钢筋网和水泥砂浆等组成，由30mm钢丝水泥薄壁隔成空腹壳体，入水后能浮于水中；浮运就位后向空腹壳体内灌水，使之下沉落于河床上，再逐格对地下混凝土灌注水，从而使薄壁空腹沉井变成普通的重力式沉井。钢丝网水泥薄壁沉井由于钢丝网均匀分布在砂浆中，增加了砂浆的内聚力和握裹力，从而提高了砂浆的抗拉强度和韧性，使钢丝网水泥薄壁具有很大的弹性和抗裂性，并能抵抗一定程度的冲击。它具有结构薄而轻，有足够强度和刚度，节省材料，操作简单，可多点平行施工作业且施工时无须模板，可节省模板和支撑等特点。当河流宽度超过200m时，可采取半通航措施，用钢丝绳牵引沉井入水。因而浮运就位方法简单，设备简便。

（2）钢筋混凝土薄壁沉井

钢筋混凝土薄壁沉井的内、外井壁及隔墙均采用钢筋混凝土薄壁轻型结构，具有良好的强度和刚度，刃脚也具有足够抵抗侧土压力的强度。

（3）装配式钢筋混凝土薄壁沉井

装配式钢筋混凝土薄壁沉井是近年来采用的一种深水墩基础形式。其沉井分层依次叠装，然后浇筑水下混凝土形成井壁，最后抽水、清基、填芯而成。基本构件由纵贯上下的梯形导杆(4根)、每层1m的井壳(圆头2块、直线段2块)和与井壳等高的支撑梁壳(4块)装配而成。

3. 泥浆润滑套沉井

泥浆润滑套沉井是在沉井外壁与土层间设置泥浆隔离层，以减小土体与井壁间的摩擦力，从而可减轻沉井自重，加大下沉速度，提高下沉效率。泥浆润滑套沉井刃脚踏面宽度宜小于100mm，以利于减小下沉时的摩阻力。沉井外壁应做成单台阶形，为防止泥浆通过沉井侧壁而渗透到沉井内，对直径小于 8m 的圆形沉井，台阶位置在距刃脚底面 2~3m 处；对面积较大的沉井，台阶位置在底节与第二节接缝处。

4.3.2 沉井下沉

沉井下沉是指通过井内除土，清除刃脚正面阻力和沉井内壁阻力后，依靠沉井自重下沉。井内除土方式有排水开挖和不排水开挖。在稳定的土层中，当渗水量不大时，可采用排水开挖使沉井下沉。在有涌水翻砂而不宜采用排水下沉的地层，应采用不排水开挖。不排水开挖采用抓土、吸泥等方法使沉井下沉，必要时辅以压重、高压射水，降低井内水位而减小浮力、增加沉井自重。

1. 拆除垫木

抽垫工作是沉井下沉的开始工作，也是整个沉井下沉工作中极为重要的工序之一。拆除垫木必须在沉井混凝土达到设计强度等级后方可进行。

（1）抽垫应分区、依次、对称、同步进行。

（2）应将井孔内的所有杂物清除干净，准备工作全部就绪后，方可进行抽垫。

（3）抽垫时，先挖垫木下的填砂，再抽垫木，垫木宜从外侧抽出。垫木抽出后，应回填土，开始几组可不作回填，当抽出几组垫木出现空当后，即应回填。回填材料可用砂、砂夹碎石。回填时应分层洒水夯实，每层厚度为 200~300mm，但回填料不允许从沉井内或筑岛材料中获取，以防沉井歪斜。回填高度应以最后分配给定位垫木的重量不致压断垫木以及垫木下土体承压应力不超过岛面极限承压应力为准，必要时可加大回填高度，甚至在隔墙下进行回填，以满足要求。

（4）抽垫时定位垫木的位置应按设计确定。若设计无规定，则对于圆形沉井，应安排在周边相隔 90°的 4 个支点上；对于矩形沉井，应对称布置在长边，每边 2 个。当沉井长、短边的长度之比为 $2>L_0/B_0\geqslant 1.5$（L_0为长边长，B_0为短边长）时，长边两承垫间的距离为 $0.7L_0$；当比值 $L_0/B_0\geqslant 2$ 时，距离为 $0.6L_0$。

（5）当抽垫至垫木的 2/3 时，沉井下沉较为均匀，下沉量小，回填时间较为充裕，便于较好地抽垫和回填。当继续抽垫时，下沉量逐步加大，回填也较困难，甚至会出现下沉太快以致回填时间不足，造成垫木压坏或间断的情况。因此，抽垫开始阶段宜缓慢进行，以便有足够的时间充分回填夯实，力求尽量改变最后阶段下沉快、沉降量大、断垫等现象。

2. 井内除土

（1）排水开挖下沉

在稳定的土层中，渗水量不大（每平方米沉井面积的渗水量小于 $1m^3/h$）时，可采用排水开挖下沉。从地面或岛面开始挖土下沉时，应将抽垫时在刃脚内侧的回填土分层挖去。其开挖顺序原则上与抽垫顺序相同，定位承垫处的土最后挖除。当一层全部挖完后，再挖第二层，如此循环往复。开挖的方法如下：①当土质松软时，分层挖除回填土，沉井逐渐下沉。当沉井刃脚下沉至沉井中部与土面大致平齐时，即可在中部先向下开挖 400~500mm，并向四周均匀开挖；距刃脚约 1m 处时，再分层挖除刃脚内侧的土台。②当土质较坚实时，可从中部向下开挖 400~500mm，并向四周均匀扩挖，使沉井平稳下沉。③当土质坚硬时，可按抽垫顺序分段掏空刃脚。每段掏空后随即回填砂砾，待最后几段掏空并回填后，再分层分次序地逐步挖去回填土，使沉井下沉至岩层。

开挖刃脚下的土体时，可采用跳槽法，即将刃脚周长等分为若干段，每段长约 1m，先隔一段挖一段，然后挖去剩余各段，最后挖定位承垫处的岩石。开挖时，下沉速度应根据沉井大小、入土深度、地层情况而定，一般而言平均下沉速度为 0.5~1.0m/d。

(2) 不排水开挖下沉

不排水开挖下沉的基本要求为：

① 沉井内除土深度应根据土质而定，最深不应低于刃脚 2m；土质特别松软时，不应直接在刃脚下除土。

② 应尽量加大刃脚对土的压力。当沉井通过粉砂、细砂等松软地层时，不宜以降低沉井内水位从而减小浮力的方法促使沉井下沉，应保持沉井内水位高于沉井外水位 1~2m，以防止流砂现象的发生，其会引起沉井歪斜，增加吸泥工作量。

③ 除纠正沉井倾斜外，沉井各孔内的土应均匀清除，土面高差不应超过 500mm。

④ 当沉井入土较深，井壁阻力较大时，应根据具体情况采取有效的下沉方法，如采取抓土、吸泥、射水交替联合作业。必要时还需辅以降低沉井内水位，在沉井底放炮震动，或用在沉井顶压重的方法，使沉井下沉至设计高程。

不排水开挖下沉常采用抓土下沉。单孔沉井时，抓斗挖掘井底中央部分的土，形成锅底状。

在砂或砾石类土体中，一般当锅底比刃脚低 1~1.5m 时，沉井即可靠自重下沉，并将刃脚下的土挤向中央锅底；在黏性土中，由于四周土不易向锅底坍落，应辅以高压水松土。多孔沉井时，最好在每个井孔上配置一套抓土设备，以同时均匀除土、减少抓斗倒孔时间，使沉井均匀下沉。

为了使抓斗能在沉井孔内靠边的位置上抓土，需在沉井顶面井孔周围预埋挂钩。偏抓时，先将抓斗落至孔底，再将钢丝绳挂在井孔周边的挂钩上进行抓土，如此就可以达到偏抓的目的。

3. 辅助下沉措施

(1) 高压射水

当局部地点难以由潜水员定点、定向射水掌握操作时，在一个沉井内只可同时开动一套射水设备，并不得进行除土或其他起吊作业。射水水压应根据地层情况、沉井入土深度等因素确定，可取 1~2.5MPa。

(2) 抽水助沉

不排水下沉的沉井，对于易引起翻砂、涌水的地层，不宜采用抽水助沉方法。

(3) 压重助沉

沉井圬工尚未接高浇筑完毕时，可利用接高浇筑圬工压重助沉，也可在井壁顶部用钢铁块件或其他重物压重助沉。采用压重助沉时，应结合具体情况及实际效果选用。

(4) 炮震助沉

一般不宜采用炮震助沉方法。在特殊情况下必须采用时，应严格控制用药量。在井孔中央底面放置炸药起爆助沉时，可采用 0.1~0.2kg 炸药，具体使用应视沉井大小、井壁厚度及炸药性能而定。同一沉井每次只能起爆 1 次，并应根据具体情况适当控制炮震次数。

4. 沉井接高

接高上节沉井模板时，不得直接支撑于地面。接高时应均匀加重，防止沉井突然下沉和倾斜。接高后的各节沉井的中轴线应为一直线。混凝土施工接缝应按设计要求布置接缝钢筋，清除浮浆并凿毛。

(1) 沉井接高前，应尽量纠正倾斜，接高各节的竖向中轴线应与前一节的中轴线重合。

(2) 水上沉井接高时，井顶露出水面不应小于1.5m；地面上沉井接高时，井顶露出地面不应小于0.5m。

(3) 接高前不得将刃脚掏空，避免沉井倾斜，接高加重应均匀、对称地进行。

沉井下沉时，如需在沉井顶部设置防水或防土围堰，围堰底部与井顶应连接牢固，防止沉井下沉时围堰与井顶脱离。

5. 沉井纠偏

(1) 纠偏前，应分析原因，然后采取相应措施，如有障碍物应首先清除。

(2) 纠正倾斜时，一般可采取除土、压重、顶部施加水平力或刃脚下支垫等方法进行。对空气幕沉井可采取偏侧局部压气纠偏。

(3) 纠正位移时，可先除土，使沉井底面中心向墩位设计中心倾斜，然后在对侧除土使沉井恢复竖直。如此反复进行，使沉井逐步接近设计中心。

(4) 纠正扭转时，可在一对角线的两角除土，在另外两角填土，借助于刃脚下不相等的土压力所形成的扭矩，可使沉井在下沉过程中逐步纠正其扭转角度。

4.3.3 沉井清基和封底

1. 沉井清基

沉井清基是指沉井下沉到位后，清除基底的松散土层及杂质，以保证封底混凝土直接支承在持力土层上。沉井清基需满足以下要求。

(1) 沉井下沉至设计高程后，基底面地质应符合设计要求。如有不符需做处理，应征得设计单位同意，必要时取样鉴定。

(2) 清理后的基底面距隔墙底面的高度及刃脚斜面露出的高度，必须满足设计要求的最小高度。

(3) 基底浮泥或岩面残存物均应清除，保证封底混凝土与基底间不产生有害夹层。

(4) 隔墙底部及封底混凝土高度范围内井壁上的泥污应予以清除。

沉井清基的方法有排水清基和不排水清基两种。

(1) 排水清基

排水清基时，施工人员可进入井底施工，比较简单，主要问题是防止沉井在清基时倾斜，处理从刃脚下涌入井内的流沙等。

(2) 不排水清基

不排水清基可采用高压射水将刃脚及隔墙下的土破坏，然后用吸泥机除渣。高压射水一般使用直径为75~86mm的钢管，下端配有单孔锥形射水嘴，出水孔直径为13~20mm。沉井沉至设计高程后，应检验基底的地质情况是否与设计相符。排水下沉时可直接检验、处理；不排水下沉时应进行水下检验、处理，必要时需取样鉴定。

2. 封底

基底检验合格后应及时封底。对于排水下沉的沉井，在清基时如渗水量上升速度小于或等于6mm/min，可按普通混凝土浇筑方法进行封底；若渗水量大于上述规定，宜采用水下混凝土进行封底。

沉井封底时，若井内可以排水则按一般混凝土施工；若不能排水则采用导管法灌注水下混凝土。

用刚性导管法进行水下混凝土封底时，应满足如下要求：

(1) 混凝土材料可参照钻孔灌注桩水下混凝土的有关规定，混凝土的坍落度宜为150~200mm。

(2) 灌注封底水下混凝土时，需要的导管间隔及根数应根据导管作用半径及封底面积确定。

(3) 用多根导管进行灌注的顺序应进行设计，防止产生混凝土夹层。若同时浇筑，当基底不平时应逐步使混凝土保持大致相同的高程。

(4) 每根导管开始灌注时所用的混凝土坍落度宜采用下限，首批混凝土的需要量应通过计算确定。

(5) 在灌注过程中，应根据混凝土的堆高和扩展情况正确调整坍落度和导管埋深，使每盘混凝土灌注后形成适宜的堆高和不大于1∶5的流动坡度。抽拔导管时应严格保证导管不进水。混凝土面的最终灌注高度应比设计值至少高出150mm。待灌注混凝土强度达到设计要求后，再抽水凿除表面松弱层。

沉井封底时，若为水下压浆混凝土，应按设计要求施工。

沉井基础的质量应符合下列规定：

(1) 混凝土的强度应符合设计要求。

(2) 沉井刃脚底面高程应符合设计要求。

(3) 底面、顶面中心与设计中心的偏差应符合设计要求。当设计无要求时，其允许偏差纵横方向为沉井高度的1/50(包括因倾斜而产生的位移)。对于浮式沉井，允许偏差值增加250mm。

(4) 沉井的最大倾斜度为1/50。

(5) 对于矩形、圆端形沉井的平面扭转角偏差，就地制作的沉井不得大于1°，浮式沉井不得大于2°。

4.4 桥梁墩台施工

4.4.1 砌筑墩台施工

石砌墩台具有可就地取材和经久耐用的优点，在石料丰富的地区且施工期限允许情况下可优先考虑石砌墩台以节约水泥。

1. 石料、砂浆与脚手架

石砌墩台是由片石、块石及粗料石以水泥砂浆砌筑的，石料与砂浆的规格要符合有关规定。浆砌片石一般适用于高度小于6m的墩台身、基础、镶面以及各式墩台填腹；浆砌粗料石则用于磨耗及冲击严重的分水体及破冰体的镶面工程以及有整齐美观要求的桥墩、台身等。

将石料吊运并安砌到正确位置是砌石工程中比较困难的工序。当质量小或距地面不高时，可用简单的马凳跳板直接运送；当质量较大或距地面较高时，可采用固定式动臂吊机或桅杆式吊机或井式吊机，将材料运到墩台上，然后再分运到安砌地点。用于砌石的脚手架应环绕墩台搭设用以堆放材料，并方便支撑施工人员砌筑镶面定位行列及勾缝。脚手架一般常用固定式轻型脚手架(适用于6m以下的墩台)、简易活动脚手架(适用于25m以下的墩台)以及悬吊式脚手架(用于较高墩台)。

2. 墩台砌筑施工要点

(1) 墩台放样

在砌筑前应按设计图放出实样，挂线砌筑。砌筑基础的第一层砌块时，如基底为土质，只在已砌石块的侧面铺上砂浆即可，不需坐浆；如基底为石质，应将其表面清洗、润湿后砌石。砌筑斜面墩台时，斜面应逐层放坡，保证规定的坡度。砌块间用砂浆黏结并保持一定的缝厚，所有砌缝要求砂浆饱满。形状比较复杂的工程，应先做出配料设计图，注明块石尺寸；形状比较简单的，也要根据砌体高度、尺寸、错缝等，先行放样配好料石再砌。

(2) 砌筑方法

同一层石料及水平灰缝的厚度要均匀一致，每层按水平砌筑，丁顺相间，砌石灰缝互相垂直。灰缝宽度和错缝按表4.2规定办理，砌石顺序为先角石，再镶面，后填腹。填腹石的分层厚度应与镶面相同；圆端、尖端及转角形砌体的砌石顺序，应自顶点开，丁顺排列接砌镶石面。圆端形桥墩的圆端顶点不得有垂直灰缝，砌石应从顶端开始先砌石块，然后应丁顺相间排列，安砌四周镶面石；尖端桥墩的尖端及转角处不得有垂直灰缝，砌石应从两端开始，先砌石块，再砌侧面转角，然后丁顺相间排列，安砌四周的镶面石。

表4.2 浆砌铺面石灰缝规定

种类	灰缝宽度/cm	错缝(层间或行列间)/cm	三块料石相接处空隙/cm	砌筑行列高度/cm
粗料石	1.5~2	≥10	1.5~2	每层石料厚度一致
半细料石	1~1.5	≥10	1~1.5	每层石料厚度一致
细料石	0.8~1	≥10	0.8~1	每层石料厚度一致

(3) 砌体质量要求

① 砌体所有各项材料类别、规格及质量符合要求。

② 砌缝砂浆或小石子混凝土铺填饱满，强度符合要求。

③ 砌缝宽度、错缝距离符合规定，勾缝坚固、整齐，深度和形式符合要求。

④ 砌筑方法正确。

⑤ 砌体位置、尺寸不允许偏差。

4.4.2 现浇墩台施工

现浇的混凝土施工有2个主要工序：制作与安装墩台模板、墩台混凝土浇筑。

1. 制作与安装墩台模板

（1）模板的基本要求

模板是使钢筋混凝土墩台按设计所要求的尺寸成型的模型板，一般用木材或钢材制成。木模板质量轻，便于加工成墩台所需的尺寸和形状，但较易损坏，使用次数少。对于大量或定型的混凝土结构物多采用钢模板，钢模板造价较高，但装拆方便且可重复使用。

模板的设计与施工应符合《公路桥涵施工技术规范》(JTG/T 3650—2020)的规定。钢筋混凝土对模板的基本要求与预制混凝土受压构件相同，其轮廓尺寸的准确性由制模和立模来保证。墩台模板形式复杂、数量多、消耗大，对桥梁工程的质量、进度、经济技术的可靠性均有直接影响，因此，模板应能保证墩台的设计尺寸，有足够的可靠度承受各种荷载并保证受力后不变形，结构应简单、制造方便、拆装容易。

（2）常用模板类型

① 拼装式模板

各种尺寸的标准模板利用销钉连接，并与拉杆、加劲构件等组成墩台所需形状的模板。拼装式模板在厂内加工制造，板面平整、尺寸准确、体积小、质量轻、拆装快速、运输方便，应用广泛。

② 整体式吊装模板

将墩台模板水平分成若干段，每段模板组成一个整体，在地面拼装后吊装就位，分段高度可视起吊能力而定。优点是：安装时间短，无须施工接缝，施工进度快、质量高、拆装方便，对建造较高的桥墩较为经济。

③ 组合型钢模板

以各种长度、宽度及转角标准构件用定型的连接件将钢模拼成模板，有体积小、质量轻、拆装简单、运输方便、接缝紧密的优点，适用于地面拼装，整体吊装的结构上。

④ 滑动钢模板

适用于各种类型的桥墩。各种模板在工程上的应用，可根据墩高、墩台形式、设备、期限等条件合理选用。

（3）模板制作与安装的技术标准

模板安装前应对模板尺寸进行检查；安装时要坚实牢固，以免振捣混凝土时引起跑模漏浆；安装位置要符合结构设计要求。模板制作与安装的允许偏差见表4.3~表4.5。

表4.3 木模板制作的允许偏差

项次	偏差名称	容许偏差/mm
1	拼合板的长度和宽度与设计尺寸的偏差	5
2	不刨光模板的拼合板，相邻两块板表面的高低差别	3
	刨光模板的拼合板，相邻两块板表面的高低差别	1
3	拼合板中木板间的缝隙宽度	2

表 4.4 钢模板制作的允许偏差

项次	偏差名称	容许偏差/mm
1	外形尺寸长和宽	0~1
2	外形尺寸肋高	5
3	面板端偏斜	0.5
4	连接配件的孔眼位置孔中心与板端间距	0.3
5	连接配件的孔眼位置板端孔中心与面板间距	0~0.5
6	连接配件的孔眼位置孔沿板长宽方向的孔	0.6
7	板眼局部不平，板面和板侧挠度	1

表 4.5 模板构件安装允许偏差

项次	偏差名称		容许偏差/mm
1	模板的立柱及撑杆间距与设计规定的偏差		75
2	模板竖向偏差	每 1m 高度	3
3		在结构全高度内	30
4	模板轴线与设计位置的偏差		20
5	模板横截面与设计位置的偏差		20
6	平板表面的最大局部不平	刨光模板	5
7		不刨光模板	8

2. 墩台混凝土浇筑

(1) 质量控制要点

墩台混凝土施工前应将基础顶面冲洗干净，凿除表面浮浆，整修连接钢筋。浇筑混凝土过程中，应经常检查模板、钢筋、预埋件的位置和保护层的尺寸以确保不发生变形。施工过程中应确保混凝土的各项技术性能指标满足规范要求，材料选用低流动度的或半硬性的混凝土拌和料，分层分段对称灌注，并应同时灌完一层。灌注过程要连续，以保证施工质量。

(2) 施工注意事项

① 在混凝土运送过程中，如混凝土数量大、浇筑捣固速度快时，可采用混凝土皮带运输机或混凝土运送泵，运输带速度不应大于 1.2m/s；当混凝土坍落度小于 40mm 时，向上传送最大倾斜角为 18°，向下传送最大倾斜角为 12°；当坍落度为 40~80mm 时，向上最大倾斜角和向下传送倾斜角分别为 15°与 10°。

② 墩台是大体积圬工，为避免大体积混凝土浇筑中水化热过高，引起裂缝，可采取如下措施：

a. 用改善集料级配、降低水灰比、掺混合材料与外加剂、掺入片石等方法减少水泥用量。

b. 采用 C3A(三钙铝酸)、C3S(硅酸三钙)含量小、水化热低的水泥，如大坝水泥、矿渣水泥、粉煤灰水泥、低强度等级水泥等。

c. 较小浇筑层厚度，加快混凝土散热速度。

d. 在混凝土内埋设冷却管通水冷却。

③ 在混凝土浇筑过程中为防止墩台基础第一层混凝土中的水分被基底吸收或基底水分渗入混凝土，对墩台基底处理除应符合天然地基的有关规定外，尚应满足以下要求：基底为非黏性土或干土时应将其湿润；如为过湿土时应在基底设计高程下夯填一层10~15cm厚片石或碎(卵)石层；基底地面为岩石时，应加以润湿，铺一层厚2~3cm水泥砂浆，然后在水泥砂浆凝结前浇筑一层混凝土。

墩、台中钢筋的绑扎应和混凝土的浇筑配合进行。在配置第一层垂直钢筋时应有不同的长度，同一断面的钢筋接头应符合规范，水平钢筋的接头也应内外、上下互相错开。

4.4.3 墩、台帽施工

墩、台帽是用来支撑桥跨结构的，其位置、高程及垫石表面平整度等，均应符合设计要求，以免桥跨结构安装困难，使顶帽、垫石等出现破裂或裂缝，影响墩台的正常使用功能和耐久性。墩、台顶帽的主要施工顺序如下。

(1) 墩、台帽放样

墩、台混凝土(或砌石)灌注至墩、台帽底下30~50cm高度时，即需测出墩台纵横中心线，并开始竖立墩、台帽模板，安装锚栓孔或安装顶埋支座垫板、绑扎钢筋等。台帽放样时，应注意不要以基础中心线作为台帽背墙线，浇筑前应反复核实，以确保墩、台帽中心、支座垫石等位置方向与水平高程等不出差错。

(2) 墩、台帽模板安装

墩、台帽是支撑上部结构的重要部分，其尺寸位置和水平高程的准确度要求较严，浇筑混凝土应从墩、台帽下30~50cm处至墩、台帽顶面一次浇筑，以保证墩、台帽底有足够厚度的紧密混凝土。混凝土桥墩墩帽模板的下面的一根拉杆可以利用墩帽下层的分布钢筋，以节省铁件。台帽背墙模板应特别注意纵向支撑或拉条的刚度，防止浇筑混凝土时发生鼓肚，侵占梁端空隙。

(3) 钢筋和支座垫板的安设

墩、台帽钢筋绑扎应遵照《公路桥涵施工技术规范》(JTG/T 3650—2020)有关钢筋工程的规定。墩、台帽上支座垫板的安设一般采用预埋支座垫板和预留锚栓孔的方法。前者需在绑扎墩台帽和支座垫石钢筋时将焊有锚固钢筋的钢垫板安设在支座的准确位置上，即将锚固钢筋和墩、台帽骨架钢筋焊接固定，同时用木架将钢垫板固定在墩、台帽模板上。此法在施工时垫板位置不易准确，应经常校正。后者需在安装墩、台帽模板时，安装好预留孔模板，在绑扎钢筋时注意将锚栓孔位置留出。此法安装支座施工方便，支座垫板位置准确。

第 5 章　桥梁上部结构施工技术

5.1　装配式施工

5.1.1　先张法预制梁板

1. 台座

台座是先张法施工的主要设备之一，承受预应力钢筋的全部张拉力，它应有足够的强度和稳定性，以免台座变形、倾覆、滑移而引起预应力损失，如图 5.1 所示。台座由 1 个框架(两根固定横梁和两根受压柱构成)和 2 根活动横梁组成，固定和活动横梁间设置千斤顶，预应力钢筋两端用工具锚固在活动横梁的锚固板上。千斤顶顶起活动横梁，使预应力筋受张拉。全部张拉力由框架承受。

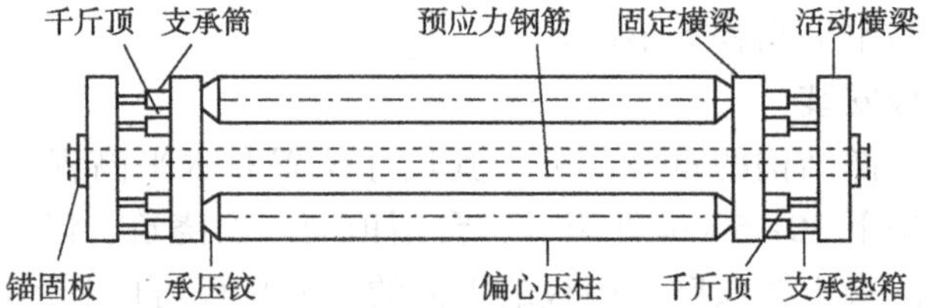

图 5.1　张拉台座示意图

压柱的承压形式可为中心受压或偏心受压，一般采用偏心受压。前者省料但作业不方便，后者则相反。

2. 模板

预制梁的模板是施工过程的临时结构，不仅关系到预制梁尺寸的精度，而且对工程质量、施工进度和工程造价有直接的影响。

预制梁的模板通常按材料分类，有钢模板、木模板、土木组合模、土模以及钢木组合模等数种。预制工厂常采用钢模板和钢木结合的模板。

模板在制作时，应保证表面平整，转角光滑，连接孔配合准确。对于钢模要考虑焊缝收缩对长度的影响，对于木模要在构造上采取措施以防漏浆。模板的组装可在工作平台上进行，底模在制作时需考虑预制梁的预拱度。

模板的安装应与钢筋工作配合进行。在底模整平以及钢筋骨架安装后，安装侧模板和端模板；也可先安装端模，后安装侧模板。模板安装的精度要高于预制梁的精度。每次模板安装完成后需通过验收合格后，方可进入下一道工序。

模板分为底模、侧模、端模和内模。底模支承在底座上或设置在流水台车上，可用 12~16mm 厚的钢板制成。将先张法台座的混凝土底板作为预制构件的底模，要求地基不产生非均匀沉陷，底板制作必须平整光滑、排水畅通，预应力筋放松，梁体中段拱起，两端压力增大，梁位端部的底模应满足强度和重复使用的要求。底模在构造上应注意设置底模与侧模、底模与端模以及底模接长的联系构件。此外，还应在底模与台座之间设置减振垫。

侧模由侧板、水平加劲肋、斜撑等构件组成。钢侧模板一般采用4~8mm厚钢板，采用∟50~∟100加劲角钢。侧模板在构造上应考虑悬挂振捣器的构件，要加强侧模间的连接构造，并需设置拆模板的设施。先张法制作预应力板梁，预应力钢筋放松后板梁压缩量为1%左右。为保证梁体外形尺寸准确，侧模制作要增长1‰。

端模设置在梁的两端，安装时连接在侧模上，用于形成梁端形状。端模预应力筋孔的位置要准确，安装后与定位板上对应的力筋孔要求均在一条中心线上。由于施工中实际上存在偏差，力筋张拉时的筋位有移动，制作时端模力筋孔径可按力筋直径扩大2~4mm，力筋孔水平向还可做成椭圆形。

内模是空心截面梁、板的预制关键，其结构形式直接影响到制作是否经济、拆装是否方便、周转率高低等。

3. 预应力筋的张拉

预应力钢筋通常采用高强钢丝、钢绞线和精轧螺纹钢筋。

预应力混凝土预制梁制造过程中，张拉预应力筋对梁施加预应力是一项十分重要的工作。施加预应力过多或不足都会影响梁的预制质量，必须按设计要求，准确地施加预应力。

先张法梁的预应力筋是在底模整理后，在台座上张拉已加工好的预应力筋。

使用先张法进行钢筋张拉时，大于或等于20m的曲线预应力筋或钢束应两端张拉；长度小于20m的直线预应力筋通常一端张拉，另一端在张拉前要设置好固定装置或安放好预应力筋的放松装置。张拉前，应先在端横梁上安装预应力筋的定位钢板，同时检查其孔位和孔径是否符合设计要求；之后在台座安装预应力筋，穿钢筋不能刮碰掉台面上的隔离剂。安装张拉设备时，应使张拉力的作用线与钢筋中心线一致。张拉时应采用应力与伸长值双控制，如发现伸长值异常，应停止张拉并查明原因。此外，张拉过程中要十分重视施工安全。

为了减少张拉过程中的预应力损失，可以采用超张拉的方法。若设计无规定时，其张拉程序按表5.1规定进行。

表5.1　预应力筋张拉程序

预应力筋种类	张拉程序
钢筋	0→初应力→1.05σ_{con}(持荷2min)→0.9σ_{con}→6σ_{con}(锚固)
钢丝、钢绞线	0→初应力→1.05σ_{con}(持荷2min)→0→σ_{con}(锚固)
	对于夹片式等具有自锚性能的锚具： 普通松弛力筋0→初应力→1.03σ_{con}(锚固) 低松弛力筋0→初应力→σ_{con}(持荷2min，锚固)

注：1. 表中σ_{con}为张拉时的控制应力值，包括预应力损失值。

2. 超张拉数值超过最大超张拉应力限值时，应按该条规定的限制张拉应力进行张拉。

3. 张拉钢筋时，为保证施工安全应在超张拉放张至0.9σ_{con}时安装模板、普通钢筋及预埋件等。

4. 低松弛预应力筋张拉的伸长值ΔL如较小且设计未计入锚圈口预应力损失时，应采取超张拉施工。

4. 预应力混凝土施工

混凝土工程质量好坏是保证混凝土能否达到设计强度等级的关键，将直接影响钢筋混凝土结构的强度和耐久性。

(1) 预应力混凝土配料

预应力混凝土配料除符合普通混凝土有关规定外，尚应符合如下要求。

配制高强度等级的混凝土应选择级配优良的配合比，在构件截面尺寸和配筋允许下，尽量采用大粒径、高强度的骨料；含砂率不超过0.4，水泥用量不宜超过500kg/m³，最大不超过550kg/m³，水灰比不超过0.45，一般采用低塑性混凝土，坍落度不大于30mm，以减少因徐变和收缩所引起的预应力损失。

在拌和料中可掺入适量的减水剂(塑化剂)以达到易于浇筑、早强、节约水泥的目的，其掺入量可由试验确定，也可参考经验值。拌和料不得掺入氯化钙、氯化钠等氯盐及引气剂，亦不宜掺用引气型减水剂。值得注意的是，由于混凝土掺加减水剂效果显著，目前用于建造预应力混凝土桥梁的高强度混凝土几乎没有不掺加减水剂的，但对其使用不能掉以轻心，使用不当将会严重影响混凝土质量。

水、水泥、减水剂用量应准确到±1%；骨料用量准确到±2%。

预应力混凝土所用的一切材料，必须全面检查，各项指标均应合格。预应力混凝土选配材料总的发展趋势是提高强度、减轻自重，主要途径则是采用多孔的轻质骨料。改善预应力混凝土物理力学性能的另一个重要途径是研制改性混凝土。目前研制的改性沥青混凝土主要有纤维混凝土和聚合物混凝土两种。

纤维混凝土，在混凝土中掺入钢纤维、抗碱玻璃纤维或合成纤维，可大幅提高混凝土的抗拉强度、断裂韧性，对混凝土抗压强度、弹性模量的提高亦有作用。

聚合物混凝土，是有机聚合物与无机材料复合的新型材料，如浸渍混凝土，不仅将强度提高200%~400%，而且增进了混凝土的耐久性和耐腐蚀性。目前在桥梁工程上也有配制试用新材料混凝土的，采用改性混凝土可达到超高强度，优越性大，且经济效益显著。

(2) 预应力混凝土浇筑

混凝土浇筑前除按操作规程检查外，对先张构件还应检查台座受力、夹具、预应力筋数量、位置及张拉吨位是否符合要求等。

浇筑质量主要从两个方面来控制，一个是浇筑层的厚度与浇筑程序；另一个是良好的振捣，两个方面互相影响。当构件的高度(或厚度)较大时，为了保证混凝土能振捣密实，应采用分层浇筑法，并应在下层混凝土初凝之前将上层混凝土浇筑并振捣完毕。T形梁的浇筑顺序一般采用水平层浇筑，也可采用斜层浇筑。

混凝土浇筑不得任意中断，但由于技术上或组织上的原因必须间歇时，间歇时间应根据环境温度、水泥性能、水灰比、外加剂类型及混凝土硬化条件予以确定。无试验资料时，对不掺外加剂的混凝土，间歇时间不宜超过2h；当温度高达30℃左右时，应减少为1.5h；当温度低于10℃左右时，可延长至2.5h。

(3) 混凝土的振捣

混凝土浇筑与混凝土振捣要密切配合，分层浇筑，分层振捣。

在预制梁时，组织强力振捣是提高施工质量的关键。由于预制梁截面形状复杂，梁高、壁薄、钢筋密集，在浇筑梁下层或下马蹄处的混凝土时，可使用底模和侧模下排的振捣器联合振捣，并依照浇筑位置调整振捣部位。当浇筑到梁的上层或梁肋混凝土时，主要使用侧模振捣，辅以插入式振捣。待浇筑桥面混凝土时，可使用侧模上排振捣器、插入式振捣器和平板式振捣器联合振捣。

混凝土的振捣时间应严格控制。振捣时间过长，容易引起混凝土的离析现象；振捣时间过短，不能达到要求的密实度。一般以振捣至混凝土不再下沉、无显著气泡上升、混凝土表面出现浮浆、表面达到平整为适度。当用附着式振捣器时，因振捣效率差，一般约需120s。当用插入式振捣器时，效果较好，一般只要20～30s。当用平板式振捣器时，在每个位置上的振捣时间为25～40s。

（4）混凝土的养护及拆模

为保持混凝土硬化时所需的温度与湿度，混凝土浇筑后需进行养护。预应力混凝土梁一般采用蒸汽法养护。开始时恒温，温度应按设计规定执行，不得任意提高，以免造成不可补救的预应力损失。

拆模的施工质量好坏直接影响到预制梁的质量和模板的周转使用。不承重的侧模，在混凝土强度达到2.5MPa时可以拆除。侧模可用千斤顶协助脱模，为使模板单元安全脱模，常用旋转法拆模，其转动中心可设在侧模的下端或上端。承重的底面模板应在混凝土强度能承受自重和其他可能的外荷载时拆除。

拆模后，如发现有缺陷，应进行修补。应遵循以下3点。

① 对有面积小、数量不多的蜂窝或露石的混凝土，先用钢丝刷或加压水洗刷基层，然后用1：2～1：2.5的水泥砂浆抹平。

② 对有较大面积的蜂窝、露石和露筋的混凝土应按其全部深度凿去薄弱层，然后用钢丝刷或加压水冲刷，再用比原混凝土强度高一个等级的细骨料混凝土填塞，并仔细捣实。

③ 对影响结构性能的缺陷，应与设计单位研究处理。

5. 预应力筋的放松

当混凝土强度达到设计强度的70%～80%以后，可在台座上放松受拉预应力筋，对预制梁施加预应力。放松过早会造成较多的预应力损失（主要是收缩、徐变损失）；放松过迟，则影响台座和模板的周转。放松操作时速度不应过快，尽量使构件受力对称均匀。只有待预应力筋被放松后才能切割每个构件端部的钢筋。

放松预应力钢筋的方法有：用千斤顶先拉后松、沙箱放松、滑楔放松和螺杆放松等方法，用得较多的是千斤顶放松。

采用千斤顶放松，是在混凝土达到规定强度后安装千斤顶重新张拉钢筋，施加的应力不应超过原有的张拉控制应力，之后将固定在横隔梁定位板前的双螺帽慢慢旋动后，再将千斤顶回油，让钢筋慢慢放松，使构件均匀对称受力。当逐根放松预应力筋时，应严格按有利于梁受力的次序分阶段进行。通常自构件两侧对称地向中心放松，以免较后一根钢筋断裂时使梁承受大的水平弯曲冲击作用。

5.1.2 后张法预制梁板

1. 后张法预制梁板施工程序

(1) 按施工需要规划预制场地，整平压实，完善排水系统，确保场内不积水。

(2) 根据预制梁的尺寸、数量、工期，确定预制台座的数量、尺寸，台座用表面压光的梁(板)筑成，应坚固不沉陷，确保底模沉降不大于2mm，台座上铺钢板底模或用角钢镶边代作底模。当预制梁跨大于20m时，要按规定设置反拱。

(3) 根据需要及设备条件，选用塔吊或跨梁龙门吊作吊运工具，并铺设轨道。

(4) 统筹规划梁(板)拌和站及水、电管路的布设安装。

(5) 预制模板由钢板、型钢组焊而成，应有足够的强度、刚度和稳定性，尺寸规范、表面平整光洁、接缝紧密、不漏浆，试拼合格后方可投入使用。

(6) 在绑扎工作台上将钢筋绑扎焊接成钢筋骨架，把制孔管按坐标位置定位固定，如使用橡胶抽拔管要插入芯棒。

(7) 用龙门吊机将钢筋骨架吊装入模，绑扎隔板钢筋，埋设预埋件，在孔道两端及最低处设置压浆孔，在最高处设排气孔，安设锚垫板后，先安装端模，再安装涂有脱模剂的钢侧模，统一紧固调整和必要的支撑后交验。

(8) 将质量合格的梁(板)用专用设备运输，卸入吊斗，由龙门吊从梁的一端向另一端，水平分层，先下部捣实后再腹板、翼板，浇筑至接近另一端时改从另一端向相反方向顺序下料，在距梁端3~4m处浇筑合龙，一次整体浇筑成型。当梁高跨长，或混凝土拌制跟不上浇筑进度时，可采用斜层浇筑，或纵向分段，水平分层浇筑。

(9) 梁(板)的振捣以紧固安装在侧模上的附着式为主，插入式振捣器为辅。振捣时要掌握好振动的持续时间、间隔时间和钢筋密集区的振捣，力求使梁(板)达到最佳密实度而又不损伤制孔管道。

(10) 梁(板)混凝土浇筑完成后要将表面抹平、拉毛，收浆后适时覆盖，洒水湿养不少于7d，蒸汽养护恒温不宜超过80℃，也可采用喷洒养护剂。

(11) 使用龙门吊拆除模板，拆下的模板要顺序摆放，清除灰浆，以备再用。

(12) 构件脱模后，要标明型号、预制日期及使用方向。

(13) 将力学性能和表面质量符合设计要求的预应力钢丝或钢绞线按计算长度下料，梳理顺直，编扎成束，用人工或卷扬机或其他牵引设备穿入孔道。

(14) 当构件梁(板)达到规定强度时，安装千斤顶等张拉设备，准备张拉。

(15) 张拉使用的张拉机及油泵、锚、夹具必须符合设计要求，并配套使用，定期校验，以准确标定张拉力与压力表读数间的关系曲线。

(16) 按设计要求在两端同时对称张拉，张拉时千斤顶的作用线必须与预应力轴线重合，两端各项张拉操作必须一致。

(17) 预应力张拉采用应力控制，同时以伸长值作为校核。实际伸长值与理论伸长值之差应满足规范要求，否则要查明原因采取补救措施。

(18) 张拉过程中的断丝、滑丝数量不得超过设计规定，否则要更换钢筋或采取补救措施。

(19) 预应力筋锚固要在张拉控制应力处于稳定状态时进行，其钢筋内缩量不得超过设计规定。

(20) 预应力筋张拉后，将孔道中冲洗干净，吹除积水，尽早压注水泥浆。

2. 后张法张拉时的施工要点

(1) 对受力筋施加预应力之前，应对构件进行检验，外观尺寸应符合质量标准要求。张拉时，构件混凝土强度应符合设计要求；设计无要求时，不应低于设计强度等级值的75%。当块体拼装构件的竖缝采用砂浆接缝时，砂浆强度不低于15MPa。

(2) 对预留孔道应用通孔器或压气、压水等方法进行检查。端部预埋铁板与锚具和垫板接触处的焊渣、毛刺、混凝土残渣等应清除干净。当采用先穿束的方法时用压气、压水较好。

(3) 钢筋穿束前，螺丝端杆的丝扣部分应用水泥袋纸等包缠2~3层，并用细钢丝扎牢；在钢丝束、钢绞线束、钢筋束等穿束前，将一端找齐平，顺序编号。对于短束，用人工从一端向另一端穿束；对于较长束，应套上穿束器，由引线及牵引设备从另一端拉出。

(4) 对于夹片式锚具，上好的夹片应齐平，并在张拉前用钢管捣实。

(5) 预应力筋的张拉顺序应符合设计要求，当设计未规定时，可采取分批、分段对称张拉。

(6) 应使用能张拉多根钢绞线或钢丝的千斤顶同时对每一钢束中的全部力筋施加应力，但对于扁平管道中不多于4根的钢绞线除外。

(7) 预应力筋张拉端的设置应符合设计要求，当设计无具体要求时，应符合以下规定：对于曲线预应力筋或长度大于等于25m的直线预应力筋，宜在两端张拉；对长度小于25m的直线预应力筋，可在一端张拉；曲线配筋的精轧螺纹钢筋应在两端张拉，直线配筋的精轧螺纹钢筋可在一端张拉。

(8) 后张预应力筋断丝及滑丝不得超过有关规定的控制数。

(9) 预应力筋在张拉控制应力达到稳定后方可锚固。预应力筋锚固后的外露长度不宜小于300mm，锚具应用封端混凝土保护，当需长期外露时，应采取防止锈蚀的措施。一般情况下，锚固完毕并经检验合格后即可切割端头多余的预应力筋，严禁用电弧焊切割，强调用砂轮机切割。

(10) 张拉切割后即封堵。用素灰将锚头封住，然后用塑料布将其裹住进行养护，以防止裂缝而使锚头漏浆、漏气，影响压浆质量。

3. 后张法预制梁板施工中易出现的问题及防治措施

(1) 预应力损失过大

预应力损失过大是指预应力施加完毕后预应力筋松弛，应力值达不到设计值的现象。

① 原因分析

a. 锚具滑丝或钢绞线(钢丝束)内有断丝。

b. 钢绞线(钢丝)的松弛率超限。

c. 量测表具数值有误，实际张拉值偏小。

d. 锚具下混凝土局部破坏变形过大。

e. 钢索与孔道间摩阻力过大。

② 防治措施

a. 检查预应力筋的实际松弛率，张拉钢索时应采取张拉力和引伸量双控制。事先校正测力系统，包括表具。

b. 锚具滑丝失效，应予更换。

c. 钢绞线(钢丝束)断丝率超限，应将其锚具、预应力筋更换。

d. 锚具下混凝土破坏，应将预应力释放后，用环氧混凝土或高强度混凝土补强后重新张拉。

e. 改进钢束孔道施工工艺，使孔道线形符合设计要求，必要时可使用减摩剂。

(2) 锚头下锚板处混凝土变形开裂

① 原因分析

a. 通常锚板附近钢筋很密，浇筑时振捣不密实，以致该处混凝土强度低。

b. 锚垫板下的钢筋布置不够、受压区面积不够、锚板或锚垫板设计厚度不够。

② 预防措施

a. 锚板、锚垫板必须有足够厚度以保证其刚度。锚垫板下应布置足够的钢筋，以使钢筋混凝土足以承受因张拉预应力而产生的压应力和主拉应力。

b. 浇筑混凝土时应特别注意锚头区的混凝土质量，因在该处往往钢筋密集，混凝土的粗骨料不易进入而只有砂浆，会严重影响混凝土的强度。

③ 治理方法

将锚具取下，凿除锚下损坏部分，然后加筋用高强度混凝土修补，将锚下垫板加大加厚，使承压面扩大。

5.1.3 预制梁架设

1. 联合架桥机法

以联合架桥机并配备若干滑车、千斤顶、绞车等辅助设备架设安装的预制梁。适用于多孔 30m 以下孔径的装配式桥梁。

(1) 联合架桥机的组成

联合架桥机主要由龙门架、导梁和蝴蝶架组成。龙门架用工字形钢梁架设，在架上安放 2 台吊车，架的接头处和上、下缘用钢板加固，主柱为拐脚式，横梁的高程由 2 根预制梁的叠高加上平板车的高度和起吊设备的高度决定。它是用来起落预制件和导梁，并对预制构件进行墩上横移和就位。蝴蝶架是专供托运龙门吊机在轨道上移走的支架，其形如蝴蝶，用角钢拼成，上设有供升降用的千斤顶。它是用以拖动龙门架转移位置的专用工具，托架是在桥头地面上拼装、竖直，用千斤顶顶起放在托架平车上，移至导梁上放置。导梁用钢桁梁拼成，以横向框架连接，其上铺钢轨供运梁行走。

(2) 施工作业

架梁时，先铺设导梁和轨道，用绞车将导梁拖移就位后，把蝴蝶架用平板小车推上轨道，将龙门吊机托运至墩上，用千斤顶将吊机降落在墩顶，并用螺栓固定在墩的支承垫块上，然后用平车将梁运到两墩之间，由吊机起吊、横移、下落就位。待全跨梁就位后，向前铺设轨道，用蝴蝶架把吊机移至下一跨架梁。

(3) 施工优点

其优点是可完全不设桥下支架，不受洪水威胁，架设过程中不影响桥下通车、通航。预制梁的纵移、起吊、横移、就位都比较便利，缺点是架设设备用钢材较多(可周转使用)，较适用于多孔30m以下孔径的装配式桥。

2. 双导梁穿行式架设法

双导梁穿行式架设法是在架设跨间设置2组导梁。导梁是用贝雷梁或万能构件组装的钢桁架，其梁长大于2倍桥梁跨径，前方为引导部分，由前端钢支架与前方墩上的预埋螺栓连接，中段是承重部分，后段为平衡部分。导梁顶面铺设小平车轨道，预制梁由平车在导梁上运至桥孔，由设在两根横梁上的卷扬机吊起下落在两个桥墩上，之后在滑道垫板上进行横移就位。先安装2个边梁，再安装中间各梁。全跨安装完毕、横向焊接后，将导梁向前推，安装下一跨。双导梁穿行式架桥机的构造，如图5.2所示。

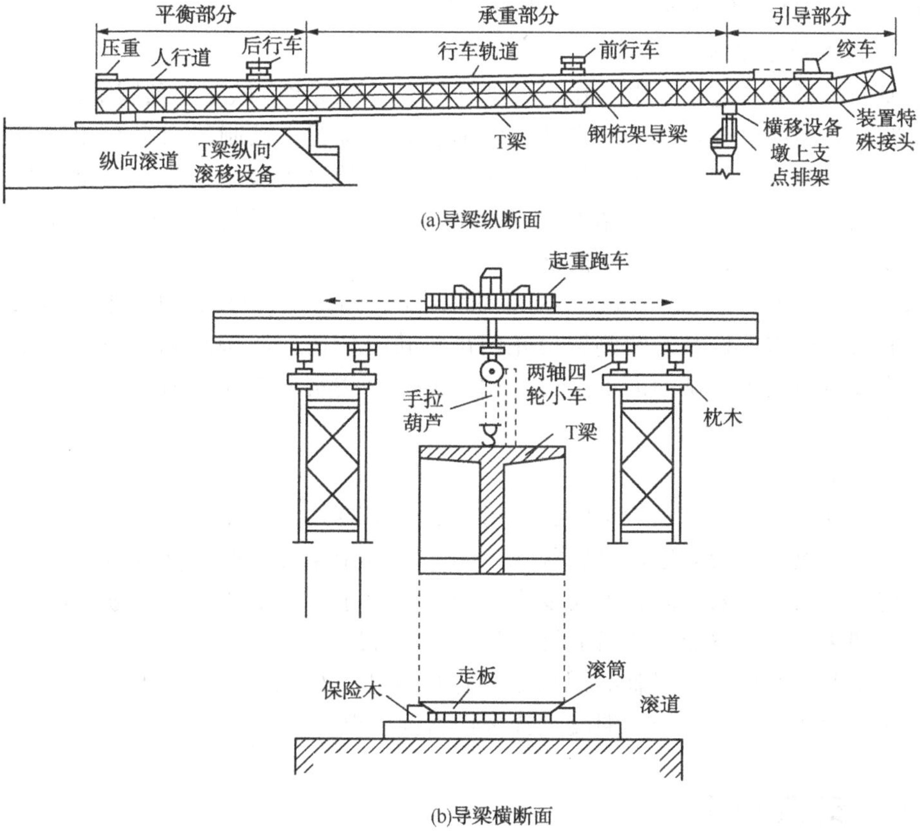

图5.2　双导梁穿行式架桥机示意图

3. 扒杆架设法

扒杆架设法又称吊鱼架设法，是利用人字扒杆架设桥梁上部结构构件，而不需要特殊的脚手架或木排架。

人字扒杆又有一副扒杆和两副扒杆架设两种。两副扒杆架设中，一副是吊鱼滑车组，用以牵引预制梁悬空拖曳；另一副是牵引前进，梁的尾端设有制动绞车，起溜绳配合作用，后扒杆的主要作用是预制梁吊装就位时，配合前扒杆吊起梁端，抽出木垛，便于落梁就位。一副扒杆架设中，基本方法与两副扒杆架设相同，不同之处是采用千斤顶顶起预制梁，抽出木垛，落梁就位。

用此法架梁时，必须以预制梁的质量和墩台间跨径为基础，在竖立扒杆、放倒扒杆、转移扒杆或吊梁进行横移等各个阶段，对扒杆、牵引绳、控制绳等零件进行受力分析和应力计算，以确保设备安全。本法不受架设孔墩台高度和桥孔下地基、河流水文等条件影响，适用于起吊高度不大和水平移动范围较小的中、小跨径的桥梁。

4. 自行式吊车架梁

在桥不高、场内又可设置行车便道的情况下，用自行式吊车（汽车吊车或履带吊车）架设中、小跨径的桥梁十分方便。此法视吊装质量不同，还可采用单吊（1台吊车）或双吊（2台吊车）两种形式。其特点是机动性好、不需要动力设备、不需要准备作业、架梁速度快。一般吊装能力为150~1000kN，适合于陆地架设。

5. 跨墩门式吊车架梁

跨墩龙门吊机安装适用于岸上和浅水滩以及不通航浅水区域安装预制梁。

两台跨墩龙门吊机分别设于待安装孔的前、后墩位置，预制梁由平车顺桥向运至安装孔的一侧，移动跨墩龙门吊机上的吊梁平车，对准梁的吊点放下吊架，将梁吊起。当梁底超过桥墩顶面后，停止提升，用卷扬机牵引吊梁平车慢慢横移，使梁对准桥墩上的支座，然后落梁就位，接着准备架设下一根梁。

在水深不超过5m、水流平缓、不通航的中小河流上的小桥孔，也可采用跨墩龙门吊机架梁。这时必须在水上桥墩的两侧架设龙门吊机轨道便桥，便桥基础可用木桩或钢筋混凝土桩。在水浅流缓而无冲刷的河上，也可用木笼或草袋筑岛来做便桥的基础。便桥的梁可用贝雷组拼。

6. 浮吊架设法

在海上和深水大河上修建桥梁时，用可回转的伸臂式浮吊架梁比较方便，也可用钢制万能杆件或贝雷钢架拼装固定的悬臂浮吊进行。这种架梁方法高空作业较少，施工比较安全，吊装能力也大，工效也高，但需要大型浮吊。鉴于浮吊船来回运梁航行时间长，要增加费用，一般采取用装梁船存梁后成批一起架设的方法。

浮吊架梁时需在岸边设置临时码头来移运预制梁。架梁时，浮吊要认真锚固。如流速不大时，则可用预先抛入河中的混凝土锚来作为锚固点。

5.2 支架施工

5.2.1 支架、拱架、模板工程

1. 支架、拱架、模板的类型

(1) 支架

支架按其构造分为立柱式、梁式和梁柱式；按材料可分为木支架、钢支架、钢木混合支架和万能杆件拼装的支架等。下面简要介绍立柱式支架、梁式支架和梁柱式支架。

① 立柱式支架。构造简单，可用于陆地或不通航河道以及桥墩不高的小跨径桥梁的施工。

② 梁式支架。根据跨径不同，梁可采用工字钢、钢板梁或钢桁梁。

③ 梁柱式支架。当桥梁较高、跨径较大或必须在支架下设孔通航或排洪时可用梁柱式支架。

（2）拱架

拱架按结构分为支柱式、撑架式、扇形、桁式、组合式等；按材料分为木拱架、钢拱架、竹拱架和土牛拱胎。

（3）模板

施工所用模板，有组合钢模板、木模板、木胶合板模板、竹胶合板模板、硬铝模板、塑料模板、各类纤维材料板。施工时应根据结构物的外观要求选用。

2. 模板、支架和拱架的制作及安装

（1）钢模板制作

① 钢模板宜采用标准化的组合模板。组合钢模板的拼装应符合现行国家标准《组合钢模板技术规范》(GB/T 50214—2013)，各种螺栓连接件应符合国家现行有关标准。

② 钢模板及其配件应按批准的加工图加工，成品经检验确认合格后方可使用。

（2）木模板制作

① 木模可在工厂或施工现场制作，木模与混凝土接触的表面应平整、光滑，多次重复使用的木模应在内侧加钉薄铁皮。木模的接缝可做成平缝、搭接缝或企口缝。当采用平缝时，应采取措施防止漏浆。木模的转角处应加嵌条或做成斜角。

② 重复使用的模板应始终保持其表面平整、形状准确；不漏浆，有足够的强度和刚度。

（3）模板安装的技术要求

混凝土的模板板面应采用下列材料之一：金属板、木制板及高分子合成材料面板、硬塑料或玻璃钢板等。外露面的模板板面宜采用钢模板、胶合板，为减少模板的拼缝，对于大面积的混凝土，其每块模板的面积宜大于1.0m^2。梁及墩台帽的突出部分，应做成倒角或削边以便脱模。在结构物的某些部位设置凸条或凹槽的装饰线。在模板内的金属连接件或锚固件，应按图纸规定及监理工程师的要求将其拆卸或截断，且不损伤混凝土。模板内应无污物、砂浆及其他杂物。以后要拆除的模板，应在使用前彻底涂以脱模剂或其他相当的代用品，应使能易于脱模，并使混凝土不变色。

模板安装的技术要求如下：

① 模板与钢筋安装工作应配合进行，妨碍绑扎钢筋的模板应待钢筋安装完毕后安设。模板不应与脚手架连接(模板与脚手架整体设计时除外)，避免引起模板变形。

② 安装侧模板时，应防止模板移位和凸出。基础侧模可在模板外设立支撑固定，墩、台、梁的侧模可设拉杆固定。浇筑在混凝土中的拉杆，应按拉杆拔出或不拔出的不同要求，采取相应的措施。对小型结构物，可使用金属线代替拉杆。

③ 模板安装完毕后，应对其平面位置、顶部标高、节点联系及纵、横向稳定性进行检查，签认后方可浇筑混凝土。浇筑时，发现模板有超过允许偏差变形值的可能时，应及时纠正。

④ 模板在安装过程中，必须设置防倾覆设施。

⑤ 当结构自重和汽车荷载(不计冲击力)产生的向下挠度超过跨径的1/1600时，钢筋混凝土梁、板的底模板应设预拱度，预拱度值应等于结构自重和1/2汽车荷载(不计冲击力)所产生的挠度。纵向预拱度可做成抛物线或圆曲线。

⑥ 后张法预应力梁、板，应注意预应力、自重和汽车荷载等综合作用下所产生的上拱或下挠，应设置适当的预挠或预拱。

⑦ 当所有与模板有关的工作做完，待浇混凝土构件中所有预埋件亦安装完毕，才能浇筑混凝土，这些工作应包括清除模板中所有污物、碎屑物、木屑、水及其他杂物。

(4) 支架、拱架制作安装

支架、拱架制作安装一般要求：

① 支架和拱架宜采用标准化、系列化、通用化的构件拼装。无论使用何种材料的支架和拱架，均应进行施工图设计并验算其强度和稳定性。

② 制作木支架、木拱架时，长杆件接头应尽量减少，两相邻立柱的连接接头应尽量分设在不同的水平面上。主要压力杆的纵向连接，应使用对接法，并用木夹板或铁夹板夹紧；次要构件的连接可用搭接法。

③ 安装拱架前，对拱架立柱和拱架支承面应详细检查，准确调整拱架支承面和顶部标高，并复测跨度，确认无误后方可进行安装。各片拱架在同一节点处的标高应尽量一致，以便于拼装平联杆件。在风力较大的地区，应设置风缆。

④ 支架和拱架应稳定、坚固，应能抵抗施工过程中有可能发生的偶然冲撞和振动。安装时应注意以下几点：

a. 支架立柱必须安装在有足够承载力的地基上，立柱底端应设垫木来分布和传递压力，并保证浇筑混凝土后不发生超过允许的沉降量。

b. 施工用的脚手架和便桥，不应与结构物的模板支架相连接，以避免施工振动时影响浇筑混凝土质量。

c. 船只或汽车通行孔的两边支架应加设护桩，夜间应用灯光标明行驶方向。施工中易受漂流物冲撞的河中支架应设坚固的防护设备。

⑤ 支架或拱架安装完毕后，应对其平面位置、顶部标高、节点连接及纵、横向稳定性进行全面检查，符合要求后，方可进行下一工序。

⑥ 在浇筑混凝土及砌筑拱圈过程中，承包人应随时测量和记录支架和拱架的变形及沉降量。

⑦ 现浇混凝土的梁(板)结构，在支架架设后，应按图纸要求对支架进行预压，加在支架上的预压荷载应不小于梁(板)自重。

(5) 中小跨径的空心板制作

中小跨径的空心板制作时所使用的芯模应符合下列要求：

① 充气胶囊在使用前应经过检查，不得漏气，安装时应有专人检查钢丝头，钢丝头应弯向内侧，胶囊涂刷隔离剂。每次使用后，应妥善存放，防止污染、破损及老化。

② 从开始浇筑混凝土到胶囊放气时止，其充气压力应保持稳定。

③ 浇筑混凝土时，为防止胶囊上浮和偏位，应采取有效措施加以固定，并应对称平衡

地进行浇筑。

④ 胶囊的放气时间应经试验确定，以混凝土强度达到能保持构件不变形为宜。

⑤ 木芯模使用时应防止漏浆和采取措施便于脱模。要控制好拆芯模时间，过早易造成混凝土塌落，过晚拆模困难。应根据施工条件通过试验确定拆除时间。

⑥ 钢管芯模应由表面匀直、光滑的无缝钢管制作，混凝土终凝后即可将芯模轻轻转动，然后边转动边拔出。

⑦ 充气胶囊芯模在工厂制作时，应规定充气变形值，保证制作误差不大于设计规定的误差要求。在设计无规定时，应满足《公路桥涵施工技术规范》(JTG/T 3650—2020)对板梁构造尺寸的要求。

3. 模板、支架和拱架的拆除

承包人应在拟定拆模时间的12h以前报告拆模建议，并应取得同意。如果由于拆模不当而引起混凝土损坏，卸落拱架时应用仪器观测拱圈挠度和墩台变位情况，并做好记录。

(1) 拆除期限的原则规定

① 模板、支架和拱架的拆除期限应根据结构物特点、模板部位和混凝土所达到的强度来决定。

a. 非承重侧模板应在混凝土强度能保证其表面及棱角不致因拆模而受损坏时方可拆除，一般应在混凝土抗压强度达到2.5MPa时方可拆除侧模板。

b. 芯模和预留孔道内模，应在混凝土强度能保证其表面不发生塌陷和裂缝现象时方可拔除，拔除时间可按《公路桥涵施工技术规范》(JTG/T 3650—2020)的有关规定确定。

c. 钢筋混凝土结构的承重模板、支架和拱架，应在混凝土强度能承受其自重力及其他可能的叠加荷载时方可拆除，当构件跨度不大于4m时，在混凝土强度符合设计强度标准值的50%的要求后方可拆除；当构件跨度大于4m时，在混凝土强度符合设计强度标准值的75%的要求后方可拆除。

如设计上对拆除承重模板、支架、拱架另有规定，应按照设计规定执行。

② 石拱桥的拱架卸落时间应符合下列要求。

a. 浆砌石拱桥，须待砂浆强度达到设计要求，或如设计无要求，则须达到砂浆强度的70%。

b. 跨径小于10m的小拱桥，宜在拱上建筑全部完成后卸架；中等跨径的实腹式拱，宜在护拱砌完后卸架；大跨径空腹式拱，宜在拱上小拱横墙砌好(未砌小拱圈)时卸架。

c. 当需要进行裸拱卸架时，应对裸拱进行截面强度及稳定性验算，并采取必要的稳定措施。

(2) 拆除时的技术要求

① 模板拆除应按设计的顺序进行，设计无规定时应遵循先支后拆、后支先拆的顺序，拆时严禁抛扔。

② 为便于支架和拱架的拆卸，应根据结构形式、承受的荷载大小及需要的卸落量，在支架和拱架适当部位设置相应的木楔、木马、砂筒或千斤顶等落模设备。

③ 卸落支架和拱架应按拟定的卸落程序进行，分几个循环卸完，卸落量开始宜小，以后逐渐增大。在纵向应对称均衡卸落，在横向应同时一起卸落。在拟定卸落程序时应注意

以下几点：

a. 在卸落前应在卸架设备上画好每次卸落量的标记。

b. 满布式拱架卸落时，可从拱顶向拱脚依次循环卸落；拱式拱架可在两支座处同时均匀卸落。

c. 简支梁、连续梁宜从跨中向支座依次循环卸落；悬臂梁应先卸挂梁及悬臂的支架，再卸无铰跨内的支架。

d. 多孔拱桥卸架时，若桥墩允许承受单孔施工荷载可单孔卸落，否则应多孔同时卸落，或各连续孔分阶段卸落。

e. 卸落拱架时，应设专人用仪器观测拱圈挠度和墩台变化情况并详细记录，另设专人观察是否有裂缝现象。

④ 墩、台模板宜在其上部结构施工前拆除。拆除模板，卸落支架和拱架时不允许猛烈地敲打和强扭。

⑤ 模板、支架和拱架拆除后，应维修整理，分类妥善存放。

5.2.2 桥梁上部结构支架施工工序

1. 地基处理

地基处理应根据箱梁的断面尺寸及支架的形式对地基的要求而决定，支架的跨径大，对地基的要求就高，地基的处理形式就得加强，反之就可相对减弱。地基处理时要做好地基的排水，防止雨水或混凝土浇筑和养护过程中滴水对地基的影响。

2. 支架

（1）支架的布置根据梁截面大小并通过计算确定以确保强度、刚度、稳定性满足要求，计算时除考虑梁体混凝土质量外，还需考虑模板及支架质量、施工荷载(人、料、机等)、作用模板与支架上的风力、及其他可能产生的荷载(如雪荷载，保证设施荷载)等。

（2）支架应根据技术规范的要求进行预压，以收集支架、地基的变形数据。作为设置预拱度的依据，预拱度设置时要考虑张拉上拱的影响。预拱度一般按两次抛物线设置。

（3）支架的卸落设备可根据支架形式选择使用木楔、砂筒、千斤顶、U 形顶托等，卸落设备尤其要注意有足够的强度。

3. 模板

模板由底模、侧模及内模 3 个部分组成，一般预先分别制作成组件，在使用时再进行拼装。模板以钢模板为主，在齿板、堵头或棱角处采用木模板。模板的楞木采用方钢、槽钢或方木组成，布置间距以 75cm 左右为宜，具体的布置需要根据箱梁截面尺寸确定，并通过计算对模板的强度、刚度进行验算。

4. 普通钢筋、预应力筋的布设。

（1）在安装并调好底模及侧模后，开始底、腹板普遍钢筋绑扎及预应力管道的预设。混凝土一次浇筑时，在底、腹板钢筋及预应力管道完成后，安装内模，再绑扎顶板钢筋及预应力管道。混凝土二次浇筑时，底、腹板钢筋及预应力管道完成后，浇筑第一次混凝土，混凝土终凝后，再支内模顶板，绑扎顶板钢筋及预应力管道，进行混凝土的第二次浇筑。

（2）普通钢筋及预应力筋按规范的要求做好各种试验，严格按设计图纸的要求布设，对于腹板钢筋一般根据其起吊能力，预先焊成钢筋骨架，吊装后再绑扎或焊接成型，钢筋绑扎、焊接要符合技术规范要求。

（3）预应力管道采用镀锌钢带制作，预应力管道的位置按设计要求准确布设，并采用每隔50cm一道的定位筋进行固定，接头要平顺，外用胶布缠牢，在管道的高点设置排气孔。

（4）锚垫板安装前，要检查锚垫板的几何尺寸是否符合设计要求，锚垫板要牢固地安装在模板上。要使垫板与孔道严格对中，并与孔道端部垂直，不得错位。

（5）预应力筋的下料长度要通过计算确定，计算应考虑孔道曲线长、锚夹具长度、千斤顶长度及外露工作长度等因素。

（6）预应力筋穿束前要对清理孔道。

5. 混凝土的浇筑

浇筑施工前，应做混凝土的配合比设计及各种材料试验，并根据实际情况进行综合比较确定箱梁混凝土采用一次、两次或三次浇筑。以下两点施工中应给予重视。

（1）混凝土浇筑时要安排好浇筑顺序，其浇筑速度要确保下层混凝土初凝前覆盖上层混凝土。

（2）混凝土的振捣采用插入式振捣器进行，振捣器的移动间距不超过其作用半径的1.5倍，并插入下层混凝土5~10cm。对于每一个振捣部位，必须振捣到该部位混凝土密实为止，但也不得超振。

6. 预应力的张拉

（1）在进行张拉作业前，必须对千斤顶、油泵进行配套标定，并每隔一段时间进行一次校验。有几套张拉设备时要进行编组，不同组号的设备不得混淆。

（2）当梁体混凝土强度达到设计规定的张拉强度时方可进行张拉。

（3）预应力的张拉采用双控，即以张拉力控制为主，以钢束的实际伸长量进行校核，实测伸长值与理论伸长值的误差不得超过规范要求，否则应停止张拉。

后张法预应力筋张拉时的理论伸长值ΔL_0见式(5.1)：

$$\Delta L_0=\frac{PL}{A_y E_g} \tag{5.1}$$

式中 P——预应力筋的平均张拉力；

L——预应力筋的长度；

A_y——预应力筋的截面面积；

E_g——预应力筋的弹性模量。

由于预应力筋张拉时，应先调整到初应力，再开始张拉和量测伸长值，实际伸长值ΔL由两部分组成，见式(5.2)：

$$\Delta L=\Delta L_1+\Delta L_2 \tag{5.2}$$

式中 ΔL——实际伸长值；

ΔL_1——初应力至张拉控制应力的实测伸长量；

ΔL_2——初应力时推算的伸长值。

(4) 张拉的程序按技术规范的要求进行。

(5) 张拉过程中的断丝、滑丝不得超过规范或设计的规定。

7. 压浆、封锚

(1) 张拉完成后要尽快进行孔道压浆和封锚，压浆所用灰浆的强度、稠度、水灰比、泌水率、膨胀剂剂量按施工技术规范及试验标准的要求控制。

(2) 每个孔道压浆到最大压力后，应有一定的稳定时间。压浆应使孔道另一端饱满和出浆，并使排气孔排出与规定稠度相同的水泥浓浆为止。

(3) 压浆完成后应将锚具周围冲洗干净并凿毛，设置钢筋网，浇筑封锚混凝土。

5.3 悬臂施工

5.3.1 悬臂拼装施工法

1. 悬臂拼装施工

悬臂拼装施工包括块件的预制、运输、拼装及合龙，与悬浇施工具有相同的优点，不同之处在于悬拼以吊机将预制好的梁段逐段拼装。此外，悬拼具备以下优点：

① 梁体的预制可与桥梁下部构造施工同时进行，平行作业缩短了建桥周期；

② 预制梁的混凝土龄期比悬浇法的长，从而减少了悬拼成梁后混凝土的收缩和徐变；

③ 预制场或工厂化的梁段预制生产利于整体施工的质量控制。

梁段预制方法分长线法及短线法。

① 长线法，组成梁体的所有梁段均在固定台座上的活动模板内浇筑且相邻段的拼合面应相互贴合浇筑，缝面浇筑前涂抹隔离剂以利脱模。优点是由于台座固定可靠，成桥后梁体线性较好；缺点是占地较大，地基要求坚实，混凝土的浇筑和养护移动分散。

② 短线法，梁段在固定台座能纵移的模内浇筑。待浇梁段一端设固定模架，另一端为已浇梁段(配筑梁段)，浇筑达到强度后运出原配筑梁段，如此周而复始，台座仅需 3 个梁段长。优点是场地较小，浇筑模板及设备基本不需要移机，可调的底、侧模便于平竖曲线梁段的预制；缺点是精度要求高，施工要求严，施工周期相对较长。

2. 梁段的拼接施工

(1) 0 号块梁段

为了确保连续梁分段悬拼施工的平衡和稳定，常将 T 构支座临时固结，必要时在墩两侧加设临时支架以满足悬拼的施工需要。

(2) 1 号块梁段

1 号块梁段是紧邻 0 号块梁段两侧的第一箱梁节段，也是悬拼 T 构桥的基准梁段，是全跨安装质量的关键，一般采用湿接缝连接。湿接缝拼装梁段施工程序包括：吊机就位→提升、起吊 1 号块梁段→安设铁皮管→中线测量→丈量湿接缝的宽度→调整铁皮管→高程测量→检查中线→固定 1 号块梁段→安装湿接缝的模板→浇筑湿接缝混凝土→湿接缝养护、拆模→张拉预应力筋→下一梁段拼装。

(3) 其他梁段拼装

采用胶接缝拼装，拼装施工程序包括：吊机就位→起吊梁段→初步定位试拼→检查并处理管道接头→移开梁段→穿临时预应力筋入孔→接缝面上涂胶接材料→正式定位、贴紧梁段→张拉临时预应力筋→放松起吊索→穿永久预应力筋→张拉预应力筋后移挂篮→下一梁段拼装。

3. 预制梁块悬臂拼装

(1) 梁段的存放场地应平整，承载力应满足要求，支垫位置应与吊点一致。

(2) 预制梁块的测量要求：

① 箱梁基准块出坑前必须对所有梁块进行测量，详细记录，并根据其在桥上的设计位置进行校正；

② 箱梁标高控制点和挠度观测点，在箱梁顶面埋置4~6个；

③ 在预制梁段上标出梁号、中轴线、横轴线。

(3) 预制块件的悬臂拼装可依据设备和现场条件选用。若方便在陆地上或在便桥上施工时，可采用自行式吊车、门式吊车进行拼装；对于水中桥跨，可采用水上浮吊进行安装；对于高墩身的桥跨，可利用各种吊机进行高空悬拼施工。

(4) 桥墩顶梁段及桥墩顶附近梁段施工时，可采用托架或膺架为支架就地浇筑混凝土。托架或膺架应经过设计，计算其弹性及非弹性变形。

(5) 应保证拼装的第一个梁块(基准块)的预制精度，安装时应对纵、横轴线、高程进行精确定位测量，为以后的拼装创造条件。

(6) 采用悬臂拼装法修建预应力悬臂梁桥时，应先将梁、墩临时锚固或在墩顶两侧设立临时支承，待全部块件安装完毕后再撤除临时锚固或支承。

(7) 采用悬臂吊机、缆索、浮吊悬拼安装时，应按施工荷载进行强度、刚度、稳定性验算，使安全系数大于2.0。施工中还应注意：

① 块件起吊安装前，应对起吊设备进行全面的安全技术检查，并按照设计荷载的60%、100%和130%分别进行起吊试验。

② 吊机的最大承重能力应符合设计要求，应注意吊机的定位和锚固，经检查符合要求后再进行起吊拼装。

③ 移动吊机前应将纵向主桁架上所有活动部件尽量移动到主桁架后端，然后方可松卸，锚固螺栓。

④ 桥墩两侧块件宜对称起吊，以保证桥墩两侧平衡受力。

⑤ 移动吊机时应沿箱梁纵轴线对称地向两端推进。

⑥ 墩侧相邻的1号块件提升到设计标高初步定位后，应立即测量、调整1号块件的纵轴线，使之与梁顶块件纵轴线的延伸线重合，并使其横轴线与梁顶块件的横轴线平行且间距符合设计要求。应检查梁顶块件与1号块件间孔道的接头情况，调整并制作接缝间孔道接头后方可将1号块件牢靠固定，其他各个块件连接时均应按本条规定测量调整其位置。

⑦ 应在施工前绘制主梁安装挠度变化曲线，悬臂拼装过程中应随时观测桥轴线安装挠度曲线的变化情况，并与设计值进行对比，遇有较大偏差时应及时处理以便控制块件的安装高程。

⑧ 吊机就位后须将支点垫稳，固定后锚螺栓，平车移动到起吊位置，进行下一块件的拼装。

（8）对于非0号、1号块件的拼装，一般应在接缝上设置定位榫齿或钢定位器。

（9）采用胶接缝拼装的块件，涂胶前应就位试拼。胶黏剂一般采用环氧树脂，使用前应经过试验，符合设计要求方可使用。

（10）湿接缝块件应待混凝土强度达到设计强度等级的70%以上时(设计文件如有要求，则按设计文件要求处理，但不能低于设计强度等级的70%)，才能张拉预应力束。

（11）体系转换应按设计顺序进行。

5.3.2 悬臂浇筑施工法

适用于大跨径的预应力混凝土悬臂梁桥、连续梁桥、T形刚构桥、连续刚构桥，其特点是无须建立落地支架，无须大型起重与运输机具，主要设备是一对能行走的挂篮。

1. 施工准备

（1）挂篮设计及加工

挂篮是悬浇箱梁的主要设备，是沿着轨道行走的活动脚手架及模板支架。国内外现有的挂篮，按结构形式可分为桁架式、三角斜拉带式、预应力束斜拉式、斜拉自锚式；按行走方式可分为滑移式和滚动式；按平衡方式可分为压重式和自锚式。对某一具体工程，应根据梁段分段情况，根据对挂篮的质量、要求承受荷载及施工经验对挂篮进行认真详细的设计。除必须满足强度、刚度、稳定性要求外，还要使其行走、锚固方便可靠，质量不大于设计规定。挂篮由主桁架、锚固、平衡系统及吊杆、纵横梁等部分组成，由工厂或现场根据挂篮设计图纸精心加工而成。挂篮试拼后，必须进行荷载试验。

（2）0号、1号块的施工

挂篮是利用已浇筑的箱梁段作为支撑点，通过桁架等主梁系统、底模系统，人为创造一个工作平台。对于0号、1号块挂篮没有支撑点或支撑长度不够，需采用其他方式浇筑。一般采用扇形托架浇筑。扇形托架可用万能杆件、贝雷片或其他装配式杆件组成，托架可支撑在桥墩基础承台上或墩身上。托架除须满足承重强度要求外，还须具有一定的刚度，各连续点应连接紧密，螺栓旋紧，以减少变形，防止梁段下沉和裂缝。

（3）临时固结

对于连续箱梁，梁与墩未固结在一起，施工时两侧悬浇施工难以保持绝对平衡，必须在施工中采取临时固结措施，使梁具有抗弯能力。临时固结一般采用在支座两侧临时增加预应力筋，梁和墩顶之间浇筑临时混凝土垫块。将梁固结在桥墩上，使梁具有一定的抗弯能力。在条件成熟时，再采用静态破碎方法解除固结。

2. 悬臂浇筑施工工艺流程

悬臂浇筑施工工艺流程如图5.3所示。

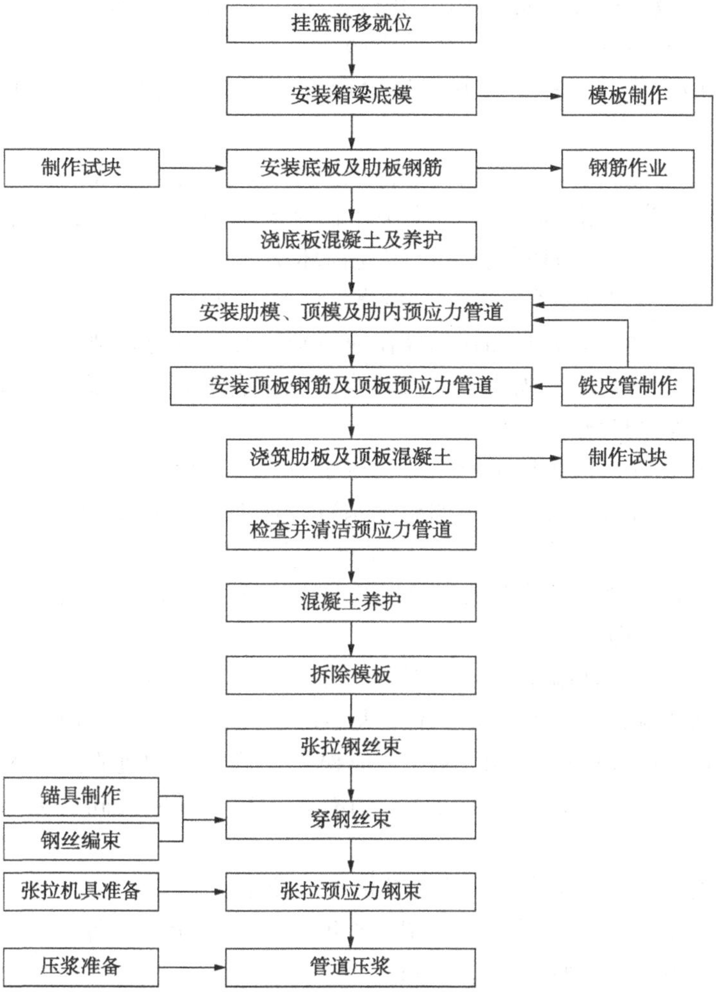

图 5.3　悬臂浇筑施工工艺流程图

3. 悬臂浇筑施工注意要点

(1) 主梁各部分的长度应充分考虑主梁的形式、跨径、墩宽、挂篮的形式以及施工周期。0 号块梁段长度一般为 5~20m，悬浇分段长度一般为 3~5m。

(2) 桥墩顶梁段及桥墩顶附近梁段施工时，可以托架或膺架为支架就地浇筑混凝土。托架或膺架应经过设计，计算弹性及非弹性变形。

(3) 在梁段混凝土浇筑前，应对挂篮(托架或膺架)、模板、预应力筋管道、钢筋、预埋件、混凝土材料、配合比、机械设备、混凝土接缝处理情况进行全面检查，经确认后方可浇筑。

(4) 悬臂施工过程中，若梁身与墩身采用非刚性连接，为保证结构的稳定性，悬臂梁桥和连续梁桥应实施 0 号块梁段与桥墩间临时固结支承措施；对于刚性连接的 T 形刚构、连续刚构梁，因结构本身已具有一定的抗弯能力，可根据设计和施工要求在墩旁架设临时托架等方法进行施工。临时固结支承可采用如下措施：

① 将 0 号块梁段与桥墩钢筋或预应力筋临时固结，待解除固结时再将其切断。

② 在桥墩一侧或两侧设置临时支承或支墩。

③ 顺桥向用扇形或门式托架将 0 号块梁段临时支承，待悬浇到至少一端合龙后恢复原状。

④ 临时支承可用硫黄水泥砂浆块、砂筒或混凝土块等卸落设备，以使体系转换时较方便地撤除临时支承。当采用硫磺水泥砂浆块作临时支承的卸落设备，并采用高温熔化撤除支承时必须在支承块之间设置隔热措施，以免损坏支座部件。

(5) 挂篮安装时应保证安全、稳定、可靠。

① 挂篮的主纵、横梁的分联和移动操作应特别精心，以防急剧的塌落和倾覆。

② 浇筑混凝土时后端应锚固于已完成的梁段上，后锚和移动架可采取保险锚、保险索或保险手动葫芦等安全措施。

③ 挂篮桁架在已完成的梁段上行走时，应于后端压重稳定。

④ 挂篮桁架行走和浇筑混凝土时的稳定系数，均不得小于 1.50。

⑤ 挂篮组拼后应全面检查安装质量，并对挂篮进行试压，以消除结构的非弹性变形。挂篮试压的最大荷载一般可按最大悬浇梁段质量的 1.3 倍考虑，挂篮试压通常采用水箱加压法、试验台加压法及砂袋法。

(6) 桥墩两侧梁段悬臂施工进度应对称、平衡，实际不平衡偏差不超过设计要求值。设计无要求时，其两端允许的不平衡质量最大不得超过一个梁段的底板自重。

(7) 悬臂浇筑前端底板和桥面的标高，应根据挂篮前端的垂直变形及预拱度设置，施工过程中要对实际高程进行监测，如与设计值有较大出入时应会同有关部门查明原因并进行调整。

(8) 安装模板后应严格核准中心位置及标高、校正中线。

① 组装模板并校正中线，外模及框架的长度和高度应能适应各节段的变化。内模由侧模、顶模和内框架组成，应便于拆模和修改。

② 如上一节段施工后出现中线或高程误差需要调整时，应在模板安装时予以调整。

③ 模板和前一节段的混凝土面应平整密贴。

(9) 安装预应力预留管道时，应保证管道连接紧密、管道定位准确。放置预应力管道时要注意和前一段的管道连接接头严密对准，并用胶布包贴，防止灰浆渗入管道，还应设置足够的定位钢筋以保证预留管道在浇筑混凝土过程中位置正确，线形和顺。纵向预应力管道用塑料波纹管时必须设置塑料内衬管，内衬管外径可比波纹管内径小 3~4mm。定位钢筋的纵向水平间距不大于 100cm，曲线段间距不大于 50cm。

(10) 挂篮行走前要测定已完成节段梁端标高，并定出箱梁中轴线。当解除挂篮的后锚固后，挂篮沿箱梁中轴线对称向两端，每前进 50cm 作一次同步观测，防止挂篮转角、偏位造成挂篮受扭。

(11) 箱梁梁段混凝土浇筑，可视箱梁截面高度情况采用一次或二次浇筑法。无论采用何种方法浇筑，梁段自重误差应在±3%范围内。

用一次浇筑法，可在箱梁顶板中部留一窗口以供浇筑底板混凝土，待浇好底板后立即补焊钢筋封洞并同时浇筑肋板混凝土，最后浇筑顶板混凝土，一次完成。浇筑肋板混凝土时两侧肋板应同时分层进行。浇筑顶板及翼板混凝土时，应从外侧向内侧一次完成以防发生裂纹。

当采用两次浇筑时，各梁段的施工应错开。箱梁分层浇筑时，底板可一次浇筑完成，腹板可分层浇筑，分层间隔时间宜控制在混凝土初凝之前且应使层与层覆盖住。为缩短两次浇筑混凝土的时间间隔，可一次支立外侧模，内侧模分次接高，内模接高应待底板混凝土达到一定强度后进行，同时做好钢筋的绑扎和预应力的定位、布设工作，然后浇筑肋板上段和顶板混凝土。其接缝除按施工缝要求进行处理外，还应采取如预埋型钢、预留凹槽等抗剪措施。施工中还应注意：

① 检查钢筋、管道、预埋件的位置；

② 检查已浇混凝土表面的润湿情况；

③ 浇筑时随时检查锚垫板的固定情况；

④ 检查压浆管是否通畅牢固；

⑤ 严密监视模板与挂篮变化情况，发现问题及时处理；

⑥ 检查对称浇筑进度。

(12) 箱梁截面混凝土浇筑顺序应按设计要求进行，若设计无明确要求，一般应按下列顺序进行浇筑：

① 浇筑混凝土时必须从悬臂端开始，两个悬臂端应对称均衡地进行浇筑；

② 浇筑混凝土时应加强振捣，对于高箱梁混凝土施工可采用内侧模开仓振捣；

③ 在浇筑混凝土的同时应注意保护预应力管道，浇筑后应及时对管道清孔以利穿束。

(13) 为提高混凝土早期强度以加快施工速度，在设计混凝土配合比时一般加入早强剂或减水剂。混凝土梁段浇筑周期一般为5~7d，为防止混凝土出现过大的收缩、徐变，应在配合比设计时按规范要求控制水泥用量。

(14) 梁段拆模后，应对梁端的混凝土表面进行凿毛处理，以加强接头混凝土的连接。悬浇梁段分次浇筑混凝土时，如处理不当，由于后浇筑混凝土的重力的影响会引起挂篮变形，导致先浇筑的混凝土开裂，因此，应采取措施消除后浇筑混凝土引起的挂篮变形，一般可采用下列方法。

① 水箱法。浇筑混凝土前先在水箱中注入相当于混凝土质量的水，在混凝土浇筑过程中逐渐放水，保持挂篮负荷和挠度基本不变。

② 混凝土一次浇筑法。箱梁混凝土可采用一次浇筑，施工时应在浇筑混凝土前预留准确的下沉量，并在底板混凝土凝固之前全部浇筑完毕，即要求挂篮的变形全部发生在混凝土塑性状态之间，避免产生裂纹。

③ 调整高度。浇筑混凝土时，可根据混凝土质量的变化随时调整吊带高度。

④ 抬高挂篮的后支点法。混凝土浇筑前将模板前端抬高，同时用千斤顶顶起挂篮后支点，将底模梁支承在千斤顶上；浇筑混凝土时，随混凝土质量的变化随时调整底模梁下的千斤顶，抵消挠度变形。斜拉式挂篮因其总变形小，一般可在浇筑混凝土前预留下沉量，不必在浇筑过程中进行调整。

(15) 分期浇筑混凝土时，新旧混凝土的结合面应凿毛洗净，还需严格控制相邻两次混凝土浇筑的龄期差，一般在任何情况下不得大于20d，同时应控制水灰比降低骨料温度，减少模板与混凝土间的摩阻力。

(16) 在每一梁段施工过程中出现大风预报应停止施工，并使两悬臂端不得出现不平衡荷载，且应确保挂篮的牢固性。

(17) 混凝土浇筑完毕后应进行养护，待养护达到设计强度的75%，并经过孔道检查、修理管口弧度后，即可进行穿束、张拉、压浆和封锚等工作。

4. 施工中易出现的问题及预防措施

(1) 箱梁腹板出现斜向裂缝

悬臂现浇混凝土箱梁拆模后张拉预应力索，腹板混凝土出现裂缝。一种是有规律地出现于与底板约呈45°的斜裂缝。另一种为沿预应力索管方向的斜向裂缝，往往是靠近锚头处裂缝开展较宽，逐渐变窄而至消失。

① 原因分析

出现与底板呈45°斜裂缝的原因，极大可能是该区域的主拉应力超过了该处的预应力索和普通钢筋的抗剪力及混凝土的抗拉强度，也有可能是混凝土拆模时间过早导致混凝土尚未达到其设计抗拉强度。

出现沿预应力索管方向裂缝的原因往往是由于预应力索张拉时，索管及其周边混凝土受到较集中的压应力，由于泊松效应导致索管及其周边混凝土受到索管径向的巨大张力，如保护层混凝土不足以抵抗拉应力，则会在其最薄弱处开裂；混凝土未达到拆模、张拉的龄期或强度；腹板的非预应力普通钢筋网，钢筋间距较大不能满足抗裂要求；施工临时荷载超载或在作用点产生过大的集中应力。

② 预防措施

悬臂现浇混凝土箱梁腹板斜向裂缝的出现往往是设计、施工、材料、工艺等综合因素作用的结果，原因比较复杂。但其中必然有一两个主要原因，为此，应针对不同的情况采取相应的对策。设计中应注意：

a. 布置有弯起预应力筋部位，往往能有效克服主拉应力，因此，在无弯起预应力筋部位应特别注意验算该部位的主拉应力并布置相应的抗裂钢筋。

b. 加密普通钢筋间距以增强抗裂性。必要时可在易发生斜向裂缝的区段，加设钢丝网片。

c. 在预应力束张拉集中的近锚头区域，增设钢筋网片以提高抗压能力和分散集中力。

d. 施工工况、工艺流程必须与设计相符。如有变更应立即与设计单位联系，核算无误后方可施工。

e. 混凝土未到龄期或强度，不能拆除模板。为掌握混凝土的实际强度，可在浇筑混凝土时多制作几组混凝土试块，在不同龄期进行试验。

(2) 箱梁拆模后在腹板与底板承托部位出现空洞、蜂窝、麻面

箱梁浇筑混凝土拆模后，在底板与腹板连接处的承托部位以及部分腹板离底板1m高范围内出现空洞、蜂窝、麻面。

① 原因分析

箱梁腹板一般较高，厚度较薄，在底板与腹板连接部位钢筋较密，又布置有预应力筋，使得腹板混凝土浇筑时不易振实，也有漏振情况，易造成蜂窝。

若箱梁设置横隔板，一般会设预留人孔，浇筑混凝土时从预留人孔的两边同时进料，易造成预留孔下部空气被封堵，从而形成空洞。

浇筑混凝土时，若气温较高，混凝土坍落度小，模板湿水不够，局部钢筋太密，振捣困难，易使混凝土出现蜂窝，不密实。

箱梁混凝土浇筑量较大，若供料不及时易造成混凝土振捣困难，出现松散或冷缝。

模板支撑不牢固以及接缝不密贴，易发生漏浆、跑模，使混凝土产生蜂窝、麻面。

施工人员操作不熟练，振捣范围分工不明确，未能严格做到对相邻部位交叉振捣，从而发生漏振，使混凝土出现松散、蜂窝。

② 防治措施

箱梁混凝土浇筑前应做好合理组织和分工，对操作人员进行技术交底，划分振捣范围，浇筑层次清楚，相互重复振捣长度应取50cm左右，一边下料。

对设置横隔板的箱梁，混凝土要轮流从横隔板洞口一边下料，并从洞口下另一边振出混凝土，避免使空气封堵在洞口下部，这样就不易在洞口下部形成空洞。

合理组织混凝土供料，如采用商品混凝土，现场宜有临时备用搅拌设备，以便当商品混凝土因运输或其他原因带来供料中断时予以临时供料。

根据施工气温，合理调整混凝土坍落度和混凝土水灰比，当气温高时应做好模板湿润工作。

当箱梁腹板较高时，模板上应预留人孔处，使振捣棒到达各部位。

对箱梁底板与腹板承托处及横隔板预留人孔处，应重点监护，以确保混凝土浇筑质量。

5.4 逐孔施工

从施工技术方面看，逐孔施工法主要有3种类型，分别为临时支承组拼预制节段逐孔施工、移动支架逐孔现浇施工和整孔吊装或分段吊装逐孔施工。

1. 临时支承组拼预制节段逐孔施工

对于多跨长桥，在缺乏较大能力的起重设备时可将每跨梁分成若干段，在预制现场生产；架设时采用一套支承梁临时承担组拼节段的自重，同时在支承梁上张拉预应力筋，并将安装跨的梁与移动临时支承梁，进行下一桥的施工。

采用临时支承组拼预制节段逐孔施工是需要注意以下要点。

（1）节段划分

① 桥墩顶节段：由于桥墩节段要与前一跨连接，需要张拉钢索或钢索接长，为此对墩顶节段构造有一定要求。此外，在墩顶处桥梁的负弯矩较大，梁的截面还要符合受力要求。

② 标准节段：前一跨墩顶节段与安装跨第一节段间可以设置就地浇筑混凝土封闭接缝，用以调整安装跨第一节段的准确程度。封闭接缝宽15～20cm，拼装时由混凝土垫块调整。在施加初预应力后用混凝土封填，这样可调整节段拼装和节段预制的误差。

（2）支承梁

① 钢桁架导梁：钢梁应设置预拱度，要求当每跨箱梁节段全部组拼之后钢导梁上弦应符合桥梁纵断面标高要求，同时还需准备一些附加垫片用于临时调整标高。

② 下挂式高架钢桁架：在节段组拼过程中架桥机前臂必然下挠，安装桥跨第一块中间节段的挠度倾角调整是该跨架安设的关键，因此，要求当一跨节段全部由架桥机空中吊起后，第1个中间节段与墩上节段的接触面应全部吻合。

2. 移动支架逐孔现浇施工

此法亦称移动模梁法，是在可移动的支架、模板上完成一孔桥梁的全部工序。由于此法是在桥位上现浇施工，可免去大型运输和吊装设备。桥梁整体性好；同时具有在桥梁预制厂生产的特点，可提高机械设备的利用率和生产效率。

当桥墩较高、桥跨较长或桥下净空受到约束时，可以采用非落地支承的移动模架逐孔现浇施工，称为移动模架法。移动模架法适用于多跨长桥，桥梁跨径可达50m，使用1套设备可多次移动周转使用。

移动模架法施工的主要工序：侧模安装就位、安装底模、支座安装、预拱度设置与模板调整、绑扎底板及腹板钢筋、预应力系统安装、内模就位、顶板钢筋绑扎、箱梁混凝土浇筑、内模脱模、施加预应力、管道压浆、落模、拆底模及滑模纵移。

3. 整孔吊装或分段吊装逐孔施工

这种施工方法是早期连续梁桥采用逐孔施工的唯一方法，可用于混凝土连续梁和钢连续梁桥的施工中。

（1）吊装的机具

吊装的机具有桁式吊、浮吊、龙门起重机、汽车吊等多种，可根据起吊物重力、桥梁所在的位置以及现有设备和掌握机具的熟练程度等因素决定。

（2）整孔吊装和分段吊装施工注意要点

① 采用分段组装逐孔施工的接头位置可以设在桥墩处也可设在梁的1/5附近，前者多为由简支梁逐孔施工连接成连续梁桥；后者多为悬臂梁转换为连续梁。在接头位置处可设有0.5~0.6m现浇混凝土接缝，当混凝土达到足够强度后张拉预应力筋完成连续。

② 桥的横向是否分隔，主要根据起重能力和截面形式确定。当桥梁较宽、起重能力有限的情况下，可以采用T梁或工字梁截面，分片架设之后再进行横向整体化。为了加强桥梁的横向刚度，常采用梁间翼缘板有0.5m宽的现浇接头。采用大型浮吊横向整体吊装将会简化施工和加快安装速度。

③ 对于先简支后连续的施工方法，通常在简支梁架设时使用临时支座，待连接和张拉后期钢索完成连续时拆除临时支座，放置永久支座。为使临时支座便于卸落，可在橡胶支座与混凝土垫块之间设置一层硫黄砂浆。

④ 在梁的反弯点附近设置接头，在有可能的情况下可在临时支架上进行接头。桥梁上部结构各截面的恒载内力，根据各施工阶段进行内力叠加计算。

第6章　公路隧道施工技术

6.1　隧道施工方法

隧道施工方法基本可以归纳为明挖法、新奥法、TBM 掘进机法、盾构法、沉管法等。

1. 明挖法

明挖法是当隧道埋深较浅时的一种施工方法，可将地面挖开形成露天的基坑，然后在基坑中修筑隧道衬砌，铺设防水层，最后用土回填。隧道洞口段不能用暗挖法施工时均可用明挖法施工。在明挖法施工中，常用的基坑开挖方式有敞口开挖法、工字钢桩法、地下连续墙法等。

（1）主要优点

明挖法具有施工简单、快捷、经济、安全的优点，城市地下隧道工程发展初期都将其作为首选的开挖技术，缺点是对周围环境的影响较大。

（2）关键工序

明挖法的关键工序是：降低地下水位、边坡支护、土方开挖、结构施工及防水工程等，其中边坡支护是确保安全施工的关键技术。

① 放坡开挖技术

适用于地面开阔和地下地质条件较好的情况。基坑应自上而下分层、分段依次开挖，随挖随刷边坡，必要时采用水泥和黏土护坡。

② 型钢支护技术

一般使用单排工字钢或钢板桩，基坑较深时可采用双排桩，由拉杆或连梁连接共同受力，也可采用多层钢横撑支护或单层、多层锚杆与型钢共同形成支护结构。

③ 连续墙支护技术

一般采用钢丝绳和液压抓斗成槽，也可采用多头钻和切削轮式设备成槽。连续墙不仅能承受较大载荷，同时具有隔水效果，适用于软土和松散含水地层。

④ 混凝土灌注桩支护技术

一般有人工挖孔或机械钻孔两种方式。钻孔中灌注普通混凝土和水下混凝土成桩。支护可采用双排桩加混凝土连梁，还可用桩加横撑或锚杆形成受力体系。

⑤ 土钉墙支护技术

在原位土体中用机械钻孔或洛阳铲人工成孔，加入较密间距排列的钢筋或钢管，外注水泥砂浆或注浆，并喷射混凝土，使土体、钢筋、喷射混凝土板面结合成土钉支护体系。

⑥ 锚杆(索)支护技术

在孔内放入钢筋或钢索后注浆，达到强度后与桩墙进行拉锚，并加预应力锚固后共同受力，适用于高边坡及受载大的场所。

⑦ 混凝土和钢结构支撑支护方法

依据设计计算在不同开挖位置上灌注混凝土内支撑体系和安装钢结构内支撑体系，与灌注桩或连续墙形成一个框架支护体系，承受侧向土压力，内支承体系在做结构时要拆除。适用于高层建筑区密集区和软弱淤泥底层。

2. 新奥法

新奥法是以隧道工程经验和岩体力学的理论为基础，将锚杆和喷射混凝土组合在一起，作为主要支护手段的一种施工方法。新奥法施工以喷锚支护为主要手段，在隧道爆破后立即施工喷射混凝土支护，能有效地制止岩层变形的发展，并控制应力降低区的伸展而减轻支护的承载，增强岩层的稳定性。因此，可以利用开挖施工面的时空效应，以限制支护前的变形发展，阻止围岩进入松动的状态，在必要的情况下可以进行超前支护，加之喷射混凝土的早强和全面黏结性以确保支护的及时性和有效性。

钢支撑、锚杆和喷射混凝土集合在一起使围岩成为支护体系的组成部分。喷锚支护具有一定柔性，可以和围岩共同产生变形，在围岩中形成一定范围的弹性变形区，形成以锚杆、喷射混凝土和隧道围岩为三位一体的承载结构，共同支承山体压力。

为保护隧道围岩的自身承载能力，使围岩的扰动影响控制在最小范围内，并加固围岩，以提高围岩强度，使其与人工支护结构共同承受隧道压力的有效措施有：构筑防水层、围岩隧道排水；选择合理的断面形状尺寸；给支护留变形余量；开挖后及时做好支护、封闭围岩等。

3. TBM 掘进机法

掘进机法，是装备有破碎岩石的刀具采用机械破碎岩石的方法开挖隧道，并将破碎的石碴传送出机外的一种开挖与出碴联合作业的掘进机械，能连续掘进。

TBM 就是适合硬岩掘进的隧道掘进机。

硬岩 TBM 适用于山岭隧道硬岩掘进，代替传统的钻爆法，在相同的条件下其掘进速度约为常规钻爆法的 4~10 倍，具有快速、优质、安全、经济、有利于环境保护和劳动力保护等优点，特别是高效快速可使工程提前完工，提前创造价值，对我国现代化建设意义重大。

隧道掘进机通过刀具在隧道断面内直接破碎岩石从而进行连续掘进。它包括：装有切削刀具的旋转切削头、装碴设备、机身前进的推进装置和支撑装置、控制方向的激光准直仪、安装临时支撑的设备及其他用于吸尘、通风的辅助装置。掘进机具备掘进、开挖、喷锚支护、出碴、通风冷却、除尘降温、材料供应、自动测量定位、地质超前钻探等功能，具有作业人员少、掘进速度快、开挖成型好、施工安全可靠、工作环境好、劳动强度低、工厂化作业、生产效率高等特点。

4. 盾构法

盾构法是在地面下暗挖隧道的一种施工方法。构成盾构法的主要内容是：先在隧道某段的一端建造一竖井(始发井)，以供盾构安装就位。盾构从始发井的墙壁开孔处出发，在地层中沿着设计轴线，向另一竖井(到达井)的设计孔洞推进。盾构推进中所受到的地层阻力，通过盾构千斤顶传至盾构尾部已拼装的预制隧道衬砌结构，再传到竖井的后靠壁上。盾构是这种施工方法中最主要的独特的施工机具，是一个既能支承地层压力，又能在地层中推进的圆形或矩形或马蹄形等特殊形状的钢筒结构。在钢筒的前面设置各种类型的支撑和开挖土体的装置，在钢筒中段内部安装顶进所需的千斤顶，钢筒尾部是具有一定空间的壳体，在盾尾内可以拼装一至二环预制的隧道衬砌环。盾构每推进一环距离，就在盾尾支护下拼装一环衬砌，并及时向紧靠盾尾后面的开挖坑道周边与衬砌环外周之间的空隙中压注足够的浆液以防止隧道及地面下沉，在盾构推进过程中不断从开挖面排出适量的土方。

（1）盾构法施工的基本条件

① 线位上要求有允许建造用于盾构进出洞和出碴进料的工作井的空间；②隧道要有足够的埋深，覆土深度宜不小于6m；③相对均质的地质条件；④如果是单洞则要有足够的线间距，洞与洞及洞与其他建（构）筑物之间所夹土（岩）体加固处理的最小厚度为水平方向1.0m、竖直方向1.5m。

（2）盾构法的优点

盾构法施工得到广泛使用，因其具有明显的优点：①在盾构的掩护下进行开挖和衬砌作业，有足够的施工安全性；②地下施工不影响地面交通，在河底下施工不影响河道通航；③施工操作不受气候条件影响。④产生的振动、噪声等环境危害较小；⑤对地面建筑物及地下管线的影响较小。

（3）盾构法存在问题

① 当隧道曲线半径过小时，施工较为困难；②在陆地建造隧道时，如隧道覆土太浅，则盾构法施工困难很大；而在水下时，如覆土太浅则盾构法施工不够安全；③盾构隧道上方一定范围内的地表沉陷尚难完全防止，特别是在饱和含水松软的土层中，要采取严密的技术措施才能把沉陷限制在很小的限度内；④在饱和含水地层中，盾构法施工所用的拼装衬砌，对达到整体结构防水性的技术要求较高。

5. 沉管法

沉管隧道是将隧道管段分段预制，分段两端设临时止水头部，然后浮运至隧道轴线处，沉放在预先挖好的基槽内，完成管段间的水下连接，移去临时止水头部，回填基槽保护沉管，铺设隧道内部设施，从而形成一个完整的水下通道。

沉管法先在隧址以外的预制场制作隧道管段，两端用临时封墙密封。制成以后用拖轮拖运到隧址指定位置上。预先在设计位置处挖好水底沟槽，待管段定位就绪后往管段中注水使之下沉。然后将沉设完毕的管段在水下连接起来，覆土回填，完成隧道。

6.2 隧道开挖与洞口段施工

6.2.1 隧道开挖方法

修筑隧道首先要在隧道所穿越的地层内开挖出一个符合设计要求的空间。开挖作业占整个隧道施工工程量的比重较大，造价约占25%～40%，是隧道施工中较为关键的基本作业，对隧道的施工进度和工程造价都有很大影响。隧道施工的开挖方式是指对坑道范围内岩体的破碎挖除方式，常用的开挖方式有钻爆开挖法、机械开挖法、人工和机械混合开挖3种。

采用钻爆法开挖法包括全断面法、台阶法、中隔壁法和双侧壁导坑法等。

1. 全断面法

全断面开挖法是采用全断面一次开挖成形的施工方法，适用于Ⅰ级~Ⅲ级围岩隧道施工，Ⅳ级围岩隧道在采用了有效的措施后亦可采用全断面法开挖。

（1）优点

①施工场地宽敞，工作面空间大，便于大型机械作业，可使用钻眼台车钻眼，槽式列车或梭式矿车出碴等机械化配套作业；②开挖面大，能发挥深眼钻爆的优点；③工序少、干扰少、工序集中、管理方便；④通风、排水、运输方便，提高掘进速度。

（2）缺点

①要求机械化程度高；②各工序紧密配合，某一工序落后即会严重影响全面施工；③出碴是控制施工进度的重要因素，要注意合理组织运输工作。

（3）注意事项

①施工时应配备钻孔台车或台架及高效率装运机械设备，以尽量缩短循环时间，各道工序应尽可能平行交叉作业，以加快施工进度，并应注意经常检查维修机械设备，应备有足够的易损零件部件以保证各项施工工作顺利进行；②加强各种辅助作业和设备的管理，如三管两线要保持技术良好状态；③加强对工程地质和水文地质的调查，对不良地质情况要及时预报、量测，并分析研究，以防影响施工安全、工程建设进度等；④加强和重视施工操作人员的技术培训，使其能熟练掌握各种机械设备，推广新技术，不断提高工效，改进施工管理(包括隧道施工的计划管理、技术管理、质量管理、经济管理、安全管理等)；⑤使用钻孔台车宜采用深孔钻爆，以提高开挖进尺；⑥初期支护应严格按照设计及时施作，为控制超欠挖及提高爆破效果，有条件时可采用超前导坑法进行全断面开挖。

2. 台阶法

台阶开挖法是先开挖上半断面，待开挖至一定长度后同时开挖下半断面，上、下半断面同时并进的施工方法。

台阶开挖可以说是全断面开挖法的变化方案，即将设计断面分上半部断面和下半部断面2次或多次开挖成型；或采用上弧形导坑开挖、中核开挖及下部开挖(即台阶分部开挖法)。台阶法开挖便于使用轻型凿岩机打眼，而不必使用大型凿岩台车。在装碴运输、衬砌修筑等方面，则与全断面法基本相同。

在上部断面以弧形导坑领先2~2.5m，下部断面以一个正台阶垂直挖到底，一次爆破，利用碴堆钻眼，机械装碴运输。采用正台阶法开挖关键问题是台阶的划分形式。台阶划分要求尽量做到爆破后扒碴量少、钻眼和出碴干扰少，因此，一般将设计断面划分成1~2个台阶进行分部开挖。

（1）优缺点

①具有较大的工作空间和较快的施工速度，但上下部作业会有相互干扰；②有利于开挖面的稳定，尤其是上部开挖支护后下部断面作业就较为安全，但增加了对围岩的扰动次数，应注意下部作业对上部稳定性产生的不良影响。

（2）注意事项

①根据围岩条件，合理确定台阶长度，一般应不超过1倍洞径，确保开挖、支护质量及施工安全；②台阶高度应根据地质情况、隧道断面大小和施工机械设备情况确定，其中

上台阶高度以2~2.5m为宜；③上台阶施作钢架时，应采用扩大拱脚或施作锁脚锚杆等措施以控制围岩和初期支护变形；④下台阶应在上台阶喷射混凝土达到设计强度70%以上时开挖，当岩体不稳定时应采用缩短进尺，必要时上下台阶可分左、右两部错开开挖，并及时进行初期支护和仰拱；⑤施工中应解决好上下台阶的施工干扰问题，下部施工应减少对上部围岩、支护的扰动；⑥上台阶开挖超前一个循环后，上下台阶可同时开挖。

3. 中隔壁法

中隔壁法也称CD(Center Diaphragm)法，是在软弱围岩大跨隧道中先开挖隧道的一侧并施作中隔壁墙，然后再开挖另一侧的施工方法。

采用该法施工，在Ⅴ级~Ⅵ级围岩的地段，平均月成洞可达20~30m，施工安全大幅提高。由于施作的中隔壁在施作二次衬砌时需要全部拆除，因此，使用该法时其施工成本费用相对较高。

施工时应注意：①各部开挖时，周边轮廓应尽量圆顺以减小应力集中；②各部的底部高程应与钢架接头处一致；③每一部的开挖高度应根据地质情况及隧道断面大小而定，后一侧开挖形成全断面时应及时完成全断面初期支护闭合；④左、右两侧洞体施工时，纵向间距应拉开不大于15m的距离，中隔壁宜设置为弧形；⑤在灌注二次衬砌前应逐段拆除中隔壁临时支护，拆除时应加强量测，一次拆除长度一般不宜超过15m。

4. 双侧壁导坑法

先开挖隧道两侧的导坑，并进行初期支护，再分部开挖剩余部分的施工方法。

双侧壁导坑法(又称眼镜工法)是采用先开挖隧道两侧导坑，及时施工作业导坑四周初期支护及临时支护，必要时施工作业边墙衬砌，然后再根据地质条件、断面大小，对剩余部分采用二台阶或三台阶开挖的方法。

双侧壁导坑法适用于软弱围岩地段时的开挖，由于跨度较大一般开挖宽度达到11m左右，无法采用全断面或台阶法开挖而采用双侧壁导坑法，相当于先开挖2个小跨度的隧道，开挖后围岩的自稳时间能够满足初期支护的需要，这样有利于施工的安全。侧壁导坑完成后，剩余断面一般采用上、下两步开挖，上部开挖后立即进行初期支护，同时安装钢架支撑，并将钢架与侧壁导坑的钢架连接成一个整体，从而克服了大跨度带来的施工安全问题。

(1) 开挖面分部形式

一般将断面分成4块：左侧壁导坑、右侧壁导坑、上部核心土、下台阶。导坑宽度不宜超过断面最大跨度的1/3。左、右侧导坑错开的距离，应根据开挖一侧导坑所引起的围岩应力重分布的影响不致波及另一侧已成导坑的原则予以确定。

(2) 施工作业顺序

① 开挖一侧导坑，并及时地将其初次支护闭合；

② 相隔适当距离后开挖另一侧导坑，并进行初次支护；

③ 开挖上部核心土，进行拱部初次支护，拱脚支承在两侧壁导坑的初次支护上；

④ 开挖下台阶，进行底部的初次支护使初次支护全断面闭合；

⑤ 拆除导坑临空部分的初次支护；

⑥ 进行内层衬砌。

(3) 注意事项

① 侧壁导坑形状应近似椭圆形，导坑断面宽度宜为整个断面的1/3；

② 侧壁导坑、上部核心土、下部台阶错开一定距离平行作业；

③ 导坑开挖后应及时进行初期支护及临时支护，并尽早封闭成环；

④ 侧壁导坑采用短台阶法开挖，左右侧壁导坑施工可同步进行；

⑤ 当全断面初期支护封闭成环后，量测显示支护体系稳定，变形很小时方可拆除临时支护，同时应及时施作仰拱并进行二次衬砌；

⑥ 临时支护拆除时应加强量测，一次拆除长度一般不宜超过15m。

6.2.2 钻眼爆破施工

钻眼爆破是一般山岭隧道最常采用的方式。

1. 炮眼的种类与作用

钻爆法亦即用爆破进行隧道开挖，提高爆破效果则需增加临空面，临空面是指需要爆破的岩体暴露于空间的平面。

同样的炮眼和装药、开挖临空面数量不同时爆破的效果大不相同，临空面越多，爆破效果越好。导坑开挖只有一个临空面，所以爆破时要人为地创造新临空面即所谓“掏槽，炸出漏斗”，于是，以后爆炸的炮眼处于多临空面的有利条件，先爆的炮眼称为“掏槽眼”。隧道开挖的炮眼数目与隧道断面大小有关(多在几十至数百范围内)，炮眼按其所在位置、爆破作用、布置方式和有关参数大体分为掏槽眼、辅助眼、周边眼。

辅助眼：位于掏槽眼与周边眼之间的炮眼，用以扩大掏槽眼炸出的槽坑。

周边眼：周边轮廓线上的炮眼，用以炸落坑道周边岩石，保证按设计要求炸出开挖断面轮廓，其中位于坑道底边上的炮眼叫底(板)眼，位于坑道顶边上的炮眼叫顶眼，位于坑道两侧边上的炮眼叫帮眼。

(1) 掏槽眼

掏槽炮眼用以掏出开挖面的中央部分，增加临空面，改善后继炮眼的爆破条件。

掏槽炮眼在软硬一致的均质岩层中应布置在导坑中部，在软硬不均的岩层中可布置在软岩层中。掏槽眼必须比其他炮眼深15~25cm，这样才能为辅助眼创造出足够深度的临空面。当岩层层理明显时，掏槽眼应尽量垂直于层理而不可与之平行。掏槽形式较多，应视地质情况而定。

为防止相邻炮眼或相对炮眼之间殉爆，装炮眼之间的距离不能小于20cm。

掏槽眼眼口间距误差和眼底间距误差不得大于50mm。

① 斜眼掏槽

斜眼掏槽的特点是掏槽眼与开挖面斜交，优点是可以按照岩层的实际情况选择合适的掏槽方式和掏槽角度，较易保证掏槽的效果，钻眼数量比较少，但在坑道内打斜眼时炮眼深度受到坑道尺寸的限制，因此，要采用多层楔形掏槽的方式，逐步将掏槽漏斗加深。但这种方式要增加分组起爆的段数。由于斜眼掏槽不便于实行多机钻眼和深眼爆破，限制快速掘进，因此，现场多是采用直眼掏槽。

② 直眼掏槽

直眼掏槽由若干个彼此距离很近并垂直于开挖面相互平行的炮眼组成。其中可有一个或几个不装药的空眼，空眼用大直径钻头(大于100mm)，空眼的作用是为装药眼创造临空面，以保证掏槽范围内的岩石破碎，适用于各种硬度的岩层。凿岩作业比较方便，打眼深度不受断面限制，可以多机作业，但在掏槽部位，炮眼集中，控制打眼时间，另外，炮眼间距近，容易发生殉爆和拒爆，同时要求雷管段数较多，因此，最好用毫秒雷管并按正确起爆顺序起爆。

掏槽形式的选定要根据坑道断面的形状和尺寸、岩层硬度和节理、层理情况、钻眼机具情况，参照既有的经验并通过实地试验决定。

(2) 辅助眼

布置在掏槽眼周围且离槽口边线较近的地方，使其抵抗线约等于或稍大于槽口宽度的一半，辅助炮眼交错均匀布置在周边眼与掏槽眼之间，力求爆破出的石块块度适合作业的需要，这类炮眼的布置主要是确定炮眼的间距和最小抵抗线。它们是根据岩石坚硬程度和炸药的威力而定，并由工地试验选取合适的数据。眼口间距一般为40~60cm，应交错配置在掏槽眼与周边眼之间。当采用斜眼掏槽时，则辅助眼应向已掏出的槽子适当倾斜，使眼底与槽子底的距离不会太大，以保证爆破效果。

(3) 周边眼

布置在设计断面轮廓线上，允许沿轮廓线调整，其误差不得大于5cm，炮眼方向可按3%~5%的斜率外插，眼底不超出开挖断面轮廓线10cm，最大不超过15cm。周边眼的眼口距坑道壁约0.1~0.2m，便于打眼。对于周边炮眼的末端，在软岩层及压顶眼时应落在设计轮廓线上，以防坍顶和超挖；在坚硬岩层和底板眼时眼底则忽略为加深，以防欠挖和底板眼过高。

2. 炮眼布置原则

(1) 先布置掏槽眼，位置在开挖断面的中央稍靠下部，以使底部岩石破碎，减少飞石。

(2) 周边炮眼与辅助炮眼的眼底应在同一垂直面上，周边眼按设计位置布置，外插斜率为0.03~0.05，断面拐角处布炮眼。

(3) 辅助炮眼应交错均匀地布置在周边眼与掏槽眼之间，并垂直于开挖面打眼，力求爆下的石碴块体大小适合装碴的要求。

(4) 开挖断面底面两隅处，应合理布置辅助眼，适当增加药量，消除爆破死角。断面顶部应控制药量，防止出现超挖。

(5) 宜用直眼掏槽，眼深小于2m时可用斜眼掏槽，两个掏槽炮眼间距不得小于20cm。

(6) 斜眼掏槽的方向，在岩层层理或节理发育时不得与其平行，应呈一定角度并尽量与其垂直。

(7) 周边炮眼与辅助炮眼底应在同一垂直面上，保证开挖面平整，但掏槽炮眼应比辅助炮眼眼底深10cm。

(8) 掏槽中空孔的孔数、布置形式及其与装药眼间距，应根据中空孔和装药眼的直径、深度、地质条件和装药眼起爆顺序等来确定。

当中空孔孔径为10cm时，深眼爆破可采用三中空孔形式或双中空孔形式；浅眼爆破可采取单中空孔形式。

(9) 装药形式应按掏槽眼孔径与药卷径的比值(不耦合系数)确定(一般可取 2 左右),也可按两者的体积之比确定(一般可取 4~6)。

选用小直径药卷时,应防止爆炸中断现象,岩石很软时可采用爆管装药形式。眼深小于 2m 时,可采用空气柱装药形式。硬岩炮眼较深时,眼底可装一节加强药包,以保证爆破效果。

(10) 当采用全断面开挖或台阶开挖时,应采用导爆管、毫秒雷管起爆周边眼,不得采用火花起爆。开挖断面一次起爆时,如毫秒雷管的间隔时间短,周边眼的雷管应与内圈炮眼的雷管跳段起爆,段炮眼之间起爆时差可取 50~100ms。

(11) 对内圈眼的爆破诸参数应加以严格控制,防止围岩过度龟裂。

(12) 导坑或局部开挖,宜采用浅眼爆破,防止震动对支撑结构产生不良影响。

(13) 当钻爆设计与围岩条件不相适应时,应及时调整使其合理。

3. 炮眼的布置方式

隧道开挖面的炮眼,在遵守上述原则的基础上有以下几种布置方式。

(1) 直线形布眼

将炮眼按垂直方向或水平方向围绕掏槽开口呈直线逐层排列。这种布眼方式,形式简单且易掌握,同排炮眼的最小抵抗线一致,间距一致,前排眼为后排眼创造临空面,爆破效果较好。

(2) 多边形布眼

这种布眼是围绕着掏槽部位由里向外将炮眼逐层布置成正方形、长方形、多边形等。

(3) 弧形布眼

顺着拱部轮廓线逐圈布置炮眼。此外,可将开挖面上部布置成弧形、下部布置成直线形,以构成混合型布置。

(4) 圆形布孔

当开挖面为圆形时,炮孔围绕断面中心逐层布置成圆形。这种布孔方式多用在圆形隧道、泄水洞以及圆形竖井的开挖中。

4. 周边眼的控制爆破

在隧道爆破施工中,首要的要求是开挖轮廓与尺寸准确并对围岩扰动小,所以,周边眼的爆破效果反映了整个隧道爆破的成洞质量。实践表明,采用普通爆破方法不仅对围岩扰动大,而且难以爆出理想的开挖轮廓,故目前经常采用控制爆破技术进行爆破。隧道控制爆破是指光面爆破和预裂爆破。

(1) 光面爆破

光面爆破是先爆除主体开挖部位的岩体,然后再起爆布置在设计轮廓线上的周边孔药包,将光爆层炸除形成一个平整的开挖面,通过正确选择爆破参数和合理的施工方法达到爆后壁面平整规则、轮廓线符合设计要求的一种控制爆破技术。

① 作用原理

实现光面爆破,就是要使周边炮眼起爆后优先沿各孔的中心连线形成贯通裂缝,然后由于爆炸气体的作用使裂解的岩体向洞内抛散。裂缝形成的机理国内外进行过不少研究,但目前缺乏统一认识。有代表性的理论有 3 种：第 1 种是认为成缝主要是由于爆破应力波的动力作用引起，提出了应力波理论；第 2 种则认为裂缝主要是由于爆破高压气体准静应力的作用引起，提出了静压力破坏理论；第 3 种是应力波与爆破气体压力共同作用理论，这是更多的人赞同的一种理论。即：光面爆破的起爆顺序是掏槽眼首先起爆，依次向外扩爆，最后为周边眼同时起爆，各炮眼的冲击波向其四周作径向传播，相邻炮眼的冲击相遇，则产生应力波的叠加，并产生切向拉力，拉力的最大值发生在相邻炮眼中心连线的中点，当岩体的极限抗拉强度小于此拉力时，岩体便被拉裂，在炮眼中心连线上形成裂缝，随后爆炸气的膨胀合裂缝进一步扩展从而形成平整的爆裂面。

② 效果要求

a. 周围岩壁平整规则，轮廓线符合设计，超欠挖满足要求(每 $1m^2$不大于 $0.1m^2$、高度不大于 5cm)。爆破后的围岩要求硬岩无剥落；中硬岩基本无剥落；软弱围岩无大的剥落或坍塌。b. 围岩扰动较少，完整稳定，肉眼几乎看不到爆破造成的裂缝，原有裂隙也不因爆破而明显扩展。c. 在平整的轮廓线上保留着一定数量的清晰可见的半边炮眼痕迹，眼痕保存率硬岩可达 80%以上，中硬岩可达 60%以上，并应在开挖轮廓面上均匀分布。

③ 技术措施

a. 周边眼间距与抵抗线的相对距离要合理，通常减小周边眼间距和抵抗线，爆破后轮廓成形好。b. 周边眼装药集中度太大易造成超挖，而太小易造成欠挖。装药结构应均匀分布，眼底可相对加强一些。软岩周边眼装药宜采用导爆索或导爆索束。c. 周边轮廓线和炮眼的放样宜采用隧道激光断面仪或其他类似的仪器，尽量减少人工操作。周边轮廓线的放样误差应不大于±2cm。d. 减少周边眼开眼误差：硬岩开眼位置在轮廓线上；软岩可向内偏 5~10cm。e. 应减小外插角的误差，一般小于 3m 时外插角的斜率宜为 0.05；大于 3m 时外插角的斜率宜为 0.05~0.03；外插角的方向应与该点轮廓线的法线方向相一致。

(2) 预裂爆破

预裂爆破是由于先起爆周边眼，在其他炮眼未爆破之前先沿着开挖轮廓线预裂爆破出一条用以反射爆破地震应力波的裂缝而得名。其目的同光面爆破，只是在炮眼的爆破顺序上。光面爆破是先引爆掏槽眼，再引爆辅助眼，最后引爆周边眼，而预裂爆破则是首先引爆周边眼，使沿周边眼的连心线炸出平顺的预裂面。由于这个预裂面的存在，对后爆的掏槽眼、辅助眼的爆轰波能起反射和缓冲作用，可以减轻爆轰波对围岩的破坏影响，保持岩体的完整性，使爆破后的开挖面整齐规则。

由于成洞过程和破岩条件不同，在减轻对围岩的扰动程度上预裂爆破较光面爆破的效果更好，所以，预裂爆破很适用稳定性较差而又要求控制开挖轮廓的软弱围岩，但其周边眼距和最小抵抗线都要比光面爆破小，相应地要增加炮眼数量，致使钻眼工作量增大。

理想的预裂效果应保证在炮眼连线上产生贯通裂缝并形成光滑的岩壁，但预裂爆破只有一个临空面条件的制约，因此，其爆破技术较光面爆破更为复杂。影响预裂爆破效果的因素很多，如钻孔直径、孔距、装药量、岩石的物理力学性质、地质构造、炸药品种、装药结构及施工因素等，而这些因素又相互影响。目前，确定预裂爆破主要参数的方法有理论计算法、经验公式计算法和经验类比法三种。就目前状况而言，对预裂爆破的理论研究还很欠缺，设计计算方法也很不完善，多半须通过经验类比初步确定爆破参数，再由现场试验调整，才能获得满意的结果。

5. 钻眼要求

钻孔时，操作人员必须按照炮眼设计图正确钻孔，具体要求是：

（1）炮眼的深度和斜率应符合钻爆设计

掏槽眼睛口间距误差不大于3cm、眼底间距误差不得大于5cm；辅助眼睛口排距、行距误差均不得大于5cm；周边眼睛口位置误差不得大于3cm，眼底不得超出开挖断面轮廓线3~5cm/m（深眼取大值，浅眼取小值）。

（2）当采用凿岩机钻眼时

掏槽眼睛口间距误差和眼底间距误差不得大于5cm；辅助眼睛口排距、行距误差均不得大于10cm；周边眼睛口位置误差不得大于5cm，眼底不得超出开挖断面轮廓线15cm。

（3）当开挖面凹凸较大时

应按实际情况调整炮眼深度，使周边眼和辅助眼眼底在同一垂直面上。

（4）钻眼完毕

按炮眼布置图进行检查并做好记录，对不符合要求的炮眼应重钻，经检查合格后方可装药。

（5）采用凿岩机凿孔

当凿孔高度超过2.0m，都应配备与开挖断面相适应的作业台架进行凿孔；钻孔作业机械操作人员应定人定岗，尤其是左、右侧周边眼司钻工不宜变动。

6.2.3 洞口施工

1. 隧道洞口特点

（1）洞口地段成洞困难

隧道洞口地段，一般覆盖层薄，岩层破碎、松散、风化严重，同时洞口段往往也是软硬岩交界的地方，地形和地质条件极不稳定且地表水汇集，洞口段围岩的自支护能力较弱，有的甚至没有自支护能力，尤其是在浅埋、破碎、滑坡、崩塌、软弱、地下水丰富并具有软弱夹层等极易发生滑移、坍塌的地段，成洞特别困难。

（2）结构受力体系复杂

首先，洞口施工破坏了洞口山体原有的平衡，仰坡开挖后，仰坡由三维受力状态变为二维受力状态，仰坡与隧道顶板的交叉部位处于一维受力状态；其次，洞口处顶板一端由工作面支撑，另一端则处于悬空状态，属悬臂梁结构，其稳定性较差；最后，隧道洞口处常常还会有一明挖（深）路堑，其边坡也处于二维受力状态。随着隧道洞口段的开挖和支护，该段将重复进行应力释放与重新分布。

（3）支护加固工程量大

在开挖过程中，必须要对隧道洞口路堑边坡、洞口及洞顶以上仰坡进行锚喷预加固处理。进洞前采取超前锚杆、超前小导管周边注浆、设置大管棚等超前预支护技术；开挖后及时喷射混凝土和仰拱紧跟形成封闭受力环等。

（4）植被容易遭受破坏

山区隧道洞口生态植被极其脆弱，若隧道洞口进洞方案制定不妥、洞口勘察设计选址不当、洞口变坡点设置不合理或洞口处在深路堑等，都会造成大面积原生植被的破坏且难以恢复生态，容易出现水毁冲刷和水土流失，严重者会造成隧道洞口坍塌。

2. 隧道洞口施工方法

（1）施工准备

隧道进洞施工前，应首先清除边仰坡上部危岩、潜在落石，进行边仰坡防护和加固，平整洞顶地表，做好截水沟等洞顶防排水工程。

（2）边坡开挖

隧道洞口进洞施工不但要满足安全性、经济性，更重要的是要保护好环境，尽量减少施工作业对原始山体和植被的破坏。开始施工时，先清理隧道洞口段上方及侧方有可能滑塌的地表土、灌木及山坡危石等。在进行洞口土石方工程时，不能采用深眼大爆破或集中药包爆破，以免影响边坡的稳定。按设计要求进行边、仰坡放线，自上而下逐段开挖，如果发现地形地貌与设计不符时及时通知设计代表现场办公，合理设置洞口边仰坡变坡点，尽量降低洞口边仰坡开挖的高度，减少刷坡面积和范围以及洞口段植被的破坏量。

（3）洞口段开挖

洞口段开挖方法取决于工程地质、水文地质和地形条件、隧道自身构造特点、施工机具设备情况、洞外相邻建筑的影响等诸多因素，施工中应根据实际情况综合选定洞口段开挖进洞方案。

第一，洞口段地层条件良好且围岩为Ⅲ~Ⅳ级以上时，宜采用正台阶法进洞(台阶长度以 1.5 倍洞径为宜)，其爆破进尺控制在 1.5~2.5m，并严格按照设计及时做好支护。

第二，洞口段围岩为Ⅴ级及以下时，可采用环形开挖预留核心土法、双侧壁导坑法、中隔壁法、交叉中隔壁法等分部开挖法进洞，开挖前对围岩进行预加固。

第三，对于浅埋或偏压隧道，采用地表预加固和围岩超前支护方法，做到“先护后挖”。

（4）地基基础处理

洞口段圬工基础必须置于稳固的地基上，对地基强度不够的部分需采取加强措施，如扩大基础、桩基、压浆加固地基等措施，及时施作仰拱，封闭基础围岩，及早形成一个封闭的圆形受力环，有利于隧道洞口安全。

（5）前置式洞口工法

目前隧道建设技术较为先进的国家已经摒弃了传统方法，常采用保护山坡自然进洞的方法进行隧道洞口施工，即不切坡进洞，而是在洞外不开挖山脚土体的情况下，采用开槽施工的方法先修接明洞，然后采用在明洞内暗洞施工，采用震动破碎或小型爆破进洞。

前置式洞口工法就是自洞外开槽施工架设钢拱架混凝土，逐榀推进出“亲吻”山体，接触山体进行微开挖即可进洞，真正地实现“早进晚出”。其基本思路是：在不开挖明洞段洞内山脚土体的情况下，两侧开槽在原设计明洞外轮廓以外施作工字钢拱架并浇筑混凝土，作为明洞临时衬砌，在进洞前成洞，回填反压后再进行临时衬砌内暗挖施工。

施工工序一般应为：洞顶及周边截水沟砌筑，完善排水系统→仰坡开挖、防护(因开挖工作量较小，主要采用人工进行，以免机械的扰动)→套拱施工槽开挖、防护→前置式洞口段套拱钢拱架架立就位→前置式洞口段套拱模板固定、混凝土浇筑并养护→洞顶反压回填并覆土绿化→开挖前置式洞口段洞内预留山脚土体→暗洞段施工→防水铺设、衬砌施工。

(6) 套拱法进洞施工

所谓“套拱法”就是在洞口段隧道洞身上下衬砌轮廓线以外，立模架灌注厚30~50cm厚的混凝土(或者钢筋混凝土)，长度3~5m，嵌进山体0.5~1.0m，外露0.5~4.5m，保证洞口段山体稳定，防止坍塌和洞顶危石伤人，确保施工安全。其次采用台阶法施工。施工时，配合超前支护(锚杆、小导管及大小管棚)和钢架支护；然后按设计要求进行洞身开挖支护。洞口浅埋地段避开雨季施工，施工中采用人工开挖(必要时放小炮)，短开挖，强支护，衬砌紧跟，步步为营，稳扎稳打，确保施工安全。

(7) 边仰坡施工

截水沟施作完毕后进行边仰坡开挖，按设计坡度一次整修到位并分层进行边仰坡防护，以防围岩因风化、雨水渗透而坍塌。围岩破碎部位增设网喷，以稳定边仰坡。刷坡防护到路基面标高。

(8) 洞门施工

洞门应及早修筑，并尽可能安排在冬季或雨季前施工。所有建筑材料和施工要求应符合图纸及规范规定：

① 洞门施工放样位置准确；

② 洞门基础必须置于稳固的地基上，做好防水排水工作，不得被水浸泡。基坑碴、杂物等必须清除干净；

③ 洞门拱墙应与洞内相邻的拱墙衬砌同时施工，连成整体。洞门端墙应与隧道衬砌紧密相连接；

④ 洞门端墙的砌筑(或浇筑)与墙背回填，应两侧同时进行，防止对衬砌产生偏压；

⑤ 洞口装饰的隧道名牌，字样要求美观醒目；

⑥ 洞门建筑完成后，洞门以上仰坡坡脚如有损坏应及时修补，并应检查且确保坡顶以上的截水沟和墙顶排水沟及路堑排水系统的完好与连通；

⑦ 端墙顶排水沟砌筑在填土上时，应将填土夯实紧密。

6.3 隧道支护与衬砌施工

6.3.1 超前支护

1. 超前锚杆

(1) 构造组成

超前锚杆是沿开挖轮廓线，以一定的外插角向开挖面前方安装锚杆形成对前方围岩的预锚固(预支护)，在超前锚杆保护下进行开挖、出碴和衬砌等作业。

(2) 适用条件

锚杆超前支护的柔性较大，整体刚度较小。它主要适用于地下水较少的破碎、软弱围岩的隧道工程中，如裂隙发育的岩体、断层破碎带、浅埋无显著偏压的隧道。采用凿岩机或专用的锚杆台车钻孔、锚固剂或砂浆锚固，其工艺简单、工效高。

2. 管棚

(1) 构造组成

管棚是指利用钢拱架沿开挖轮廓线以较小的外插角、向开挖面前方打入钢管构成的棚架来形成对开挖面前方围岩的预支护。长度小于 10m 的钢管为短管棚，长度为 10~45m 且较粗的钢管为长管棚。

(2) 适用条件

管棚因采用钢管或钢插板做纵向预支撑，又采用钢拱架做环向支撑，其整体刚度较大，对围岩变形的限制能力较强且能提前承受早期围岩压力，因此，管棚主要适用于围岩压力来得快且来得大、对围岩变形及地表下沉有较严格要求的软弱、破碎围岩的隧道工程中，如土砂质地层、强膨胀性地层、强流变性地层、裂隙发育的岩体、断层破碎带、浅埋有显著偏压等围岩的隧道中。此外，采用插板封闭较为有效，在地下水较多时可利用钢管注浆堵水和加固围岩。

短管棚一次超前量少，基本上与开挖作业交替进行，占用循环时间较多，但钻孔安装或顶入安装较容易。

长管棚一次超前量大，虽然增加了单次钻孔或打入长钢管的作业时间，但却减少了安装钢管的次数，减少了与开挖作业之间的干扰。在长钢管的有效超前区段内，基本上可以进行连续开挖，也更适于采用大中型机械进行大断面开挖。

(3) 施工要点

① 洞口大管棚施工

a. 先标出隧道中心线及拱顶标高，开挖预留核心土，作为施工套拱和管棚施钻的工作平台(平台宽度宜为 2.5m、高度宜为 2.0m，平台两侧宽度宜为 1.5m)；

b. 管棚应按设计位置施工，能成孔时，钻孔至设计深度，成孔困难地段采用套管跟进方式顶入；

c. 钻机立轴方向必须准确控制，以保证钻孔的方向准确。钻进中经常采用测斜仪量测钢管钻进的偏斜度，发现偏斜超过设计要求及时纠正；

d. 为改善管棚受力条件，接头应错开，隧道纵向同一截面内接头数小于 50%，相邻钢管的接头至少错开 1m；

e. 钢管接头采用丝扣连接，丝扣一般长 15cm；

f. 钢管采用热轧无缝钢管，壁厚宜大于 6mm，直径按设计选用；

g. 钢管环向间距应满足设计要求，一般小于 50cm；

h. 管棚方向应与线路中线平行，外插角应考虑钻具下垂的影响；

i. 钢管开口间距误差小于 5cm；

j. 纵向两组管棚的搭接长度应大于 3.0m。注浆压力初压宜控制在 0.5~1.0MPa，终压宜控制在 2.0MPa。

② 洞内大管棚施工

为避免施工侵入隧道净空，洞内增设管棚工作室、安设导向架。

a. 工作室比设计断面大 30~50cm，工作室长度应满足钻机作业要求；

b. 施工导向架，安装导向管，导向管长度为 2~2.5m，管径大于管棚直径 20~30mm；

c. 施钻工作平台必须牢固可靠，并能承受钻机的活载能力；

d. 管棚在注浆以前要充分做好各项准备工作，特别是机具设备应进行试运转。如发现问题，及时排除、予以修复，使其处于良好状态，注浆结束后要尽快卸开孔口接头并冲洗管路，以免造成管路中的剩余浆液凝结、堵塞管路；

e. 管棚注浆作业要前后配合、统一指挥，保证注浆计划的实现，以达到预期的目的和效果。在操作过程中必须配备专业电工，以防电路、电器设备发生故障；

f. 洞内大管棚施工应选择体积小、效率高、带有自动纠偏功能的钻机，以减少工作室开挖量，提高施工效率和管棚施工精度。

3. 超前注浆小导管

（1）构造组成

超前注浆小导管是在开挖前，沿坑道周边向前方围岩钻孔并安装带孔小导管，或直接打入带孔小导管并通过小导管向围岩压注起胶结作用的浆液，待浆液硬化后坑道周围岩体就形成有一定厚度的加固圈。在此加固圈的保护下即可安全地进行开挖等作业，若小导管前端焊一个简易钻头，则可钻孔、插管一次完成，称为自进式注浆锚杆。

（2）适用条件

浆液被压注到岩体裂隙中并硬化后，不仅将岩块或颗粒胶结为整体起到了加固作用，而且填塞了裂隙，阻隔了地下水向坑道渗流的通道，起到了堵水作用。因此，超前注浆小导管不仅适用于一般软弱破碎围岩，同时也适用于含水的软弱破碎围岩。

4. 超前深孔帷幕注浆

超前注浆小导管对围岩加固的范围和止水的效果有限，作为软弱破碎围岩隧道施工的一项主要辅助措施，它占用的时间和循环次数较多。超前深孔帷幕注浆较好地解决了这些问题，注浆后即可形成较大范围的筒状封闭加固区，称为帷幕注浆。

（1）注浆方法

① 渗入性注浆

在注浆过程中，浆液充填地层中被排出的空气和水的空隙胶凝成固结体，以提高地层的稳定性和强度。

② 劈裂性注浆

即在注浆过程中，在注浆压力作用下浆液作用的周围土体被劈裂并形成裂缝，通过土体中形成的浆液脉状固结作用来增强土体内的总压力，以提高其强度和稳定性。

③ 压密性注浆

即用浓稠的浆液注入土层中，使土体形成浆泡并向周围土层加压使其得到加固。

④ 高压喷灌注浆

即通过灌浆管在高压作用下，从管底部的特殊喷嘴中喷射出高速浆液流及其外围的高速气流，促使土粒在冲击力、离心力及重力作用下随注浆管的向上抽出与浆液混合形成柱状固结体，以达到加固目的。

（2）注浆设计参数

① 浆液注入量

浆液注入量可根据扩散半径及岩层裂隙率参考公式(6.1)计算确定。

$$Q=\pi R^2 H\eta\beta \tag{6.1}$$

式中　Q——浆液注入量，m^3；

R——浆液扩散半径，m；

H——注浆段长度，m；

η——岩层裂隙率，一般取1%~5%；

β——浆液在裂隙内的有效充填系数，视岩层性质而定，为0.3~0.9。

施工中对注浆压力、浆液浓度、压入量等参数可以人为控制与调整。对于大的溶裂、大的溶洞，裂隙率>5%，浆液注入量难以计算，因此，在这种情况下宜用注浆压力控制注浆量，注浆量只能按注浆终压规定值时的注浆总量予以决定。

注浆扩散半径在孔隙性岩层比较规则、均匀，在岩层裂隙中是不规则的。浆液的扩散半径随岩层裂隙系数、注浆压力、压入时间的增加而增大，随浆液浓度和黏度的增加而减小。

② 注浆压力

注浆压力的大小取决于被注地层的山体压力和浆液的渗透性质。注浆压力愈大，浆液扩散范围也愈大，在一定扩散半径下所需的注浆持续时间愈短，但压力过大会造成注浆管止浆面破裂产生冒浆及引起地面隆起。在满足注浆要求的情况下压力不宜过大，实际使用多大压力应通过试验确定。

③ 注浆管间距

其间距应小于扩散半径的2倍，否则两相邻孔不能交圆成幕。间距太小，注浆时浆液从相邻管中溢出会影响注浆效果，因此，其间距选用扩散半径1.5倍较为合适。

为了对注浆做出合理的设计和施工方案，必须事先对被加固地层进行物理力学指标试验，以查清其含水量、容重、压缩系数、内摩擦角、黏结力、渗透系数、孔隙比、pH值及抗压强度等，并在现场选择适当的地点进行注浆试验。

6.3.2　初期支护

初期支护一般由锚杆、喷射混凝土、钢架、钢筋网等及其他的组合组成，它是现代隧道工程中最常用的支护形式和方法。

初期支护施作后即成为永久性承载结构的一部分，与围岩共同构成了永久的隧道结构承载体系。锚喷支护较传统的构件支撑具有施工的灵活性、及时性、密贴性、深入性、封闭性和柔性等特点。

1. 锚杆支护

锚杆支护是用金属(木)制成的锚栓装置，插入岩层中，然后用水泥砂浆、树脂或摩擦力固定的一种方法。这种方法是将坑道周围被开挖扰动的岩体锚固在一起，增加岩体的稳定性。

(1) 锚杆的种类

锚杆的分类方法很多，按锚固长度可分集中(端头)锚固类锚杆和全长锚固类锚杆。锚固装置或杆体只有一部分和锚孔壁接触者为集中类锚杆，锚固装置或杆体全部和锚孔壁接触者为全长类锚杆。按锚固方式分机械锚固型(以摩阻力为主锚固作用)和黏结锚固型(以黏结力为主锚固作用）。

（2）锚杆的作用

① 支承围岩

锚杆能约束围岩变形并向围岩施加压力，从而使处于二轴应力状态的洞室内表面附近的围岩保持三轴应力状态，因而能制止围岩强度的恶化。

② 加固围岩

由于系统锚杆的加固作用，使围岩中尤其是松动区中的节理裂隙、破裂面得以连接，因而增大了锚固区围岩的强度；锚杆对加固节理发育的岩体和围岩松动区十分有效，有助于裂隙岩体和松动区形成整体，并成为“加固带”。

③ 提高层间摩阻力，形成“组合梁”

对于水平或缓倾斜的层状围岩，用锚杆群能把数层岩层连在一起，增大层间摩阻力，从结构力学观点来看就是形成“组合梁”。

④ “悬吊”作用

为防止个别危岩的掉落或滑落，用锚杆将其与稳定围岩连接起来，这种作用主要表现在加固局部失稳的岩体。

（3）锚杆的布置

① 局部布置原则

它主要用在裂隙围岩。重点加固不稳定块体，隧道拱顶受拉破坏区为重点加固区域。拱腰以上部位锚杆方向应有利于锚杆的受拉，拱腰以下及边墙部位锚杆宜逆向不稳定岩块滑动的方向。局部加固的锚杆，必须保证不稳定块体与稳定岩体的有效连接。

② 系统布置原则

在隧道横断面上，锚杆宜垂直隧道周边轮廓布置，对水平成层岩层，应尽可能与层面垂直布置，或使其与层面呈斜交布置；对于倾斜成层的岩层，其失稳原因主要是层面滑动，锚杆与层面成斜交布置；锚杆呈菱形排列，间距为0.6~1.5m，密度为0.6~3.6根/m^2。为了使系统布置的锚杆形成连续均匀的压缩带，其间距宜小于锚杆长度的1/2，在Ⅳ、Ⅴ级围岩中锚杆间距宜为0.5~1.2m，但当锚杆长度超过2.5m时，若仍按间距小于1/2锚杆长度的规定，则锚杆间的岩块可能因咬合和连锁不良而导致掉块坠落，为此，其间距应小于1.25m。

（4）施工流程

开挖后应尽快安设锚杆，围岩较差时先喷后锚；围岩较好时可先锚后喷，或只锚不喷。锚杆杆体露出岩面长度不应大于喷层的厚度，不同类型的锚杆有不同的施工流程。

（5）施工方法与要求

① 锚杆类型选择

根据地质条件、使用要求及锚固特性，可选用中空注浆、树脂、自钻式、砂浆和摩擦型等锚杆；按设计要求，在洞外加工或由厂家直接提供，由运料车运至洞内。

② 锚杆黏结剂

黏结强度、凝固时间、抗老化及抗侵蚀性能须满足设计要求，对环境无污染。水泥砂浆应高于M20。

③ 锚杆孔要求

a. 钻孔机具根据锚杆类型、规格及围岩情况选择；

b. 按设计要求定出位置，孔位允许偏差为±150mm；

c. 应保持直线，应与其所在部位的围岩主要结构面垂直；

d. 深度及直径应与杆体相匹配，锚杆杆体露出岩面长度小于喷层厚度；

e. 有水地段应先引出孔内的水或在附近另行钻孔；

f. 对成孔困难的地段，应采用自钻式锚杆。

④ 锚杆安装

a. 杆体插入锚杆孔时，保持位置居中，插入深度须满足设计要求；

b. 砂浆锚杆孔内灌注砂浆饱满密实，砂浆或水泥浆内可添加适量的微膨胀剂和速凝剂；

c. 药包型锚杆、树脂锚杆先检查药包和树脂卷质量，受潮或变质者不得使用。在杆体插入过程中注意旋转，使黏结剂充分搅拌；

d. 锚杆垫板与孔口混凝土密贴，并随时检查锚杆头的变形情况，及时紧固垫板螺帽；

e. 锚杆垫板安装在锚杆已经具有抗拔力情况下进行；

f. 锚杆安设后不得随意敲击，其端部在填充砂浆终凝前不得悬挂重物。

⑤ 普通水泥砂浆锚杆

其主要设置在边墙部位，施工时采用锚杆台车或风钻钻锚杆孔，机械配合人工安装锚杆，水泥砂浆终凝后安设孔口垫板。

a. 砂浆配合比(质量比)：砂灰比宜为1∶1~1∶2，水胶比宜为0.38~0.45，砂的粒径不宜大于2mm；

b. 砂浆拌和均匀，随拌随用，一次拌和的砂浆在初凝前用完；

c. 注浆作业：注浆开始或中途暂停超过30min时，用水润滑注浆管路，注浆孔口压力应小于0.4MPa，注浆管应插至距孔底5~10cm处，随水泥砂浆的灌入缓慢均匀地拔出，随即迅速将杆体插入，杆体插入长度至少为设计长度的95%。若孔口无砂浆流出，应拔出杆体重新注浆。

2. 喷射混凝土支护

喷射混凝土是新奥法施工的支护手段，其作用主要是支撑围岩，使围岩有一定“卸载”、填平补强围岩、覆盖围岩表面、阻止围岩松动、重新分配外力等作用。喷射混凝土具有强度增长快、黏结力强、密度大、抗渗性好等特点。与普通模筑混凝土相比，喷射混凝土施工将输送、浇筑、捣固几道工序合而为一，且不需要模板，因而施工快速、简捷而且能及早地发挥承载作用，但与模筑混凝土相比，其密实性和稳定性要差一些。

3. 喷射混凝土的施工要点

(1) 喷射作业施工准备工作做好后，严格控制规定的速凝剂掺量并保证添加均匀。喷射手应严格控制水灰比，使喷层表面平整光滑，无干斑或滑移流淌现象。

(2) 按风→水→料顺序开机，料→水→风停机，如喷嘴风压正常，喷出来的水和高压风应呈雾状。开机后先进行空转，待喷机运转正常后方可开始投料、搅拌和喷射。

(3) 喷射应分段、分部、分块，按先墙后拱、自下而上地进行喷射。喷嘴需对受喷岩面作均匀的顺时针方向的螺旋转动，一圈压半圈的横向移动，螺旋直径约为20~30cm，以使混凝土喷射密实。

（4）为保证喷射混凝土质量，减少回弹量和降低粉尘，作业时还应注意以下事项：

① 喷射时分段长度不应超过6m，分部为先下后上，分块大小为2m×2m，并严格按照先墙后拱，先下后上的顺序进行喷射，以减少混凝土因重力作用而引起滑动或脱落现象的发生；

② 掌握好喷嘴与受喷岩面的距离和角度：喷嘴至岩面的距离为0.8～1.2m，过大或过小都会增加回弹量。喷嘴与受喷面垂直，并稍微偏向刚喷射的部位(倾斜角不宜大于10°)，则回弹量最小、喷射效果和质量最佳。对于岩面凹陷处应先喷和多喷，而凸出处应后喷和少喷。

（5）调节好风压与水压：风压与喷射质量有密切的关系，应通过试验和实践正确选定，并在喷射时随时注意调整。过大的风压会造成喷射速度太高而加大回弹量，损失水泥；风压过小会使喷射力减弱，则混凝土密实性差。

（6）一次喷射厚度：喷射作业应分层进行。一次喷射厚度不得太厚或太薄，这主要与喷射混凝土层与受喷面之间的黏结力和受喷部位等有关，并且应根据掺与不掺速凝剂、喷射效率、回弹损失率等因素而定。一次喷射太厚，在自重作用下喷层会出现错裂而引起大片坍落；一次喷射太薄，大部分粗骨料会回弹，使受喷面上仅留下一层薄薄的混凝土或砂浆，势必影响效果及工程质量。一般情况下，一次喷射厚度为边墙为5～7cm、拱部为3～4cm(不掺速凝剂)。当掺入速凝剂后，边墙不宜超过10cm、拱部不宜超过6cm。分层喷射厚度，一般为粗骨料最大粒径的2倍，如一次喷射厚度小于5cm时使用石子的最大粒径也要求相应减小。

（7）分层喷射的间隔时间：分层喷射一般分2～3层喷射，其合理的间隔时间应根据水泥品种、速凝剂种类及掺量、施工温度(最低不宜低于+5P)和水灰比大小等因素，并视喷射的混凝土终凝情况而定。

分层喷射间隔时间不得太短，一般要求在初喷混凝土终结以后，再进行复喷；当间隔时间较长时，复喷前应将初喷混凝土表面清洗干净；在复喷时应将凹陷处进一步找平。

一般在常温下(15～20℃)采用红星一型速凝剂时，可在5～10min后进行下一次喷射；而采用碳酸钠速凝剂时，最少要在30min后才能进行复喷。

（8）喷射混凝土养护：喷射混凝土终凝2h后应喷水养护，时间不得少于14d。气温低于+5℃时不得喷水养护。冬季施工洞口喷射混凝土的作业场合应有防冻保暖措施。在结冰的层面上不得进行喷射混凝土作业，作业区的气温和混合料进入喷射机的温度不应低于+5℃。混凝土强度未达到6MPa前不得受冻。

3. 钢拱架

无论是采用喷射混凝土还是锚杆或是在混凝土中加入钢筋网、钢纤维，主要是利用其柔性和韧性，而对其整体刚度并无过多要求。这对支护不太破碎的围岩并使其稳定是可行的。但当围岩软弱破碎严重且自稳性差时，开挖后就要求早期支护具有较大的刚度，以阻止围岩的过度变形和承受部分松弛荷载。钢拱架就具有这样的力学性能。

（1）构造组成

钢拱架可以采用型钢、工字钢、钢管或钢筋制成。现场采用以钢筋制作的格栅钢架较多。

(2) 性能特点

① 钢拱架的整体刚度较大，可以提供较大的早期支护刚度；型钢拱架较格栅钢架能更早承载；

② 钢拱架可以很好地与锚杆、钢筋网、喷射混凝土相结合，构成联合支护，增强支护的有效性，且受力条件较好，尤以格栅钢架结合最好；

③ 格栅钢架采用钢筋现场加工制作，技术难度和要求并不高；对隧道断面变化适应性好；

④ 钢拱架的安装架设方便。

(3) 施工要点

① 钢架加工应符合以下规定：

a. 钢架加工尺寸应符合设计要求，其形状应与开挖断面相适应；

b. 不同规格的首相钢架加工完成后，应放在乎整地面上试拼，周边拼装允许偏差为±30mm，平面翘曲应小于20mm。当各部尺寸满足设计要求时，方可进行批量生产。

② 钢架安装应符合下列规定：

a. 钢架拱脚必须放在牢固的基础上。应清除底脚下的虚碴及其他杂物，底脚超挖部分应用喷射混凝土填充；

b. 钢架应分节段安装，节段与节段之间应按设计要求连接。连接钢板平面应与钢架轴线垂直，2块连接钢板间采用螺栓和焊接连接，螺栓不应少于4颗；

c. 相邻两榀钢架之间必须用纵向钢筋连接，连接钢筋直径不应小于18mm，连接钢筋间距不应大于1.0m；

d. 钢架应垂直于隧道中线，竖向不倾斜、平面不错位，不扭曲。上、下、左、右允许偏差+50mm，钢架倾斜度应小于2°。

6.3.3 二次衬砌

在隧道及地下工程中常用的支护衬砌形式主要有整体式、复合式和锚喷式等衬砌。整体式衬砌即为永久性的隧道模筑混凝土衬砌。复合式衬砌是由初期支护和二次支护所组成，初期支护是帮助围岩达成施工期间的初步稳定，二次支护则是提供安全储备或承受后期围岩压力。初期支护按主要承载结构设计与施工；二次支护在Ⅲ级及以上围岩时按安全储备设计；在Ⅳ级及以下围岩时，则按承受后期围岩压力结构设计与施工，并均应满足构造要求。锚喷式衬砌的设计基本上同复合式衬砌中的初期支护的设计，只是增加了一定的安全储备量。目前隧道衬砌主要是指二次衬砌，且大多采用模注混凝土。

1. 衬砌施工准备工作

(1) 断面检查

根据隧道中线和水平测量，检查开挖断面是否符合设计要求，欠挖部分按规范要求进行修凿，并做好断面检查记录。

墙脚地基应挖至设计标高，并在灌注前清除虚碴、排除积水、找平支承面。

(2) 放线定位

根据隧道中线和标高及断面设计尺寸，测量确定衬砌立模位置并放线定位。

采用整体移动式模板台车时，实际是确定轨道的铺设位置。轨道铺设应稳固，其位移和沉降量均应符合施工误差要求。轨道铺设和台车就位后，都应进行位置、尺寸检查。放线定位时，为了保证衬砌不侵入建筑限界，须预留误差量和预留沉落量，并注意曲线加宽。

预留误差量是考虑到放线测量误差和拱架模板就位误差，为保证衬砌净空尺寸，一般将衬砌内轮廓尺寸扩大5cm。

预留沉落量是考虑到未凝混凝土的荷载作用会使拱架模板变形和下沉；后期围岩压力作用和衬砌自重作用（尤其是先拱后墙法施工时的拱部衬砌）会使衬砌变形和下沉，故须预留沉落量。这部分预留沉落量是根据实测数据确定或参照经验确定。

预留误差量和预留沉落量应在拱架模板定位放线时一并考虑确定，并按此架设拱架模板和确定模板架的加工尺寸。

（3）拱架模板整备

使用拼装式拱架模板时，立模前应在洞外样台上将拱架和模板进行试拼，检查其尺寸、形状，不符合要求的应予以修整。配齐配件，模板表面要涂抹防锈剂。洞内重复使用时亦应注意检查修整。拱架模板尺寸应按计算的施工尺寸放样到放样台上，并注意曲线加宽后的衬砌及模板尺寸。

使用整体移动式模板台车时，应在洞外组装并调试好各机构的工作状态，检查好各部件尺寸，保证进洞后投入正常使用。每次脱模后应予以检修。

（4）立模

根据放线位置，架设安装拱架模板或模板台车就位。安装就位后应做好各项检查，包括位置、尺寸、方向、标高、坡度、稳定性等，并注意处理好以下问题：

① 每排拱架应架设在垂直于隧道中线的竖直平面内，不得倾斜；对于曲线隧道，因曲线外弧长、内弧短，则应分段调整拱架方向和模板长度。

② 拱架应立于稳固的地基上。拱架下端一般应焊接端头板，以增大支承面，减少下沉；当地基较软弱时，应先用碎石垫平，再用短枕木支垫，此垫木不得伸入衬砌混凝土中。

当采用整体移动式模板台车时，其行走轨道应铺设稳定，轨枕间距要适当，道床要振捣密实，必要时可先施作隧道底板，防止过量下沉。

③ 拱架的架设要牢固稳定，保证其不产生过量位移。拱架立好后还应对其稳定性进行检查。固定的方法：横向有横撑（断面较小时采用）、斜撑（断面较大时采用）；纵向有带木、拱架间撑木、拉杆及斜撑。

拱架模板的架设和加强，均应考虑其腹部的通行空间，以保证洞内运输的畅通。

④ 挡头模板应同样安装稳固，挡头板常用木板加工，现场拼铺，以便与岩壁之间的缝隙嵌堵严密，也可采用气囊式堵头。

⑤ 设有各种防水卷材、止水带时，应先行安装好，并注意挡头板不得损伤防水材料，以免影响防水效果。

（5）混凝土制备与运输。

由于洞内空间狭小，混凝土多在洞外拌制好后，用运输工具运送到工作面再灌注。其实际待用时间主要是运输时间，尤其是长、大隧道和运距较长时。因此，运输工具的选择应注意装卸方便、运输快速，以保证拌好的混凝土在运输中不发生漏浆、离析泌水、坍落度损失和初凝等现象。

可结合工程情况，选用各种斗车、罐式混凝土运输车或输送泵等机械。

2. 混凝土的灌注、养护与拆模

（1）保证捣固密实，使衬砌具有良好的抗渗防水性能，尤其应处理好施工缝；

（2）整体模筑时，应注意对称灌注，两侧同时或交替进行，以防止未凝混凝土对拱架模板产生偏压而使衬砌尺寸不合要求；

（3）若因故不能连续灌注，则应按规定进行接茬处理。衬砌接茬应为半径方向；

（4）边墙基底以上1m范围内的超挖，宜用同级混凝土同时灌注，其余部分的超、欠挖应按设计要求及有关规定处理；

（5）衬砌的分段施工缝应与设计沉降缝、伸缩缝及设备洞位置统一考虑，合理确定位置；

（6）封口方法。当衬砌混凝土灌注到拱部时，需改为沿隧道纵向进行灌注，边灌注边铺封口模板，并进行人工捣固，最后堵头，这种封口称为“活封口”。当两段衬砌相接时，纵向活封口受到限制，此时只能在拱顶中央留出一个50cm×50cm的缺口，最后进行“死封口”采用整体式模板台车配以混凝土输送泵时，可以简化封口；

（7）多数情况下隧道施工过程中洞内的湿度能够满足混凝土的养护条件，但在干燥无水的地下则应注意洒水养护。采用普通硅酸盐水泥拌制的混凝土，其养护时间一般不少于7d；掺有外加剂或有抗渗要求的混凝土，一般不少于14d。养护用水的温度应与环境温度基本相同；

（8）一次衬砌的拆模时间，应视混凝土强度增长情况而定。一般应在混凝土达到施工规范要求强度时方可拆模；有承载要求时应根据具体受力条件确定。

3. 仰拱和底板

若设计无仰拱，则铺底通常是在拱墙修筑好后进行，以避免与拱墙衬砌和开挖作业的相互干扰。若设计有仰拱，说明侧压和底压较大，则应先修筑仰拱使衬砌环向封闭，避免边墙挤入造成开裂甚至失稳。但仰拱和底板施工占用洞内运输道路，对前方开挖和衬砌作业的出碴、进料会造成干扰，因此，应对仰拱和底板的施作时间、分块施工顺序及与运输的干扰问题进行合理安排。

为施工方便，仰拱和底板可以合并灌注，但应保证仰拱混凝土强度符合设计要求。

待仰拱和底板纵向贯通，且混凝土达到一定强度后，方能允许车辆通行，其端头可以采用石碴土填成顺坡通过。

灌注仰拱和底板时，必须把隧道底部的废碴、杂物及淤泥清除干净，排出积水。超挖部分应用同级混凝土或片石混凝土灌注密实。

4. 防止和减少二次衬砌开裂主要措施

（1）混凝土加减水剂、膨胀剂或用膨胀水泥。由于混凝土收缩和水泥水化发热，使混凝土灌注后温度上升，经3~5d后温度下降等原因，使衬砌受拉超过混凝土极限强度后而出现裂缝。在混凝土中加减水剂、膨胀剂，可以减少单位水泥和水的用量，因膨胀剂混凝土压密实，从而减少混凝土的收缩应变等；

（2）初期支护与二次衬砌间，设置隔离层或低标号砂浆后可减少对二次衬砌的约束。

设置防水隔离层，可以使衬砌支护与二次衬砌间不传递切向力，因此对防止二次衬砌开裂作用很大。但在铺设防水隔离层之前应用喷射混凝土或水泥砂浆将初期支护表面大致整平，以改善二次衬砌的受力条件。但是防水隔离造价较贵，应做技术经济性比较；

(3) 改进混凝土的灌注工艺和提高施工技术水平，并加强混凝土振捣和养护、精心施工，以提高混凝土衬砌的施工质量；

(4) 在改进混凝土施工工艺的同时可放慢灌注速度，并在两侧边墙对称分层灌注混凝土，到拱脚处停止 1h 左右，待边墙混凝土衬砌下沉稳定后再灌注拱部混凝土衬砌。一次模筑混凝土衬砌环节不宜过长，以免混凝土硬化收缩使衬砌产生裂缝。当混凝土灌注速度过快，沉降不均匀易产生裂缝，拱脚附近裂缝更多；

(5) 在衬砌内或易开裂部位，布置少量钢筋可减少裂缝的产生，并使裂缝分布较均匀而且裂缝宽度不会超过允许值等。

6.4 隧道防排水施工

6.4.1 隧道防水系统

1. 隧道洞身衬砌防水

(1) 防水混凝土

衬砌自身防水一般可通过对其采用防水混凝土实现。

公路隧道工程的混凝土结构应符合《地下工程防水技术规范》(GB 50108—2008)中对防水混凝土的有关规定。

当采用复合式衬砌时，二次衬砌应满足抗渗要求。寒冷地区有冻害地段和最冷月份平均气温低于-15℃的地区，混凝土的抗渗等级不低于 P8，其余地区不宜低于 P6。

(2) 衬砌防水层

① 防水层构造

地下水非常丰富、水压较大的地段及不适宜采用排水措施的隧道，或投入使用后洞内防潮要求较高的隧道，应采用全封闭的防水衬砌结构，另设置衬砌防水层增强防水效果。

防水层可为涂料防水层或卷材防水层，其中涂料防水层通常刷于衬砌结构的内表面；卷材防水层一般用于复合式衬砌，设置在初期支护与二次衬砌之间，材料为土工布及防水板，要求同时设置系统盲管(沟)。卷材防水层应在拱部和边墙全断面铺设，并须选用耐老化、耐细菌腐蚀、易操作及焊接时无毒气的高分子柔性防水卷材，且其特性必须符合《聚氯乙烯(PVC)防水卷材》(GB 12952—2011)中各项指标的要求。系统盲管(沟)按规范每隔一定距离设置，并互相连通，泄水可沿连通道流入隧道内的排水沟中。

初期支护表面的各种突出物和二次衬砌中预埋的各种构件不能凿穿防水层，并应采用“无钉铺设”工艺铺设。

土工布在施工中不仅能保护防水板，而且能起到毛细渗水作用，故广为采用。

② 防水层铺设工艺

防水层的铺设固定施工应遵循以下规定：

a. 钢筋等凸出部分，先切断后用锤铺平，抹砂浆素灰；

b. 锚杆有凸出部分时，螺头顶预留 5mm，切断后用塑料帽处理；

c. 补充喷射混凝土，使其表面平整圆顺，凹凸量不超过±5cm；

d. 铺设防水层时，采用手动专用熔结器热熔在衬垫上，两者黏结剥离强度应大于防水层的抗拉强度；

e. 防水层之间采用双焊缝热熔黏结工艺黏结，双焊缝结合部位宽度 215mm。

（3）接缝防水

隧道二次衬砌的施工缝、沉降缝和伸缩缝也应采取可靠的防水措施。

对于地下水丰富、水压较大的地段，隧道衬砌结构施工缝宜选用外贴式止水带与中埋式膨胀性橡胶止水条组合形式的防水构造，沉降缝宜选用外贴式止水带与中埋式橡胶止水带组合形式的防水构造。

对于地下水量小、水压不大的地段，隧道衬砌结构的施工缝可选用中埋式缓膨胀性橡胶止水条形式的防水构造，沉降缝宜选用中埋式橡胶止水带形式的防水构造。

2. 注浆防水

当隧道施工可能造成水土流失，影响当地居民生产生活环境时，应在查明地下水流性质的基础上有针对性地采取注浆堵水措施，最大限度地保证当地居民正常生产生活用水。

在地下水丰富但无排水条件，或者排水设施造价太高以及不允许排水的情况下，可采用注浆堵水。当隧道埋深在 50m 以内时，可考虑在地表进行预注浆；当隧道埋深超过 50m 以上时，应在开挖掌子面上进行预注浆。

在围岩破碎地段、断层破碎带、裂隙较多且易发生涌水和易坍塌的地段，可压注水泥砂浆或单液水泥浆防止渗漏和加固围岩，但宜结合集排水设施进行施工，防止因压浆而堵塞衬砌背后的排水管道，以达到预期效果；而当局部地段水量较大时，可采用双液（水泥和水玻璃）注浆或灌注化学浆液，以加快凝胶时间，防止浆液流散。对于粉砂、细砂地层，则不宜采用水泥系浆液防水。

当隧道施工遇到发生高压涌水危及施工安全时，应先采用排水方法尽量降低地下水的压力，然后采用高压注浆进行封堵。

有侵蚀性地下水时，应针对侵蚀类型采用抗侵蚀混凝土、压注抗侵蚀浆液或铺设抗侵蚀防水层。

当隧道位于常水位以下又不宜大量排泄地下水时，隧道衬砌应采用抗水压衬砌结构。

3. 地表及洞口段防水

（1）地表及洞口防水注意事项

应注意的事项及相关措施如下：

① 填平地表

对洞顶存在易于积水的坑洼、洞穴的地段应填平地表，以防止积水和下渗。

② 采取措施防止地表水下渗

在隧道施工中，对滞水洼地和渗水通道应采取填充、铺砌、勾补、抹面等措施处理。对洞顶钻孔等均应采用防水材料充填密实、封闭；同时注意在隧道进、出口段一定范围内，必要时应对地表采用注浆措施加固围岩地层。

③ 采取措施防止天然沟谷渗水

当洞顶有沟谷通过，且沟底岩石节理裂隙发育，使地表水对隧道影响较大时，可采用浆砌片石铺砌沟底，铺砌厚度不小于30cm。当沟底岩石破碎和隧道埋深浅时，应结合隧道支护设计采用注浆措施加固围岩。

④ 灌溉渠通过隧道顶部时改道，或施作铺砌

改道可避免其对围岩渗流产生影响，施作铺砌可改变渗流条件，减小对围岩渗流产生的影响。

⑤ 防止水土流失，保护自然环境

洞顶及其附近有井、泉、池塘、水库、水田或耕地等时，应考虑因修建隧道而造成地表水位和地下水位降低、井泉干枯、水土流失、影响居民生活和农田灌溉的可能性，并应采取相应措施以防止因水土流失对周围自然环境产生的严重影响。

（2）明洞防水

明洞一般采用明挖回填法施工，洞顶覆盖层普遍存在渗水通道，故明洞防水构造的特点如下：

① 明洞外缘防水应采用全断面铺设宽幅高分子柔性防水卷材进行防水；

② 洞顶回填土石表面一般应铺设黏土隔水层，且应与边坡地表搭接良好，以利于泄水和防止地表水渗入地层；

③ 黏土隔水层表面宜种植草皮保护，防止雨水冲刷。

6.4.2 隧道排水系统

隧道排水系统宜按地下水和运营清洗污水、消防污水分开排放的原则进行设计，设置完善的纵横向排水沟管。可根据公路等级并结合路面横坡的变化情况，在隧道内行车道边缘设置双侧或单侧排水沟，路面结构下设置中心排水沟。水沟的侧面应留有足够的泄水孔，同时排水系统应具有方便的维修疏通设施。

隧道内纵向排水沟管的坡度应与路线纵坡一致。隧道内排水沟管过水断面的面积应根据水力计算确定。排水沟管应设置沉砂井、检查井，并铺设盖板，其位置、结构构造应考虑便于检查、维修和疏通。

寒冷和严寒地区的隧道，最冷月平均温度在-15～-10℃时，应采用双侧保温水沟；最冷月平均温度在-25～-15℃时，应采用中心深埋保温水沟；当最冷月平均温度低于-25℃时，在主洞隧道以下应采用防寒泄水洞，其埋深以从行车道边缘算起大于隧道所在地区的冻结深度为宜。隧道内应根据实际情况设置防寒环向、纵向盲沟，洞外应设暗沟、保温出水口等排水设施，使隧道内外形成一个通畅、便于维修的防寒排水系统。

1. 洞口段排水系统

（1）洞口地表排水

隧道洞口应根据地形、地质、气象等情况，结合环境保护进行全面的规划和综合治理，因地制宜地设置疏水、截水和引水设施。

洞顶天沟应设于边仰坡坡顶以外，一般沿等高线走向在路线一侧或两侧排水。距离坡顶一般应大于5m，黄土地区应大于10m。坡度应根据地形设置，但应大于0.5%，以免淤

积。当纵坡过陡时，应设置急流槽或跌水连接。一般地面自然坡度大于1∶1时，水沟应做成阶梯式以减少冲刷。土质地段水沟纵坡大于20%或石质地段水沟纵坡大于40%时，应设置抗滑基座以确保其纵向稳定。断面尺寸应根据流入截水沟的汇水区流量确定，水沟深度应高出计算水位20cm。一般底宽和深度均应大于60cm。水沟一般采用浆砌片石铺砌，厚度大于30cm，断面形式以梯形为主，石质地段可采用矩形。长度应以满足使边仰坡坡面不受冲刷为宜，下游应将水引至适当地点排泄，避免雨水冲刷山体。流量较大时，不宜将水引入路基排水边沟排泄，而应根据地形将水引至附近沟谷或涵洞排除。

（2）明洞排水

明洞应在开挖边坡以外设置天沟。路堑对称型、路堑偏压型均应于洞顶设置纵向排水沟，其沟底坡度与路线一致且大于5%。在条件允许时，可在山坡较低一侧拉槽排水。洞顶排水沟一般采用梯形断面，浆砌片石厚度大于30cm，以防冲刷。明洞防水层外侧应间隔2~3m环向设置干砌片石排水盲沟，盲沟用土工布包裹，直接将水引入设置在墙脚外侧的纵向排水花管。

2. 洞内排水系统

隧道洞内排水系统应能保证排水畅通，避免洞内积水。当隧道左右洞涌水量差异较大时，左右洞的排水设施宜统一进行设计。

围岩裂隙水宜采用盲沟引排，通过盲沟将水直接排入二次衬砌边墙墙脚外侧的纵向排水花管。排水盲沟管材有波纹塑料半圆管、软式透水管及各种新型排水管材等，可因地制宜地选用。一般每隔3~5m设一道，突出遵循“有水则设，无水则防”的动态设计原则。二次衬砌环向施工缝、沉降缝、变形缝处均宜加设排水盲沟。

分离式隧道可沿全长在二次衬砌两侧边墙墙脚的外侧设置PVC（Polyvinyl Chloride，聚氯乙烯）纵向排水半花管，上半断面眼孔直径6~8mm，间距10cm。对其需采用PVC排水管横向连通至中心排水沟或排水边沟，PVC排水管的管径需根据水力计算确定。

连拱隧道需沿全长在中隔墙顶部两侧拱脚和边墙墙脚附近各设一道PVC纵向排水半花管，并对其采用PVC排水管横向、竖向连通至中心排水沟或排水边沟。PVC管径需根据水力计算确定。连拱隧道应尽可能采用夹心式中隔墙的形式，以便有效解决中隔墙的防排水问题。

隧道内宜根据公路等级在行车道边缘设置双侧或单侧排水边沟，用于排放清洗和消防用水；同时设置中心排水沟，用于排放地下水。边沟一般采用钢筋混凝土结构，中心排水沟通常采用上半断面打孔的双壁波纹塑料管或钢筋混凝土管，水沟的侧面应留有足够的泄水孔。

隧道内的路面基层可采用厚15~20cm的水泥处治碎石，其配合比按《公路水泥混凝土路面设计规范》（JTG D40—2011）规定，以达到减少路面冒水和排泄地下水的目的；也可采用12~20cm素混凝土，并在基层顶部或底部设置横向排水盲管。

为了便于对排水管定期采用管道疏通机及时疏通，通常在二次衬砌的墙脚纵向间隔50~100m对称布设检查维修孔。排水管流出的水经检查孔由横向PVC排水管与中心排水沟管连通，并由其排出洞外。隧道内行车道边缘排水沟每50m设一处铁箅子泄水检查孔，中心排水沟每200~250m设一处沉砂检查井，并铺设钢筋混凝土盖板。由此使排水系统形成便于维修、疏通、检查且“始终通畅无阻”的网络系统，以确保隧道正常运营。

3. 洞内外排水衔接

洞外路基排水边沟以外大于2m的范围内，除石质坚硬、不易风化者外，均应采用浆砌片石铺砌。当隧道洞口为反坡排水时，应结合实际地形等情况，采用可靠的截水措施，以免路面水流进入隧道影响行车安全。

在寒冷或严寒地区应设置保温水沟，出水口应采用保温出水口。洞口检查井与洞外暗沟连接时，其连接暗沟应采用内径大于40cm的预制钢筋混凝土圆管。为加大水流速度并防止水流冻结，暗沟坡度应大于1%，沟身应设置在当地冻结线以下。

6.4.3 施工期间排水措施

隧道施工期间的地下水、施工废水需要及时排出洞外。

1. 隧道线路为上坡方向时

可采取顺坡自然排水方式，排水沟坡度与线路纵坡一致。有平行导坑时，可将正洞的水引入平行导坑排出洞外。

2. 隧道线路向下坡方向开挖称为反坡施工

当隧道较短、坡度又不大时，则在反坡施工时可修筑与路线纵坡相反的水沟进行排水。但在一般情况下需要机械排水，此时可采用以下2种方式：

（1）分段开挖反坡水沟(反坡不小于2%)

反坡水沟最大深度不宜超过0.7m，据此分段，分段处设集水坑，每个集水坑配备一台抽水机，由抽水机把水抽至下一段反坡水沟中，直至排出洞外。此法无需水管，但抽水机较多，适用于较短隧道。

（2）开挖面用辅助抽水机抽到近处集水坑

集水坑设主抽水机，洞内可隔较长距离设一集水坑，主抽水机将集水坑的水排至其他集水坑(当洞内不止一个集水坑时)或直接排至洞外。此时，抽水机数量减少，但需安装排水水管，抽水机需随开挖面而拆除前移，此方式适用于长隧道及涌水量较大的隧道。

6.5 公路隧道施工中的不良地质处理

6.5.1 富水破碎围岩施工处置

1. 富水破碎围岩的工程特性

富水软弱围岩是指在各类土质、软岩、风化极为严重的各种岩层，极软弱破碎的断层带以及堆积、坡积层中，岩体强度很低、自稳能力极差的围岩。在这种围岩中修建隧道难度极大，俗称“烂洞子”。

大量涌水是隧道施工中比较常见的不良地质现象。在雨量充沛和地下水丰富的地区，当隧道穿过断层破碎带、裂隙贯通密集带、不同围岩接触带或岩溶发育地段时，施工期间会发生地下水和承压水大量涌出的现象。

富水围岩和大量涌水地段往往不是单独出现，不少情况是同时存在。当断层带内围岩软弱破碎，甚至成为断层泥时，在富水情况下极易成为“烂洞子”；而在雨量充沛或地下水丰富地区，地下水积存在破碎带内，与隔水层相接触部分还会形成承压水，施工时也会发生大量涌水。二者之间既有联系，又各有特点，其施工措施也是既有共性，又各有侧重。

2. 富水破碎围岩施工安全处置

(1) 富水破碎围岩施工安全风险

富水破碎围岩在施工过程中极易发生严重的坍塌事故。在富水破碎围岩隧道施工中，为减少对围岩的扰动，常用办法是先对隧道进行支护而后开挖，然后密闭支撑，边挖边封闭。在富水破碎围岩隧道施工中，除了具有一般隧道所具有的风险外，还存在以下风险。

① 隧道施工前，若未进行必要的注浆加固、降低水位等技术措施，可能发生隧道坍塌冒顶事故。

② 施工过程中发现异常时，若未立即停工处理可能造成严重的隧道坍塌事故。

③ 若监控体系失效、支护参数调整不及时，可能造成坍塌冒顶事故。

④ 衬砌背后的排水盲管(沟)未做顺畅导流，地下水可能在衬砌背后积聚对其形成压力，从而造成坍塌事故，也可能损坏衬砌。

⑤ 若隧道内排水设施不完善，洞内积水不能及时排出，在隧道内积聚易造成洞内道路泥泞，甚至浸泡损坏施工设备。

⑥ 积水可能对供电线路造成影响，易漏电导致施工人员触电。

⑦ 向岩体插入钎、管等构件对隧道进行超前支护时，若正对构件，如钎、管突然折断或崩出的岩石可能会对施工人员造成打击伤害。

⑧ 隧道内的焊接设备若安放不当，可能会因淋水短路而损坏设备，甚至造成施工人员的触电伤害。

因此，在隧道施工前，要严防不注浆加固等不安全行为；在施工过程中发现异常时，要杜绝不立即停工处理的不安全行为，严防监控体系失效的不安全状态，杜绝对衬砌背后的排水盲管(沟)不做顺畅导流的不安全行为；在超前支护时，要杜绝正对构件的不安全行为。

(2) 富水破碎围岩施工安全风险控制

富水破碎围岩施工安全风险控制技术措施如下：

① 隧道施工前，必须根据地质条件、埋深及地下水情况，选用地表注浆、超前帷幕注浆、降低地下水位等技术措施进行处理，评估达到要求后方可开挖。

② 在隧道掘进过程中，如果遇到承压水地段，可以在衬砌背后修建排水管道，管道应顺畅地连接排水沟，防止地下水在衬砌背后聚集对衬砌形成压力导致衬砌坍塌引发的事故；若不容许衬砌排水，可以修建抗水压衬砌，保证衬砌不致坍塌、漏水。

③ 在隧道施工中，一旦发现浑水、携带泥沙、顶钻、高压喷水、水量突增等异常情况，应立即停止施工，进行紧急排水处理并寻找原因，及时采取措施控制出水量。

④ 为保证隧道开挖过程中工作面的稳定不坍塌，可进行超前支护。超前支护的类型主要有以下 4 种。

a. 悬吊式超前锚杆。在爆破前，将超前锚杆或小钢管打入掘进前方稳定岩层内，末端支撑在拱部围岩内专为超前锚杆提供支点的径向悬吊锚杆上，或支撑在作为支护的结构锚杆上，使其约束、支护掘进进尺范围内顶拱部上方，从而使围岩在爆破后不发生松弛坍塌。在进行悬吊式超前支护时，应当对悬吊锚杆和结构锚杆进行质量检测，确保支护结构强度达到设计要求，避免施工过程中坍塌掉落；应当对焊接的锚杆和钢管进行焊接检测，避免支护过程中开裂折断，导致坍塌事故。

b. 格栅拱支撑超前锚杆。将超前锚杆或小钢管的末端支撑在格栅拱支撑上，保证围岩的稳定性。在采用格栅拱支撑超前支护时，要确保架设质量和拱脚处的地基有足够的承载力，避免格栅拱倒塌。

c. 超前管棚法。使用外径为40mm、80mm、108mm或其他直径的无缝或普通焊接钢管插入围岩，一般在软弱的地层可直接顶入或借助机械如凿岩机、液压钻将管顶入末端开挖的地层中。

d. 超前小导管预注浆法。将钢管前端做成尖楔状，在管前部2.5~4m范围内按梅花形布置，钻好直径为6mm的注浆孔，以便钢管进入岩层后对岩层进行预注浆。

⑤ 隧道施工时应按设计及时施作初期支护，加强初期支护的强度，尽早闭合成环。

⑥ 应建立有效的监控体系，及时埋设监控量测点，并取得基准值，按要求开展监控量测；应及时根据量测结果，评价支护的可靠性和围岩的稳定性，调整支护参数，确保施工安全。

⑦ 衬砌背后的排水盲管(沟)必须顺畅地连接到隧道排水沟，防止地下水在衬砌背后积聚对其形成压力。

⑧ 当洞内涌水对周边环境影响较大时，宜采用注浆堵水措施。当隧道埋深在20m以内时，可采用地表注浆；当隧道埋深超过20m时，宜采用开挖工作面预注浆。

6.5.2 隧道围岩大变形控制

1. 隧道围岩大变形特征概述

隧道围岩大变形常被认为与地应力、围岩强度、地下水发育程度和埋深等密切相关。对于围岩大变形隧道的施工控制，目前主要遵循了主动加固围岩、强化支护、合理释放和减少扰动等理念，并逐步形成了长(黏结型)锚杆、勤注浆、厚喷层、强钢拱架、多层支护与短台阶等相结合的系统性施工支护措施。

隧道围岩大变形主要发生在低级变质岩、断层破碎带及煤系地层等一些低强度围岩中，具有变形量大、径向变形显著及危害巨大等特点。发生该类变形的围岩一般被称为软岩、挤出性围岩或膨胀岩。大变形是高地应力条件下围岩的极端变形破坏方式，是一种塑性破坏与塑性流动。

现如今，虽然国内外许多学者已对高地应力和软弱围岩做了大量研究工作，但由于每项工程其地应力特点不同，岩石特点存在差异导致其存在个异性，因此，这些研究工作的成果并不能完全地运用于每个高地应力软岩大变形。

2. 隧道围岩大变形控制措施

隧道围岩大变形控制首先是对围岩进行加固和超前支护，其次是针对围岩特性选择适宜的开挖工艺，减少隧道掘进过程中对围岩的损伤和扰动；然后通过隧道地震波法超前地质预报开挖面地质和相邻段地质特性，确定围岩加固和支护形式。

（1）超前地质预报

对于地质条件复杂的山区建设隧道，隧道周围及工作面前方的工程地质和水文地质情况与隧道施工的质量和安全关系重大。不良地质条件极易引起隧道塌方、突泥涌水，不仅在技术上给隧道施工带来极大困难，也常因突发事故导致人身伤亡、设备损失、工期延误，从而造成巨大的经济损失。由于隧道工程设计的基本依据是地质勘察资料，而隧道施工的依据主要是设计文件，大量的隧道工程建设实践表明，受地质勘察精度、经费等诸多条件的限制，根据地质勘察资料做出的设计与实际不符的情况屡有发生。

因此，必须熟悉各种隧道施工的工程地质预测预报技术，了解各自的特点，才能在施工过程中真正做好“预控”。在隧道施工期间，配备相应的工程地质预测预报仪器设备，采用各种技术、手段和方法对隧道掌子面前方地质条件进行及时准确的预测，可以提前采取预防措施，避免灾害的发生或在一定程度上减少因灾害造成的损失，保证隧道施工的安全。

过去国内常常采用超前导坑等办法超前探明前方的地质情况，但这种方法往往费用较高。经过多年发展，目前超前地质预报技术已有很大发展，精度也有很大提高。目前长距离超前地质预报方法有深孔钻探法、地面地质调查法、断层参数预测法、瞬变电磁法等；短距离超前地质预报方法有掘进工作面地质素描法、地质雷达法、红外线超前探水法、短距离钻探法等。

各种预测法均有其最佳适用范围及优缺点，在实施时要根据隧道地质情况及施工状况选用。由于隧道地质情况的复杂性，加上人们对地球认识的局限性，给隧道地质超前预报带来了很多困难，因此，施工中必须针对不同情况，采用综合的地质预报手段，物探和钻探相结合，由长至短，逐步细化，并参照设计单位提供的地质资料，经综合分析得出相应的可靠性结论，从而有效指导施工。

地质预报技术关键是研究区域地质、工程地质资料，必要时进行地表补充测绘和勘探，对整个地区地质情况做比较全面和深刻的认识，分析主要工程地质问题、主要地质灾害隐患及其分布范围，制订预报方案。对不同地段地质应分级预报，对不同类型和级别的地段应采取不同的预报手段。在隧道施工前应制订好不良地质地段应急预案，在浅孔钻探发现地质突变或含水时应立即采取处理措施。

（2）提高隧道的自稳性

在开展施工作业时，应将诱发隧道围岩变形的因素控制在最小范围内，以使隧道变形程度得到有效控制。具体操作方法可以采用超前大管棚、超前帷幕注浆、超前小导管等预先安装，主动加固处理软弱破碎富水段隧道等。使用环形预留核心土台阶工法处理自稳性差、易破碎隧道，采取的主要方法为封闭成环和短进尺。为尽量降低开挖施工对隧道的扰动，开挖方案选取扰动最小的铣挖法施工。

（3）加强隧道主动支护

及时强（被动）支护理念，在一定程度上忽视了围岩体的自承载能力，单一将其作为荷载来源，导致“无止境地”增加支护力。基于此，对挤压大变形的治理需回归到围岩-支护为主的支护体系，即采用的支护系统应能及时主动提升围岩（峰后）自承能力，能更好地维持围岩完整性。主动支护涵盖两层含义：一是强调及时支护，快速施载；二是突出主动支护对围岩力学性能的改善与提高。

（4）提高围岩自支护能力

软弱围岩变形控制的关键是提高围岩自支护能力，控制围岩的软化、液化流失、松弛变形，其原则是保护围岩、加固围岩、提高围岩自支护能力。

隧道开挖应避免使用爆破开挖工艺，采用人工辅助机械开挖。

围岩加固施工方法是通过全断面深孔注浆、超前管棚注浆、超前小导管注浆、环向中空锚杆注浆等注浆加固方法主动控制软岩塑性变形的。

围岩经过加固处理后，仍然存在整体变形，主要是因为初期支护的刚度不足，被挤压变形；初支整体沉降是因为初支体系的锚固受力杆件锚固在围岩松动圈内，未与力学性能好的围岩有效结合受力，针对以上原因可以采取以下辅助技术措施。

① 加强支护刚度。加强初期支护的刚度是当前隧道围岩变形最主要的控制措施，它可有效控制围岩变形，主要包括调大支护钢架型号、减小钢架间距、加厚初期支护厚度等措施。

② 加强锁脚锚固措施。增加锁脚小导管长度，让初支锚固系统穿过围岩松动圈有效锚固在力学性能较好的围岩内，增加锁脚小导管数量，加强锁脚导管的刚度，加强注浆和薄弱节点的质量控制。

（5）使用径向注浆加固隧道

支护完成一次循环后应进行径向注浆加固工作，使岩石空隙被浆液全部填筑严实。径向注浆加固隧道可使浆液与隧道连接在一起，改善岩体的受力结构，使隧道更稳定，塑性变形区域的厚度比径向加固的拱圈半径大。

（6）做好监控量测工作

在隧道工程施工过程中，监控量测起到的作用越来越大。监控量测信息能够及时反映隧道围岩变形及支护结构受力状态，以便施工人员及时调整施工或支护方案，实现动态施工，保证施工安全。根据监控量测的位移值，建立围岩变形控制准则来指导施工具有很大的实用价值。

第7章　公路工程施工质量管理

7.1　公路工程施工质量管理概述

7.1.1　质量管理的基本概念

1. 质量和工程质量

质量是指一组固有特性满足要求的程度。就工程质量而言，其固有特性通常包括使用功能、寿命以及可靠性、安全性、经济性等，这些特性满足要求的程度越高，质量就越好。在工程项目中，工程质量包括狭义和广义两方面的含义。狭义的工程质量指工程项目的施工质量，广义的工程质量除施工质量外，还包括工序质量和工作质量。

（1）施工质量

施工质量是指保证承建工程的使用价值，也就是指保证施工工程的适用性。质量应与项目的使用相适应，在确定质量标准时，应在满足使用功能的前提下，考虑技术可能性、经济合理性、安全可靠性和与环境协调性等因素。

（2）工序质量

工序质量也称生产过程质量。工程质量的形成必须经历一个过程，而过程的每一阶段又可视为过程的子过程，所以，只有抓好每一阶段(每一道工序)的质量，才能保证工程的整体质量。过程质量包括开发设计过程质量、施工过程质量、使用过程质量与服务过程质量4个过程质量。

（3）工作质量

工作质量是指与质量有关的各项工作对产品质量、服务质量、过程质量的保证程度，也是施工企业生产经营活动各项工作的总质量。工作质量的特点是难以直接地、定量地描述和衡量。一般来说，工作质量的好坏可以通过工作的成果(或效果)间接反映，如广泛使用的合格率、错漏检率、返修率、投诉率、满意率等就是这一类工作质量的考察指标。

2. 质量管理

质量管理是在质量方面指挥和控制组织的协调活动。这些活动通常包括建立和确定质量方针和质量目标，并在质量管理体系中通过质量策划、质量控制、质量保证和质量改进等手段实施全部质量管理职能，从而实现质量目标的所有活动。组织必须通过建立质量管理体系实施质量管理。其中，质量方针是组织最高管理者的质量宗旨、经营理念和价值观的反映。在质量方针的指导下，组织通过编制质量手册、程序性管理文件和质量记录，进而落实组织制度，合理配置各种资源，明确各级管理人员在质量活动中的责任分工与权限界定等，形成组织质量管理体系的运行机制，保证整个体系的有效运行，从而实现质量目标。

3. 质量控制

质量控制是质量管理的一部分而非全部。质量控制是在明确的质量目标和具体的条件下，通过行动方案和资源配置的计划、实施、检查和监督，进行质量目标的事前预控、事中控制和事后纠偏控制，实现预期质量目标的一系列相关活动。这些活动主要包括：

（1）设定标准：规定要求，确定需要控制的区间、范围、区域。

（2）测量结果：测量满足所设定标准的程度。

（3）评价：评价控制的能力和效果。

（4）纠偏：对不满足设定标准的偏差，及时纠偏，保持控制能力的稳定性。

4. 全面质量管理

全面质量管理的主要特点是以顾客满意为宗旨，领导参与质量方针和目标的制定，提倡预防为主、科学管理、用数据说话等。这种方法的基本原理就是强调在企业或组织最高管理者的质量方针指引下，实行全面、全过程和全员参与的质量管理。建设工程项目的质量管理，同样应体现“三全”(全面、全过程、全员参与)管理的思想和方法。

（1）全面的质量管理

建设工程项目的全面质量管理是指建设工程项目参与各方所进行的工程项目质量管理的总称，其中包括工程质量和工作质量的全面管理。工作质量是产品质量的保证，工作质量直接影响产品质量的形成。业主、监理单位、勘察单位、设计单位、施工总承包单位、施工分包单位、材料设备供应商等，任何一方、任何环节的怠慢疏忽或质量责任不到位都会对建设工程质量造成不利的影响。

（2）全过程的质量管理

全过程质量管理是指根据工程质量的形成规律，从源头抓起，全过程推进。要控制的主要过程有项目策划与决策过程、勘察设计过程、施工采购过程、施工组织与准备过程、检测设备控制与计量过程、施工生产的检验试验过程、工程质量的评定过程、工程竣工验收与交付过程、工程回访维修服务过程等。

（3）全员参与的质量管理

组织的最高管理者确定质量方针和目标，组织内部的每个部门和工作岗位都承担着相应的质量职能，开展全员参与质量管理就是运用目标管理方法，将组织的质量总目标逐级进行分解，使之形成自上而下的质量目标分解体系和自下而上的质量目标保证体系，发挥组织系统内部每个工作岗位、部门或团队在实现质量总目标过程中的作用。

5. 质量管理的 PDCA 循环

PDCA 循环是指按照计划(Plan)、实施(Do)、检查(Check)、处置(Act)这样四个阶段的顺序循环不止地进行管理的一种科学的管理工作程序，它是在长期的生产实践和理论研究中形成的建立质量体系和进行质量管理的基本方法。从某种意义上说，管理就是确定任务目标，并通过 PDCA 循环实现预期目标。每一循环都围绕着实现预期的目标，进行计划、实施、检查和处置活动，随着对存在问题的解决和改进，在一次一次的滚动循环中逐步上升，不断增强质量能力，不断提高质量水平。每一个循环的四大职能活动相互联系，共同构成了质量管理的系统过程。

（1）计划

计划由目标和实现目标的手段组成，质量管理的计划职能，包括确定质量目标和编制实现质量目标的行动方案两方面。质量计划的严谨周密、经济合理和切实可行，是保证工作质量、产品质量和服务质量的前提条件。

建设工程项目的质量计划，是由项目参与各方根据其在项目实施中所承担的任务、责任范围和质量目标，确定质量控制的组织制度、工作程序、技术方法、业务流程、资源配置、检验试验要求、质量记录方式、不合格处理、管理措施等具体内容和做法的质量管理文件。

（2）实施

实施职能在于将质量的目标值，通过生产要素的投入、作业技术活动和产出过程，转换为质量的实际值。为保证工程质量的产出或形成过程能够达到预期的结果，在各项质量活动实施前，要根据质量管理计划进行行动方案的部署和交底。交底的目的在于使具体的作业者和管理者明确计划的意图和要求，掌握质量标准及其实现的程序与方法。在质量活动的实施过程中，则要求严格执行计划的行动方案，规范行为，把质量管理计划的各项规定和安排落实到具体的资源配置和作业技术活动中去。

（3）检查

对计划实施过程进行的各种检查，包括作业者自检、互检和专职管理者专检。各类检查也都包含两大方面：一是检查是否严格执行了计划的行动方案、实际条件是否发生了变化，以及不执行计划的原因；二是检查计划执行的结果，即产出的质量是否达到标准要求，并对此进行确认和评价。

（4）处置

对于质量检查所发现的质量问题或质量不合格，及时进行原因分析，采取必要的措施予以纠正，保持工程质量形成过程的受控状态。处置分为纠偏和预防改进两个方面，前者是采取有效措施，解决当前的质量偏差、问题或事故；后者是将目前质量状况信息反馈到管理部门，反思问题症结或计划时的不周，确定改进目标和措施，为今后类似质量问题的预防提供借鉴。

7.1.2 工程质量的影响因素

工程质量的影响因素，主要是指在工程质量目标的策划、决策和实现过程中影响质量形成的各种客观因素和主观因素，包括人的因素、技术因素、管理因素、环境因素和社会因素等。

（1）人的因素

人的因素对工程质量形成的影响，取决于两个方面：一是指直接履行工程项目质量职能的决策者、管理者和作业者个人的质量意识及质量活动能力；二是指承担工程项目策划、决策或实施的组织的质量管理体系及其管理能力。前者是个体的人，后者是群体的人。

（2）技术因素

影响工程质量的技术因素涉及的内容十分广泛，包括直接的工程技术和辅助的生产技术。对于具体的工程项目，应主要通过技术工作的组织与管理，优化技术方案，发挥技术因素对工程质量的保证作用。

（3）管理因素

影响工程质量的管理因素，主要是决策因素和组织因素。其中，决策因素首先是业主方的工程项目决策，其次是工程项目实施过程中实施主体的各项技术决策和管理决策。组织因素包括工程项目实施的管理组织和任务组织。管理组织是指工程项目管理的组织架构、管理制度及其运行机制；任务组织是指对工程项目实施的任务及其目标进行分解、发包、委托，以及对实施任务所进行的计划、指挥、协调、检查和监督等一系列工作过程。

（4）环境因素

对于工程质量控制而言，直接影响工程质量的环境因素，一般是指工程项目所在地点的水文、地质和气象等自然环境，施工现场的通风、照明、安全卫生防护设施等劳动作业环境，以及由多单位、多专业交叉协同施工的管理关系、组织协调方式、质量控制系统等构成的管理环境。

（5）社会因素

影响工程质量的社会因素，包括工程法律法规的健全程度及其执法力度、工程项目法人或业主的理性化程度以及工程经营者的经营理念、建筑市场包括建设工程交易市场和建筑生产要素市场的发育程度及交易行为的规范程度、政府的工程质量监督及行业管理成熟程度、建设咨询服务业的发展程度及其服务水准的高低、廉政建设及行风建设的状况等。

对于工程项目管理者而言，人、技术、管理和环境因素是可控因素；社会因素存在于工程项目系统之外，一般情形下属于不可控因素，但可以通过自身努力，尽可能做到趋利去弊。

7.1.3 质量控制体系的建立

1. 工程质量控制体系的性质

工程质量控制体系既不是业主方也不是施工方的质量管理体系或质量保证体系，而是工程项目目标控制的一个工作系统，其性质如下：

① 工程质量控制体系是以工程项目为对象，由工程项目实施的总组织者负责建立的面向项目对象开展质量控制的工作体系。

② 工程质量控制体系是工程项目管理组织的一个目标控制体系，与项目投资控制、进度控制、职业健康安全与环境管理等目标控制体系共同依托于同一项目管理的组织机构。

③ 工程质量控制体系根据工程项目管理的实际需要而建立，随着工程项目的完成和项目管理组织的解体而消失，因此，它是一个一次性的质量控制工作体系，不同于企业的质量管理体系。

2. 工程质量控制体系与组织机构质量管理体系的不同

（1）建立的目的不同

工程质量控制体系只用于特定的工程项目质量控制，而不是用于建筑企业或组织的质量管理，其建立的目的不同。

（2）服务的范围不同

工程质量控制体系涉及工程项目实施过程所有的质量责任主体，而不只是某一个承包企业或组织机构，其服务的范围不同。

(3) 控制的目标不同

工程质量控制体系的控制目标是工程项目的质量目标，并非某一具体建筑企业或组织的质量管理目标，其控制的目标不同。

(4) 作用的时效不同

工程质量控制体系与工程项目管理组织系统相融合，是一次性的质量工作体系，并非永久性的质量管理体系，其作用的时效不同。

(5) 评价的方式不同

工程质量控制体系的有效性一般由工程项目管理的总组织者进行自我评价与诊断，不需进行第三方认证，其评价的方式不同。

3. 工程质量控制体系的结构形态

工程质量控制体系，一般形成多层次、多单元的结构形态。多层次结构是对应于工程项目系统纵向垂直分解的单项、单位工程质量控制体系。多单元结构是指在工程项目质量控制总体系下，第二层次的质量控制体系及其以下的质量自控或保证体系可能有多个。这是工程质量目标、责任和措施分解的必然结果。

4. 工程质量控制体系建立的原则

(1) 分层次规划原则

工程质量控制体系的分层次规划，是指工程项目管理的总组织者(建设单位或代建制项目管理企业)和承担项目实施任务的各参与单位，分别进行不同层次和范围的工程质量控制体系规划。

(2) 目标分解原则

工程质量控制系统总目标的分解，是根据控制系统内工程项目的分解结构，将工程项目的建设标准和质量总体目标分解到各个责任主体，明示于合同条件，由各责任主体编制出相应的质量计划，确定其具体的控制方式和控制措施。

(3) 质量责任制原则

工程质量控制体系的建立，应按照《中华人民共和国建筑法》和《建设工程质量管理条例》有关建设工程质量责任的规定，界定各方的质量责任范围和控制要求。

(4) 系统有效性原则

工程质量控制体系，应从实际出发，结合项目特点、合同结构和项目管理组织系统的构成情况，建立项目各参与方共同遵循的质量管理制度和控制措施，并形成有效的运行机制。

5. 工程质量控制体系建立的程序

(1) 建立系统质量控制网络

工程质量控制体系的建立，首先应明确系统各层面的工程质量控制负责人，一般包括承担项目实施任务的项目经理(或工程负责人)、总工程师，项目监理机构的总监理工程师、专业监理工程师等，以形成明确的工程质量控制责任者的关系网络架构。

(2) 制定质量控制制度

质量控制制度包括质量控制例会制度、协调制度、报告审批制度、质量验收制度和质量信息管理制度等。工程质量控制体系的管理文件或手册，是承担工程项目实施任务各方主体共同遵循的管理依据。

（3）分析质量控制界面

工程质量控制体系的质量责任界面包括静态界面和动态界面。静态界面一般根据法律法规、合同条件、组织内部职能分工来确定。动态界面主要是指项目实施过程中设计单位之间、施工单位之间、设计与施工单位之间的衔接配合关系及其责任划分，必须通过分析研究，确定管理原则与协调方式。

（4）编制质量控制计划

工程项目管理总组织者，负责主持编制工程项目总质量计划，并根据质量控制体系的要求，部署各质量责任主体编制与其承担任务范围相符合的质量计划，并按规定程序完成质量计划的审批，作为其实施自身工程质量控制的依据。

6. 工程质量控制体系运行环境的完善

（1）工程的合同结构

工程合同是联系工程项目各参与方的纽带，只有在工程合同结构合理、质量标准和责任条款明确，并严格进行履约管理的条件下，质量控制体系的运行才能成为各方的自觉行动。

（2）质量管理的资源配置

质量管理的资源配置，包括专职的工程技术人员和质量管理人员的配置、实施技术管理和质量管理所必需的设备、设施、器具、软件等物质资源的配置。人员和资源的合理配置是质量控制体系得以运行的基础条件。

（3）质量管理的组织制度

工程质量控制体系内部的各项管理制度和程序性文件的建立，为质量控制系统各个环节的运行提供必要的行动指南、行为准则和评价基准的依据，是系统有序运行的基本保证。

7. 工程质量控制体系的运行机制

（1）动力机制

动力机制是建设工程项目质量控制体系运行的核心机制，它来源于公正、公开、公平的竞争机制和利益机制的制度设计或安排。这是因为建设工程项目的实施过程是由多主体参与的价值增值链，只有保持合理的供方及分供方等各方关系，才能形成合力。动力机制是建设工程项目成功的重要保证。

（2）约束机制

没有约束机制的控制体系是无法使工程质量处于受控状态的。约束机制取决于各主体内部的自我约束能力和外部的监控效力。自我约束能力表现为组织及个人的经营理念、质量意识、职业道德及技术能力的发挥；监控效力取决于建设工程项目实施主体外部对质量工作的推动和检查监督。两者相辅相成，构成了质量控制过程的制衡关系。

（3）反馈机制

运行状态和结果的信息反馈，可以对质量控制体系的能力和运行效果进行评价，并为及时做出处置提供决策依据，因此，必须有相关的制度安排，保证质量信息反馈的及时和准确，坚持质量管理者深入生产第一线，掌握第一手资料，才能形成有效的质量信息反馈机制。

(4) 持续改进机制

在建设工程项目实施的各个阶段，不同的层面、不同的范围和不同的主体之间，应用PDCA循环原理，即计划、实施、检查和处置不断循环的方式展开质量控制，同时注重抓好控制点的设置，加强重点控制和例外控制，并不断寻求改进机会、研究改进措施，这样才能保证建设工程项目质量控制体系的不断完善和持续改进，不断提高质量控制能力和控制水平。

7.2 公路工程施工质量控制

7.2.1 施工质量控制、计划与控制点

1. 施工质量控制

(1) 施工质量控制的依据

① 共同性依据

共同性依据是指适用于施工阶段且与质量管理有关的、通用的、具有普遍指导意义和必须遵守的基本条件，主要包括工程建设合同、设计文件、设计交底及图纸会审记录、设计修改和技术变更、国家和政府有关部门颁布的与质量管理有关的法律和法规性文件。

② 专门技术法规性依据

专门技术法规性依据是指针对不同的行业、不同质量控制对象制定的专门技术法规文件，包括规范、规程、标准、规定等。

(2) 事前控制、事中控制和事后控制

① 事前质量控制

事前质量控制是指在正式施工前进行的质量控制，事前质量控制要求针对质量控制对象的控制目标、活动条件、影响因素进行周密分析，找出薄弱环节，通过编制施工质量计划、明确质量目标、制订施工方案、设置质量管理点、落实质量责任，分析可能导致质量目标偏离的各种影响因素，针对这些影响因素制订有效的预防措施，防患于未然。

② 事中质量控制

事中质量控制是指在施工质量形成过程中对影响施工质量的各种因素进行全面的动态控制。事中质量控制也称作业活动过程质量控制，包括质量活动主体的自我控制和他人监控两种控制方式。自我控制是第一位的，即作业者在作业过程对自己质量活动行为的约束和技术能力的发挥，以完成符合预定质量目标的作业任务；他人监控是指作业者的质量活动过程和结果，接受来自企业内部管理者和企业外部有关方面的检查检验，如工程监理机构、政府质量监督部门等的监控。

事中质量控制的目标是确保工序质量合格，杜绝质量事故发生，控制的关键是坚持质量标准，控制的重点是工序质量、工作质量和质量控制点的控制。

③ 事后质量控制

事后质量控制也称为事后质量把关，以使不合格的工序或最终产品(包括单位工程或整个工程项目)不流入下道工序、不进入市场。事后控制包括对质量活动结果的评价、认定，

对工序质量偏差的纠正，对不合格产品进行整改和处理。控制的重点是发现施工质量方面的缺陷，并通过分析提出施工质量改进的措施，保持质量处于受控状态。

2. 施工质量计划

(1) 施工质量计划的形式

以施工项目为对象的质量计划称为施工质量计划。在承包合同环境下，质量计划是企业向顾客表明质量管理方针、目标及其具体实现的方法、手段和措施的文件，它体现了企业对质量责任的承诺和实施的具体步骤。施工质量计划常通过以下 3 种形式体现：

① 工程项目施工质量计划。

② 工程项目施工组织设计(含施工质量计划)。

③ 施工项目管理实施规划(含施工质量计划)。

(2) 施工质量计划的编制依据

① 合同中有关质量的要求。

② 与工程或施工过程有关的其他要求。

③ 质量管理体系文件。

④ 组织针对项目的其他要求。

(3) 施工质量计划的基本内容

① 工程特点及施工条件(合同条件、法规条件和现场条件等)分析。

② 质量总目标及其分解目标。

③ 质量管理组织机构和职责，人员及资源配置计划。

④ 确定施工工艺与操作方法的技术方案和施工组织方案。

⑤ 施工材料、设备等物资的质量管理及控制措施。

⑥ 施工质量检验、检测、试验工作的计划安排及其实施方法与接收准则。

⑦ 施工质量控制点及其跟踪控制的方式与要求。

⑧ 质量记录的要求。

⑨ 所采取的措施。

(4) 施工质量计划的审批程序

施工单位的项目施工质量计划或施工组织设计文件编成后，应按照工程施工管理程序进行审批，包括施工企业内部的审批和项目监理机构的审查。

① 施工企业内部的审批

施工单位的项目施工质量计划或施工组织设计的编制与内部审批，应根据企业质量管理程序性文件规定的权限和流程进行，通常由项目经理部主持编制，报企业组织管理层批准。

② 项目监理机构的审查

实施工程监理的施工项目，施工承包单位必须填写施工组织设计(方案)报审表并附施工组织设计(方案)，报送项目监理机构审查。总监理工程师应组织专业监理工程师审查承包单位报送的施工组织设计(方案)报审表，提出意见，并经总监理工程师审核、签认后报建设单位。

3. 施工质量控制点

(1) 施工质量控制点的设置

施工质量控制点是施工质量控制的重点对象。施工质量控制点应选择那些技术要求高、施工难度大，对工程质量影响大或是发生质量问题时危害大的对象进行设置。一般选择下列部位或环节作为施工质量控制点：

① 对工程质量形成过程产生直接影响的关键部位、工序、环节及隐蔽工程。

② 施工过程中的薄弱环节，或者质量不稳定的工序、部位或对象。

③ 对下道工序有较大影响的上道工序。

④ 采用新技术、新工艺、新材料的部位或环节。

⑤ 施工质量无把握的、施工条件困难的或技术难度大的工序或环节。

⑥ 用户反馈指出的及过去有过返工的不良工序。

(2) 施工质量控制点的重点控制对象

① 人的行为。某些操作或工序，应以人为重点控制对象。例如，高空、高温、水下、易燃易爆、重型构件吊装作业以及操作要求高的工序和技术难度大的工序等，都应从人的生理、心理、技术能力等方面进行控制。

② 材料的质量与性能。这是直接影响工程质量的重要因素，在某些工程中应作为控制的重点，如水泥的质量是直接影响混凝土工程质量的关键因素，施工中应对进场的水泥质量进行重点控制，必须检查核对其出厂合格证，并按要求进行强度和安定性的复验等。

③ 施工方法与关键操作。某些直接影响工程质量的关键操作应作为控制的重点，同时那些易对工程质量产生重大影响的施工方法也应列为控制的重点。

④ 施工技术参数。如混凝土的外加剂掺量、水灰比，回填土的含水率，砌体的砂浆饱满度，防水混凝土的抗渗等级，建筑物沉降与基坑边坡稳定监测数据，大体积混凝土内外温差等技术参数都应是重点控制的质量参数与指标。

⑤ 技术间歇。有些工序之间必须留有必要的技术间歇时间，如混凝土浇筑与模板拆除之间，应保证混凝土有一定的硬化时间，达到规定拆模强度后方可拆除等。

⑥ 施工顺序。对于某些工序必须严格控制先、后的施工顺序。

⑦ 易发生或常见的质量通病，如混凝土工程的蜂窝、麻面、空洞，工程渗水、漏水、空鼓、起砂、裂缝等。

⑧ 新技术、新材料及新工艺的应用。由于缺乏经验，施工时应将其作为重点进行控制。

⑨ 产品质量不稳定和不合格率较高的工序应列为重点，认真分析，严格控制。

⑩ 特殊地基或特种结构。

(3) 施工质量控制点的落实

① 要做好施工质量控制点的事前质量预控工作，包括明确质量控制的目标与控制参数、编制作业指导书和质量控制措施、确定质量检查检验方式及抽样的数量与方法、明确检查结果的判断标准及质量记录与信息反馈要求等。

② 要向施工作业班组进行认真交底，使每一个控制点上的作业人员都明白施工作业规程及质量检验评定标准，掌握施工操作要领。在施工过程中，相关技术管理和质量控制人

员要在现场进行重点指导和检查验收。

③ 要做好施工质量控制点的动态设置和动态跟踪管理。所谓动态设置和动态跟踪管理，是指在工程开工前、设计交底和图纸会审时，可先确定项目的一批质量控制点，随着工程的展开、施工条件的变化，随时或定期进行控制点的调整和更新。

④ 对于危险性较大的分部分项工程或特殊施工过程，除按一般过程质量控制的规定执行外，还应由专业技术人员编制专项施工方案或作业指导书，经项目技术负责人审批及监理工程师签字后执行。超过一定规模的危险性较大的分部分项工程，还应组织专家对专项方案进行论证。

7.2.2 施工质量控制的路径

1. 施工人员的质量控制

施工人员的质量包括参与工程施工各类人员的施工技能、文化素养、生理体能、心理行为等方面的个体素质及经过合理组织和激励发挥个体潜能综合形成的群体素质。企业应通过择优录用、加强思想教育及技能方面的教育培训，合理组织、严格考核，并辅以必要的激励机制，使企业员工的潜在能力得到充分的发挥和最好的组合，使施工人员在质量控制系统中发挥主体自控作用。

施工企业应从以下方面加强施工人员的质量控制。

(1) 施工企业必须坚持执业资格注册制度和作业人员持证上岗制度；坚持对所选派的施工项目领导者、组织者进行教育和培训，使其质量意识和组织管理能力能满足施工质量控制的要求。

(2) 施工企业必须坚持对所属施工队伍进行全员培训，加强质量意识的教育和技术训练，提高每个作业者的质量活动能力和自控能力。

(3) 施工企业必须坚持对分包单位进行严格的资质考核和施工人员的资格考核，其资质、资格必须符合相关法规的规定，与其分包的工程相适应。

2. 材料、设备的质量控制

对材料、设备进行质量控制的主要内容包括：

(1) 控制材料、设备的性能、标准、技术参数与设计文件的相符性。

(2) 控制材料、设备各项技术性能指标、检验测试指标与标准规范要求的相符性。

(3) 控制材料、设备进场验收程序的正确性及质量文件资料的完备性。

(4) 控制优先采用节能低碳的新型建筑材料和设备，禁止使用国家明令禁用或淘汰的建筑材料和设备等。

3. 工艺方案的质量控制

制订和采用技术先进、经济合理、安全可靠的施工工艺方案，是工程质量控制的重要环节。对施工工艺方案的质量控制主要包括以下内容：

(1) 正确地分析工程特征、技术关键及环境条件等资料，明确质量目标、验收标准、质量控制的重点和难点。

(2) 制订合理有效的有针对性的施工技术方案和组织方案，前者包括施工工艺、施工方法，后者包括施工区段划分、施工流向及劳动组织等。

(3) 合理选用施工机械设备和施工临时设施，合理布置施工总平面图和各阶段施工平面图。

(4) 选用和设计保证质量和安全的模具、脚手架等施工设备。

(5) 编制工程所采用的新材料、新技术、新工艺的专项技术方案和质量管理方案。

(6) 针对工程具体情况，分析气象、地质等环境因素对施工的影响，制订应对措施。

4. 施工机械的质量控制

施工机械是指施工过程中使用的各类机械设备，包括起重运输设备、人货两用电梯、加工机械、操作工具、测量仪器、计量器具以及专用工具和施工安全设施等。

施工机械设备是所有施工方案和工法得以实施的重要物质基础，合理选择和正确使用施工机械设备是保证施工质量的重要措施。

对施工机械的质量控制主要包括以下内容：

(1) 对施工所用的机械设备，应根据工程需要从设备选型、主要性能参数及使用操作要求等方面加以控制，以确保其符合安全、适用、经济、可靠和节能、环保等方面要求。

(2) 对施工中使用的模具、脚手架等施工设备，除按适用的标准定型选用外，一般需按设计及施工要求进行专项设计，对其设计方案及制作质量的控制及验收应作为重点进行控制。

(3) 按现行施工管理制度要求，工程所用的施工机械、模板、脚手架，特别是危险性较大的现场安装的起重机械设备，不仅要对其设计安装方案进行审批，而且安装完毕交付使用前必须经专业管理部门验收合格后方可使用，同时在使用过程中尚需落实相应的管理制度以确保其安全正常使用。

5. 施工环境因素的质量控制

施工环境因素主要包括施工现场自然环境因素、施工质量管理环境因素和施工作业环境因素。施工环境因素对工程质量的影响，具有复杂多变和不确定性的特点。要消除其对施工质量的不利影响，主要是采取预测预防的控制方法。

(1) 对施工现场自然环境因素的控制

对于地质、水文等方面的影响因素，应根据设计要求分析工程岩土地质资料，预测不利因素，并会同设计等单位制订相应的措施，采取如基坑降水、排水、加固围护等技术控制方案。

对于天气方面的影响因素，应在施工方案中制订专项预案，明确在不利条件下的施工措施，落实人员、器材等方面的各项准备，做好紧急应对，从而控制其对施工质量的不利影响。

(2) 对施工质量管理环境因素的控制

施工质量管理环境因素主要是指施工单位质量保证体系、质量管理制度和各参建施工单位之间的协调等因素。在项目施工中，根据工程承发包的合同结构，理顺管理关系，建立统一的现场施工组织系统和质量管理的综合运行机制，确保质量保证体系处于良好的状态，创造良好的质量管理环境和氛围，是施工顺利进行、提高施工质量的保证。

(3) 对施工作业环境因素的控制

施工作业环境因素主要是指施工现场的给水排水条件，各种能源介质供应，施工照明、通风、安全防护设施，施工场地空间条件和通道，以及交通运输和道路条件等因素。在项目施工中，施工单位必须认真实施经过审批的施工组织设计和施工方案，落实保证措施，严格执行相关管理制度和施工纪律，保证上述环境条件良好，使施工顺利进行以及施工质量得到保证。

7.2.3 施工质量控制的主要要点

1. 施工技术准备工作的质量控制

(1) 施工技术准备工作及其质量控制

施工技术准备工作是指在正式开展施工作业活动前进行的技术准备工作，主要包括：熟悉施工图纸，组织设计交底和图纸审查；进行工程项目检查验收的项目划分和编号；审核相关质量文件；细化施工技术方案和施工人员、机具的配置方案；编制施工作业技术指导书；绘制各种施工详图(如测量放线图、大样图及配筋、配板、配线图表等)；进行必要的技术交底和技术培训。

施工技术准备工作的质量控制包括：对上述技术准备工作成果的复核审查，检查这些成果是否符合设计图纸和相关技术规范、规程要求；依据经过审批的质量计划审查、完善施工质量控制措施；针对施工质量控制点，明确施工质量控制的重点对象和控制方法；尽可能地提高上述工作成果对施工质量的保证程度；等等。

(2) 现场施工技术准备工作的质量控制

① 计量控制

施工过程中的计量，包括施工生产时的投料计量、施工测量、监测计量以及对项目、产品或过程的测试、检验、分析计量等。开工前要建立和完善施工现场计量管理的规章制度；明确计量控制责任者和配置必要的计量人员；严格按规定对计量器具进行维修和校验；统一计量单位，组织量值传递，保证量值统一，从而保证施工过程中计量的准确。

② 测量控制

施工测量质量的好坏，直接决定工程的定位和高程是否正确，并且制约施工过程有关工序的质量，因此，施工单位在开工前应编制测量控制方案，经项目技术负责人批准后实施。对建设单位提供的原始坐标点、基准线和水准点等测量控制点进行复核，并将复测结果上报监理工程师审核，批准后施工单位才能建立施工测量控制网，对工程定位和高程基准进行控制。

③ 施工平面图控制

施工单位要严格按照批准的施工平面布置图，科学合理地使用施工场地，正确安装设置施工机械设备和其他临时设施，维护现场施工道路畅通无阻和通信设施完好，合理控制材料的进场与堆放，保持良好的防洪排水能力，保证充分的给水和供电。施工单位还应制定严格的施工场地管理制度、施工纪律和相应的奖惩措施，禁止乱占场地和擅自断水、断电、断路，及时制止和处理各种违纪行为，并做好施工现场的质量检查记录。

2. 施工过程的工序质量控制

施工过程的工序质量控制主要包括工序施工条件控制和工序施工效果控制。

（1）工序施工条件控制

工序施工条件是指从事工序活动的各生产要素质量及生产环境条件。对工序施工条件的控制就是控制工序活动的各种投入要素质量和环境条件质量。控制的手段主要有检查、测试、试验、跟踪监督等。控制的依据主要是设计质量标准、材料质量标准、机械设备技术性能标准、施工工艺标准以及操作规程等。

（2）工序施工效果控制

工序施工效果主要反映工序产品的质量特征和特性指标。对工序施工效果的控制就是控制工序产品的质量特征和特性指标，使其达到设计质量标准以及施工质量验收标准的要求。工序施工效果控制属于事后质量控制，其控制的主要途径是实测获取数据、统计分析所获取的数据、判断认定质量等级和纠正质量偏差。

3. 施工作业质量的自控

（1）施工作业质量的自控程序

施工作业质量的自控过程是由施工作业组织的成员进行的，其基本的控制程序包括施工作业技术交底、施工作业活动实施和施工作业质量检查等。

① 施工作业技术交底

施工作业技术交底是施工组织设计和施工方案的具体化，施工作业技术交底的内容必须具有可行性和可操作性。

从建设工程项目的施工组织设计到分部分项工程的作业计划，在实施之前都必须逐级进行交底，目的是使管理者的计划和决策意图为实施人员所理解。施工作业技术交底是最基层的技术和管理交底活动，施工总承包方和工程监理机构都要对施工作业技术交底进行监督。施工作业技术交底的内容包括作业范围、施工依据、作业程序、技术标准和要领、质量目标以及其他与安全、进度、成本、环境等目标管理有关的要求和注意事项。

② 施工作业活动实施

施工作业活动是由一系列工序组成。为了保证工序质量的受控，首先要对作业条件进行再确认，即按照作业计划检查作业准备状态是否落实到位，其中包括对施工程序和作业工艺顺序的检查确认，在此基础上严格按作业计划的程序、步骤和质量要求展开工序作业活动。

③ 施工作业质量检查

施工作业质量检查是贯穿整个施工过程最基本的质量控制活动，包括施工单位内部的工序作业质量自检、互检、专检和交接检查，以及现场监理机构的旁站检查、平行检验等。施工作业质量检查是施工质量验收的基础，已完工检验批及分部分项工程的施工质量，必须在施工单位完成质量自检并确认合格之后，才能报请现场监理机构进行检查验收。前道工序作业质量经验收合格后，才可进入下道工序施工；未经验收合格的工序，不得进入下道工序施工。

(2) 施工作业质量控制的要求

① 预防为主

应严格按照施工质量计划的要求，进行各分部分项施工作业的部署。同时应根据施工作业的内容、范围和特点编制施工作业计划，明确作业质量目标和作业技术要领，认真进行作业技术交底，落实各项作业技术组织措施。

② 重点控制

在施工作业中，一方面要认真贯彻实施施工质量计划中关于质量控制点的控制措施，同时根据作业活动的实际需要进一步建立工序作业控制点，深化工序作业的重点控制。

③ 坚持标准

工序作业人员在工序作业过程中应严格进行质量自检，通过自检不断改善作业质量，并创造条件开展作业质量互检，通过互检加强技术与经验的交流。对已完工的工序作业产品，应严格坚持质量标准。对不合格的施工作业质量，不得进行验收签证，必须按照规定的程序进行处理。

④ 记录完整

施工图纸、质量计划、作业指导书、材料质保书、检验试验及检测报告、质量验收记录等，是形成可追溯性质量保证的依据，也是工程竣工验收所不可缺少的质量控制资料，因此，对工序作业质量，应有计划、有步骤地按照施工管理规范的要求进行填写记载，做到及时、准确、完整、有效，并具有可追溯性。

(3) 保证施工作业质量的有效控制制度

① 质量自检制度。

② 质量例会制度。

③ 质量会诊制度。

④ 质量样板制度。

⑤ 质量挂牌制度。

⑥ 每月质量讲评制度。

(4) 施工作业质量检查的重点内容

① 开工前的检查，主要检查是否具备开工条件、开工后是否能够保持连续正常施工、能否保证工程质量。

② 工序交接检查，对于重要的工序或对工程质量有重大影响的工序，应严格执行“三检”(自检、互检、专检)制度，未经监理工程师(或建设单位技术负责人)检查认可，不得进行下道工序施工。

③ 隐蔽工程的检查，施工中凡是隐蔽工程必须检查认证后方可进行隐蔽掩盖。

④ 停工后复工的检查，因客观因素停工或处理质量事故等停工复工时，经检查认可后方能复工。

⑤ 分项、分部工程完工后的检查，应经检查认可并签署验收记录后，才能进行下一工程项目的施工。

⑥ 成品保护的检查，检查成品有无保护措施以及保护措施是否有效可靠。

7.3 公路工程施工质量事故处理

7.3.1 公路工程施工质量事故分类与分级

1. 公路工程施工质量事故分类

公路工程施工质量事故分质量问题、一般质量事故及重大质量事故3类。

(1) 质量问题：质量较差、造成直接经济损失(包括修复费用)在20万元以下问题。

(2) 一般质量事故：质量低劣或达不到合格标准，需加固补强，直接经济损失(包括修复费用)在20万~300万元的事故。

(3) 重大质量事故：因责任过失造成工程倒塌、报废和造成人身伤亡或者重大经济损失的事故。

2. 公路工程施工质量事故分级

(1) 一般质量事故分级

一般质量事故分3个等级。

① 一级一般质量事故：直接经济损失在150万~300万元的事故。

② 二级一般质量事故：直接经济损失在50万~150万元的事故。

③ 三级一般质量事故：直接经济损失在20万~50万元的事故。

(2) 重大质量事故分级

重大质量事故分为3个等级。

① 具备下列条件之一者为一级重大质量事故：

a. 死亡30人以上；

b. 直接经济损失1000万元以上；

c. 特大型桥梁主体结构垮塌。

② 具备下列条件之一者为二级重大质量事故：

a. 死亡10人以上，29人以下；

b. 直接经济损失500万元以上，不满1000万元；

c. 大型桥梁主体结构垮塌。

③ 具备下列条件之一者为三级重大质量事故：

a. 死亡1人以上，9人以下；

b. 直接经济损失300万元以上，不满500万元；

c. 中小型桥梁主体结构垮塌。

7.3.2 公路工程施工质量事故处理程序

公路工程施工质量事故处理程序一般按照事故调查、事故原因分析、制订事故处理方案、事故处理、事故处理的鉴定验收进行。

（1）事故调查

项目负责人及时按法定的时间和程序报告事故，调查结果写成事故调查报告。

事故调查的内容包括事故情况与性质，涉及工程勘察、设计、施工各部门，并与使用条件和周边环境等各个方面有关。事故调查一般分为初步调查、详细调查和补充调查。

初步调查主要是针对工程事故情况、设计文件、施工内业资料、使用情况等进行调查分析，根据初步调查结果，判别事故的危害程度，确定是否需采取临时支护措施以确保人民生命财产安全，并对事故处理提出初步处理意见。

详细调查是在初步调查的基础上，认为有必要时进一步对设计文件进行计算复核与审查，对施工进行检测确定是否符合设计文件要求，以及对建筑物进行专项观测与测量。

补充调查是在已有调查资料还不能满足工程事故分析处理时需增加的调查项目，一般需做某些结构试验与补充测试，如工程地质补充勘察、结构与材料的性能补充检测和载荷试验等。

（2）事故原因分析

事故原因分析应建立在完成事故调查的基础上，主要目的是对事故的性质、类别、危害程度以及发生的原因进行分析，为事故处理提供必需的依据。在事故原因分析时往往会存在原因的多样性和综合性，要正确区分同类事故的各种不同原因，通过详细的计算与分析、鉴别找到事故发生的主要原因。在综合原因分析中，除确定事故的主要原因外，应正确评估相关原因对工程质量事故的影响，以便能采取切实有效的综合加固修复方法。

（3）制订事故处理方案

事故的处理要建立在事故原因分析的基础上，并广泛听取专家及有关方面的意见，经科学论证，最终确定是否进行处理和如何处理。

（4）事故处理

事故处理的内容包括事故的技术处理和事故的责任处罚。

（5）事故处理的鉴定验收

事故处理是否达到预期的目的应通过鉴定验收做出确认，并提交事故处理报告。

7.3.3 公路工程施工质量事故处理方法

公路工程施工质量事故处理方法一般包括修补处理、返工处理、限制使用、不做处理等。

（1）修补处理

当工程某些部分的质量虽未达到规定的规范、标准或设计要求，存在一定缺陷，但经过修补后可达到标准要求，且不影响使用功能或外观要求时，可以做出修补处理决定。如某些混凝土结构表面出现蜂窝麻面，经调查、分析，该部位经修补处理后不影响其使用及外观要求，则对该混凝土结构表面质量问题一般可采取修补处理的方法加以解决。

（2）返工处理

当工程质量未达到规定的标准或要求，有明显的严重质量问题，对结构的使用和安全有重大影响而又无法通过修补办法给予纠正时，可以做出返工处理决定。如某工程预应力按混凝土规定张力系数为1.3，但实际仅为0.9，属于严重的质量缺陷，也无法修补，应对其做出返工处理决定。

（3）限制使用

当工程质量缺陷按修补方式处理无法保证达到规定的使用和安全要求，而又无法返工处理时，可以做出结构卸荷、减荷以及限制使用的决定。

（4）不做处理

某些工程质量缺陷虽不符合规定的要求或标准，但其情况不严重，经过分析、论证和慎重考虑后，可以做出不做处理的决定。不做处理的情况包括：不影响结构安全和使用要求的质量缺陷；经过后续工序可以弥补且不严重的质量缺陷；经复核验算仍能满足设计要求的质量缺陷。

第8章 公路工程施工进度管理

8.1 公路工程施工进度管理概述

8.1.1 施工进度管理的特点、目的及要求

1. 公路工程施工进度管理的特点

公路工程施工生产是劳动过程和自然过程的结合，施工中受自然条件的影响很大，施工组织、施工程序及施工工艺因实施条件的变化需要进行相应的调整与改变，因此，公路工程施工计划管理非常复杂，任何不周全或草率从事的施工计划均会给项目施工管理带来困难，应予以足够重视。施工计划管理是通过计划把承包人项目施工管理的各项工作组织起来，以施工生产活动为主体制订各项专业性计划并对其进行平衡、协调以及监督与控制。公路工程施工计划管理具有下列特点。

(1) 计划的被动性

施工任务来源于工程招标市场，施工单位每年有多少任务、性质和规模的大小都很难确定，使计划编制比较被动。要想改变被动局面，必须做好招揽工程任务的预测、调查研究和信息资料的搜集工作，从而提高施工计划的编制质量。

(2) 计划的多变性

公路工程施工的多样性、结构工程的复杂性及施工条件的差异性，造成施工中不可预见的因素较多。工程施工现场的分散使劳动力、材料及施工机具设备处于流动供应状态，同时受业主、监理及其他有关单位的影响等带来施工计划的变化，这种多变性要求在编制施工计划时要留有一定的调整余地。

(3) 计划的不均衡性

公路工程结构特点及不同工程部位的施工性质以及不同季节的影响都会造成施工计划的不均衡性，为此在编制施工计划时要力求均衡，取得较好的经济效益。

2. 进度管理的目的及其实现

公路建设项目有技术要求高、投资大、建设周期长、涉及面广、干扰因素多等特点，为使项目进展达到预期目标，并争取早日投入使用而获取经济效益，针对施工全过程的进度控制十分必要。进度管理的目的是按照承包合同规定的进度和质量要求完成工程建设任务；同时，把项目费用控制在预算范围内，为企业获得合理的利润。要保证进度管理目的的实现需做好以下几项工作。

(1) 对项目工作进行分解

要对项目进度进行管理，必须首先对项目工作进行分解，工作分解就是先把复杂的项

目逐步一层一层地分解，直到将项目工作拆分成一个个单独的、可执行的工作，形成工作分解结构(Work Breakdown Structure，WBS)，并在此基础上对项目工作进行逻辑关系排序、分配资源、估计工期，然后形成计划。项目工作分解是项目目标进一步明确的前提，也是进行项目进度计划控制的基础。

(2) 制订施工进度计划

进度计划是指在工作分解结构的基础上对项目、任务所做出的一系列时间、资源方面的安排。在项目进行之前编制进度计划是一件必要的事情，进度计划给出了任务在时间上的安排，同时也反映出任务在整个项目中所处的位置，任务由谁负责完成，需要什么样的资源，任务之间的逻辑关系等。另外，通过编制进度计划可以对任务的工期、资源和成本做出优化选择并得出切实可行的进度计划。

在工程投标时，已经按照招标文件或规定编制的粗略的施工方案和进度计划，中标后可根据现场施工条件和合同中的工期，编制出详细的施工进度计划。计划的内容包括确定开工前的各项准备工作、选择施工方法和组织流水作业、协调各工种在施工中的搭接和配合、安排劳动力和各种施工物资的供应、确定各分部分项工程的目标工期和全部工程的完工时间等。施工计划安排应适当，既不能太紧，也不能太松。计划太紧造成无法完成，计划太松则影响施工效率。

(3) 组织进度计划的实施

施工进度计划报业主审批后须严格执行，把进度计划布置下去，调配人力、施工物资和资金并确保到位。及时检查和发现影响进度的问题并采取适当的技术和组织措施，必要时修订和更新进度计划。

(4) 与业主保持密切的沟通

定期向业主报告工程进展，对业主提出的“变更指令”和“赶工”或“加快指令”及时做出反应和处理。与业主的良好合作是顺利实施进度计划的一个重要条件。

(5) 监督各分包单位的工作，及时协调分包单位的施工配合。

3. 进度管理的要求

(1) 科学预测工程招标市场，确定合理的计划管理目标。

(2) 承包签约的项目以合同工期为目标，倒排或正排施工计划。

(3) 施工计划管理时既要保证重点工程，又要协调兼顾一般项目。

(4) 施工方案、施工工艺及施工顺序均应合理安排。

(5) 力求各项工程的施工计划均衡、紧密配合，还应留有一定的调整余地，以适应施工中实际变化的情况。

(6) 项目施工管理中的各项工作在计划编制上要紧密衔接。

8.1.2 项目进度管理的基本程序

公路工程施工项目进度管理是公路工程项目施工管理的中心环节，是一种周期性的循环过程，即编制计划、执行计划、检查计划的结果和计划的偏差及影响因素，采取纠正措施，然后进入下一个循环。

(1) 确定施工进度目标

根据施工合同确定的开工日期、总工期和竣工日期，确定施工进度目标，明确计划开工日期和计划竣工日期，并确定项目分期、分批的开工日期和竣工日期。

(2) 编制施工进度计划

施工进度计划应根据工艺关系、组织关系、搭接关系、起止时间、劳动力计划、材料计划、机械计划及其保证性计划等因素综合确定。

(3) 报送开工申请报告

向监理工程师提出开工申请报告并应按监理工程师下达的开工令指定的日期开工。

(4) 实施施工进度计划

承包人实施施工计划时必须对照原计划进行检查，在工程实施期间应及时掌握影响和妨碍工程进展的不利因素，促进工程按计划进行。在项目实施过程中，由于外部各种不确定因素的存在实际进度与计划进度会发生偏差，如不及时发现并纠正这些偏差，必然会影响项目进度管理目标的实现，因此，当出现进度偏差时，项目管理者应根据项目跟踪提供的信息对计划进度目标与实际进度达成目标值进行比较，找出偏差及其原因并采取措施调整纠正，适时预测未来进度状况。

(5) 进度计划的调整

跟踪计划的实施并进行监督，当发现工程现场的组织安排、施工顺序或人力和设备与计划进度上的方案有较大差异时，应对原工程进度计划及现金流动计划予以调整，调整后的工程进度计划应符合工程现场实际情况，并应保证满足合同工期的要求。

(6) 进度控制总结

进度控制是指在限定工期内，以事先拟订的合理且经济的项目进度计划为依据对整个项目过程进行监督、检查、指导和纠正的行为过程。在施工进度计划完成后，项目经理部应及时进行施工进度控制总结并编写进度控制报告，可体现在“项目管理工作总结”中。

8.2 公路工程施工进度计划的编制和实施

8.2.1 施工项目进度计划编制依据、原则及作用

1. 施工项目进度计划编制依据

公路施工项目进度计划是对工程实施过程进行管理的前提，因此，在工程开始施工前必须制订一份科学、合理的工程项目进度计划，确定一个合理的计划工期。计划工期确定的依据有7个。

(1) 合同或上级规定的开工日期、竣工日期。

(2) 工程图纸。

(3) 各类定额。

(4) 劳动力、材料、机械供应情况。

(5) 主导工程的施工方案(施工顺序、施工方案、作业方式)。

(6) 有关施工现场的水文、地质、气象和经济资料。

(7) 已建成的同类工程或相似项目的实际工程进度情况是编制本项目施工进度计划的重要参考资料。

承包商在接到中标通知书后，应认真阅读技术规范设计图纸并对现场的地形地貌、征地拆迁等情况进行认真调查研究，做好相关的施工组织设计，编制既切实可行、符合合同，又能指导施工的施工计划。

2. 施工项目进度计划编制原则

在编制施工项目进度计划前，必须深入做好调查研究，充分估计可能发生的各种情况；安排进度计划时，应扣除法定的节假日，估计雨季或其他原因需停工的时间，指令工期或合同工期与这些必要的停工时间差，根据实际安排施工作业时间。另外，要考虑机械设备、工程材料、劳动力及施工日期上保留一定的机动时间，在出现意外情况时可以进行调整和补救。

在制订施工项目进度计划时，应该遵守以下原则。

(1) 确保工期的原则

以合同工期为目标，符合合同条件及技术规范。根据工程量、业主的总体施工计划和阶段施工计划，编制和调整实施性施工计划，并以此为基础进行生产要素的资源配置，确保工期进度及工程质量。

(2) 均衡生产和重点突出的原则

既要保证重点工程，又要兼顾一般项目。对于重点项目，预料可能的施工障碍及变化，着重考虑相应的施工方案和措施，优先安排，重点保障，组织专业化施工，力争提前竣工。其余工程按照均衡生产的原则组织施工。各项工程的施工计划不仅要均衡、紧密配合，还应留有一定的调整余地，以适应施工中实际变化的情况。

(3) 技术创新与管理创新的原则

工程建设中积极推进技术创新和既有技术成果的转化，优化施工方案；积极进行管理创新，工程进度实行适时网络技术，始终把握关键线路。优化生产要素配置，努力提高作业效率，保证施工进度。施工组织、施工方法、施工方案、施工工艺及施工顺序均应合理安排。

(4) 合理分段、科学组织的原则

结合项目的工程数量和技术要求合理划分作业区段，分段应清楚明了，以便于管理，表明施工中全部活动及其他活动的相关联系，充分利用人力及设备。同时在施工过程中应优化施工组织管理，根据具体情况采取平行作业、顺序作业或者流水作业的方法组织施工。

3. 进度计划的主要作用

(1) 通过项目计划确定项目各项任务范围并制定各项任务的时间表，阐明每项任务必需的人力、物力、财力并确定预算，保证项目顺利实施和目标实现。

(2) 可借以确定项目各成员和工作的责任范围以及相应的职权，以便按要求去指导和控制项目的工作，减少风险。

(3) 通过计划科学地组织和安排，可以保证有序地实施，合理地协调项目各工作之间的关系，提高项目的整体效益。

(4) 可作为分析、协商及记录项目范围变化的基础。这样就为项目的跟踪控制过程提供了一条基线，用以衡量进度、记录各种偏差及决定预防或整改措施，便于对项目进度进行管理。

8.2.2 施工进度计划的编制

1. 施工进度计划的主要内容

根据工程项目实施的阶段，工程项目进度计划分为总体进度计划及年度、月度进度计划。对于某些重要项目，如桥梁、隧道、立体交叉等，还需单独编制关键工程进度计划。

(1) 总体进度计划

工程项目的施工总体进度计划是用以指导工程全局，是工程从开工到竣工各个主要环节的总体进度安排，起着控制工程总体及各个单位工程或各个施工阶段工期的作用。承包商自接到中标通知书之日起，在合同条件约定时间内提交一份格式和细节均符合监理工程师规定的工程总进度计划以取得监理工程师的同意。总体进度计划的编制可以采用横道图、斜线图、进度曲线图或网络计划图，但不论采用何种方式，在总体进度计划中均应包括工程项目的合同工期，完成各单位工程及各施工阶段所需要的工期、最早开始时间和最迟结束时间，各单位工程及各施工阶段需要完成的工程量及现金流动估算，各单位工程及施工阶段所需配备的人力和机械数量，各单位工程或分部工程的施工方案和施工方法等。

(2) 年度、月度进度计划

比较大的工程项目需要编制年度、月度计划，年度进度计划要受工程总体进度计划的控制，而月度进度计划又受年度进度计划的控制。

① 年度进度计划

年度进度计划统一安排全年的年度施工任务，确定各项年度生产指标，根据年度季节、气候的不同合理安排施工进度，因此，在年度进度计划中应反映：本年度计划完成的单位工程及施工阶段的工程项目内容、工程数量及投资指标，施工队伍和主要施工设备的数量及调配顺序，不同季节及气温条件下各项工程的时间安排，在总体进度计划下对各分项工程进行局部调整或修改的详细说明等。因此，年度计划的安排中应重点突出组织顺序上的联系，如大型机械的转移顺序、主要施工队伍的转移顺序等。首先安排重点、大型、复杂、周期长、占劳动力和施工机械多的工程，优先安排主要工种或经常处于短线状态的工种施工任务，使其能连续工作。

② 月度进度计划

月度进度计划可以确定月度施工任务，如本月施工的工程项目、主要的工程量、由谁完成及其相互的配合，指导施工作业，进行月度施工各项指标的平衡汇总，以便综合衡量完成的工程数量和工程投资，作为考核月度施工进度情况的依据。因此，月度施工进度计划应反映：本月计划完成的各项工程内容及顺序安排，完成本月及各项工程的工程数量及投资额，完成各分项工程的施工队伍及人力和主要设备的配额，在年度计划下对各单位工程或分项工程进行局部调整或修改的详细说明等。

(3) 关键工程进度计划

关键工程进度计划是指在一个公路工程施工项目中起控制作用的关键工程，如某一桥梁工程、隧道工程或立体交叉工程的进度计划。由于关键工程的施工工期常常关系到整个工程项目施工总工期的长短，因此，在施工进度计划的编制过程中将单独编制关键工程进度计划。关键工程进度计划应包括：具体施工方案和施工方法，总体进度计划及各道工序的控制日期，现金流动估算，各施工阶段的人力和设备的配额及运转安排，施工准备及结束清场的时间安排，与总体进度安排计划及其他相关工程的控制、依赖关系和说明等。

2. 施工进度计划的形式及其编制方法

施工进度计划常用横道图、斜线图、网络计划图表示。

（1）横道图

横道图又称甘特图，是美国工程师亨利·甘特在第一次世界大战期间创造的一种生产进度表达方法。横道图以时间为横坐标，以各分项工程或施工工序为纵坐标，按一定的先后施工顺序和工艺流程，用带时间比例的水平横道线对应项目或工序持续时间的施工进度计划图表。横道图一般由两大部分组成：左部分为主要表格，包括编号、工程名称、施工方法、工程量或工作量的单位及数量等；右部分为指示图表，用水平横道线形象地表示出分项工程或施工工序的施工进度，其线条长度代表施工持续时间长短，线条位置表示施工过程，线条上方的数字表示该项目所需的劳动力数量。

横道图可以方便地表达施工计划的总工期和各分项工程或施工工序的持续时间，便于计算完成施工计划所需的劳动力、材料、机械设备及资金等各种资源用量。横道图编制施工进度计划有简单、形象、直观、易懂、便于检查和计算资源用量等优点，但不能很好地表达各分项工程或施工工序之间的逻辑关系，无法反映工作的机动使用时间，反映不出关键工作，不能定量分析，计划执行过程中实施计划偏离原计划时只能进行局部简单调整，施工期限与地点关系无法表达，无法进行施工组织及施工方案的比较与优化，因此，横道图只适用于编制集中性工程进度计划、材料供应计划或简单工程进度计划。

（2）斜线图

斜线图又称为垂直图法或垂直坐标表示法，以纵坐标表示施工工期，横坐标表示里程或工程位置，各施工项目的施工进度则以不同形式的斜线或垂线表示，工程量和简易的施工平面图在其下方表示。

斜线图与横道图相似，在斜线图中各分项工程或施工工序的相互关系、施工紧凑程度及施工速度十分清楚，工程的分布情况和施工日期也十分清楚，可直接确定各时间点上施工队伍所在的施工位置和应完成的工程数量，但斜线图不便于将工序划分很细，不能反映各项目或工作之间的复杂关系，不能确定工作的机动时间及关键工作，不能用计算机进行定量分析，计划的编制及修改工作量较大，不能进行计划方案的比较及优选等，因此，斜线图主要用于里程较长、等级较低、管理较粗的施工组织。

（3）网络计划图

网络计划图是一种图解模型，形状如同网络，故称为网络计划图。网络计划图是由作业（箭线）、事件（又称节点）和路线 3 个因素组成。在工程管理中，经常使用网络图的概念。网络计划图是用箭线和节点将某项工作的流程表示出来的图形。

根据我国《工程网络计划技术规程》（JGJ/T 121—2015）推荐常用的工程网络计划类型包括双代号网络计划和单代号网络计划。

根据表达的逻辑关系和时间参数肯定与否，又可分为肯定型和非肯定型两大类；根据计划目标的多少，可以分为单目标网络模型和多目标网络模型。网络计划图的节点和箭线在不同的网络图形中有不同的含义，在单代号网络图中节点表示工作、箭线表示关系；而在双代号网络图中箭线表示工作及走向、节点表示工作的开始和结束。线路是指从起点到节点的一条通路，工期最长的一条线路称为关键线路，关键线路上工作的时间必须保证，否则会出现工期的延误。

8.2.3 公路工程施工进度计划的实施

公路工程施工进度计划的实施就是公路工程施工活动的进展，即用施工进度计划指导施工活动、落实和完成计划。施工进度计划逐步实施的过程就是公路工程项目建造的逐步完成过程。为了保证公路工程施工进度计划的实施，并尽量按编制的计划时间逐步进行，保证各进度目标的实现，应做好如下工作。

(1) 施工进度计划的审核

项目经理应进行施工进度计划的审核，其主要内容包括：

① 进度安排是否符合公路工程施工承包合同确定的公路工程项目总目标和分目标的要求，是否符合其开、竣工日期的规定。

② 公路工程施工进度计划中的内容是否有遗漏，分期施工是否满足分批交工的需要和配套交工的要求。

③ 施工顺序安排是否符合公路工程施工程序的要求。

④ 资源供应计划是否能保证公路工程施工进度计划的实现，供应是否均衡，分包人供应的资源是否满足进度要求。

⑤ 公路施工图设计的进度是否满足公路工程施工进度计划要求。

⑥ 总分包之间的进度计划是否相协调，专业分工计划的衔接是否明确、合理。

⑦ 对公路工程施工进度计划的风险分析是否清楚，是否有相应对策。

⑧ 各项保证进度计划实现的措施设计是否周到、可行、有效。

(2) 施工进度计划的贯彻

① 检查各层次的计划，形成严密的计划保证系统

公路工程项目的所有施工进度计划，包括施工总进度计划、单位工程施工进度计划、分部(分项)工程施工进度计划，都是围绕一个总任务而编制，它们之间关系是高层次计划为低层次计划提供依据。低层次计划是高层次计划的具体化。在其贯彻执行时，应当首先检查是否协调一致，计划目标是否层层分解、互相衔接，组成一个计划实施的保证体系，以施工任务书的方式下达施工队，保证施工进度计划的实施。

② 层层明确责任并充分利用施工任务书

施工项目经理、作业队和作业班组之间分别签订责任书，按计划目标明确规定工期、承担的经济责任、权限和利益。用施工任务书将作业任务下达到施工班组，明确具体施工任务、技术措施、质量要求等内容，使施工班组必须保证按作业计划时间完成规定的任务。

③ 进行计划的交底，促进计划的全面、彻底实施

公路工程施工进度计划的实施是全体工作人员的共同行动，要使有关人员都明确各项计划的目标、任务、实施方案和措施，使管理层和作业层协调一致，将计划变成全体员工

的自觉行动，在计划实施前根据计划的范围进行计划交底工作，以使计划得到全面、彻底的实施。

(3) 施工进度计划的实施

① 进一步编制月(旬)作业计划

为了实施公路工程施工进度计划，应将规定的任务结合现场施工条件，如施工场地情况、劳动力与机械等资源条件和施工的实际进度，在施工开始前和过程中不断地编制本月(旬)作业计划，这是使公路工程施工进度计划更具体、更实际和更可行的重要环节。在月(旬)计划中要明确：本月(旬)应完成的任务，所需要的各种资源量，提高劳动生产率和节约措施等。

② 签发施工任务书

编制好月(旬)作业计划后，将每项具体任务通过签发公路工程施工任务书的方式下达班组进一步落实、实施。施工任务书是向班组下达任务，实行责任承包、全面管理和原始记录的综合性文件，施工班组必须保证指令任务的完成，它是计划和实施的纽带。

公路工程施工任务书在实施过程中要做好记录，任务完成后回收，作为原始记录和业务核算资料。

公路工程施工任务书应按班组编制和下达，包括施工任务单、限额领料单和考勤表。施工任务单包括分项工程施工任务、工程量、劳动量、开工日期、完工日期、工艺、质量和安全要求。限额领料单是根据施工任务单编制的控制班组领用材料的依据，应具体列明材料名称、规格、型号、单位和数量、领用记录、退料记录等。考勤表可附在施工任务单背面，按班组人名排列，供考勤时填写。

③ 做好施工进度记录，填好施工进度统计表

在计划任务完成的过程中，各级公路工程施工进度计划执行者都要跟踪做好施工记录，及时记载计划中的每项工作开始日期、每日完成数量和完成日期，记录施工现场发生的各种情况、干扰因素的排除情况；跟踪做好形象进度、工程量、总产值、耗用的人工、材料和机械台班等的数量统计与分析，为施工进度检查和控制分析提供反馈信息，因此，要求实事求是记载，并据以填好上报统计报表。

④ 做好施工中的调度工作

公路工程施工中的调度是组织施工中各阶段、环节、专业和工种的互相配合、进度协调的指挥核心。调度工作是使施工进度计划顺利实施的重要手段，其主要任务是掌握计划实施情况，协调各方面关系，采取措施，排除各种矛盾，加强各薄弱环节，实现动态平衡，保证完成作业计划和实现进度目标。

调度工作主要内容有：监督作业计划的实施、调整协调各方面的进度关系；监督检查施工准备工作；督促资源供应单位按计划供应劳动力、施工机具、运输车辆、材料构配件等，并对临时出现的问题采取调配措施；按施工平面图管理施工现场，结合实际情况进行必要的调整，保证文明施工；了解气候、水、电、汽的情况，采取相应的防范和保证措施；及时发现和处理施工中各种事故和意外事件；调节各薄弱环节；定期、及时地召开现场调度会议，贯彻施工项目主管人员的决策，发布调度令。

8.3 公路工程施工进度计划检查与优化

公路工程进度受自然因素尤其是天气、工艺环节、组织方式、机械等因素的影响很大，实际施工进度往往与计划发生偏差，施工组织及进度控制具有很大的困难和风险，因此，在施工进度出现偏差时需要动态调整与优化，修改、制订新进度计划并执行，为公路工程施工进度管理提供服务。

8.3.1 施工进度计划检查

在施工项目的实施过程中，进度计划的不变是相对的，变是绝对的；平衡是相对的，不平衡是绝对的，实际进度与计划进度完全一致几乎是不可能的。要经常检查施工实际进度情况，与计划进度相比较，要密切关注关键工作，避免造成工作的盲目和被动。

在公路工程项目的实施过程中，为了控制施工进度，进度控制人员应经常地、定期地跟踪检查施工实际进度情况，主要是收集施工进度资料，进行统计整理和对比分析，确定实际进度与计划进度之间的关系，其主要工作包括：

1. 跟踪检查公路工程施工实际进度

为了对施工进度计划的完成情况进行统计、进行进度分析和调整计划提供信息，应对公路工程施工进度计划依据其实施记录进行跟踪检查。

跟踪检查施工实际进度是公路工程项目施工进度控制的关键措施，目的是收集实际施工进度的有关数据。跟踪检查的时间和收集数据的质量，直接影响进度控制工作的质量和效果。

一般检查的时间间隔与公路工程项目的类型、规模、施工条件和对进度执行要求程度有关，通常可以每隔月、半月、旬或周进行一次。若在施工中遇到天气、资源供应等不利因素的严重影响，检查的时间间隔可临时缩短，次数应频繁，甚至可以每日进行检查，或派人员进驻现场督阵。检查和收集资料一般采用进度报表方式或定期召开进度工作汇报会。为了保证汇报资料的准确性，进度控制的工作人员要经常到现场察看公路工程项目的实际进度，从而保证经常地、定期准确地掌握施工的实际进度。

根据不同需要，进行日常检查或定期检查的内容包括：

（1）检查期内实际完成和累计完成工程量。

（2）实际参加公路工程施工的人力、机械数量和生产效率。

（3）窝工人数、窝工机械台班数及其原因分析。

（4）进度偏差情况。

（5）进度管理情况。

（6）影响进度的特殊原因及分析。

2. 整理统计检查数据

对收集到的公路工程项目施工实际进度数据，要进行必要的整理、按计划控制的工作项目进行统计，形成与计划进度具有可比性的数据、相同的量纲和形象进度。一般可按实物工程量、工作量和劳动消耗量以及累计百分比整理和统计实际检查的数据，以便与相应的计划完成量相对比。

3. 对比实际进度与计划进度

将收集的资料整理和统计成具有与计划进度可比性的数据后，用公路工程施工实际进度与计划进度的比较方法进行比较。通过比较得出实际进度与计划进度相一致、超前、拖后3种情况。

4. 施工进度检查结果的处理

公路工程施工进度检查的结果，按照检查报告制度的规定形成进度控制报告，并向有关主管人员和部门汇报。

进度控制报告是把检查比较的结果、有关公路工程施工进度的现状和发展趋势，提供给项目经理及各级业务职能负责人最简单的书面形式报告。

进度控制报告是根据报告的不同对象，确定不同的编制范围和内容而分别编写的报告，一般分为项目概要级进度控制报告、项目管理级进度控制报告和业务管理级进度控制报告。

项目概要级的进度报告是报给项目经理、企业经理或业务部门以及建设单位或业主，是以整个公路工程项目为对象说明进度计划执行情况的报告。

项目管理级的进度报告是报给项目经理及企业业务部门，是以单位工程或公路工程项目分区为对象说明进度计划执行情况的报告。

业务管理级的进度报告是就某个重点部位或重点问题为对象编写的报告，供项目管理者及各业务部门为其采取应急措施使用。

进度报告由计划负责人或进度管理人员与其他项目管理人员协作编写。报告时间一般与进度检查时间相协调，也可按月、旬、周等间隔时间进行编写上报。

通过检查应向企业提供月度施工进度报告的主要内容包括：公路工程项目实施概况、管理概况、进度概要的总说明；公路工程项目施工进度、形象进度及简要说明；施工图纸提供进度；材料、物资、构配件供应进度；劳务记录及预测；日历计划；对建设单位、业主和施工者的工程变更指令、价格调整、索赔及工程款收支情况；进度偏差的状况和导致偏差的原因分析；解决问题的措施；计划调整意见等。

8.3.2 施工进度偏差的识别与分析

1. 施工进度偏差的识别

进度偏差的识别与分析是项目进度管理的一个重要环节，也是进度计划调整的基础。常用的进度偏差识别方法有横道图比较法、S形曲线比较法、香蕉曲线比较法和前锋线比较法，下面将简要介绍横道图比较法和S形曲线比较法。

（1）横道图比较法

横道图比较法是一种反映进度实施进展状况的方法。在项目实施中检查实际进度收集的信息，经整理后直接用横道线并列标于原计划的横道线处，进行直观比较的方法。根据工程项目实施中各项任务的速度不同以及提供的进度信息不同，分为匀速进展横道图比较法、双比例单侧横道图比较法、双比例双侧横道图比较法。

① 匀速进展横道图比较法

匀速进展是指工程项目中每项任务的实施进展速度都是均匀的，即在单位时间内完成的任务都是相等的，累计完成的任务量与时间呈线性变化。该方法只适用于任务从开始到完成的整个过程中进展速度不变且累计完成的任务量与时间成正比。若任务的进展速度发生变化，用这种方法就不能进行实际进度与计划进度之间的比较。

② 双比例单侧横道图比较法

双比例单侧横道图比较法是一种适用于任务的进度按变速进展的情况，实际进度与计划进度进行比较的方法。该方法在表示任务实际进度的涂黑粗线的同时，标出其对应时刻完成任务的累计百分比，通过该百分比与其同时刻的计划累计百分比来比较任务的实际进度与计划进度。这种比较法，不仅适用于进展速度是变化情况下的进度比较，同时能提供某一指定时间二者比较的信息。当然，这要求实施部门按规定的时间记录当时的任务完成情况。

③ 双比例双侧横道图比较法

将表示任务进度的涂黑粗线，按检查时间和完成的百分比交替绘制在计划横道线上下两侧，其长度表示该时间内完成的任务量。任务计划完成累计百分比标于横道线上方，任务实际完成累计百分比标于横道线下方的检查日期处，通过两个上、下相对的百分比比较该任务的实际进度与计划进度。

（2）S 形曲线比较法

对于大多数项目来说，单位时间的资源消耗通常是中间多而两头少，即前期资源消耗较少，中间阶段单位时间投入的资源量较多，在到达高峰后又逐渐减少直至项目完成，累加后的曲线呈 S 形变化。在 S 形曲线图上有两条曲线，一条是按计划时间累计完成任务量的 S 形曲线，另一条是按项目的各检查时间实际完成的任务量绘制的曲线。

① S 形曲线的概念

S 形曲线即工程进度曲线，也称现金流动曲线，因其曲线形状呈 S 形得名。S 形曲线以工期为横轴，以累计完成的工程费用百分比或累计完成的工程量的百分比为纵轴的图表化曲线，是针对横道图监控工程进度时计划进度与实际进度的比较只能在各个分项工程或工作之间，无法对整个工程进度情况进行全局性的管理这一不足而提出的。

一般情况下，项目施工初期应进行临时工程建设或各项施工准备工作，劳动力和施工机械的投入逐渐增多，每天完成的工作量逐渐增加，因此，施工速度逐渐加快，即工程进度曲线的斜率逐渐增大，此阶段的曲线呈凹形；在项目施工稳定期间，施工机械和劳动力投入量大而保持不变时，若不出现意外作业时间损失且施工效率正常，则每天完成的工作量大致相等，这时施工速度近似为常数，工程进度曲线的斜率几乎不变，该阶段曲线接近为直线；在项目实施后期，主体工程项目已经完成，剩下修理加工及清理现场等收尾工作，劳动力和施工机械逐渐退场，每天完成的工作量逐步减少，此时的施工速度逐渐变慢，即工程进度曲线的斜率逐渐变缓，此阶段的曲线为凸形。由此可见，一般工程进度曲线大致呈 S 形。

② S 形曲线的作用

S 形曲线是工程进度曲线也是现金流动曲线，因此，在公路工程项目施工进度及费用管理中均可使用。其在工程中的具体作用如下。

a. 判断编制的施工进度计划是否合理

合理的施工进度计划曲线形状大致呈S形，劳动力、材料和施工机具设备供应及工程费用使用分配符合一般规律。若工程初期曲线不是凹形，或施工稳定期间曲线不是直线，或工程后期曲线不是凸形等，就说明施工中资源配置违背了一般规律，应对计划进行重新修订。

b. 控制调整施工进度计划

当实际进度按计划进度正常施工时，实际进度与计划进度曲线相吻合说明此时实际进度正常。但在进度计划实际中，如果实际进度比计划进度提前，则实际进度曲线用虚线表示，应在S形曲线上方，照此施工工期则会提前。如果实际进度比计划进度滞后，则虚线表示的实际进度在S形曲线下方，如此施工工期将延后。

c. 工程计量及费用支付的依据

S形曲线是工程进度与累计完成的工程量或工作量的百分比图表化曲线，也是工程项目实施中进度与现金流动关系曲线。项目实施期间完成了多少工程量或工作量，在实际进度曲线上一目了然，据此可方便进行中期工程量的计量与支付。

③ S形曲线的信息表达

比较两条S形曲线可以得到如下信息：

a. 项目的实际进度与计划进度比较情况；

b. 项目进度超前或拖后的时间；

c. 项目实际任务量的完成情况；

d. 项目后期的进度预测。

因此，使用S形曲线能够有效对工程的实际进度进行管理，是判断工程全局进度情况的工具。

2. 施工进度偏差分析

施工进度的控制是施工方案优化的关键。基于实时监控的信息，仿真预测未来施工面貌，若与计划存在偏差，分析进度偏差产生的原因并采取相应的措施。一般情况下公路工程进度的调整不可避免，因此，应及时了解和掌握工程实际进展情况，分析和检查影响进度偏差的原因，为工程施工进度的调整和控制提供信息依据。进度管理中尤其要注意对进度偏差的分析，具体如下所述。

(1) 分析是否是在施工的关键环节出现进度偏差。若是，无论偏差大小，都必须及时采取应对措施；若不是，就要进一步比较偏差是否大于总时差。

(2) 进度偏差与总时差关系分析。进度偏差大于总时差，采取措施进行调整，如果进度偏差小于总时差，进度偏差不影响总工期。接着要进一步分析进度偏差与自由时差的关系。

(3) 进度偏差与自由时差关系分析。进度偏差大于自由时差，对后续工作有影响。进度偏差等于或小于自由时差，则不影响后续工作。

8.3.3 施工进度计划调整及优化

1. 公路工程施工进度计划调整

在公路工程施工进度控制中，一方面要分析当前形象进度与计划的偏差，另一方面要分析当前施工参数条件下将来的形象进度与计划的偏差，可以根据实际工程施工面貌或动态仿真预测得到的形象面貌与计划形象进度做比较，分析偏差是否存在。若有偏差，则需对施工方案采取适当的调整措施，以尽可能保证计划的施工进度顺利实施。

如果发现原有的进度计划已落后，不适应实际情况，为了确保工期，实现进度控制的目标，就必须对原有的进度计划进行调整，形成新的进度计划，作为进度控制的新依据。

但采取的调整措施到底会对进度带来多大影响，能否保证工程按期完工等问题仍需要分析。可以根据得到调整后的形象进度与计划做比较，分析进度的改善情况，从而评价调整措施的有效性。这样，通过对多个可行的调整方案进行评价分析，从中可寻求出一个较优的调整方案。通常，调整公路工程进度计划的主要方法有以下几种。

（1）采用内外平衡的方法，加大协调攻关力度，理顺各方关系和管理环节，创造有利于施工的内外环境，采用一定的激励、奖励措施，发挥员工的主观能动性和创造性，合理加大资源配置，科学施工，以达到施工计划进度的目的。

（2）压缩关键工作的持续时间，不改变工作之间的顺序关系，而是通过缩短网络计划中关键线路上的持续时间缩短已被拖长的工期。具体措施有：增加工作面，延长每天的施工时间，增加劳动力及施工机械数量的组织措施；改进施工工艺和施工技术以缩短工艺技术间歇时间，采取更先进的施工方法以减少施工过程或时间，采用更先进的施工机械的技术措施；提高资金数额，对所采取的技术措施给予相应的经济补偿；改善外部配合条件，改善劳动条件等其他配套措施。在采取相应措施调整进度计划的同时，考虑选择费用增加较少的关键工作为压缩的对象。

（3）组织搭接作业或平行作业：不改变工作的持续时间，而只改变工作的开始时间和完成时间。这种调整情况有：对于大型工程项目，有多项的单位工程，而这些单位工程之间的制约比较小，从而可调整的幅度比较大，因此，比较容易采用平行作业的方法调整进度计划；对于单位工程项目，由于受工作之间工艺关系的限制，可调整的幅度较小，通常采用搭接作业的方法调整施工进度计划。

当工期拖延得太长，或采取某种方法未能达到预期效果，或可调整的幅度受到限制时，还可以同时用这两种方法来调整施工进度计划，以满足工期目标的要求。

在进度管理过程中，若发现有较大延误的事件，应认真处理好这些延误事件。首先，通过进度检查判断其延误是否对工期造成影响。若对工期无影响，一般无须处理，对虽然还未造成工期延误但本身延误较大的非关键工作也要特别关注；若影响工期，要考察工期将拖延多久。其次，通过现场记录和有关文件或资料分析这些延误事件的原因或责任，若是非承包商原因造成的工期延误，应及时提出索赔意向书，计算索赔金额和时间；若是承包商自身的原因，对工期延误不大的要加强内部管理并优化资源配置，争取在后续施工中抢回失去的时间，若对工期影响较大应及时采取加快进度的措施。

2. 公路工程进度计划优化

公路工程进度计划就是根据项目实施具体的日程安排，规划整个工作项目的工作进展，目的是控制时间，节约时间，而项目严格的时间要求决定了进度计划在项目管理中的重要性。工程项目进度计划的优化是指对项目进度计划进行调整，使之更加经济、高效，符合项目合同工期及质量要求的过程。进度计划的优化就是通过不断调整计划的初始方案，在满足各种约束条件的同时按照某个衡量指标来制定最优的计划方案。从以上对进度计划的影响因素看，资源与费用对进度计划的影响最大，在实际工程中也最受人关注。项目进度计划的优化一般通过以下 2 个途径来实现。

（1）在不增加资源的前提下压缩工期。在进行工期优化时，首先应在保持系统原有资源的基础上压缩工期，如果还不能满足要求，再考虑向系统增加资源。在不增加系统资源的前提下压缩工期有 2 条途径：一是不改变网络计划中各项工作的持续时间，通过改变某些活动间的逻辑关系达到压缩总工期的目的；二是改变系统内部资源配置，削减某些非关键活动的资源，将削减下来的资源调到关键工作中去以缩短关键工作的持续时间，从而达到缩短总工期的目的。

（2）平衡资源供应，压缩关键活动工期。从关键路线的定义可以看出，关键路线的长度就是项目的工期，所以压缩项目工期就必须缩短关键活动时间，将初始网络计划的计算工期与合同指令工期相比较，求出需要缩短的工期，通过压缩关键路线的方法进行多次测试计算直到符合指令工期的要求为止。

在网络计划中，关键线路控制着任务的工期，因此缩短工期的着眼点是关键线路，但是采取硬性压缩关键工作的持续时间达到缩短工期的目的，并不是很好的办法。在网络计划的时间优化时，缩短工期主要是通过调整工作的组织措施实现，可以采取以下几种方法。

① 顺序作业调整为搭接作业。前后工序投入施工的时间间隔(流水步距)越小，施工的搭接程度越高，总工期就越短。

② 对工程项目进行合理排序。如果一个施工可以分成若干个流水段，不同的流水顺序总工期不同，就可以找出总工期最短的最优流水次序。

③ 相应地推迟非关键工序的开始时间。

④ 相应地延长非关键工作的持续时间，而将其人力、物力调到关键工作上去以达到压缩关键工作持续时间、缩短工期的目的。

⑤ 从计划外增加资源。因为项目进度计划的总工期是由关键线路的长度决定的，因此，要缩短计划工期必须压缩关键线路，可以通过增加资源投入等方法来达到压缩工期的目的。

对于后 3 种方法，当关键线路压缩以后，原来的次关键线路可能会成为新的关键线路，如果其长度仍超过规定工期，则要对这条线路进行压缩，压缩这条线路上的工序施工时间，直到满足规定工期的要求为止。因此，在压缩工期时，应选择那些既是关键工作，又是组成次关键线路的工作来压缩，将会同时缩短关键线路和次关键线路，从而收到事半功倍之效。

第 9 章　公路工程施工安全管理

9.1　公路施工安全事故致因分析

9.1.1　公路施工安全事故的类型与特点

1. 公路施工安全事故的主要类型

广泛的事故定义为导致死亡、职业相关病症、伤害、财产损失或其他损失的意外事件。本章所涉及的施工安全事故，是指在正常的施工条件下由于施工企业自身管理组织的不善等原因，在工程施工过程中发生的人员伤害或死亡的意外事件。公路工程施工是一个复杂的人、机、环境系统，具有点多、线长，建设周期长，受自然条件影响大等特点，安全事故频发，且安全事故主要是由施工环境、管理、作业人员、机械设备和材料等方面的原因引起。

公路施工发生的安全事故具有发生部位、发生类型的规律性和重复性特征。在我国公路施工中，施工安全事故主要有 9 种事故类型：高处坠落、坍塌事故、物体打击、机械事故、车辆伤害、触电事故、火灾爆炸、烫伤事故、中毒窒息，其中高处坠落事故、施工坍塌事故、物体打击事故、机械伤害、车辆伤害、触电事故这 6 种事故类型在公路施工中最为常见。

2. 公路施工安全事故的特点

公路工程施工安全事故主要指在公路工程施工建设阶段，由于施工过程的备料、施工、作业、准备等活动中突发的造成人员生命财产损害的事故，这种事故可能引起工程施工经济活动暂停或终止，给原生产活动带来预料之外的恶劣影响。公路工程施工安全事故有以下特点：

(1) 致因因素的复杂性

公路工程产品一般是结构复杂、规模较大，同时在施工建设中场所变动，是一次性建设的产品。在工程建设过程中，工程的设计结构特点、工程的技术要求与质量要求、达成的使用功能水平、合同约定的要求和质量、资金以及需要完成的时限等都有严格的要求，单一的产品，复杂的生产作业环境间无法合理协调，导致事故致因因素复杂多变，如何进行灵活机动的管理及平衡好施工中固定风险带来的隐患是需要商榷的。

(2) 作业环境影响的严重性

公路工程对比传统的产业，施工场所为露天作业，在空旷的自然环境中进行道路铺筑，因为公路建设点多、线长的特点，一条公路的施工过程中常常要跨越山岭、河流、遇到海域还可能要在海上、河流上作业，铺筑桥梁、挖掘隧道。施工作业环境复杂而艰苦，施工安全防护水平要求高，但是因为交通便利性不足，很难创造优质的施工作业环境，作业过程中对环境依赖度高，糟糕的作业环境可能导致事故致因因素数量提高，事故防范难度增高。

（3）人员主观的变动性

施工人员多为受教育水平不高的农民工，不能做到施工企业产业化的培养，因此，人员素质水平差异大。很多年轻的施工作业人员培训主要依靠施工现场“师带徒”，缺乏完善的施工上岗教育培训与作业相结合的机制，施工一线人员安全认识水平低下。当遇到重大事故时自我保护水平低，劳务人员对安全规范和标准、自我保护水平认知不高，易发生违章作业，导致安全隐患。对施工企业而言，不同项目管理中，人员主观能动性影响较大，施工作业一线仍然保持手工操作执行等情况，对事故发生频率都有影响。施工一线人员体力要求高，施工作业强度大，在环境恶劣的自然中施工，劳动作业人员心理压力较大。事故发生与否也取决于员工的身体素质。

（4）设计施工方案的依赖性

事故致因因素的多与少，严重与否，很大程度上与制定的设计、施工方案有关。跨河跨海互通立交的建立、高路堑开挖离不开的高处作业，庞大的施工构造物的结构设计，导致公路桥梁施工过程中极易发生高处坠落、物体打击事故，40m 以上的超高桥墩建设对施工人员和操作工人的生命财产安全造成重大威胁，易发生伤害和伤亡事故。

（5）致因因素防范的困难性

施工作业产出的施工构造物用途种类多样，如桥梁、隧道、房建工程、管道工程、路面铺筑，不同的施工构造物对施工工艺要求复杂，隧道开挖中对隧道所处的地质环境、背斜向斜情况、滑坡情况都要做全方位的地质勘察，同时可能遇到有毒有害气体如瓦斯、硫化氢的危害，富水地质的开挖等，都会对公路施工安全造成很大的影响；桥梁的高墩施工及桥梁的预制、吊装和高处施工作业都是风险极高的作业工程。复杂的工程种类给公路工程施工安全防范和风险辨识带来极大的难度。

（6）组织管理的困难性

施工组织作为施工致因因素中最重要的间接因素之一，施工场地作业面有限，会导致交叉作业过程中的相互影响。工地现场施工工种多，作业复杂，由地面向上修筑的过程中作业面往往越发狭小，施工场地和施工条件差异大，矛盾不断演化，交叉工种和作业会带来高处坠落、机械伤害、物体打击等。在安全防护设备上，不同工种防范的风险和危险水平也不同，因此，作为施工安全作业的管理人员要全方位发力，积极开展管理，防范化解隐患。

9.1.2 公路施工安全事故致因因素识别

1. 人的致因因素识别

随着事故致因理论的发展，人们对事故发生的本质规律的认识也在不断深入，我们发现人的因素、物的因素、环境因素和管理因素是引起施工安全事故发生的主要 4 大因素。其中人的不安全行为、物的不安全状态和环境的不安全状态是事故发生的直接原因，当人的不安全行为运动轨迹与物的不安全状态运动轨迹发生交叉时，就会发生安全事故。管理缺陷是安全事故发生的根本原因，人、物、环境都受管理因素支配，因此，预防发生安全事故应从根本上改进安全管理措施，提高安全管理水平。

（1）人的因素

人的因素主要是指导致事故发生的人的不安全行为。人的不安全行为又称为人的失误，是指人为地使公路施工系统发生故障或发生性能不良等事件，违背设计和操作规程的错误行为，也就是能造成事故的人的失误。人的心理、生理、自身技能知识和周身的环境都能造成人的不安全行为发生。按国家标准《企业职工伤亡事故分类》(GB 6441—1986)，人的不安全行为的表现形式可分为13类，如下所示：

① 操作失误、忽视安全、忽视警告；

② 造成安全装置失效；

③ 使用不安全设备；

④ 手代替工具操作；

⑤ 物资存放不当；

⑥ 冒险进入危险场所；

⑦ 攀爬不安全位置；

⑧ 在起吊物下作业、停留；

⑨ 在机械运转时进行检查、维修、保养等工作；

⑩ 工作时注意力分散不集中；

⑪ 没有正确使用个人防护用品、用具；

⑫ 穿戴不安全装束；

⑬ 对易燃易爆等危险品处理失误。

（2）物的因素

在公路施工过程中，物的因素是指物的不安全状态，即指机械设备、施工物资等明显不符合安全要求的状态，也是事故发生的直接因素之一。物的不安全状态主要有物(包括机械设备、设施、工具等)本身存在的缺陷、安全防护方面的缺陷、物的存放方法的缺陷、施工作业方法导致的物的不安全状态和安全信号、标志及个体防护用品的缺陷等。

所有的物的不安全状态，背后都隐藏着人的不安全行为或人失误，与人的不安全行为或人的操作、管理失误有不可分割的联系。物的不安全状态既反映了物的自身特性，又反映了人的素质和人的决策水平，施工企业通过对施工全体人员和施工物资采取相应的安全技术措施和安全管理措施，可以有效控制物的不安全状态，预防与消除安全事故。

（3）环境的因素

环境因素指的是施工现场周边环境的不良状态。不良的公路施工环境不仅会影响人的行为，同时也会对施工物资等产生不良作用，导致施工安全事故的发生。众所周知，公路建设工程施工作业的显著特点是露天作业、工序繁多、交叉作业现象多、机械化和半机械化作业程度相对较低、使用的材料种类多等等，诸多可变因素都有可能对作业环境产生影响，甚至产生重大影响，以致影响安全生产。

安全事故的发生都是由人的因素和物的因素共同作用直接导致，而施工环境是安全事故发生的背景条件，客观上影响了事故隐患的发生和发展，通过使人的因素和物的因素产生时空交叉，从而影响安全事故的发生。如整洁、有序的施工现场发生事故的概率肯定较之杂乱的现场低，如果在施工现场存在施工材料和机械设备的胡乱摆放、生产及生活用电私拉乱扯等情况，这不仅给公路施工工作带来不便，同时也会引起从业人员的烦躁情绪，进而可能导致从业人员的操作失误，导致施工安全事故的发生，所以，环境的因素也是事故发生的直接原因，它通过对人和物的影响对事故的发生起到重要作用。

另外，在公路施工中，如果遇到不利于公路施工的天气环境或地质环境，也容易引起安全事故的发生。同时人文环境也是一个不容忽视的因素，如果施工企业形成一个良好的安全氛围，甚至形成企业的安全文化，那么在这样的环境下进行公路施工作业，安全事故发生的概率将大大降低。

(4) 管理的因素

人的不安全行为和物的不安全状态，往往只是安全事故发生的表面原因，深入分析可以发现，安全事故的根源在于施工企业安全管理的缺陷，因此，采取通过适当的安全管理措施可以把人的因素、物的因素和环境因素对安全事故发生影响程度降至最低。

导致安全事故的管理因素主要包括：企业领导层对施工安全不重视、安全意识薄弱，安全管理机构不完善、职责不明确，安全管理制度不健全，施工组织、安全操作规程、安全技术措施不健全或不合理，安全投入和教育培训力度不足不够，安全隐患排查整改不彻底等。

需要说明的是，在公路施工过程中，从业人员过失、施工机械失控、环境突变、安全管理不到位等方面因素并非孤立存在，它们之间存在一定的相互影响和交互作用，共同构成了公路施工安全事故的环境条件。

9.2　公路施工危险源的辨识

9.2.1　危险源的构成要素

危险源是导致事故的根源或状态，是可能通过一系列过程导致人员伤害、财产损失或工作环境破坏的不安全因素。危险源产生事故的作用路线如图 9.1 所示。

事故理论认为事故的形成必须具备有 3 个条件，分别是：

① 有引起破坏的推动因素，即破坏因素；

② 有遭受破坏的对象，即承受因素；

③ 破坏因素和承受因素之间的距离能够实施相互影响。

从上面 3 个条件可以看出，在可以发生作用的距离内事故的形成主要是由破坏因素推动而引发。从图 9.1 中可以看出，具备了存在条件和潜在危险的危险源在经过触发之后就往发生事故的方向逐步发展，因此，危险源具有以下 3 个基本要素：

(1) 存在条件

危险源的存在条件有 2 个含义，一是危险源是工程项目所必需的，二是指危险源所处

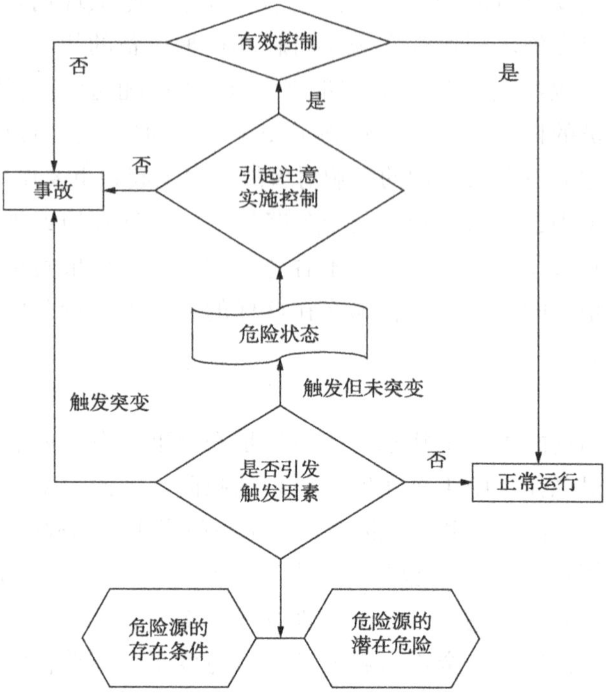

图 9.1　危险源产生事故的作用路线

的物理、化学状态和约束条件状态。

经过多年的实践和发展，对危险源的改进和控制已较为成熟，但危险源之所以危险，就是这些危险源在储存(如堆放位置及方式、通风及遮盖条件等)、物理化学特性(如压力、爆炸极限、有毒有害性等)、设备状态(如保养周期、使用年限等)、防护条件(如防护措施、故障处理流程及措施、安全装置、安全标识等)、操作条件、管理条件(如计划、组织、协调、控制等)等方面在较长一段时间内已无法在技术上得到很大改进，但依然有可能产生隐患。另外，这些危险源又是生产经营中不可避免的，这也就造成其危险源的存在是必然的。

(2) 潜在危险

在存在条件要素里，鉴于各种条件的约束和限制，危险源无法得到百分之百的控制，这意味着危险源存在着潜在危险性。一旦这种潜在危险性被触发，就有可能导致事故的发生，进而带来程度或损失大小不一的危害。

危险源的潜在危险因素大多数会被人认识到，但因为这种危险因素被触发的可能性较小，所以在大量的生产经营过程中会被忽视，甚至忽略。如果从心理上到认识上，甚至是制度上都未对这种潜在危险因素进行重视，那被触发的概率就大大增加。

(3) 触发因素

既然危险源在生产经营过程中不可避免，其存在条件也无法保证完全不出问题，那么就必然会有一些触发因素促使危险源逐步发展为事故的原因。触发因素的种类很多，发生作用的方式也不完全一致，详见表 9.1。

表 9.1 危险源触发因素

危险源触发因素种类	危险源触发因素示例
人为因素	心态影响、生理影响、违章操作等
管理因素	训练和管理欠缺、指挥判断决策失误、组织安排失误等
自然因素	触发危险源发生破坏作用的各种自然条件及其他变化，如风速、雨雪、雷电、温度、湿度、气压等

触发因素是危险源转化为事故的主要推动力，但不属于危险源的固有属性。而且每一类危险源的敏感触发因素都不尽相同。既有可能是人为因素、也有可能是管理及自然因素，或是多种因素共同发生作用，使得危险源作用转变为危险状态，在某个时刻会转为事故。

9.2.2 施工现场危险源辨识的内容

危险源是事故的源头，来源于物的不安全状态、人的不安全行为、管理缺陷、不良的劳动环境和条件。施工现场危险源的辨识是要确定施工现场具有哪些危险源，并对这些危险源进行分类、分级、分出处理方式等等，这就需要考虑施工现场特点、危险源特点、事故特点。具体来讲，需要在如下 4 个环节进行危险源的辨识：

(1) 施工前的危险源辨识。这是辨识的预估阶段，也是在施工现场尚未展开全面的施工作业之前对危险源的统计阶段。在这个阶段，需要辨别各个施工环节、各个安全控制要点上可能会出现事故的关键点，并预先估计出施工的危险源。

(2) 施工中的危险源辨识。在施工现场进入正轨生产之后，可以很直观地观察到现场的布置、机械设备的状况、人员组织与管理的状况、生产的状况等等。这时进行的危险源辨识是在第一阶段辨识的基础上，结合了实际状况，能较好反映当前施工现场状况下的危险源情况。

(3) 事故后的危险源辨识。一旦事故发生，就必须对产生事故的原因进行细致分析，找出引发事故的危险源。尽快解决问题的同时，也要把此时辨别出来的危险源进行重点观察，避免再次发生事故。

(4) 施工后的危险源辨识。在施工后，通过施工安全记录、施工人员体会、事故处理记录等资料的汇集，找出施工过程中已经发生问题的危险源，以及尚未发生问题的危险源。输入到危险源数据库之后，为下一次的类似工程或该团队的下一个工程形成指导性的危险源文件，进入下一个辨别过程的初始阶段及预辨别阶段。

在以上 4 个环节的具体辨识时，共性的内容是要考虑存在危险源的业务活动及活动场所，并对照施工现场危险源的理论内容分类逐一筛查实际内容，全面考虑过去、现在和将来可能影响或可能发生的事情，进而识别危险源及其作用的范围、数量、方式和程度等等。

9.2.3 施工现场危险源辨识的方法及手段

1. 危险源辨识的方法

如果不经过认真的总结和分析，仅靠想当然的危险源辨识是无法正确分析出足够安全的信息，因此，在施工现场就要采用一些有依据、有规律的辨识方法。常用的危险源辨识方法可分为直观经验分析法和系统安全分析方法两大类。

(1) 直观经验分析法

这种方法是最直接，最灵活的方法，适用于有可供参考的先例、有以往经验可以借鉴的危险源辨识和分析处理过程。但是这种方法对可供参考的先例要求较高，很难应用在没有可供参考先例的新系统中。直观经验分析法主要分为经验法和类比推断法。

经验法，就是对照有关标准、检查表，依靠专业分析人员的观察分析能力，借助于工程经验和专业判断能力直观地确定危险源并评价其危险性的方法。经验法的优点是简便、易行，但其使用受辨识人员知识、经验、判断力和可供参考先例资料的限制，极有可能出现遗漏。在实际辨识中，为弥补这种不足在经验判断之后常采取专家头脑风暴的方式相互启发，以便在交流和沟通过程中更加细致、具体和明确地辨识危险源。

类比推断法，是通过利用相同或类似工程，或者相似作业条件的经验和事故类型的统计资料来类推、分析评价对象的危害因素。施工企业的绝大多数工程项目都没有太大的技术问题，一般都可以设计出布置合理的施工现场，而且工程项目在事故类别、发生缘由、伤害方式、事故概率等方面极其相似，因此，通过对危险源和导致后果的类推不仅具有较高的置信度，还可大大缩短从辨识到准备最后实施的时间，对工程比较有利。

(2) 系统安全分析方法

如果说直观经验分析方法是利用以往的规律辨识危险源的话，系统安全分析方法就是把这种规律用系统工程的理念进行规范，利用系统安全工程评价方法进行危险源辨识。这种方法一般应用于复杂的、涉及面广、目标要求高的工程项目危险源辨识过程，也适用于不同领域、不同行业、不同阶段的辨识过程。

目前，系统安全分析方法比较多，从能量分析到作业安全分析、从意外事故分析到子系统安全性分析，这些方法的适用情况也有较强的针对性，所以在同一个工程项目中经常会使用不同的方法来辨识危险源及其危害。这些方法中，对于施工现场危险源辨识较为适用的系统安全分析方法有：安全检查表法(Safety Check List，SCL)、危险性预先分析、事故树分析(Fault Tree Analysis，FTA)和因果分析等。

2. 危险源辨识的手段

在工程项目施工现场危险源的辨识过程中，无论使用什么方法都可以采用以下辨识手段获取信息。

(1) 现场观察

施工现场内的布置情况、安全设施防护情况、部分安全隐患、人员状态等等都可以通过观察得到相关内容。通过简单的观察经常可以第一时间发现危险源，但这也要求在现场从事观察的人员不仅要掌握土木工程施工方面的技术知识、还要掌握安全生产、职业健康安全标准、安全相关的法律法规等知识，综合能力越强的观察者越能在危险源辨识环节找到容易发生问题的方面。

(2) 资料观察

工程项目施工过程中，查阅项目的施工组织方案及技术方案等等非常有利于危险源辨识。在这些方案中有对地质、环境、水电气路、施工重点环节、施工安全布置的详细描述。在危险源筛查的时候多看资料，可从中发现或分析出一些危险源。

(3) 外部信息搜集

在信息量和信息获取方式都非常发达的现代社会，充分利用网络信息资源，从类似企业、类似项目的企业文献或学术研究文献资料中搜寻有用信息，可以更好地认识所在项目的特点及注意事项。但是要防止被外部信息中所包含的信息误导，因为绝大多数外部信息都是经过处理后才被搜索到的，被处理过的信息就存在失真、不全面等特点，所以，一定要把内部分析和外部信息搜集相结合，这样才有助于识别危险源。

(4) 询问和沟通

工程项目施工现场中长期从事某项工作的人不仅经历了很多个项目中针对这项工作的各类非正常情况，也逐步认识到该项工作的危险源，所以，与经验丰富的管理及施工人员进行沟通交流，询问对安全的看法，经常会有一些意外收获。不仅如此，有些情况下还能获得非常好的控制和管理危险源的办法。

(5) 安全检查表

工程项目的长期实践过程中形成了很多内容详尽的安全检查表，在实际安全管理中运用这些已经编制好的检查表可逐项对施工现场进行系统的、有标准的安全检查。通过这样的表格，工程项目安全管理人员可以很好地积累危险源信息，并在新项目中作为参考资料，有利于识别出存在的危险源。

(6) 工作任务分析

这种手段包括流程分析和岗位分析，其中流程分析将生产工序分为许多流程单元，并针对每一单元分析其可能出现的偏差和危害；岗位分析主要是通过岗位职责的分析，确定岗位工作的范围、职责、步骤、处理方案等等。只有工程项目的施工及管理人员明确自己的岗位职责和要求，才能最大限度地防止人在危险源上发挥的触发作用，进而降低工程项目事故发生的可能性。

9.3　公路施工危险源的管理控制

公路施工安全管理的核心是危险源，而不是事故，对危险源的管理控制即是对事故的预防。事故是危险源激发后可能产生的后果，对事故进行管理只能是事后的管理，因此，危险源的管理控制极其重要。危险源的管理控制可以利用安全技术、安全培训教育和安全管理等手段，防止危险源导致事故的发生，造成人员伤害和财物损失。公路施工事故发生的原因主要包括人的不安全行为、物的不安全状态、环境的不良状态和管理缺陷等，因此，基于公路工程施工事故致因的分析，下文将从 4 个方面进行危险源管理控制。

1. 人员的安全管理

人员的安全管理就是控制人为失误，减少不正确行为对危险源的触发作用。

对人的不安全行为进行管理控制，首先要合理选择、安排作业人员，由于危险源大多来源于重要岗位，有的操作管理技术比较复杂，对作业人员的要求较高，因此，应选拔那些认真负责、技术能力强的员工从事危险源多的作业。

其次应加强施工企业的安全文化建设，对人员进行严格培训考核，加强上岗前安全教育和技能培训，提高人的安全意识和安全技能。从事危险岗位工作的人员需进行专业培训以确保人员严格按照安全操作规程和程序进行作业。培训教育主要内容包括：危险源控制管理的意义、本单位(岗位)的主要危险类型、产生危险的主要原因、控制事故发生的主要方法、日常的安全操作要求、应急措施和各种具体的管理要求等。

2. 机械设备的安全管理

物的不安全状态的运动轨迹，一旦与人的不安全行为的运动轨迹发生交叉，安全事故就会发生，所以危险源控制管理工作的核心就是消除物的不安全状态和人的不安全行为。

对物的不安全状态的控制，首先进行危险源的辨识和评价，通过辨识找出危险源，明确管理对象；通过危险源的评价发现隐患的危害程度，以便为隐患整改提供依据。然后采用技术措施对固有危险源进行控制，通过对危险源进行消除、控制、转移、防护、隔离和监控等措施清除危险源。

物的不安全状态的管理控制方式可以通过制订和完善操作规程、施工工艺和方案等，采用新工艺、新技术、新设备，增加安全投入和安全设施的配置，合理布置并改善安全设施和作业条件，加强重点设备、人员作业的安全管理和监控，定期维护检查设施设备等，并对公路施工危险物资和机械设备实施监控，以避免物的不安全状态与人的不安全行为的运动轨迹产生交叉。

例如对施工机械危险源进行管理控制，首先对其进行辨识和评价，然后正确选择施工机械设施，合理调配使用，同时做好作业人员的选择、培训和教育，保证机械设施的正确使用，最后机械设备定期进行安全检查、维修和更新，从而控制、消除危险源，避免事故的发生。

3. 施工环境的安全管理

作业环境的优劣，直接关系到公路施工安全。作业环境管理的核心是如何保持作业环境的整洁有序与安全无害，给作业人员创造一个良好的作业环境。

(1) 施工平面布置。施工平面布置的总体要求是布置紧凑，充分利用场地；场内道路畅通，运输方便，减少二次搬运；在保证施工顺利的条件下，尽可能减少临时设施搭设，尽可能利用附近的原有建筑物作为临时设施；应便于工人生产和生活，办公用房、福利设施应在生活区内。施工平面应符合防火治安、卫生防疫、环境保护和无建设公害的要求。

(2) 施工现场功能区划分。根据施工项目的要求，划分为作业区(辅助作业区)、材料堆放区和办公生活区。作业区与办公生活区分开设置并保持安全距离；办公生活区应设置于建筑物坠落半径之外，并设置防护措施，划分隔离，以免人员误入危险区域。

(3) 安全警示标志。根据工程特点及施工的不同阶段，在危险部位要针对性地设置、悬挂明显的安全警示标志，规范施工现场标示牌。危险部位主要指施工现场入口处、施工起重机械、临时用电设施、脚手架、出入通道口、桥梁口、隧道口、基坑边沿、爆破物及有害危险气体和液体存放处等。安全警示标志的类型、数量，应当根据危险部位的性质不同设置不同的安全警示标志。

(4) 定期对作业条件(环境)进行安全评价，以便采取安全措施，保证符合作业的安全要求。

4. 管理制度的安全管理

在公路施工过程中，可采取以下管理措施对危险源实施管理控制，达到施工安全的目的。

（1）建立健全的危险源管理的规章制度。在确定危险源之后，首先要全面地分析危险源的危险性，然后进一步完善相关规章制度，如日常管理检查制度、安全操作规程、安全生产责任制、交接班制度、操作人员培训考核制度、考核及奖惩制度等。

（2）将各级危险源的定期检查责任落到实处。应根据危险源的等级，分别确定各级的负责人并明确其具体责任，特别是要明确各级危险源的定期检查责任。

（3）强化危险源的日常管理，保证工作人员切实执行相关危险源的日常管理规章制度，负责人和安检部门认真记录好所有的活动，定期进行严格检查考核，根据检查考核情况进行奖惩。

（4）及时根据信息反馈整改隐患。危险源的管理和控制主要依赖于施工现场信息的及时反馈，若想及时地彻底整改安全隐患，必须建立健全信息反馈制度并严格执行。根据事故隐患性质和严重程度的不用，按照规定分级实行的信息反馈和整改。

（5）抓好危险源控制管理的基础建设工作，对危险源进行归档管理。在公路施工场地危险源附近设置醒目的安全标志牌，标明危险等级，扼要注明防范措施，并以此建立危险源的档案，指定专人保管、定期整理。

（6）落实危险源控制管理的评价考核和奖惩制度。制定并量化危险源控制管理各方面工作的考核标准，并定期严格检查考核；将奖惩制度与评先进和班组升级结合并逐步提高要求，不断提高危险源控制管理水平。

（7）建立危险源分级管理体系，对危险源实施分级控制管理，对动态危险源实施跟踪管理。根据动态危险源变化快、情况复杂、难于控制等特点，应实行跟踪管理；对于特别危险、情况复杂的危险源由监理安排人员进行定点跟踪，并有权现场采取应急措施及停工观察；对一般动态危险源，由项目经理部派人跟踪检查，安全部门随时检查监督。

（8）对重大危险源应制订有针对性的应急预案。施工企业和项目经理部均应编制应急预案，企业应根据自身特点和承包工程的类型、共性特征、重大危险源的存在状况，编制在企业内部具有通用性和普遍指导意义的应急预案的各项基本要求；项目部应按应急预案的基本要求，编制符合各个项目个性特点的具体、细化的应急预案，指导施工现场的具体操作。

第10章 公路工程施工实践案例

10.1 案例一：雄安站西侧干路项目施工案例

10.1.1 工程概况

本项目工程范围共分两段：第一段设计起点与起步区东西轴线东延相交，向北依次下穿规划轨道快线廊道，在建京雄城际动车所，规划的雄忻城际铁路，与现况保静公路平交后，跨越新盖房分洪道，与昝岗片区多条内部道路相交，设计终点与K1线相交，路线长度约4.6km；第二段设计起点与昝岗片区E1线相交，路线向北，与昝岗片区多条内部道路相交，设计终点与现况荣乌高速相交，路线长约2km。两段道路全长约6.6km。本项目道路等级为主干路，非建成区段道路红线宽为45m，设计速度采用60km/h；建成区段道路红线宽为44m，设计速度采用50km/h。

10.1.2 道路路基工程施工

1. 路基土石方施工

(1) 地基处理验收

路基填筑施工前，邀请业主、监理、设计人、质量监督站等有关人员对通过采取换填处理等一系列方式形成的地基进行验收，确认地基承载力满足设计要求。

(2) 取土场取土及土工试验

现场试验室按监理工程师的要求，对各取土场的土样分别进行土工试验，确定适合用于本项目的取土场，并为土方施工提供各项试验数据。

(3) 测量放线

路基施工前，进行测量放线。每20m设置一组中心桩和一组边桩(高程桩)，曲线段加密至5~10m；每50m设置一组临时水准点并妥善保护。中心桩和边桩采用事先切好的短钢筋或木桩。

(4) 施工场地清理及路基填前处理

路基施工前进行清表处理，清除地表遗留的植物、碴土、腐殖土、垃圾土等不适宜材料，路基清表结束后进行填前碾压，局部不适宜材料埋置较深的部位根据具体情况进行处理，并请监理工程师确认工程量。

(5) 路基挖方施工

根据设计及施工规范的要求，清表作业时必须按设计断面自上而下整幅开挖，不得乱挖、超挖，保证施工安全。弃土应及时清运，不得乱堆乱放，采用机械开挖首先确定堆土位置及运土路线。

本工程挖方段土方挖运全部采用机械化作业，考虑到路堑深度和纵向长度，采用全宽挖掘和纵向开挖混合施工。在小挖方地段，利用推土机和装载机配合作业；在大挖方地段，采用挖掘机联合自卸车装运，并以推土机、装载机作为配合，挖方段路基的地基承载力要达到设计及规范的要求，否则根据设计及监理要求进行换填。

（6）试验路段施工

路基土石方作业在大面积施工前，由监理工程师指定起、止桩号，结合施工路段，选择具有代表性的地段作为试验段，并将试验结果报告监理工程师。路床铺筑试验时记录设备的类型、设备最佳组合方式；碾压遍数及碾压速度、工序、每层材料的松铺厚度、材料的含水量等。

（7）路基填筑施工

为确保路床施工质量，施工中严格控制回填土质量，杜绝使用不良土源进行回填，碾压前将土中夹带的石块、淤泥、植物根茎等有机物质彻底清除。

路基填筑采用自卸车运土、推土机配合摊铺粗平，平地机细平。填方作业每3层范围内进行纵横找坡，使填筑面满足设计纵、横坡要求。每填筑3层进行1次精确放样，并每层实行“划格上土，标杆施工，平地机整平”。本工区路基填筑采用重型击实标准，路基填料最小强度和压实度要满足设计及规范要求。

2. 路床施工

路基表面做到设计标高后采用平地机刮平，配合机械碾压的方法整修成型。使路基横向坡度达到设计要求。边沟的整修挂线进行。坡面挖台阶分层填补，不得在边坡上以土贴补。具体如下：

（1）路基封顶后，恢复各项标桩，按设计图纸要求检查路基的中线位置、宽度、纵坡、横坡、边坡及相应的标高等。

（2）路基表面做到设计标高后采用平地机刮平，配合机械碾压的方法整修成型。使路基横向坡度达到设计要求，铲下的土不足以填补凹陷时，采用与路基表面相同的土填平夯实。路堑边坡及边沟的整修，按设计要求的坡度，用液压挖掘机配合人工自上而下进行削坡。

（3）在整修需加固的坡面时，预留加固位置。当填补不足或边坡受雨水冲刷形成小冲沟时，将原边坡挖成台阶，分层填补，仔细夯实。不得在边坡上以土贴补。如填补的厚度很小（10~20cm），而又是非边坡加固地段时，可用种草整修的方法以种植土填补。

（4）边沟整修挂线进行。对各种水沟的纵坡（包括取土坑纵坡）用仪器检测，整修到符合设计及规范要求。填土路基两侧超填的宽度切除。

（5）修整后的路基表面层厚15cm以内，松散的或半埋的尺寸大于5cm的石块，从路基表面层移走并按规定填平压实。

（6）路基整修完毕后，堆于路基范围内的废弃土料全部清除。修整后的路基做好成品保护工作，防止人为损坏。

3. 路基清淤换填、路基垫层施工

（1）清淤施工

路线经过鱼塘、低洼有水的路段，首先筑岛围堰，将路基拟占用的部分用围堰隔离。

然后用潜水泵抽水，并清除坑底淤泥至原状土，坑壁开挖台阶，台阶宽度 2m、高度 1m，两步台阶间设 1∶1 斜坡。

（2）回填砂砾、路基砂砾垫层施工

分层回填天然砂砾，分次回填碾压，每次不超过 20cm。

砂砾使用自卸车卸料、推土机、乱平机整平。

根据路段的宽度、试验段取得的松铺厚度及松铺系数，计算各段所需要的砂砾数量及运料车每车的卸料距离，并每隔 10m 在路床两侧钉设高程桩，以作为基层铺设的基准高程，同时标记卸料点位置。利用自卸车将砂砾运送至现场。严格根据标记的卸料点定点卸料，使混合料均匀分布，减少离析和二次倒运。

材料的含水量控制应比最佳含水量大 1%左右。

首先用推土机对填料进行初平，而后用平地机按高程桩将混合料均匀地摊铺在预定宽度上，并使其具有平整的表面且符合规定的路拱和合适的松铺厚度。初压后，人工再次挂线打点，平地机细平后碾压夯实。在短距离大转弯的路段，以人工配合推土机、铲车的方式整平填料。

砂砾经摊铺和整形后，立即在全宽范围内进行碾压。遵照先轻后重的原则在最佳含水量时进行碾压施工。

混合料经整形后，应立即在全宽范围内进行碾压。采用振动压路机和胶轮压路机，直线段由外侧向中心碾压，曲线段由内侧向外侧碾压，每道碾压应与上道碾压相重叠，使每层整个厚度和宽度完全均匀地压实到规定的密实度为止。压实后表面应平整、无轮迹或隆起、裂纹搓板及起皮松散等现象，压实度代表值应达到重型击实试验确定的最大干容重的 95%。在碾压程中，混合料的表面应始终保持湿润，如表面水蒸发得快，应及时补洒少量的水，然后用合格的土源分层进行路堤填筑施工。

（3）路基不适宜材料换填施工

对于取路基中的坑、洞，施工中先将表面腐殖土全部挖除，再进行填前碾压和压实度、弯沉值检测，达不到设计要求及时上报。路床检测合格后分层进行路基填筑施工。为保证坑洞与周围路基填方的整体性，将换填部分与周围接触部分的边坡做成台阶形式，在填方碾压中新旧路基搭接处加强碾压。

4. 路基防护施工

边坡砌护前，清理施工场地，修整边坡，使砌护地带的边坡度和标高与设计要求一致。按设计要求放样后，浅挖基坑并夯实。

砌筑前先对砌块进行检验，各项指标合格后方可使用。在安砌前每一砌块都须清理干净。

在中线(或边线上)每隔 5~10m 安设 1 块六棱空心砖作控制点，将验收合格的六棱空心砖放在现场。

六棱空心砖护坡挂线施工，满足平整度、密实度要求。

铺砌时将六棱空心砖轻轻放平，方砖铺装时，用 1∶5 水泥中砂干拌砂浆 2cm 卧底。

用橡皮锤轻敲稳定，不得损坏砖角，不平时应重新拿起方砖用细土找平，禁止向砖底填塞砂浆支垫碎石块。

六棱空心砖铺好后，要检查平整度，发现有移动现象应立即修正。

窗体植草：砌筑完成后，人工利用施工平台将富含氮、磷、钾的肥沃土壤填入窗体内，夯实后要求有一定的密实程度，然后在窗体内植草绿化。

5. 边坡绿化防护

因边坡的开挖破坏了原有植被并造成裸露的土坡和岩石边坡，在保证边坡稳定的基础上进行边坡(尤其是岩石边坡)的绿化则尤为重要。本工区除采用常规的植草、液压喷播植草灌外，还要求施工过程中根据实际地理位置、气候条件、地质、水文及开挖坡面情况，灵活选用护坡的植被类型(尤其是本土植物)，运用各种绿化技术进行边坡设计，各种防护措施可配合使用并注意相互衔接。

施工时路堑边坡坡顶至截水沟之间的原生植被和桥梁洞口成洞面坡顶至截水沟之间的原生植被应予以保护，用地界放样同时放出坡口线，以利于坡口线以外的植被生态及景观保护。

10.1.3 道路路面面层施工

1. 路面基层施工

(1) 施工准备

① 施工机械

基层施工机械由粒料摊铺机、振动压路机、胶轮压路机等现代化路面施工设备组成。

② 混合料运输

拌和好的混合料用自卸车运至施工路段，根据拌和站的生产能力及摊铺能力配合好自卸汽车。装车时，保证车斗内装载高度均匀以防离析；运输时，对车上的混合料加以覆盖以防运输过程中水分蒸发；拌和好的水泥稳定碎石尽快运到现场摊铺。

(2) 混合料摊铺

为提高本工程路面平整度，本合同段基层和底基层采用粒料摊铺机整幅摊铺。施工时保证运输能力与摊铺机的生产能力互相协调，减少停机待料现象。

在验收合格的下承层上，清除浮土和杂物并洒水湿润，测量工程师每5m放一控制桩，并放出摊铺机基准线，组织粒料摊铺机就位，以钢丝基准线控制高程，摊铺速度控制在3m/min左右，摊铺时混合料充满摊铺机搅龙2/3高度，保证摊铺的混合料平整、不离析；摊铺时混合料的含水量大于最佳含水量0.5%~1.0%，以补偿摊铺及碾压过程中的水分损失。在摊铺机后面设专人消除粗细集料离析现象，特别是粗集料窝或粗集料带要及时铲除，并用新混合料填补或补充细混合料拌和均匀；摊铺要连续进行。

施工缝设置：每天摊铺完工时，将摊铺机抬起熨平板并稍移出摊铺面，先将摊铺机附近及其下未经压实的混合料铲除，采用3m直尺检测平整度，再将已碾压密实、高程和平整度符合要求的末端挖成一横向与路中心垂直断面；混合料施工如因故中断超过4h，设横向接缝，先将摊铺机附近及其下未经压实的混合料铲除，再将已碾压密实且高程符合要求的末端挖成一横向与路面垂直向下的断面，然后再摊铺新的混合料。

(3) 混合料碾压

混合料经摊铺、整形、摊铺长度达到50m以后，检测混合料含水量等于或略大于最佳含水量时，立即进行碾压。本合同段采用振动压路机、胶轮压路机碾压。碾压分初压、复压和终压，初压采用振动压路机从低到高静压1遍，质检员采用3m直尺检测平整度，若有不平整或离析处，采用人工铲平，消除离析部位；复压采用振动压路机低频高振幅碾压，碾压速度控制在40~60m/min，每碾压1遍，试验员采用灌砂法检测混合料密实度，直到混合料密实度达到设计和规范规定的密实度以上为止；终压采用胶轮压路机关振碾压。碾压时，直线段由机非隔离带一侧向路中线碾压，超高段，由内侧向外侧碾压，每道碾压与上道碾压相重叠不小于1/3轮宽，使每层整个厚度和宽度完全均匀地压实到规定的密实度为止。压实后表面平整无轮迹或隆起，且断面正确，路拱符合要求，压实度达到重型击实试验确定的最大干容重的98%以上；碾压过程中，混合料表面始终保持潮湿，如表面水蒸发得快，及时补洒少量的水；严禁压路机在已完成的或正在碾压的路段上“调头”和急刹车，防止混合料表面受到破坏。

(4) 混合料养护

基层材料碾压成活后，立即封闭交通，覆盖彩条布和塑料布洒水养护，养护期不少于7d，养护期间除洒水车外严禁其他车辆通行，并设专人看守交通；如遇特殊原因不能封闭交通时，将车速限制在15km/h以下，但严禁重型车辆通行。

2. 透层、下封层、黏层施工

(1) 透层施工

基层施工完毕(基层表面稍干燥但尚未硬化情况下)必须浇洒透层沥青，沥青面层必须在透层沥青完全渗入基层后方可铺筑。

透层油采用具有高渗透性、破乳快的乳化沥青(PA-2或PC-2)，用量宜为1.0~1.2 L/m^2(沥青含量50%)，渗透深度宜不小于5mm。

透层沥青采用慢裂喷洒型阳离子乳化沥青，其规格型号和用量符合设计要求，由专门沥青洒布车进行洒布。

洒布之前对已经施工完成的路缘石、构筑物、绿化树木等采取覆盖保护以防污染，将基层表面的松散材料及泥土、杂物清扫干净，并用森林灭火器将基层表面的浮尘吹净，尽量是表面骨料外露。基层表面干燥应洒少量水，待表面稍干后再进行施工，湿润程度以不影响沥青的均匀洒布和渗透为准。

透层乳化沥青洒布要均匀，不产生滑移和流淌，当发现浇洒沥青后有空白、缺边时应立即用人工补洒，有积聚时应予清除。在每段接茬处，用油毛毡横铺在本段起点前及终点后，长度为1~1.5m，分幅浇洒时纵向搭接宽度宜为10~15cm，保证前后喷洒的接茬搭接良好。透层油喷洒后，通过钻孔或挖掘确认透入基层的深度不小于5mm，并能与基层联结成一体。

喷洒透层沥青后立即撒布用量为$3m^3/1000m^2$的石屑或粗砂。

透层油养护时应确保液体沥青中的稀释剂全部挥发，然后尽早施工下封层，防止车辆碾压损坏透层。透层洒布后严格封闭交通48h；洒布结束5d后方可进行封层的施工。

(2) 下封层施工

下封层采用单层沥青表面处治或稀浆封层(改性稀浆封层)。采用沥青表面处治时，沥青或乳液用量(沥青含量60%)1.0~1.2kg/m，集料采用S12型，用量为$5\sim8m^3/1000m^2$，厚度为1cm；采用稀浆封层时，乳化沥青PC-2或改性乳化沥青BCR型，沥青用量(油石比)为6.5%~9%，矿料级配采用ES-2型，厚度不小于6mm。

封层采用沥青洒布机喷洒，洒布时保持稳定的速度和喷洒量。保证沥青洒布车在整个洒布宽度内喷洒均匀。

施工前检查沥青洒布机的油泵系统、输油管道、油量表、保温设备等，并将一定数量的沥青装入油罐，在路上先行试洒，确定适宜的喷洒速度和洒油量。

在透层沥青充分渗透、基层清扫干净后，开始洒布作业。沥青的标号、洒布量、集料的级配按照设计要求执行。

按照试洒时确定的喷洒速度及洒油量，由专人指挥沥青洒布车在已清扫洁净的基层表面上匀速喷洒，当发现浇洒沥青后有空白、缺边时立即用人工补洒，出现积聚时予以刮除。

在洒布过程中，保证前后两车喷洒的接茬搭接良好。在每段接茬处，用铁板横铺在本段起洒点前及终点后，长度为1~1.5m。当采用分幅喷洒时，纵向搭接宽度为10~15cm。

洒布沥青后，即撒布碎石，并保证碎石的撒布速度与沥青的洒布速度相匹配。撒布封层集料采用10~15mm单粒径优质石灰岩碎石，碎石应清洁无尘，不得采取用沥青拌和机预先加热(180℃)的方式除去粉尘。

撒料后及时扫匀，达到全面覆盖一层、厚度一致、碎石不重叠也不露出沥青的要求。当局部缺料时，人工进行找补；集料出现堆积时，将多余集料扫除。

在两幅搭接处，第一幅浇洒的沥青暂时留出10~15cm宽度不撒集料，待第二幅浇洒沥青后，一起撒布碎石。

撒布一段碎石后，立即用双钢轮压路机碾压，碾压时每次轮迹重叠约30cm，从路边逐渐移至路中心，然后再从另一边开始移向路中心，以此作为1遍，并保证碾压次数不少于3遍。初始碾压速度不超过2km/h，以后适当增加。

封层施工完毕，做好成品保护，安排专人指挥交通。在路面完全成型前，将车速控制在20km/h以内，并禁止畜力车及铁轮车行驶。

(3) 黏层施工

黏层油一般宜用快裂或中裂乳化沥青(PC-3或PA-3)或SBS改性乳化沥青(PCR型)，设计用量一般为0.5~0.7L/m^2(沥青含量50%)。

洒布前，对路缘石、路缘带、路肩预制板、纵向排水沟及喷洒区附近的结构物和树木采用塑料布覆盖，防止污染；并将下承层表面的泥土、杂物清扫干净，有黏土块用水刷净，待表面干燥后再进行黏层施工。

黏层油采用智能沥青洒布车喷洒，速度和洒布量保持稳定，喷洒的黏层油必须均匀雾状，在路面全宽度内均匀分布成一薄层，不得有洒花漏空或成条状，也不得有堆积。喷洒不足的要补洒，喷洒过量处应予刮除。

黏层油宜在当天洒布，待乳化沥青破乳、水分蒸发完成，或稀释沥青中的稀释剂基本挥发完成后，紧跟着铺筑沥青层，确保黏层不受污染。

喷洒黏层油后，严禁运料车外的其他车辆和行人通过。

3. 沥青混凝土面层施工

(1) 沥青混合料的运输

为确保沥青混合料的运输质量，采用15t自卸汽车运输，每天对车槽清理干净，为防止沥青与车厢板的黏结，车厢底板和侧板擦拭干净后喷涂一薄层油水混合液(柴油与水的比例为1∶3)，无余液积聚在车厢底部。为保温、防雨、防污染，在运料车上加盖干净的保温篷布，篷布遮盖全车厢，并设专人检查车后挡板密封情况。

进场路口前用50m彩条布、麻袋铺路，以清理运料车在路上车轮粘的黏土，或设水池洗净轮胎后进入工程现场，并由专人负责清理。

运料车在卸料前揭开苫布检查温度和外观，有问题的暂停使用，待进一步查证后再作取舍。卸料由专人指挥，运料车缓慢倒车向沥青混合料摊铺机靠近，停在摊铺机前10～30cm处，然后缓慢将混合料向摊铺机料斗供料。这时卸料车挂空档，轻踩刹车保证不溜车，由摊铺机推动向前行驶，直至卸料完毕离去。

卸料后的自卸汽车严禁擅自起斗卸油渣，剩余的油渣，卸到专用的铲车斗内，集中处理，以确保路面的清洁。

为确保摊铺作业的连续性，每天按日产量及运距计算后调配车辆，施工过程中摊铺机前方始终有运料车在等候卸料，开始摊铺时每台摊铺机前方等候的运料车不少于5辆。施工中保证拌和站与摊铺机的生产能力互相协调，如拌和站的生产能力低时，摊铺机低速摊铺以减少摊铺机停机待料的情况。

(2)试验段施工

沥青混合料路面施工前，在开工前14d由监理工程师批准并在现场监理工程师的指导下，用投入本项工程的全部机械设备及每种沥青混合料各修筑单幅长不小于200m的正线直线段试验路段，经试验段确认的压实方法、碾压机械组合、顺序编排、压实系数、碾压遍数、压实厚度等均作为今后施工现场控制的依据。

在监理工程师批准后选出上道工序验收合格，并在已洒布乳化沥青的单幅路段，按设计图纸在单幅路段两侧进行测量放线，每5m钉一桩橛，并用水准仪测出高程。2台摊铺机组装就位并进行预热，按各类沥青混合料规范提供的摊铺的系数计算摊铺厚度，混合料到场时检测并记录混合料到场温度，摊铺机前方不少于5辆运料车时开始进行摊铺。检测记录摊铺温度、摊铺机行进速度，测出虚铺高程及温度后上压路机按事先拟定的方案进行碾压，每碾压1遍，在选出的桩号附近测出高程和压实度，直至压实度达到98%后赶光。12h后，对其厚度、密实度、沥青含量及矿料级配和项目进行取样试验，汇总各项技术资料，写出试验路段总结报告，包括施工作业注意事项，报监理工程师审批后进行大面积施工。

试验段施工过程中记录混合料出厂温度、到场温度、摊铺温度、碾压温度、及碾压终了温度；记录不同组合压路机的碾压速度、碾压遍数及每碾压1遍路面的密实度；记录摊铺机组装宽度、摊铺机夯锤和熨平板振幅；记录混合料运输车辆数量和拌和站生产能力；测量混合料摊铺前基层高程、碾压前虚铺高程及碾压终了路面高程；试验工程师对试验段沥青混合料及矿料取样进行各项试验并记录试验结果；路面作业队队长记录本试验段人员、机械组织等。

试验段铺筑完成12h后，质检人员根据摊铺时选定的位置对试验段沥青混凝土路面钻芯取样，每处取2个试件，整个试验段取样不少于40个，试验工程师检测钻芯试件密实度，并与核子密度仪检测的密实度对比，做出核子密度仪法与钻芯取样法密实度回归曲线，确定回归方程，并调整核子密度仪作为路面大面积摊铺时核子密度仪检测路面压实度的依据(密实度以钻芯试件试验为准，核子密度仪检测密实度做参考)；质检人员采用连续平整度仪和3m直尺检测并记录试验段平整度；测量工程师复测试验段的纵断高程、横断高程、路面宽度和路面横坡度。

通过试验段，汇总各项技术资料，写出试验段总结报告，包括机械设备能力、取得最好密实度的最佳机械组合、摊铺碾压速度、摊铺碾压温度、碾压遍数、松铺系数、拌和站生产能力、混合料运输能力、混合料配合比、质量检验评定、人员机械组织及摊铺作业注意事项等，试验段总结报告报请监理工程师审批合格后，方可进行大规模施工。

(3) 沥青混合料的摊铺

沥青碎石摊铺时，采用“三线制”控制高程，即：摊铺机两侧采用钢丝引导的高程控制方式，每5m布设一个测墩高程点，路面两侧用地锚倒链固定钢索作为摊铺机的高程基准线，钢丝为直径6mm的扭绕式钢丝，拉力大于800N，并设专人控制，2台摊铺机间采用铝合金钢梁作为前1台摊铺机内侧高程基准线。为进一步提高中面层、上面层的平整度，摊铺时1台摊铺机靠中央隔离带一侧以钢丝和铝合金钢梁为高程基准在前行走，另1台摊铺机靠外侧路缘石一侧在后，走在后面的摊铺机外侧以钢丝为高程基准、内侧以前1台摊铺机的摊铺面为基准面，走滑靴控制路面标高，上面层摊铺时采用18m长的浮动基准梁或者采用丹麦Mini-Line非接触平衡梁自动找平装置控制高程。Mini-Line非接触平衡梁采用非接触式的压电陶瓷传感技术，利用声呐系统监测路面高程，尤其对于沥青碎石情况良好的路段能够很好地保证施工平整度和面层厚度，而且弯道施工灵活方便。

将摊铺机按试验段确定的虚铺厚度组装就位。固定预热0.5~1h，使熨平板温度不低于100℃，并在熨平板下面拉线调整熨平板，保证熨平板的平整度。开始摊铺前现场必须要达到5台以上运料车，沥青混合料到场温度不低于150℃，但不超过170℃，摊铺温度不低于150℃，由质检员检验到达工地的沥青混合料，将检验合格后的沥青混合料倒入摊铺机料斗，发现糊料、花白料以及油料温度偏高或者偏低等不合格材料，坚决废弃。

施工时由专人指挥料车，靠上摊铺机后将沥青混合料倒入摊铺机料斗，保持均匀供料。

摊铺机起步后，当摊铺5~10m后质量人员要立即组织用细线横向检查摊铺厚度、横坡，并及时进行调试，厚度和横坡调整无误时继续摊铺，摊铺机的摊铺速度要控制在2~3m/min，摊铺速度保持均匀，不得随意改变，中间不得有停机待料现象，保持摊铺的连续性和匀速性，一般控制在2~6m/min的范围内，对改性沥青混合料的摊铺速度宜为1.5~2.5m/min。施工过程摊铺机前方保证至少有5台运料车处于等待卸料状态，摊铺机料斗内任何时候都应保持1/2~2/3以上的混合料，避免混合料离析。

摊铺机作业时，由专人负责机前两边端料，专人负责机后平边，专人指挥料车，运料车缓慢倒车向摊铺机靠近，停在摊铺机前10~30cm处，然后缓慢将混合料卸入摊铺机料斗并向摊铺机连续均匀地供料，料车挂空挡，轻踩刹车，以不溜车为宜，靠摊铺机推动前进。摊铺作业时，料车司机随时观察料车情况，防止料车遗料，设专人负责摊铺机前面遗料的清除。

在摊铺过程中，摊铺的混合料必须得到有效的振动和压实，沥青碎石上基层摊铺中，加大摊铺机振动夯锤和熨平板震动力，以减小基层表面的不平整而影响沥青混凝土路面平整度。摊铺中要及时进行路面质量检查，对表面不平整、局部混合料明显离析和新铺面有明显的拖痕、波浪的情况，应及时组织人员进行处理，摊铺机后设专人跟机，对局部摊铺缺陷进行人工修整，如有个别压碎骨料必须在初压后及时清除，用点豆法进行填补，严禁大面积撒料。如无特殊情况，应尽量减少人员上路面的次数。

当摊铺 30~50m 时，由质检员测出铺料的温度后，决定上压路机碾压。

地面温度低于 10℃时不进行摊铺，地面潮湿或降水概率 60%以上不进行铺筑。

施工过程中，因各种原因造成停机时间超过 30min 以上，组织摊铺机抬板清理，形成一道横接缝。

主路沥青混凝土路面每个工作面采用 2 台同型号摊铺机组成梯队联合摊铺，1 台摊铺机的铺筑宽度不超过 6m，2 台摊铺机前后错开 10~20m，呈梯队方式同步摊铺。两幅之间应有 50~100mm 的搭接并避开车道轮迹带，上、下层的纵向搭接错开 20cm 以上，一个工作班结束时 2 台摊铺机预留的纵缝应控制在 5~7m 以内。

摊铺机摊铺时，随时检查摊铺厚度，发现问题及时调整，并控制好摊铺速度。

(4) 沥青混合料压实

碾压时设专人指挥压路机，严格控制压路机碾压速度、碾压时混合料温度及碾压顺序。碾压前根据试验段总结的碾压顺序，每台压路机上标明压路机型号、操作手、碾压顺序、碾压温度及质检员等。

沥青混合料碾压初温度不低于 140℃。碾压分为初压、复压和终压 3 个阶段。

初压：沥青碎石上基层采用双钢轮压路机和胶轮压路机进行高温初压，由边向中、由低向高顺序静压 2 遍，碾压速度为 25~35m/min，利用双钢轮压路机(碾轮宽、自重大)能取得较好的平整度，利用胶轮压路机碾压揉搓使沥青混合料致密能取得较低的空隙率和较高的压实度。初压后，设专职质检员采用 3m 直尺检查平整度，测量人员检测高程、横坡，设专人检查是否离析，若有缺陷，派专人用粉笔划出须处理的位置并派人予以及时处理；对局部平整度超标的，指挥压路机先横向碾压，再纵向碾压，直至平整度满足要求位置。

复压：复压采用双钢轮振动压路机高频低幅碾压，碾压速度为 35~50m/min，碾压遍数经试压确定，一般不少于 4~6 遍，使沥青混合料密实度达到大于 96%以上为止。碾压时专职质检人员采用 3m 靠尺检测平整度、采用核子密度仪检测压实度、采用电子温度计检测碾压温度。

终压：终压紧接在复压后进行，终压以消除复压留下的轮迹为主。终压采用双轮钢筒式压路机碾压，碾压速度为 40~65m/min，碾压终了时温度不得低于 90℃，终压后路面无轮迹。

碾压纵向进行，由低向高慢速均匀的进行，相邻碾压带应重叠至少 30cm。碾压时将压路机主动轮朝向摊铺机方向，压路机每次由两端折回的位置阶梯形的随摊铺机方向推进，使折回处不在同一横断面上。碾压时，压路机起步缓慢平稳，沿摊铺方向直线行驶，碾压速度保持均衡一致。严禁中途停留、转向或制动。当压路机来回交替碾压时，前后 2 次停留地点应相距 10m 以上，并驶出压实起始线 3m 以外。严禁压路机停留在温度高于 70℃且已压实的混合料上，同时防止油料、润滑脂、汽油或其他杂质在压路机操作或停放期间落在路面上。在匝道的进出口弯道处等压路机碾压不到的地方，用振动夯板进行充分压实。

路两侧靠近混凝土平缘石处沥青混凝土碾压：为避免混凝土平缘石损坏，采用小型振动压路机碾压。

① 碾压的原则

a. 碾压要遵循先轻后重、先慢后快、由低向高的碾压方法。

b. 每个碾压阶段应紧密衔接连续进行，碾压轮迹要与路中心平行，必须沿同1个轮迹返回。

c. 碾压时不能急停、急行，当振动停止后，须再行驶一段后再停行。

d. 碾压时，先压接缝，再由低向高碾压，每1轮迹应与前1轮重叠不小于30cm，并在前1轮迹的端头1m以上停机。后上压路机不能超过先行压路机的作业幅面。

e. 碾压时采用高频低振幅碾压的方法。

f. 碾压过程中向碾轮喷洒防粘剂，喷洒量以混合料不粘碾轮为度，防止过量。

g. 碾压时质检人员采用核子密度仪全程检测碾压密实度，测温员检测碾压温度并做好记录，核子密度仪检测混合料密实度无明显变化时，说明混合料已碾压密实。面层碾压成型后，派专人负责维护。

② 接缝处理

2台摊铺机平行作业时，后一摊铺带与前一摊铺带须有一定的重叠，使接茬处有足够的混合料，一般以5cm为宜，同时熨平板延伸到前一摊铺带一侧5~10cm处。接缝处的碾压：2台摊铺机同时摊铺时，两幅一起碾压；前一摊铺带必须先压时，靠近后一摊铺带的一侧预留20~30cm暂不压，留到与后一摊铺带一起碾压。

对于冷缝，摊铺前，在接缝处涂上一层热沥青，并用热混合料将接缝处加热，料高15cm、宽20cm，10min后清除。摊铺时掌握好松铺厚度和横坡度，以适应已铺路面的高程和横坡。接缝的碾压，用双钢轮压路机先横向跨缝碾压，第1遍碾轮大部压在已铺完的路面上，只有10~15cm压在新铺的一侧，以后每压1遍向新铺的一侧延伸15~20cm，直至全部碾轮压在新铺的一侧；然后改为纵向碾压，直至达到要求的密度为止。相邻上、下两层接缝的位置应错开1m以上。压路机不易压实处用人工夯实、熨平，直至接缝处路面平整度达到要求为止。

(5) 成品保护

铺筑层在碾压完毕尚未冷却到50℃以下前暂不开放交通。必须提前开放交通时，进行洒水冷却强制降温。改性沥青路面在碾压完毕48h以内不得开放交通。

在开放交通前，禁止重型施工机械特别是重型压路机停放。

在开放交通初期，禁止车辆急刹车和急转弯。

透层、黏层洒布时对路缘石覆盖保护；沥青混凝土摊铺、碾压施工派专人指挥司机行进，以防视角影响对路缘石碰撞破坏。

4. 水泥混凝土路面施工

(1) 施工放样

① 在路面基层验收合格后进行施工放样工作，直线每段20m一桩，曲线段每4m一桩(与模板长度同)。同时要设胀缝、缩缝，锥坡转折点等中心桩，并相应在路边各设一边桩。

② 根据放好的中心线及边桩，在现场核对施工图的混凝土分块线。对于曲线段，必须保持横向分块线与路中心线垂直。

③ 测量放样必须经常复核，做到勤测、勤核、勤纠偏。

(2) 路面基层处理

① 所有挤碎、隆起、空鼓的基层应清除，并使用素混凝土换填，同时设胀缝板横向隔开，胀缝板应与路面胀缝和缩缝上下对齐。

② 当基层产生非扩展性温缩、干缩裂缝时，应进行密封防水。

③ 基层产生较大纵向扩展裂缝时应分析原因，采用有效的路基稳固措施进行处理。

④ 对部分地段的基层需要进行大面积填补时，应以水泥稳定碎石作为基层。

(3) 安装模板

① 模板必须具有足够的强度和刚度，(模板的高度应与混凝土板厚度一致)对于变形的模板须纠正后再进行使用。

② 模板应安装稳固、顺直、平整、无扭曲，相邻模板连接应紧密平顺，不得有漏浆、前后错茬、高低错台等现象。模板应能保证摊铺、振实、整平设备的负载行进、冲击和振动时不发生移位。

③ 平曲线路段采用短模板。

④ 内侧固定钢钎和外侧受力钢钎均不得高于模板，以便于振动梁通过。

⑤ 模板安装完毕后，应经过现场监理人员的检查，合格后才能浇筑混凝土。

(4) 混凝土的拌和与运输

① 拌和

a. 混凝土拌和采用搅拌站集中拌和，搅拌站采用 1 台强制式搅拌机拌和。

b. 对砂、石子、水泥的用量经准确调试后方可拌和，在拌和过程中要随时抽检。

c. 严格控制含水量。每班开工前，实测砂、石子的含水量，并根据天气变化，由工地试验确定施工配合比。

d. 每一盘拌和物前，先用适量的混凝土拌合物或砂浆拌和，拌后排弃，然后再按照规定的配合比进行拌和。

e. 搅拌机装料顺序：宜为砂、水泥、碎石或碎石、水泥、砂进料后，边搅拌边加水。

f. 搅拌时间视工作性能而定，最低时间为 90s。

g. 水泥混凝土拌和物应严格控制坍落度。拌和坍落度为最适宜摊铺的坍落度值与当时气温下运输坍落度损失值的两者之和。

② 运输

a. 运输采用自卸汽车，运送混凝土的车辆在装料前，应清洁车厢，洒水润壁，排干积水，并在运输过程中采取措施以防水分损失和离析。

b. 装运混凝土拌合物，不得漏浆，出量及铺筑时的卸料高度，不应超过 1.5m，如发生离析，铺筑前应重新拌和。

c. 混凝土从搅拌机出料至浇筑完毕的时间不得超过允许的最长时间。

d. 大风、雨雪低温天气较远距离运输时，自卸车要用防雨布遮盖，并增加保温措施。

e. 运输车辆在模板或导线区调头或者错车时，严禁碰撞模板或基线，一旦碰撞，应及时告知重新测量纠偏。

(5) 混凝土浇筑

① 模板的要求和安装

a. 立模的平面位置和高程，应符合设计要求，并应支立准确稳固，接头紧密平顺，不得有离缝、前后错茬和高低不平等现象。模板接头和模板与基层接触均不得漏浆、模板与混凝土接触的表面应涂隔离剂。

b. 混凝土拌合物摊铺前，应对模板的间隔、高度、润滑、支撑稳定和基层的凭证、湿润情况，以及钢筋的位置和传力杆装置进行全面检查。

c. 拆模：在20h后拆除，拆除时不应损坏混凝土面板。

② 混凝土拌合物的摊铺

a. 摊铺厚度要考虑预留高度。拌合物的松铺系数 K 控制 1.1~1.25 之间，料偏干，取较高值；反之，取较低值。

b. 采用人工摊铺，严禁抛掷和搂耙。

③ 振捣

a. 对于边角的部分，应先用插入式振捣器按顺序振捣，再用平板振捣器纵横交错托振。

b. 振捣器在每一位置振捣的持续时间，以拌合物停止下沉、不再冒气泡并泛出水泥砂浆为准，并不宜过振。

c. 振捣时，应辅以人工补料，应随时检查振实效果、模板、拉杆、传力杆和钢筋的位移、变形、松动、漏浆等情况，并及时纠正。

d. 整平时，填补料应选用较细的拌合物，严禁使用纯砂浆填补找平。整平时必须保持模板顶面的整洁，接插处板面的平整。

④ 振动梁振实

a. 每车道路面使用1根振动梁，振动梁应具有足够的强度和质量，底部焊接4mm左右的粗集料压实齿，保证(4±1)mm表面砂浆厚度。

b. 振动梁应垂直路面中心线沿纵向拖行，往返2~3遍，使表面翻浆均匀平整。

⑤ 整平饰面

a. 每车道路面应配备1根滚杠。振动梁振实后，应拖动滚杠往返2~3遍提浆整平。第1遍用短距离缓慢推滚或托滚，以后应较长距离均匀托滚，并将水泥浆始终赶在滚杠前方。

b. 托滚后的表面宜采用3m刮尺，纵横各1遍整平饰面，或采用叶片式或圆盘式抹面机往返2~3遍压实整平饰面。

c. 在抹面机完成作业后，应进行清边整缝，清除粘浆，修补缺边、掉角。

(6) 接缝

接缝是混凝土路面的薄弱环节，接缝施工质量不高会引起板的各种损坏，并影响行车的舒适性，因此，应特别认真地做好接缝施工。

① 纵缝(4.5m宽道路)

纵缝采用平缝加拉杆型。

平缝施工应根据设计要求的间距，预先在模板上制作拉杆位置放孔，并在缝壁一侧涂刷沥青。拉杆的长度为70cm，间距为60cm。中间涂10cm沥青。

② 横缝缩缝

混凝土结硬后，应适时切缝。为减少早期裂缝，切缝可采用“跳仓法”，即每隔几块板切一缝，然后再逐块锯，切缝深度为混凝土面板厚的 1/4～1/5。

③ 胀缝设置

普通混凝土路面每 400m 设置一道胀缝，胀缝应设置补强钢筋支架、胀缝板和传力杆，胀缝缝宽 20mm，传力杆一半以上长度表面应涂沥青并包裹聚氯乙烯膜，端部应戴长 10cm 活动套筒并留 3cm 空隙填塑料泡沫。胀缝传力杆间距为 30cm，胀缝板应连续贯通整个路面板宽度。

（7）切缝

水泥混凝土路面达到设计强度 25%以上的时候切缝，一般以不破坏混凝土为原则，以不崩边、不出现裂缝为准，切缝时间尽量靠前。水泥混凝土路面切缝时间一般应在混凝土拆模后 12h 左右进行，最佳切缝时间主要受混凝土强度影响，即满足切割机切割混凝土的最佳强度要求。及时对混凝土板进行切缝，缝深不小于 8cm，必须做到缝隙均匀、缝道顺直、切缝及时，严防因超出切割时间太长而引起断板现象发生。

（8）刻槽

为确保车辆行驶过程中的安全性，必须提高混凝土路面的抗滑能力，待混凝土抗压强度达到 40%后方可进行硬刻槽，用刻槽机进行横向刻槽作业，要求纹理顺直、深度一致，不能刻重纹、漏刻等，刻槽尺寸为 3mm×3mm×12mm（深×宽×间距）。

（9）拆模与养护

拆模时间根据气温和混凝土强度增长情况确定，一般为 18～36h，拆模时不得破坏混凝土板的边角。混凝土表面修整完毕后应立即进行养护，使混凝土板在开放交通前具备足够的强度和质量。养护期间，土工布覆盖，洒水养护并加盖草帘保温保湿，应特别注重前 7d 的保湿养护，须防止混凝土的水分蒸发和风干，以免产生收缩裂缝；须采取措施减少温度变化，以免混凝土板产生过大的温度应力；混凝土面板在养护期间和填缝前，应禁止一切车辆通行，养护期为 28d。

（10）填缝

混凝土板养护期满后，应及时灌缝。

① 在灌封前应保持缝内清洁，填缝前用空压机将缝槽中的杂物清除干净，保持缝槽内干燥清洁，防止砂石等杂物掉入缝内。

② 灌注填缝料必须在缝槽干燥情况下进行，填缝料应与混凝土缝隙壁粘附紧密不渗水。

③ 填缝料的灌注高度，宜于板面平或略低于板面。

10.2 案例二：牛栏江口特大桥施工案例

10.2.1 工程概况

牛栏江口特大桥上跨牛栏江，为跨 V 型深谷桥梁，谷深达 90m，桥梁孔跨主跨布置为（95m+178m+95m），左右线分离式布置，桥梁宽度为 12.5m。其中主桥上部结构为预应力混凝土变高连续刚构箱梁，下部结构桥墩采用箱型薄壁墩、承台桩基础；引桥上部结构为现浇连续箱梁，下部结构采用桩柱式桥墩，桥台采用桩柱式桥台、桩基础。

左线桥布置：起点桩号为 ZK94+913.0，终点桩号为 ZK95+347.0，全桥长 434m。主桥(95+178+95)m 悬浇预应力混凝土连续刚构+引桥(31+31)m 现浇连续箱梁。平面位于 R=1180m(R 为半径)的圆曲线上，纵断面位于 0.55%的下坡直线上。

右线桥布置：起点桩号为 YK94+930.5，终点桩号为 YK95+369.5，全桥长 439m。主桥(95+178+95)m 悬浇预应力混凝土连续刚构+引桥(20+27+20)m 现浇连续箱梁。平面位于 R=1230m 的圆曲线上，纵断面位于 0.55%的下坡直线上。

10.2.2 上部结构施工要点

(1) 预应力混凝土悬浇连续刚构上部构造采用挂篮悬浇逐段施工，箱梁 0 号块待桥墩施工完成后，在主墩顶利用托架浇筑，因 0 号块结构及受力较为复杂，加之纵向及竖向预应力管道集中，钢筋密集，混凝土方量大，为了确保结构强度并防止有害裂缝出现，浇筑时需采取必要措施控制混凝土水化热的影响，采用分层浇筑时，应注意合理确定分层的位置且各层混凝土龄期差应尽可能的小，避免因各层混凝土收缩的差异导致混凝土的开裂。另外在顶板浇筑后，应切实注意 0 号块件内外的浇水养护，加强块件内的通风降温，以避免内外温差造成混凝土的开裂；

(2) 主梁 0 号节段施工时应在主墩附近搭设临时托架，临时托架要求坚固牢靠，浇筑 0 号节段前应对临时支架进行压重，预压重量为 0 号节段重量的 1.2 倍；同时，施工单位应采取有效措施确保支架不发生有害沉降，临时支架在施工完 0 号节段并张拉完该节段的所有预应力后方可拆除。

(3) 悬浇挂篮及模板重量按 1100kN 控制，最大变形量不大于 2cm；合龙吊架及模板重量按 2×150kN(每悬臂端各 150kN)考虑，如超出重量要求，应重新检算。

(4) 悬浇施工中，应尽量对称施工，严格控制箱梁自重。大风天气应停止施工，并采取措施，防止挂篮坠落。对称悬浇施工过程中，悬臂两侧混凝土浇筑量最大允许偏差不超过 $5m^3$。

(5) 为确保全桥施工线型符合设计要求，需对各施工过程中前、后的梁面高程测量记录，再根据记录总结出实际线型变化规律，及时作出适当修正。

(6) 制孔波纹管应严密且不易变形，孔道位置必须准确，其坐标误差不得超过 5mm，管节之间的连接应保持平顺，钢束锚固端的支承垫板必须垂直于孔道中心线，在浇筑过程中不得破坏波纹管并采取措施确保管道不发生位移，尤应避免管道上浮，防止破坏性局部应力的产生，纵向预应力钢绞线采用真空压浆技术进行管道压浆，精轧螺纹粗钢筋采用普通压力灌浆。

(7) 预应力钢束张拉完成后，除竖向预应力在复拉后进行压浆外，纵向预应力应立即进行压浆。正式压浆前，必须检查管道畅通和渗漏情况，压浆时，若从一端压不通须及时处理，不得从另一端补压。已经张拉完成并灌浆的钢束，应做严格标记并经监理认可。压浆结束后，立即用高压水对箱梁表面进行冲洗，防止浮浆黏结，以保证桥面铺装调平层混凝土与箱梁的黏结质量。

（8）在主梁逐段悬浇过程中应逐段检查预埋预应力管道，积极预防管道不通现象。

（9）只有在混凝土达到设计强度 90% 以上、且混凝土龄期大于等于 7d 时，方可施加预应力。

（10）对 1~23 号梁段而言，预应力张拉顺序为先纵向顶板及腹板钢束，再竖向预应力；为了保证受力的均匀性，在施工完成 n+1 号梁段后，再张拉 n 号梁段的竖向预应力。

（11）竖向无黏结预应力钢棒施加的准确与否，对腹板斜截面主应力的影响极大，要求采取可靠的施工方法确保竖向预应力施加的准确，千斤顶需定期进行校验，张拉时采用张拉力和伸长量双控。张拉无黏结预应力钢棒过程中旋转锁紧手柄进行锚固螺母的锁紧，待张拉至设计张拉力时，保载 1min 读取张拉伸长量，随后再次锁紧锚固螺母完成终锚，施工安装时应保护无黏结预应力钢棒护套层（注意电弧焊接钢筋网时，焊接火花对无黏结护套的破坏，建议钢筋网施工完毕后再进行竖向预应力钢棒的安装）。

（12）应尽早进行锚头封锚槽口的封锚，封锚混凝土中适当加微膨胀剂。

（13）预应力钢束张拉的总原则为：左右对称张拉；先拉长束，再拉短束；备用钢束未经设计同意，不得使用。

（14）预应力、普通钢筋相碰时优先保证预应力位置，普通钢筋之间相碰时优先保证主筋位置。

（15）每段施工接缝，应将混凝土表面浮浆凿除，露出混凝土新鲜面，保证新老混凝土接合面的混凝土黏接可靠。

（16）主梁主跨合龙温度为 10~15℃。合龙段的支撑设备端部焊接和混凝土浇筑应在一天中最低气温时完成，并应加强混凝土的养护工作，达到强度后及时张拉预应力束，尽量避免合龙段由于温度和混凝土收缩等原因产生裂缝。

（17）在浇注合龙段混凝土时应采取换重措施，并确保换重与混凝土浇筑大致同步。

（18）应特别注意相邻节段主梁立模高程，防止前后节段连接不顺成折线形，与主梁设计线型不符。为确保全桥施工线型符合设计要求，需对各施工过程中前后的梁面高程测量记录，再根据记录总结出实际线型变化规律，及时作出适当修正。

（19）施工时应注意预埋护栏、伸缩缝等预埋钢筋。

（20）考虑到尽量减轻恒载重量，引桥桥面未设混凝土找平层，因此，主梁施工时，应对梁面及时收浆并保证梁面各点高程符合设计值。

（21）施工各跨间横隔板施工时注意预埋体外预应力转向器及体外预应力的预埋件。备用体外预应力钢束在后期加固中根据需要再进行采购安装，本次施工仅对体外预应力转向块、管道、锚固结构进行安装预留。

（22）备用体外预应力钢束施工流程：

① 密封装置和外套管就位；

② 张拉准备。张拉配套设备标定，辅助机具调试，运至工地后试运行，确保正常后吊至工作平台就位；

③ 锚固处张拉前需将预应力索外的 HDPE（High Density Polyethylene，高密度聚乙烯）护套剥除，应严格按张拉要求控制剥除长度，避免过长影响防腐，过短影响张拉质量；

④ 体外束穿索。下料后穿束，穿束时应保证体外束表面的 HDPE 护套不受机械损伤；

⑤ 张拉体外束、锚头防腐、安装减震器；

⑥ 必要时请材料供应厂家指导进行。

(23) 在中跨合龙前，在合龙段处向主墩方向施加2800kN的水平顶推力，顶推采用墩顶位移与顶推力大小双控模式，墩顶位移不超过3cm，待中跨合龙之后释放水平顶推。

10.2.3 下部结构施工要点

施工方前期应对设计文件、图纸、地勘资料等进行现场核对，并对测量资料进行核对、复测。

1. 桩基础施工

(1) 施工单位进行施工放样之前，必须对各桥墩台控制里程桩号、桩位坐标、设计标高等数据进行复核计算，如发现计算结果与设计图中提供数据不符，应及时通知设计方。

(2) 桥墩、桥台放样：横桥向桥墩轴线均以曲线径向设置，施工时需根据桥墩及基础构造、桥台及基础构造及墩台基础坐标确定墩台横向位置。

(3) 施工时应核对好墩台中心线距路中线的距离及高程，核对好各部分有关的放样尺寸后，再进行施工。

(4) 由于桩基础为隐蔽工程，桩基施工过程必须严格控制，应严格按照设计图及相应的施工规范要求进行，确保桩基础质量并防止出现断桩情况。若发现地质情况与地质报告、设计文件不符，应及时通知设计、监理部门，以作相应处理。

(5) 桩基础施工时，作护壁和排碴用的泥浆，其制作及其性能要求应严格按照相关规定进行。钻孔桩成孔后必须测量孔径、孔位，检查桩底岩层高程和沉淀厚度，只有确认满足设计要求后确保混凝土质量及桩基础承载力，才能灌注混凝土，灌注混凝土过程中要注意控制成桩钢筋笼中心位置。应加强检测，防止坍孔、缩径、混凝土离析和桩偏位。

(6) 桩基采用混凝土，在施工前必须进行配合比试验，以保证泵送混凝土的流动性、和易性及缓凝、早强等性能。

(7) 施工中应严格控制桩、墩和支座垫石的平面位置、高程和墩柱垂直度，支座垫石顶面必须平整、清洁，并注意支座等预埋件的设置，确保其位置准确。

(8) 桥墩墩柱施工采用钢模板，一节长度应不小于2m，钢模板初次使用时应将与混凝土接触面上的锈迹清除干净。不得采用对混凝土表面有污染、对混凝土有腐蚀的材料代替脱模剂。

(9) 主要墩桩基采用外套钢护铜进行能力加强设计，施工时钢护铜需要按照要求进行防锈处理。

2. 墩身施工

(1) 本桥主桥桥墩较高，桥墩施工时应严格做好施工控制。桥墩可采用爬模或滑模施工。

(2) 为防止墩身在分段施工过程中收缩裂缝，一方面要求采取温控措施，在材料上应反复优化配合比，在工艺上应尽量降低骨料的入模温度，缩短节段之间的混凝土龄期差，特别是承台与墩底第一节段之间的混凝土龄期差(建议承台与墩底第一节段之间的混凝土龄期差不大于5d)，并加强混凝土养护。另一方面为使墩身节段施工时节段刚度能平顺过渡，施工接缝应严格禁止设置在横隔板交界面的顶端，应在其交界面上不小于3m的位置处。

(3) 为有效控制主墩承台大体积混凝土水化热，施工单位在施工前应根据骨料、水泥等材料的热特性进行温控设计，合理确定配合比，采取设置冷却管、降低混凝土入模温度、缩短节段混凝土龄期差、加强混凝土养护等有效措施控制水化热，以防施工过程中出现裂缝。

(4) 在能够保证主墩承台混凝土浇筑时温控措施得到可靠控制的条件下，承台混凝土以1次浇注为宜。由于本桥主墩承台的混凝土方量较大，1次浇注有困难，分3次浇注完成。分层浇注时应对先浇注的混凝土表面进行严格的拉毛处理，浇注下一层的混凝土前将顶面的浮浆、油污清除干净，以保证新、老混凝土的良好结合。

(5) 桩基施工可采用人工挖孔或机械钻孔施工。基桩施工时，清底和竖向偏差应严格按施工规范执行，尤其是主桥桥墩基桩，应从严执行。孔底的沉淀厚度应不大于5cm。对采用人工挖孔干处施工的桩基每次混凝土浇筑高度不超过1m，并用插入式振捣密室，每层混凝土初凝前浇注下一层混凝土，并对上一层混凝土进行充分的2次振捣。

(6) 桩基施工时，若采用人工挖孔桩，应及时浇注护壁圈，注意孔内通风，确保施工安全；若采用嵌岩钻孔桩，应注意成桩质量，保证清孔良好。

(7) 应严格按照有关标准检验基桩质量。

10.2.4 桥梁的检查与养护

为了保持桥梁处于正常使用状态，保证行车安全、畅通，桥梁管养单位应做好桥梁的日常养护工作。

(1) 桥梁检查

桥梁检查要填写检查记录表，要对检查情况进行现场描述，对典型缺损和病害部位要附照片及说明，对文字描述不清的病害，可辅以图表表示，检查完成后应整理成文件，存档备查。

① 为了建立桥梁检查的初始依据，施工单位应在桥梁竣工后，编制能反映施工实际情况的竣工文件(应记录桥梁成桥阶段平纵面线型数据)。

② 应在连续刚构桥设立永久性观测点，观测点位置布置如下：

桥墩(台)：墩台身距地面0.5~2.0m，桥台侧墙(耳墙)尾部上、下游各1~2点。

桥面高程：测点设在左、右半桥两侧边缘处，每孔桥跨中、$L/4$、$L/8$(L为跨径)支点等处不少于7个位置(14个点)，测点应固定于桥面板上，并作明显标记。为保证桥梁检测资料延续有效，应设立永久性控制网(可利用施工控制网)，永久性控制网应与国家大地测量网关联，控制性观测点设置要牢固可靠。

③ 检查内容

桥面系：桥面铺装层纵、横坡是否顺适，有无严重的裂缝(龟裂、纵、横裂缝)、坑槽、波浪、桥头跳车、防水层漏水等。防撞护栏有无损坏、断裂、剥落、锈蚀等。桥面排水是否顺畅，泄水管是否完好畅通，桥头排水沟功能是否完好。伸缩缝是否有变形异常、破损、脱落、漏水，是否造成明显的跳车。支座固定螺栓是否剪断，螺母是否松动，防尘罩是否完好，活动支座是否灵活，实际位移量是否正常。桥上交通标志、标线设施是否损坏、老化、失效，通信、供电线路及设备是否完好。

上部构造检查：观测永久性观测点并与前次观测结果对比，判别桥梁结构是否有异常变形，如有异常变形，应结合其他检查结果，分析产生变形的原因。检查梁体混凝土有无裂缝、渗水、表面风化、剥落、露筋和钢筋锈蚀，有无碱集料反应引起的整体龟裂现象，混凝土表面有无严重碳化。预应力钢束锚固区段混凝土有无开裂，沿预应力混凝土表面有无纵向裂缝，预应力压浆管内是否有渗水、漏水。箱梁内是否有积水，通风是否良好。

下部构造检查：观测永久性观测点，检查墩、台有无沉降、倾斜、基础滑动等。检查桥墩混凝土有无裂缝，表面风化、剥落、露筋和钢筋锈蚀。

(2) 桥梁养护

① 桥面系养护

桥面应经常清扫，排出积水，清除泥土、杂物和积雪，保持桥面平整、清洁。沥青铺装层出现拥包、裂缝、波浪、坑槽、车辙等病害时，应及时处治。桥面泄水管如有堵塞，应及时疏通并经常保持畅通。防撞护墙如有损坏，应及时修复。伸缩缝橡胶条老化时，应及时更换。

② 桥梁结构养护

日常养护内容：清除结构表面污垢，修补混凝土漏洞、剥落、表面风化和裂缝，清除暴露钢筋的锈蚀，恢复保护层。

根据日常和定期检查的观测结果，判断桥梁是否处在正常工作状态，如有异常变形和产生有害裂缝，应及时通知相关单位，必要时召开专家会议进行会诊，查明原因，采取相应的措施。如果有影响结构安全或耐久性能的裂缝产生，应及时进行补强和封闭，如果主梁下挠变形过大(特别是不可恢复的残余变形)，可起用备用预应力束及备用体外预应力束。

桥墩变位和基础沉降量应满足规范和设计要求，否则应采取加固和矫正措施。

不得在桥梁用地范围内任意修建对桥梁有害的建筑物，如因建设需要，在桥梁范围内开挖时，应报经交通主管部门或公路管理机构同意，并对桥梁墩(台)采取有效的防护措施。

10.3 案例三：金阳至宁南高速公路隧道施工案例

10.3.1 工程概况

G4216 线金阳至宁南段段高速公路 JNZCB1-9 标段分离式隧道共 3 座，隧道左线长 9391.4m、右线长 9446m。分别为贾沙田隧道(单洞左线长 4430m、右线长 4451m)、谢家坪隧道(单洞左线长 1968m、右线长 1990m)、白鹤滩隧道(单洞左线长 3339m、右线长 3375m)。

贾沙田隧道：为一座上、下行分离的四车道高速公路隧道，为分离式隧道，净空 11.0m×5.0m。隧道洞顶最大埋深约 674m，隧道轴线总体走向总体 164°。隧道进口位于布拖县大坪村，出口位于布拖县合井乡，进口交通较为便利，出口交通较为不便。本隧道左、右洞起讫里程桩号分别为 K217+130.784~ZK225+960、YK217+107~YK226+009，长度分别为 8863m、8902m，隧道通风方案为斜井分两段纵向通风，斜井 1 设置在主洞左线 ZK222+

031 左侧 98.8m，斜井 2 设置在主洞左线 ZK222+079.2 左侧 98.5m。隧道出口端(先期段)左线起点桩号为 ZK221+530，终点桩号为 ZK225+960，左线长 4430m；右线起点桩号为 YK221+558，终点桩号为 YK226+009，右线长 4451m。隧道左、右线进口净距约 27.38m。

谢家坪隧道：为一座上、下行分离的四车道高速公路隧道，为分离式隧道，净空 11.0m×5.0m。隧道洞底最大埋深约 472m，隧道轴线总体走向总体为 155°。隧道进口位于四川省宁南县跑马乡，出口位于四川省宁南县荒田村，进口交通较为不便，出口交通较为便利。隧道左线起讫点桩号 ZK226+112～ZK228+080，长 1968m；右线起讫点桩号 YK226+145～YK228+135，长 1990m；隧道通风方案为全纵向式通风。隧道左、右线进口净距约 27.38m。

白鹤滩隧道：为一座上、下行分离的四车道高速公路隧道，为分离式隧道，净空 11.0m×5.0m。隧道洞底最大埋深约 863m，隧道轴线总体走向总体 164°。隧道进口位于四川省宁南县荒田村，隧道出口位于四川省宁南县白鹤滩镇和平村 1 组，进出口交通较为便利。本隧道左、右洞起讫里程桩号分别为 ZK228+371～ZK235+015.089、YK228+375～YK235+089.565，长度分别为 6644.089m、6714.565m，本隧道上、下行分离，并列布置，隧道左、右线进口净距约 27.38m。

根据本标段工程情况，白鹤滩隧道为本标段控制工程，下文主要针对白鹤滩隧道工程施工进行详细说明。

10.3.2 洞口洞身工程

1. 洞口工程

洞口段工程应结合洞口相邻工程及场地布置统筹规划、及早完成，施工宜避开雨季及严寒季节。

(1) 洞口施工测量

洞口施工测量的要点是：确定洞口开挖轮廓线、线路中线；边、仰坡开挖边线及洞口截排水沟位置等。

(2) 洞顶地表水处理施工

① 洞口边、仰坡周围的排水系统宜在雨季及边、仰坡开挖前完成。

② 洞顶截排水沟应按设计要求并结合地形进行施作，水沟应用混凝土浇筑；此外，排水沟还应与路基排水系统顺接，防止冲刷路基坡面、桥涵锥体、农田、房舍；截排水沟还应加强维护确保畅通。

③ 洞口顶部地表的凹坑须填平并进行地表防渗水处理。

(3) 洞口坡面处理

洞口坡面处理主要为清除坡面植被及危石。

(4) 边仰坡开挖及加固

① 洞口土方采用机械施工时，边、仰坡应预留 30cm 的整修层，用人工刷坡并及时夯实整平成型，防止超挖，保证边、仰坡平顺，坡率符合设计要求。

② 洞口土石方应自上而下分层开挖，严禁掏底开挖或上下重叠开挖，结合正洞开挖方法，预留进洞台阶，形成进洞面及边、仰坡，边、仰坡防护和处理措施应同时考虑防止洞

口段产生整体滑动。

③ 边仰坡开挖时尽量减少原坡面的破坏和对周围环境的影响，刷坡到位后应采用植草或喷射混凝土进行防护。当洞口位于软弱、松散地层时，应根据地质条件和地下水情况进行地表加固。洞口段位于软弱土层地带，如冲(洪)积层、残积层及人工填土时，可采用高压旋喷桩、深层搅拌桩、抗滑桩、钢管桩对开挖的边仰坡进行加固。地层位于堆积层、断层破碎带、沙砾(卵)土，砂土时采用地表注浆进行预加固。有地下水地段，临时止水可采用水泥-水玻璃浆液。

④ 边坡较高时分层开挖，台阶高度3~4m，由于洞口段边坡较高，每10m设置2m宽平台，并在平台上设置截水沟。每施工完一层平台，先进行平台上边坡临时喷锚防护，喷混凝土厚度8cm，锚杆采用ϕ22mm砂浆锚杆，锚杆长2.5m，间距1.5m×1.5m。边坡临时喷锚防护施作后开挖下一台阶，直至设计高程。

⑤ 开挖后坡面应稳定、平整、美观。

2. 明暗交接施工

1）施工方式

明暗交接处施工开挖土石方同边仰坡段土石方一起开挖，在开挖至拱顶120°范围以下1m时停止开挖，以此台阶作为暗洞进洞超前大管棚施工的工作平台。平台上边坡临时喷锚防护，喷混凝土厚度10cm，ϕ42mm小导管注浆，小导管长3.5m，间距1.5m×1.5m。

2）暗洞超前大管棚支护

大管棚采用ϕ108mm钢花管，壁厚6mm，长度为40m，环向中心间距0.4m，施作部位为拱部120°范围。

（1）管棚布置

超前大管棚长10~40m的热轧无缝钢花管(ϕ108mm，壁厚6mm)，纵向水平搭接长度不小于3m，分段安装，每段长3~4m，两段之间采用丝扣长度不小于15cm厚的套筒进行连接，钢管每一连接接头与相邻钢管接头应错开不小于50cm的距离，并保证同一断面的钢管接头不大于50%，钢管需伸入稳定地层3m。布置于隧道拱部120°范围，环向中心间距0.4m。管棚外插角以1°~2°为宜，工点应根据实际情况做调整。钻孔仰角的确定应视钻孔深度及钻杆强度而定，一般控制在1°~1.5°。洞口段管棚设置2m厚套拱，采用C25混凝土，套拱内设4榀Ⅰ18号工字钢制作的钢拱架。

（2）大管棚施工工艺

根据管棚施工的机械设备情况，在开挖至管棚施工段时，预留下台阶不开挖，作为管棚和混凝土套拱施工平台。工作平台宽度为2.5m，高度2.0m，平台两侧宽度为1.5m。

① 套拱施工

采用C25混凝土护拱作为管棚的套拱，套拱在隧道开挖外轮廓线以外，紧贴洞口仰坡面。套拱内设4榀Ⅰ18号工字钢制作的钢拱架为环向支撑，管棚的导向管采用ϕ127mm孔口管，孔口管焊接固定在钢拱架上。

② 管棚制作

管棚采用ϕ108mm钢管制作，管壁打孔，采用梅花型布孔，孔径为8mm，孔间距为20cm，孔口端3m不设注浆孔。钢管加工成3m和4m长的两种规格。编号为单号的采用钻孔的钢花管，编号为偶数的采用普通不钻孔钢管。

③ 钻孔

作业平台采用方木按“井”字形搭设，顺序由下向上、由两边向中间，根据孔位依次搭好。方木间以扒钉连接牢固，防止在钻孔时钻机摆动、倾斜、不均匀下沉而影响钻孔质量。

钻孔采用液压钻机钻孔。为减少因钻具移位引起的钻孔偏差，钻机立轴方向应准确控制，钻进过程中要经常采用测斜仪量测钻杆钻进的偏斜度，发现偏斜超过设计要求时及时纠正。

钻孔直径：ϕ127mm；

钻孔平面误差：径向不大于5cm。

④ 下管、清孔

钻孔检测合格后，将钢管连续接长，用钻机旋转顶进将其顶入孔内，单号孔顶进有孔钢花管，双号孔顶进无孔钢花管，如遇故障，需清孔后再将钢管插入。为改善管棚受力条件，接头应错开，使钢管接头错开，隧道纵向同一断面内的接头数量不得超过钢管总数的50%，相邻钢管接头错开距离不小于50cm，因此第一节管采用3m和4m交替布置，编号为奇数的第一节管采用3m长钢管，编号为偶数的第一节采用4m长钢管，以后每节均采用4m长钢管，两节钢花管之间采用ϕ140mm丝扣联结。

⑤ 注浆

a. 安装好有孔钢花管后即对孔内注浆，采用KBY50/70型注浆泵注浆。

b. 注浆材料：注浆材料为M30水泥浆。注浆前先进行现场注浆试验，确定注浆参数及外加剂掺入量后再用于实际施工。

c. 采用注浆机将砂浆注入管棚钢管内，初压0.5~1.0MPa，终压2MPa，持压10min后停止注浆。

注浆量应满足设计要求，一般为钻孔圆柱体的1.5倍；若注浆量超限，未达到压力要求，应调整浆液浓度继续注浆，确保钻孔周围岩体与钢管周围孔隙充填饱满。

注浆时先灌注“单”号孔，再灌注“双”号孔。

3. 洞身开挖

（1）全断面法

全断面开挖法是按设计断面将隧道一次开挖成型，再施作支护和衬砌的施工方法。

① 施工工序

开挖→初期支护→二次衬砌。

② 施工注意事项

a. 每循环开挖进尺不得大于3m。

b. 将超前地质预报纳入施工工序中，洞身开挖前必须施作超前地质预。

c. 配备高效率的装运设备，缩短循环作业时间，合理采用平行交叉作业工序提高施工进度。

d. 全断面法开挖量大，爆破引起的震动较大，应严格控制一次同时起爆的炸药量，按钻爆设计要求控制炮眼间距、深度和角度，钻眼完毕，按炮眼布置图进行检查并做好记录，对不符合要求的炮眼应重钻，经检查合格后方可装药。

e. 钻眼时，周边眼及掏槽眼应定人定岗，并严格控制周边眼外插角。每循环爆破后，应认真查看爆破效果，并根据超欠挖及炮眼残留率不断优化钻爆参数，改善爆破效果，减少超欠挖。

f. 及时施作初期支护，围岩条件变化时及时调整施工方法。

（2）台阶法

台阶法是按设计断面将隧道分成上、下台阶二部开挖成型，再施作支护和衬砌的施工方法。

① 施工工序

上台阶开挖→上台阶初期支护→左下台阶开挖→左下台阶初期支护→右下台阶开挖→右下台阶初期支护→仰拱开挖(如有)→仰拱二次衬砌(如有)→拱墙二次衬砌。

② 施工注意事项

a. 有超前支护时开挖前应先施作超前支护，每循环开挖进尺不得大于2榀钢架间距，隧道开挖后初期支护应及时施作并落地，下台阶应在上台阶喷射混凝土强度达到设计强度的70%后开挖。

b. 将超前地质预报纳入施工工序中，洞身开挖前必须施作超前地质预报，根据围岩条件和施工机械配备情况合理确定台阶长度、台阶高度的及台阶数量，其各部形状应有利于保持围岩稳定的前提下尽量便于机械作业。

c. 当围岩自稳能力较好、隧道开挖跨度不大时，为方便作业台阶长度宜控制在10~50m以内；围岩稳定性较差时，台阶长度宜控制在5~8m。

d. 当初期支护采用钢架施工时，可采用扩大拱脚和施作锁脚锚杆(管)等措施，防止拱部下沉变形。

e. 仰拱应及时施作，使支护及早封闭成环；施工中及时进行围岩监控量测，准确掌握围岩状况，适时施作二次衬砌。

（3）三台阶法开挖施工

三台阶法是将隧道分成上、中、下三部分开挖，施工时先开挖上台阶，待开挖到一定长度后再同时开挖中台阶及下台阶，形成上、中、下三台阶同时并进的方法。

① 施工工序

上台阶环形开挖→上台阶初期支护→中台阶左侧开挖→中左台阶初期支护→中台阶右侧开挖→右中台阶初期支护→上台阶核心土开挖→中台阶核心土开挖→左下台阶开挖→左下台阶初期支护→右下台阶开挖→右下台阶开挖→仰拱开挖→仰拱初期支护→二次衬砌。

② 施工注意事项

a. 开挖前应先施作超前支护。上台阶每循环开挖进尺不得大于1榀钢架间距；中、下台阶每循环进尺不得大于2榀钢架间距。隧道开挖后初期支护应及时施作并封闭成环(或落地)。核心土与中、下台阶开挖应在上台阶支护完成后、喷射混凝土达到设计强度的70%后开挖。

b. 隧道施工应坚持“弱爆破、短进尺、强支护、早封闭、勤量测”的原则。

c. 开挖方式采用弱爆破，爆破时严格控制炮眼深度及装药量。

d. 锁脚钢管应及时设置，且对锁脚钢管进行注浆，以确保钢架基础稳定。

e. 上部台阶长度应控制在 3~5m，中、下部台阶长度应控制 2~3m 之间，第 3 部台阶与仰拱长度应控制在 10m。

f. 施工时根据现场情况，必要时在临时仰拱中增设钢架。

（4）环形预留核心土开挖施工

① 施工工序

上台阶环形开挖→上台阶初期支护→上台阶核心土开挖→左下台阶开挖→左下台阶初期支护→右下台阶开挖→右下台阶初期支护→仰拱开挖→仰拱初期支护→仰拱二次衬砌→拱墙二次衬砌。

② 环形导坑开挖预留核心土开挖注意事项

a. 开挖前应先施作超前支护。上台阶每循环开挖进尺Ⅳ级围岩不得大于 2 榀钢架间距，Ⅴ级围岩不得大于 1 榀钢架间距；下台阶每循环进尺不得大于 2 榀钢架间距。隧道开挖后初期支护应及时施作并封闭成环（或落地）。核心土与下台阶开挖应在上台阶支护完成后、喷射混凝土达到设计强度的 70%后开挖。

b. 环形导坑进尺也不宜过大，由于施工空间有限，进尺过大会造成施工操作困难，且拱部初支不能及时封闭。

c. 每次核心土不能全部开挖完，要为下一循环的环形导坑开挖设置工作平台，核心土的高度要足够，以免工人开挖环形导坑操作困难。

d. 核心土开挖要注意拱部初期支护的安全，尤其是开挖下部左、右侧核心土时不能两侧同时开挖，一边先开挖，初期支护施作完毕后再开挖另一侧。

（5）CD 法开挖施工

① 施工工序

上台阶环形开挖→上台阶初期支护→上台阶核心土开挖→左下台阶开挖→左下台阶初期支护→右下台阶开挖→右下台阶初期支护→仰拱开挖→仰拱初期支护→仰拱二次衬砌→拱墙二次衬砌。

② CD 法开挖施工开挖注意事项

a. 各分部开挖时，周边轮廓应圆顺，开挖进尺不得大于 1 榀钢架间距。

b. 初期支护完成、强度达到设计规定后方可进行下一分部开挖。

c. 当开挖形成全断面时，应及时完成全断面初期支护闭合。

d. 临时支护拆除宜在仰拱施工前进行，一次拆除长度应与仰拱浇筑长度相适应。临时支护拆除后，应及时浇筑仰拱和仰拱填充、施作拱墙二次衬砌。

e. 临时支护拆除前后，应进行变形量测。

4. 光面爆破

隧洞钻爆的关键技术问题除提高周边轮廓的爆破成形质量外，重要的是减少爆破引起的地震效应，维护围岩自身的稳定。

钻爆设计使用光面爆破技术，光面爆破可以减少对围岩的扰动，增强围岩的自承能力，特别是在不良地质条件下效果更为显著，不仅可以减少危石和支护的工程量，而且保证了施工的安全；由于光面爆破使开挖面平整，岩石无破碎，减少了裂隙，这样可以大大减少超欠挖量。据有关资料统计，光面爆破与普通爆破相比，超挖量由原来的15%~20%降低到4%~7%，不但减少出碴量，而且很大程度地减少了支护的工作量，从而降低的成本，加快了施工进度。

(1) 光面爆破施工工艺流程

光面爆破施工工艺流程如图10.1所示。

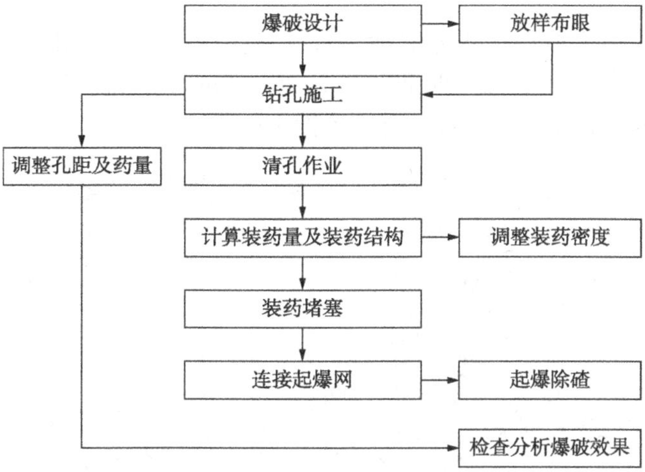

图10.1 光面爆破施工工艺流程

(2) 光面爆破设计

① 掏槽眼

隧道爆破采用含空孔直眼掏槽形式，直眼掏槽与斜眼掏槽相比，在提高隧道循环进尺和掘进效率等方面有明显优势。直眼掏槽爆破中，要将槽腔内岩石充分破碎并发生一定的抛掷，为后续炮孔爆破形成第二个自由面，因此，掏槽眼的装药量一般较多，但也不能太多，太多的装药量可能造成临近装孔中炸药被殉爆或被“压死”。

② 辅助眼

辅助眼介于掏槽眼与周边眼之间，其作用是破碎岩石，辅助眼根据隧道围岩与岩石性质，均匀排列，深度跟循环进尺相同。

最外一圈掘进眼与周边眼间距的圈距 D 按式(10.1)计算：

$$D=E/M \tag{10.1}$$

式中 E——按光面爆破要求确定周边眼孔间距；

M——光面爆破炮眼密集系数，选取 $M=0.8$。

其余辅助眼的圈距大体可按80~90cm均匀布置。

③ 周边眼

隧道初步开挖时炸药单耗量与爆破参数见表10.1，实际施工时根据对应各级围岩爆破效果对本参数进行适当调整。

表 10.1 光面爆破参数标准

岩石种类	饱和单轴抗压极限强度 R_b/MPa	装药不耦合系数 D_0	周边眼间距 E/mm	周边眼最小抵抗线 V/mm	相对距离 (E/V)	周边眼装药集中度/(kg/m)
硬岩	>60	1.25~1.50	550~700	700~850	0.8~1.0	0.30~0.35
中硬岩	30~60	1.50~2.00	450~600	600~750	0.8~1.0	0.20~0.30
软质岩	≤30	2.00~2.50	300~500	400~600	0.5~0.8	0.07~0.15

④ 起爆网络

所有炮孔按要求装入炸药和非电毫秒雷管，确保段数正确，做好炮孔堵塞，然后按区域将雷管脚线理顺，相邻排的微差时间间隔为 25~50ms，最后一排炮孔与光面爆破孔的微差时间不小于 100ms，起爆网络连接示意图见图 10.2。

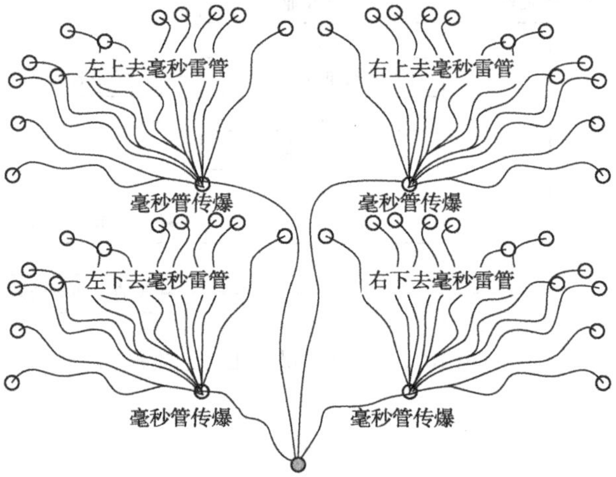

图 10.2 起爆网络连接示意图

隧道掘进爆破的所有炮孔采用同次起爆、孔内分段延迟的非电导爆管起爆网络。同排炮孔用同段雷管起爆，每孔内装 1 发毫秒雷管。所有炮孔的导爆管起爆雷管采用簇并联方式连接，网络的传爆雷管采用电雷管或导爆管雷管爆炸激发。

为达到各炮孔的排间微差时间要求，上台阶掘进爆破所用的雷管段别分别为 1、3、5、7、9、11、13 和 15。

⑤ 装药结构与炮孔堵塞

a. 装药结构

为降低掘进爆破产生的地震效应，以及削弱爆破对隧道围岩的损害，各炮孔均采用不耦合装药。为改善爆破效果，所有炮孔均采用反向起爆方法引爆孔内炸药，即起爆药卷置于炮孔底部。

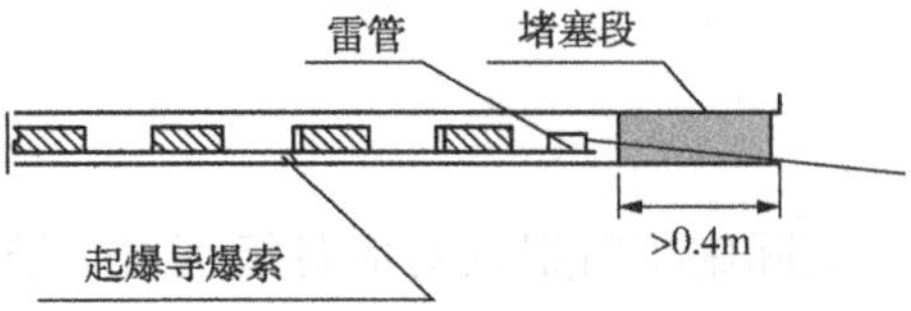

图 10.3 周边光面爆破孔装药结构

如果有使用导爆索的条件，周边孔以采用导爆索起爆为宜，这样能够保证所有周边孔同时起爆，获得更好的爆破效果。其装药结构如图 10.3 所示。

如果不采用导爆索起爆光爆孔药卷，则自孔底起采用连续装药结构，1 发非电导爆管雷管起爆，孔口段留 0.4m 的空隙不装药，形成轴向不耦合。

b. 炮孔堵塞

炮孔堵塞采用配比为 1∶3 的黏土与细沙的混合物或黏性较好的黏土堵塞。堵塞所用的炮棍采用木质或竹质材料制作。

(3) 爆破地震效应安全检算

对于爆破地震波的安全检算，用萨道夫斯基公式计算，见式(10.2)：

$$V=K(\sqrt[3]{Q}/R)^{\alpha} \tag{10.2}$$

式中 V——安全允许的质点振动速度，cm/s；

K——与介质和爆破条件因素有关的系数；

Q——次齐发量大量，kg；

R——爆源至保护建筑的距离，m；

α——振动衰减系数。

选取 $K=1500$、$\alpha=2$，按照优化设计方案，掏槽孔的最大单段装药量为 3.2kg，其爆破地震波在掌子面正上方地表引起的振动速度检算值为 0.4mm/s，其值远小于《爆破安全规程》(GB 6722—2014)中规定混凝土建筑物、构筑物爆破振动速度临界值为≤200mm/s 的爆破振动安全允许控制标准。

10.3.3 隧道支护与衬砌工程

1. 超前预支护与初期支护

1) 超前小导管注浆

(1) 封闭开挖面

当围岩很破碎、掌子面围岩稳定差时，在小导管附近及掌子面采用喷射混凝土临时封闭掌子面，以防掌子面坍塌。

(2) 小导管加工

为便于超前小导管打入围岩内，钢管前端宜做成尖锥状，尾部焊上箍筋。同时小导管每间隔 15cm 梅花形钻 ϕ10mm 注浆孔，小导管尾部预留 1m 不钻孔作为预留止浆段。

(3) 钻孔与注浆

风钻钻孔，将小导管沿孔打入或用风钻顶入。注浆采用单液注浆，注浆前先喷混凝土封闭掌子面以防漏浆，注浆顺序由下而上，浆液采用拌浆机拌制。注浆时选取最佳注浆压力和注浆量，注浆压力 0.5~1.0MPa。注完浆的钢管要立即堵塞孔口，防止浆液外流。

2) 钢架制作、安装

(1) 主要机械设备配置

隧道各洞口配备交流电焊机 6 台，钢架弯曲机 1 台，等离子切割机 1 台。型钢刚架加工进出口各配置 1 台型钢冷弯机。

(2) 工艺要求、标准

① 钢架必须在初喷混凝土后立即架设。钢架与围岩之间的喷混凝土厚度不小于 40mm。

② 钢架加工要求尺寸准确，弧度圆顺。钢架加工后要试拼，拼装允许误差为：沿隧道周边轮廓误差不大于±30mm，平面翘曲小于±20mm。接头连接要求每榀之间可以互换。

③ 钢架各节点的联结一定要对齐，并确保牢固可靠。钢架纵向之间用连接钢筋焊接。

（3）施工技术措施

① 钢架加工制作

在工作台自行加工，于洞外冷弯预制。按 1∶1 比例放样并设立工作台。按设计分节，垫板、螺栓联结。有超前支护地段需根据超前小导管数量及间距，在工字钢架腹部钻孔。钢架加工经试拼检查合格后，方可成批加工。

② 钢架安装

a. 测量定位及净空检查

按设计位置现场测量定位并检查净空。首先测定出隧道中线，确定高程，检查隧道开挖净空，然后再测定钢架的纵向位置；钢架平面应与隧道中线垂直。

b. 现场准备

钢格安装前，先施作部分定位筋(不少于 3 根)，同时先进行仔细检查，主要检查钢格栅相关尺寸、钢架连接处焊缝质量，经检查合格的钢格栅方可用于初期支护。

运至现场的单元钢架分单元堆码，安设拱脚或墙脚前，需清除垫板下的松碴，将钢架置于设计纵向连接槽钢上(或稳固的岩层上)。

c. 钢架安设

在初喷混凝土后进行，置于稳固地层上，超挖部分用同初衬标号相同的混凝土回填，严禁用石块垫底。钢架与封闭混凝土之间紧贴，安设过程中当钢架与初喷混凝土面之间有较大间隙时，安设垫块楔紧，垫块数量不少于 10 个，两排钢架间沿周边一般每隔 1m 用 ϕ22mm 纵向钢筋连接，形成纵向连接系。

钢架落底接长根据围岩条件沿隧道两侧交错进行，如需立即封闭成环，则两侧同时进行，每次接长 1 榀。拱部钢架与边墙钢架的连接采用螺栓，钢架拱脚采用长 3m 的锁脚锚杆固定。

钢架安装后，即挂网、分层复喷混凝土，先喷钢架处，然后喷钢架之间的混凝土，直至喷够设计厚度，将钢架完全覆盖 3cm 以上。现场可用肉眼观察和锤击法进行检查。

钢架安装质量标准，见表 10.2。

表 10.2 钢架安装质量标准表

序号	检查项目		规定值或允许偏差
1	安装间距/mm		50
2	保护层厚度/mm		20
3	倾斜度/(°)		±2
4	安装偏差/mm	横向	±50
5		竖向	不低于设计标高
6	拼装偏差/mm		±3

③ 中空注浆锚杆

采用风钻成孔，高压风吹孔，清除孔内杂物与积水，安装中空锚杆，然后安装止浆塞及垫板、螺帽，最后注浆。注浆压力控制在 0.5~1.0MPa。

④ 挂网

a. 制作网片

钢筋网片在钢筋加工场采用网片排焊机加工。有格栅钢架的地段，网片的宽度按格栅钢架的间距预制；其他地段宽度根据径向锚杆布置情况确定。网片重量宜控制在50kg以内，用在墙部的网片应上侧带钩，以方便挂设。

b. 人工挂网

挂网在初喷混凝土及施作锚杆后进行。采用人工挂网，网片搭接长度不小于规定值。

c. 焊联

挂好网片后，将网片之间的接头以及网片钢筋和锚杆头、钢架等焊接牢固，避免网片超出喷混凝土厚度和喷混凝土时网片晃动。

⑤ 喷射混凝土

喷射混凝土采用湿喷法。在洞外搅拌站拌制混凝土，混凝土运输车运至作业点，由湿式喷射机喷射，喷头处加入速凝剂。要求如下：

a. 喷射作业必须在光面爆破符合要求的基础上进行，喷射前应用高压风或水冲洗岩面，软弱围岩只能用高压风吹洗岩面，严禁用水冲洗软弱岩面，以免软化围岩。

b. 喷射混凝土前，受喷面应无松动岩块，墙脚无虚碴堆积。

c. 喷射混凝土应紧跟开挖工作面，喷射作业分区及时进行。

d. 喷射机械要具有能够连续、均匀地输送材料的功能，保证喷射混凝土质量及作业效率。喷射混凝土的强度达到设计要求。

e. 正常情况下的回弹率，拱部不超过20%、边墙不超过10%。

f. 喷射质量要求：无空洞、无杂物；喷射混凝土厚度符合规范要求，平均厚度不小于设计厚度，检查点60%大于设计厚度，最小厚度大于设计厚度的50%，且大于50mm。

2. 二次衬砌

复合式衬砌由初期支护、防水隔离层与二次衬砌组成。洞身采用仰拱(填充)超前，拱墙混凝土一次浇注成型的方法作业：待防水层铺设好以后，先施作隧道两侧矮边墙，然后进行拱墙衬砌施工(钢筋混凝土段按设计要求布置钢筋)。衬砌采用12m长全液压衬砌台车进行施工。

(1) 仰拱及填充

仰拱及其与边墙的连接形式是影响隧道结构整体强度的重要因素。为保证仰拱有足够的强度和刚度，软弱围岩地段边墙与仰拱采用圆顺连接。为加强隧道底部结构，仰拱比拱墙适当加厚，并采用与拱墙同等级的混凝土。隧底填充应与仰拱分开施作。仰拱及填充采取分开施工的方法，仰拱超前，采取横向整幅，纵向分段一次性浇筑，不留纵向施工缝。

注意事项：

① 仰拱应及时施作，与开挖面的距离不宜超过衬砌浇筑段长度的3倍。

② 施作仰拱混凝土前先清除隧底虚碴、淤泥、积水和杂物，超挖部分采用同级混凝土回填。

③ 仰拱填充混凝土不得与仰拱混凝土同时浇筑。

（2）拱墙施工

衬砌采用12m长全液压衬砌模板台车。混凝土采用$12m^3$的混凝土罐车运输，$60m^3/h$的HBT60输送泵泵送入模，插入式捣固棒进行捣固。

（3）衬砌混凝土

① 封顶

采用顶模中心封顶器接输送管，逐渐压注混凝土封顶。当挡头板上观察孔有浆溢出，即标志封顶完成。

② 拆模

按施工规范采用最后一盘封顶混凝土试件现场试压达到的强度来控制，混凝土强度不小于2.5MPa时拆模。

③ 混凝土养护

拆模前用水冲洗模板外表面，拆模后用高压水喷淋混凝土表面，以降低水化热，养护期不少于14d。

④ 混凝土表面整修

拆模后，若发现缺陷，不得擅自修补，由技术人员共同研究并经监理工程师批准后及时处理。

⑤ 气泡处理

采用白水泥和普通水泥按衬砌表面颜色对比试验确定的比例掺拌后，用海绵蘸取水泥局部填补抹平。

⑥ 环接缝处理

采用弧度尺画线，切割机切缝，缝深约2cm，不整齐处进行局部修凿或经砂轮机打磨后，用高标号水泥砂浆修饰，用钢镘刀抹平，使施工缝圆顺整齐。

10.3.4 隧道辅助作业与防排水工程

1. 隧道辅助作业

（1）供风

施工时洞内工作人员最多时按82人计算，洞内机械有挖掘机(197kW)1台、装载机(86kW)1台、自卸汽车(140kW)4辆及其他设备(100kW)，洞内供风量按每人$4.5m^3/min$，内燃机作业每kW供风量按$3m^3/min$计算，则总洞内供风量$Q=4.5\times(82+197+86+140\times4+100)\times1.2=5535m^3/min$，因此选用2×135kW的变速多级通风机2台(一台备用)。在隧道进洞口处设一座供风站，供应施工面所需用风。

隧道开挖面工作风压不小于0.5MPa，高压风管采用ϕ200mm的无缝钢管，其余供风风管采用直径1.8m的柔性风筒。

（2）排水

隧道反坡施工时，采用在洞内设备洞室一侧布置集水井，水泵抽排至洞外污水处理池，经过处理后排放，同时预备突水事故发生时的排水设备。隧道为顺坡施工时，为排水方便只需在洞身两侧挖临时排水沟，利用自然坡度排水至洞外污水处理池，经过处理后排放。

(3) 洞内供电与照明

① 施工供电

施工用电从就近的电力线引入，据施工进展适时将高压电用高压电缆引入洞内；在洞口配备发电机组，在电网电力不足、线路维修等情况下供应隧道施工用电。

② 施工照明

采用新光源洞内外照明，新光源采用低压卤钨灯、高压钠灯、钪钠灯、钠铊铟灯等。新光源照明具有安全性能好，能大幅度提高施工现场及工作面的照明亮度，创造良好的照明环境，保证施工操作质量。

设置固定式照明设备，并设置应急照明设备，应急照明灯具安装间隔不大于 50m 且必须在供电中断时能自动接通并能连续工作 2h 以上，详见表 10.3。

表 10.3 新光源洞内外照明布置

工作地段	照明布置
开挖面后 40m 以内作业段	两侧用 36V、500W 防爆灯两盏，灯泡距隧道底面高 4m
开挖面后 40~100m 区段	安装 2 盏 400W 防爆高压钠灯和 2 盏 400W 防爆钠铊铟灯，间距 15m，灯泡距隧道底面高 5m
开挖面后的 100m 至成洞末端	每隔 40m，左右侧各安装 400W 防爆高压钠灯 1 盏
混凝土衬砌台车作业段	台车前 10~15m，增设 400W 防爆高压钠灯各 1 盏，台车上增设 36V、300W 或 500W 防爆灯
成洞地段	每隔 40m 安装防爆高压钠灯 1 盏
掌子面及喷射混凝土作业面	安装 36V500W 或 36V300W 防爆灯 2 盏
洞外场地	每隔 200m，安装 400W 防爆高压钠灯 1 盏

(4) 洞内管线布置

洞内管线布置见图 10.4。

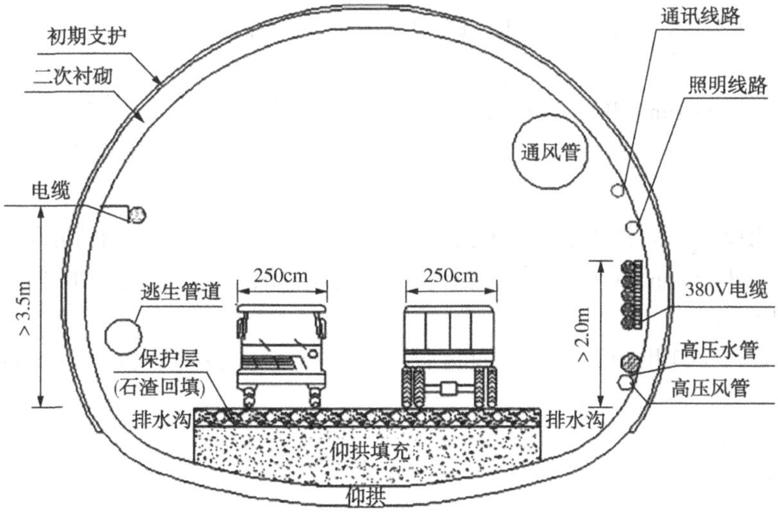

图 10.4 洞内管线布置示意图

(5) 防尘

在隧道施工中，由于钻眼、爆破、装碴、喷射混凝土等原因，在洞内浮游着大量粉尘，这些粉尘对人体影响很大。隧道防尘采用综合性的防尘措施，从湿式凿岩、机械通风、喷雾洒水和个人防护相结合，综合防尘。

① 湿式凿岩：采用湿式凿岩可降低粉尘量80%，在钻眼过程中利用高压水湿润粉尘，使其成为岩浆流出炮眼，防止岩粉的飞扬。

② 机械通风：机械通风可以稀释隧道内的有害气体浓度，为施工人员提供足够的新鲜空气。

③ 喷雾洒水：爆破时采用风水混合喷雾器，利用高压风将流入喷雾器中的水吹散而形成雾粒；装碴作业时使用单一水力作用喷雾器，无须高压风，只需一定的水压即可喷雾，这种喷雾器可安装于装碴机上，使用方便。

洒水是降低粉尘浓度简单而有效的措施。对碴堆洒水分层洒透，一般每吨岩石洒水的耗水量大致为10~20L，如果岩石湿度较大，水量可适当减少。

④ 个人防护：佩戴安全帽和防护口罩，在凿岩、喷混凝土作业时佩戴防噪声的耳塞。

2. 防排水施工

(1) 防水措施

二次衬砌采用防水混凝土，二衬混凝土防水等级达到P8。

在隧道初期支护和二次衬砌之间铺挂防水层，防水层采用350g/m^{2}无纺布+1.5mm厚HDPE自粘胶膜防水卷材。

二衬纵向、环向施工缝采用中埋式钢边橡胶止水带，伸缩缝采用橡胶中埋式止水带，并均设背贴式止水带。

(2) 排水措施

围岩四周排水：按10m纵向间距设置ϕ50mm的环向排水盲沟，在边墙两侧设置ϕ100mm纵向排水管，然后通过ϕ100mm横向排水管将水引入洞内路面以下的中心排水沟，将水排出洞外；路面水、清洁用水通过路侧边沟排出洞外。

① 环向盲管

环向盲管采用ϕ50mm单壁打孔波纹管，在隧道初期支护与防水层之间，沿隧道纵向间距10m设一道环向盲管，将水引入边墙两侧ϕ100mm纵向双壁打孔波纹管。

② 纵向排水管

在边墙两侧设置纵向排水管，全隧道贯通，并与环向盲管、横向排水管通过三通连接，纵向排水管采用ϕ100mm双壁打孔波纹管，管壁厚8mm，半边打孔，外裹无纺布包裹。

③ 横向排水管

横向排水管位于仰拱顶面，与环向盲管对应，每10m设置一道，采用ϕ100mm双壁波纹管，管壁厚8mm，接入中央排水沟。

(3) 防水层施工

① 铺设前的准备工作

测量隧道开挖断面，对欠挖部位加以凿除，对混凝土表面凹凸显著部位分层喷射混凝土使其表面平整圆顺(或用砂浆找平)，凹凸量不能超过±5cm；钢筋网等凸出部分，先切断后用锤铆平抹砂浆素灰；在转弯处应抹成半径不小于50mm的圆弧。有凸出的管道时，切断、铆平后用砂浆抹平；锚杆有凸出部位时，螺头顶预留5mm切断后，用塑料帽处理。

检查防水板有无断裂、变形、穿孔等缺陷，保证材料符合设计、质量要求。检查施工机械设备、工具是否完好无缺。

混凝土表面先把土工布用衬垫贴上，有排水板时同时贴，然后用射钉枪钉上水泥钉锚固，水泥钉长度不小于50mm。PVC垫片间距：拱部40cm，边拱80cm。

防水板采用手动专用熔接器热熔在衬垫上，两者黏结剥离强度不能小于防水板的抗拉强度。防水板间用专用熔接器黏结，结合部位不得小于100mm，且黏结剥离强度不能小于母体拉伸强度的80%。

② 防水板检查

焊缝检查：防水板间黏接结合部位采用真空加压检测，在0.2MPa压力作用下5min不得小于0.16MPa。

密贴检查：防水板不能绷紧，用手托防水板，应使防水板能与围岩密贴，以防防水板后面出现空洞或二衬混凝土浇筑时挤压坏防水板，而起不到防水作用。

③ 质量技术要求

防水板搭接长度：≥100mm。

焊缝宽度：两侧焊缝宽≥25mm；黏结缝宽≥50mm。

固定点间距：符合设计要求。

（4）施工缝、止水条及止水带

① 纵向、水平施工缝、止水条安装

混凝土衬砌纵向施工缝处设遇水膨胀止水条，在浇筑下部混凝土初凝后、终凝前根据止水条的规格，在混凝土基面中间压磨出一条平直、光滑凹槽。拆模后，凿毛施工缝，用钢丝刷清除界面上的浮渣。在浇筑下部混凝土前，在施工缝处涂刷混凝土界面剂，同时用配套的胶粘剂将止水条与凹槽混凝土密贴，同时止水条埋入与露出部分各占一半。

注意事项如下：

施工前，必须对止水条的宽度、厚度进行检查，确保其符合设计及标准要求。止水条安装前，必须对凹槽进行清理，清洗干净并排除杂物；将止水条安装在凹槽内，安装前涂刷胶粘剂，并用水泥钉固定。

止水条安装在下一步混凝土浇筑前3~5h，如有困难需提前进行安装，应采取缓膨措施，但最长不超过24h。

止水条安装应顺槽拉紧嵌入，确保止水条与槽底密贴，不得有间隙。止水条接头处应重叠搭接后再黏结固定，不得留有间隙。

止水条的材质、性能及技术参数必须符合设计要求；止水条安装位置、接头连接符合设计要求；止水条表面没有开裂、缺胶等缺陷，无受潮提前膨胀现象；止水条与槽底密贴，没有空隙。

② 环向施工缝及变形缝施工

在二衬环向施工缝、变形缝处设置橡胶止水带，止水带设于二衬混凝土接头中部，止水带采用钢筋卡将止水带分二次浇筑于变形缝两侧混凝土中。

③ 中埋式止水带安装

沿衬砌环向线每隔0.5~1.0m，在堵头板上钻一 ϕ12mm 的钢筋孔。将制成的钢筋卡穿过挡头模板，内侧卡紧止水带的一半，另一半平靠在挡头板上，待混凝土凝固后拆除挡头板，将止水带拉直，然后钢筋卡紧止水条。

止水带安装施工注意事项如下：

止水带位置应准确，其中间空心圆环应与变形缝重合。

中埋式止水带应固定在挡头模板上，固定时只能在止水带的允许部位上打穿孔打洞，不得损坏止水本体部分。

止水定位时，应防止止水带偏移，以免单侧缩短，影响止水效果。止水带在界面部位保持平展，不得使止水带翻滚、扭结。

橡胶止水带接头必须黏结良好，不得采用不处理的“搭接”。

止水带的性能及技术参数必须满足设计要求。止水带安装的横向位置，应用钢尺测量内模到止水带的距离，与设计位置相比，偏差不应大于5cm，偏离衬砌中心线不得超过3cm。

参 考 文 献

[1] 艾建杰，罗清波．公路工程施工技术[M]．重庆：重庆大学出版社，2020.
[2] 包伟华．钻孔灌注桩施工常见事故的预防及处理[J]．科技创新与应用，2022，12(31)：111-114.
[3] 曹怡悦．公路工程施工安全管理体系的构建与评价[D]．云南财经大学，2018.
[4] 丁兆路．公路桥梁建设工程预应力混凝土施工研究[J]．中国建材科技，2020，29(02)：37-38.
[5] 冯少杰，高辉，等．公路桥梁隧道施工与工程管理[M]．长春：吉林科学技术出版社，2021.
[6] 付立锁，蔡卫星．装配式桥梁施工及架设技术分析研究[J]．中华建设，2022，(04)：133-134.
[7] 韩冰玉．桥梁施工技术[M]．沈阳：东北大学出版社，2014.
[8] 韩鑫．我国公路总里程10年增长112万公里[N]．人民日报，2023-11-24(010).
[9] 郝铭．公路工程施工技术与质量控制[M]．北京：北京工业大学出版社，2019.
[10] 惠子．公路工程施工安全事故致因分析与对策研究[D]．北京交通大学，2023.2.
[11] 寇晓静．公路工程施工中的填石路基施工技术研究[J]．工程建设与设计，2017，(02)：113-114.
[12] 李海贤，杨兴志，等．公路工程施工与项目管理[M]．长春：吉林科学技术出版社，2021.
[13] 李鸿伟．基于危险源管理的建筑施工现场安全管理研究[D]．北京：中国矿业大学，2011.
[14] 林立宽．公路工程施工技术研究[M]．长春：吉林科学技术出版社，2021.
[15] 刘全胜，李大庆，等．公路隧道建设中的喷射混凝土支护施工工艺[J]．四川建材，2023，49(09)：131-133.
[16] 刘亚飞．BIM技术在公路桥梁施工模拟及监测中的应用研究[D]．石家庄铁道大学，2021.
[17] 刘勇．公路隧道施工中的防排水施工技术[J]．工程建设与设计，2022，(11)：179-181.
[18] 刘中涛．干线公路半刚性基层施工技术研究[J]．交通世界，2022，(Z2)：143-144.
[19] 刘壮志．公路工程施工管理与应用探究[M]．北京：北京工业大学出版社，2021.
[20] 罗成，周海坤，等．悬臂桥梁施工工艺在桥梁施工中的应用[J]．智能城市，2020，6(11)：220-221.
[21] 罗国富，宋阳，等．公路工程施工与管理[M]．长春：吉林科学技术出版社，2022.
[22] 吕国仁，张宪堂．公路施工组织与管理[M]．北京：人民交通出版社股份有限公司，2017.
[23] 马波，陈大学，等．公路工程施工技术与管理研究[M]．北京：文化发展出版社，2021.
[24] 师晓辉．钻孔灌注桩施工技术在公路桥梁施工中的应用[J]．运输经理世界，2023(30)：98-100.
[25] 孙吕红．公路工程施工技术管理与质量控制[J]．工程建设与设计，2023(15)：232-234.
[26] 王晶，姜琴，等．路桥工程建设与公路施工管理[M]．汕头：汕头大学出版社，2022.
[27] 王奎生，罗鸿，等．公路工程管理[M]．长春：吉林科学技术出版社，2019.
[28] 王秀敏，葛宁．公路工程施工组织与管理[M]．天津：天津大学出版社，2018.
[29] 韦艳卫．软土地基处理技术在公路工程施工中的应用[J]．运输经理世界，2023(22)：22-24.
[30] 吴大勇，赵战丰，等．公路隧道施工与安全技术研究[M]．北京：北京工业大学出版社，2022.
[31] 杨光耀，杨新，等．公路桥梁施工与维修养护研究[M]．长春：吉林科学技术出版社，2022.
[32] 杨磊．高速公路桥梁墩台施工技术研究[J]．交通世界，2016(25)：72-73.
[33] 袁志平．公路隧道洞口工程施工技术分析[J]．工程建设与设计，2017(02)：125-126.
[34] 张新宇．公路工程施工质量管理研究[J]．工程建设与设计，2018(10)：210-211.
[35] 张志军，苏勇，等．转变安全管理模式，提升安全管理水平[J]．公路交通科技(应用技术版)，2020，16(07)：6-8.
[36] 郑霜杰．桥梁工程施工技术[M]．武汉：华中科技大学出版社，2018.
[37] 郑新琦．如何对公路工程施工现场进行质量把控[J]．工程建设与设计，2017(11)：105-106，109.

[38] 周银加. 公路隧道施工技术研究[J]. 中华建设, 2023(10): 169-171.
[39] 朱睿, 田永许. 路桥施工技术与项目管理[M]. 北京: 中国纺织出版社, 2018.
[40] 祝俊宝. 复杂不良地质条件下的公路桥梁桩基施工技术[J]. 设备管理与维修, 2023(14): 158-159.
[41] 王德林. 对路基试验段施工技术及质量控制的探讨[J]. 城市道桥与防洪, 2017(11): 120-121+130.
[42] 诸葛红玲. 基于实例探讨土工试验在道路路基建设中的应用[J]. 绿色环保建材, 2020(08): 110-111.
[43] 孙西平. 高速公路结构物"三背"回填施工技术[J]. 云南水力发电, 2022, 38(03): 10-13.

后　记

公路工程的建设质量与施工现场运用的施工技术及项目管理是密不可分的，要保证一条公路的建设质量，科学的施工技术及项目管理是必不可少的，其要点包括选择合适先进的施工技术、加强施工各个阶段的管理、严格按照施工设计图纸要求施工、完善管理制度、提高施工人员的专业素质等方面。公路工程建设质量既影响人们的人身安全，也影响我国经济的发展。

现如今，我国的公路工程建设虽发展十分快速，但是项目的施工存在着较多问题，比如检查管理的不严格以及施工质量差等，这些情况的出现会对公路工程的安全有着直接影响，并且由于施工人员自身的专业素质不高，也会限制公路工程的发展。因此，进行公路工程建设时，不仅需要对公路工程的施工技术引起足够的重视，也需要根据我国实际的国情，对施工工艺技术进行完善，并且采取相应的措施保证公路工程的建设顺利进行，促进我国交通事业的快速发展。

本书主要对公路施工和管理方面进行了探究和分析。通过公路工程施工技术、公路桥梁施工技术、公路隧道工程施工技术与公路工程施工质量管理、进度管理以及安全管理的探讨，并例举了三个施工案例，来阐明公路工程的基础理论，研究了公路工程施工技术的应用与管理。本书是一本理论与实践相结合的公路工程施工技术的专业书籍，以期为我国广大公路工程从业者提供全新的理论支持与辅助，为我国的交通运输与公路建设添砖加瓦。